Polícia e Direitos Humanos

MULTICULTURALISMO, GÉNERO, SAÚDE MENTAL E LGBTQIA+

Polícia e Direitos Humanos

MULTICULTURALISMO, GÉNERO, SAÚDE MENTAL E LGBTQIA+

2024 • 2.ª Edição revista e atualizada

Nuno Poiares

Oficial Superior da PSP e Professor Universitário
Diretor do ICPOL – Unidade de I&D do ISCPSI
Pós-doutorado em Direitos Humanos (IGC/CDH-FDUC)
Doutor em Sociologia do Direito Penal (ISCTE-IUL)
Especialista em Direito Penal (Decreto-Lei n.º 206/2009, de 31 de agosto)
Mestre em Direito Penal (FDUL) e em Sociologia (U. Évora)

ALMEDINA

POLÍCIA E DIREITOS HUMANOS
MULTICULTURALISMO, GÉNERO, SAÚDE MENTAL E LGBTQIA+

AUTOR
Nuno Poiares

EDITOR
EDIÇÕES ALMEDINA, S.A.
Avenida Emídio Navarro, 81, 3D
3000-151 Coimbra
Tel.: 239 851 904 · Fax: 239 851 901
www.almedina.net · editora@almedina.net

DESIGN DE CAPA
FBA.

CAPA: EDIÇÕES ALMEDINA, S.A.

PRÉ-IMPRESSÃO
EDIÇÕES ALMEDINA, S.A.

IMPRESSÃO E ACABAMENTO

Fevereiro, 2024

ISBN
978-989-40-1782-0

DEPÓSITO LEGAL
......

ALMEDINA | GRUPOALMEDINA

Cada organismo responsável pela aplicação da lei deve ser representativo da comunidade no seu conjunto[1].

Quanto mais difícil se revelar a observância do princípio da dignidade da pessoa humana mais necessária será a sua aprendizagem e assimilação, para contrariar práticas violadoras dos Direitos Humanos, porque o respeito por esses direitos também se ensina[2].

Esperemos que um dia, o processo civilizacional nos conduza até uma nova Era, em que não precisemos de siglas para defender, afirmar e, acima de tudo, respeitar os direitos de todas as pessoas humanas[3].

[1] 8.º parágrafo preambular, subparágrafo a) da Resolução da Assembleia-Geral das Nações Unidas 34/169, de 17 de dezembro de 1979, que adota o *Código de Conduta*.

[2] Rui Pereira *in* Poiares, Nuno (2021a). *A violência doméstica nos PALOP: uma aproximação metodológica ao ensino jurídico-penal em contexto policial e multicultural*, dissertação de mestrado em Direito Penal. Lisboa: FDUL.

[3] Poiares, Nuno (2023). *Polícia e Direitos Humanos: Multiculturalismo, Género, Saúde Mental e LGBTQIA+*. Coimbra: Almedina.

NOTA DO AUTOR À 2.ª EDIÇÃO

A presente Obra esgotou, volvidos dez meses após o lançamento da 1.ª edição, o que é revelador da escassez de estudos neste âmbito no mercado científico e académico da Comunidade dos Países de Língua Portuguesa, por representar, no nosso entendimento, uma investigação interdisciplinar com uma linguagem simples, que aborda alguns dos principais temas policiais contemporâneos à luz dos Direitos Humanos. Por outro lado, o recurso à triangulação de diversos ramos do Conhecimento (Direito Constitucional, Direito Penal, Direito Internacional, Direito Comunitário, Sociologia, Políticas Públicas, História, Criminologia e Ciências Policiais), *fez* com que a Obra *Polícia e Direitos Humanos* atraísse alunos, professores e investigadores dos mais diversos quadrantes científicos, no ano em que se comemoram os 75 anos da aprovação da *Declaração Universal dos Direitos Humanos* (1948).

Contudo, a possibilidade de uma 2.ª edição, permitiu desenvolver uma revisão do texto mais cuidada e a atualização do quadro legal, em particular no âmbito da saúde mental, com a entrada em vigor da Lei n.º 35/2023, de 21 de julho, que aprovou a nova Lei da Saúde Mental, revogando a Lei n.º 36/98, de 24 de julho, e alterando a legislação conexa, o Código Penal, o Código de Execução das Penas e Medidas Privativas da Liberdade e o Código Civil, ainda que não tenha alterado significativamente a técnica do serviço policial, *i.e.*, o papel das forças de segurança num quadro de cumprimento da decisão para tratamento involuntário, *maxime* no internamento de urgência.

Por fim, uma palavra de agradecimento aos nossos leitores que, com genuína amizade e interesse pelo tema, fizeram chegar as suas observações e comentários pertinentes, permitindo o enriquecimento da nova edição, em particular ao Senhor Mestre Francisco Ferreira, Assistente de Investigação do ICPOL-ISCPSI.

A defesa dos Direitos Humanos é *uma luta de todos os dias* e, apesar dos discursos polarizados, do retrocesso na pacificação dos territórios e do crescendo da violência global, acreditamos que o respeito pelos Direitos Fundamentais vai prevalecer, sobretudo porque o processo civilizacional tem demonstrado que não é possível conceber uma sociedade livre, democrática e multicultural, sem o respeito pelo direito à vida, à igualdade, à liberdade e à segurança.

Lisboa, dezembro de 2023

NUNO POIARES

AGRADECIMENTOS

A presente Obra representa um produto do somatório de apoios provenientes de diversas pessoas e organizações, a quem fiquei devedor.

Em lugar de destaque, devo uma palavra de agradecimento ao Senhor Professor Doutor António Malheiro de Magalhães, pela sua amizade, disponibilidade e orientação científica.

Às Edições Almedina, por terem acreditado na atualidade e na relevância científica do tema.

À Direção do *Ius Gentium Conimbrigae* – Centro de Direitos Humanos da Faculdade de Direito da Universidade de Coimbra, na pessoa do Senhor Professor Doutor Jónatas Machado, pela abertura ao aprofundamento do objeto de estudo *sub judice*.

À Senhora Mestre Carla de Marcelino Gomes, diretora executiva do IGC/CDH, pela amizade e por representar uma inspiração na defesa e promoção dos Direitos Humanos em Portugal.

À Senhora Dr.ª Bárbara Alves, do secretariado do IGC/CDH, por todo o apoio e amizade.

Ao Intendente Roberto Fernandes, meu *irmão emprestado*, pelo estímulo e exemplo de vida.

Ao Senhor Dr. Luís Almeida, diretor da Biblioteca do ISCPSI, pelo apoio inexcedível na pesquisa de referências para a consolidação do *Estado da Arte* da presente investigação.

Ao Senhor Professor Doutor Álvaro de Azevedo Gonzaga, brilhante académico da Pontifícia Universidade Católica de São Paulo, pelas suas oportunas sugestões de leitura.

Aos meus colegas brasileiros do programa de pós-doutoramento, em particular os doutores Fabrício Castagna Lunardi, Cristiane Druve Fagundes e Victor Augusto Valente, pelo exemplo inspirador que representam com os seus riquíssimos percursos e nobres *ofícios*.

Por fim, ao Instituto Superior de Ciências Policiais e Segurança Interna, por tudo aquilo que me *deu* desde 1994 e que, em 2022, comemorou 40 anos de existência: uma *Casa* cujo ensino pioneiro assenta, desde o primeiro dia, na dignidade da pessoa humana e na multiculturalidade – cada aluno(a) formado(a) pelo ISCPSI representa um(a) *guardião(ã)* dos Direitos Humanos, cujo processo formativo de cinco anos, decorre num ambiente culturalmente estimulante, com mulheres e homens portugueses, alinhados num sonho, de *mãos dadas* com colegas *irmãos* de Angola, Cabo Verde, Guiné-Bissau, Moçambique, São Tomé e Príncipe e, mais recentemente, Timor Leste. O ISCPSI projeta a salvaguarda dos Direitos Humanos há 40 anos, fazendo, desse modo, jus à sua divisa: *Victoria Discentium Gloria Docentium.*

Por isso, dedico este estudo às mulheres e homens que, atualmente, zelam pela segurança interna de Portugal e dos nossos Países Amigos de Língua Oficial Portuguesa.

SIGLAS E ABREVIATURAS

AA.VV. – Autores vários
Ac. – Acórdão
A3ES – Agência de Avaliação e Acreditação do Ensino Superior
art., arts. – Artigo, artigos
Cap. – Capítulo
CC – Código Civil
CDH – Conselho de Direitos Humanos
CEDH – Convenção Europeia dos Direitos Humanos
CEDM – Convenção sobre a Eliminação de todas as formas de Discriminação contra as Mulheres
CEPOL – *European Union Agency for Law Enforcement Training*
CERD – Committee on the Elimination of Racial Discrimination
cf. – Confira, confronte, conforme
CFOP – Curso de Formação de Oficiais de Polícia
CICDR – Comissão para a Igualdade e Contra a Discriminação Racial
CIEDR – Convenção Internacional sobre a Eliminação de todas as formas de Discriminação Racial
CIG – Comissão para a Cidadania e a Igualdade de Género
CIJIC – Centro de Investigação Jurídica do Ciberespaço
CNDH – Comissão Nacional para os Direitos Humanos
cit., cits. – Citado, citada, cita-se, citação, citações
CP – Código Penal

CPP	–	Código de Processo Penal
CRP	–	Constituição da República Portuguesa
DGS	–	Direção Geral de Saúde
DH	–	Direitos Humanos
DUDA	–	Declaração Universal dos Direitos dos Animais
DUDH	–	Declaração Universal dos Direitos Humanos
DUDSA	–	Declaração Universal dos Direitos dos Seres Artificiais
ed., eds.	–	Edição, edições; editora, editoras
e. g.	–	*exempli gratia* (por exemplo)
ENIND	–	Estratégia Nacional para a Igualdade e a Não Discriminação 2018-2030 – Portugal + Igual
ESEL	–	Escola Superior de Enfermagem de Lisboa
ESP	–	Escola Superior de Polícia
et al.	–	*et alii* (e outros)
EUA	–	Estados Unidos da América
FCT	–	Fundação para a Ciência e Tecnologia
FDUC	–	Faculdade de Direito da Universidade de Coimbra
FDUL	–	Faculdade de Direito da Universidade de Lisboa
FEUC	–	Faculdade de Economia da Universidade de Coimbra
FPCE-UP	–	Faculdade de Psicologia e de Ciências da Educação da U. Porto
FSS	–	Forças e Serviços de Segurança
FUC	–	Ficha da Unidade Curricular
GNDH	–	Gabinete Nacional de Direitos Humanos do MAI
GNR	–	Guarda Nacional Republicana
GPA	–	*Gay Police Association*
IDPCC	–	Instituto de Direito Penal e Ciências Criminais
i. e.	–	*id est* (isto é)
IGAI	–	Inspeção-Geral da Administração Interna
IGC/CDH	–	*Ius Gentium Conimbrigae*/Centro de Direitos Humanos
ILGA	–	Intervenção Lésbica, Gay, Bissexual, Trans e Intersexo
ISCPSI	–	Instituto Superior de Ciências Policiais e Segurança Interna
ISCSP	–	Instituto Superior de Ciências Sociais e Políticas
ISPA-IU	–	Instituto Superior de Psicologia Aplicada – Instituto Universitário
IUM	–	Instituto Universitário Militar

LGBTQIA+ – Lésbicas, Gays, Bissexuais, Trans, Queer, Intersexual, Assexuais +
LOIC – Lei de Organização da Investigação Criminal
LSI – Lei de Segurança Interna
LSM – Lei de Saúde Mental
MAI – Ministério da Administração Interna
MGDH – Movimento Global dos Direitos Humanos
MNE – Ministério nos Negócios Estrangeiros
MP – Ministério Público
n.º, n.ºs – número, números
ONG – Organização Não Governamental
ONU – Organização das Nações Unidas
OPC – Órgãos de Polícia Criminal
Org. – Organizador, organização
PAIMH – Plano de Ação para a Igualdade entre Mulheres e Homens
PALOP – Países Africanos de Língua Oficial Portuguesa
PAOIEC – Plano de Ação para o Combate à Discriminação em razão da Orientação Sexual, Identidade e Expressão de Género e Características Sexuais
PAVMVD – Plano de Ação para a Prevenção e Combate à Violência Doméstica
PGR – Procurador(ia) Geral da República
PIDE – Polícia Internacional e de Defesa do Estado
PJ – Polícia Judiciária
PNCVD – Plano Nacional Contra a Violência Doméstica
p., pp. – Página, páginas
PPDM-FSS – Plano de Prevenção de Manifestações de Discriminação nas Forças e Serviços de Segurança
PSP – Polícia de Segurança Pública
PUC – Pontifícia Universidade Católica
RAMVD – Relatório Anual de Monitorização da Violência Doméstica
rev. – Revisão, revista
s., ss. – Seguinte, seguintes
séc. – Século
SEF – Serviço de Estrangeiros e Fronteiras

SIC	–	Sociedade Independente de Comunicação, canal de televisão privado
SSI	–	Sistema de Segurança Interna
TC	–	Tribunal Constitucional
TEDH	–	Tribunal Europeu dos Direitos Humanos
TVI	–	Televisão Independente
UAL	–	Universidade Autónoma de Lisboa
UC	–	Unidade Curricular, Unidades Curriculares
UE	–	União Europeia
UNESCO	–	United Nations Educational, Scientific and Cultural Organization
VD	–	Violência Doméstica
v.g.	–	*verbi gratia* (por exemplo)
vs.	–	*Versus* (em oposição, em contraste)
vol., vols.	–	Volume, volumes

INTRODUÇÃO

A Obra, que agora dá à estampa, corresponde, com ligeiras alterações, a uma monografia realizada no âmbito do programa de pós-doutoramento em Direitos Humanos, no *Ius Gentium Conimbrigae* – Centro de Direitos Humanos da Faculdade de Direito da Universidade de Coimbra, que decorreu de 25 de janeiro de 2022 a 24 de janeiro de 2023, surgindo num contexto mundial particularmente sensível no domínio da salvaguarda dos Direitos Humanos. Na verdade, as primeiras linhas do presente estudo foram confrontadas com a invasão do território ucraniano pelo Exército da Federação Russa que, no dia 24 de fevereiro de 2022, atacou a Ucrânia, a partir da Rússia, Bielorrússia e Crimeia[4], interrompendo a paz duradoura (mas ilusória) que se mantinha na Europa desde 1945, pondo em causa os valores defendidos pelas Nações Unidas, *maxime* a segurança, o desenvolvimento e os Direitos Humanos dos(as) cidadãos(ãs) ucranianos(as). *Curiosamente*, as últimas linhas deste estudo ocorreram durante o Campeonato Mundial FIFA, no Qatar, durante o qual surgiram várias denúncias de violação dos Direitos Humanos, o que levou o Parlamento Europeu a pedir *firmeza* à Comissão Europeia nas relações com aquele país do Golfo Pérsico[5].

[4] *In* https://expresso.pt/internacional/ataque-a-ucrania-foi-feito-em-tres-frentes-a-partir-do-norte-leste-e-sul/ (acesso em 24 de fevereiro de 2022).

[5] *Vide* https://www.rtp.pt/noticias/desporto/parlamento-europeu-criticou-violacao-dos-direitos-humanos-pelo-catar_v1448638; https://www.dn.pt/internacional/tudo-o-que-preci

Os Direitos Humanos são direitos inscritos em tratados ou costumes internacionais. Nesse sentido, eles podem ser vistos como os direitos que ascenderam ao patamar do direito internacional público, *confundindo-se* com o direito internacional dos DH, cuja ideia central reside na noção de que o desenvolvimento sustentável preconiza a melhoria das condições de vida da população, partindo do pressuposto de que (também) deve existir responsabilidade ambiental, *i.e.*, a produção económica deve respeitar os recursos naturais, deles extraindo apenas o necessário para o bem-estar das populações. O desenvolvimento sustentável, integrando a eco-responsabilidade, é a garantia dos Direitos Humanos e da vida digna[6]. Veja-se, a este propósito, o acordo sobre biodiversidade (COP15) na ONU, onde mais de 190 Estados concordaram em criar áreas protegidas em mais de 30% do planeta até 2030 e libertar 30 mil milhões de dólares em ajuda anual à conservação para os países em desenvolvimento[7]. No Plano de Ação apresentado, em 2005, pela Alta Comissária das Nações Unidas para os Direitos Humanos, foi defendido que *não é possível garantir o* desenvolvimento sem segurança, que não existe segurança sem desenvolvimento, e que *não é possível garantir a* segurança e o desenvolvimento se os Direitos Humanos não forem respeitados[8]; uma visão da liberdade pública, como condição da mulher e do homem que *não pertencem a nenhum senhor*, e com o poder de agir ou não agir, liberdade enquanto poder de autodeterminação[9], e a segurança enquanto proteção avançada de todas as liberdades[10]. O Plano

sa-de-saber-sobre-a-violacao-de-direitos-humanos-no-qatar-15365751.html; (acesso em 22 de novembro de 2022).

[6] Grubba, Leilane S.; Nistler Regiane (2016). Desenvolvimento sustentável e a efetivação dos Direitos Humanos. *Revista Jurídica*, 20 (43), pp. 129-148. Disponível em: https://proxy.furb.br/ojs/index.php/juridica/article/view/5909 (acesso em 12 de abril de 2022).

[7] *Vide* https://news.un.org/pt/story/2022/03/1781522; https://observador.pt/2022/12/19/alcancado-acordo-historico-sobre-biodiversidade-cop15-em-conferencia-da-onu/ (acesso em 19 de dezembro de 2022).

[8] A/59/2005, parágrafo 17 *in* Arbour, Louise (2005). Plano de Ação apresentado pela Alta Comissária das Nações Unidas para os direitos humanos. *SUR*, 2 (3), pp. 173-175. São Paulo: SUR.

[9] Rivero, Jean; e Moutouh, Hugues (2006). *Liberdades Públicas*, pp. 8 e ss. São Paulo: Martins Fontes.

[10] Rivero, Jean; e Moutouh, Hugues (2006). *Liberdades Públicas*, pp. 393 e ss. São Paulo: Martins Fontes.

de Ação visou um conceito mais amplo de liberdade, *i.e.*, desenvolvimento, segurança e direitos humanos para todos, assente numa visão estratégica de orientação que o Alto Comissariado das Nações Unidas para os Direitos Humanos deve seguir no futuro, como a ideia de que a comunidade internacional deve fazer mais em relação às atuais ameaças aos Direitos Humanos. O Plano procurou, assim, criar melhores condições para a plena realização dos Direitos Humanos, evitando que continuem as violações em todo o mundo[11], dirigindo a atenção para uma série de falhas na sua implementação, incluindo aquelas relacionadas com a segurança[12].

A revelação de que todos os seres humanos merecem respeito não é um dado da modernidade, mas sim o resultado do processo civilizacional[13], um longo percurso histórico de afirmação do princípio da dignidade da pessoa humana contra a violência e a exploração. As relações de subjugação, de poder, entre dominados e dominadores, até à modernidade (*i.e.*, desde a conquista da América e do Atlântico pela Europa entre o final do século XV e o início do séc. XVI[14]), passando pelos onze tratados vestefalianos (séc. XVII), o Congresso de Viena (1814-1815), o tratado de Versalhes (1919) e a Carta das Nações Unidas (1945), atravessa todo o processo civilizacional, com a progressiva monopolização do uso da força pelos Estados e o surgimento de espaços pacificados. Segundo Norbert Elias (2006), as sociedades sem um estável monopólio da violência são sociedades em que a divisão de funções é relativamente diminuta e as cadeias de ações que ligam os indivíduos são curtas. Inversamente, as sociedades com monopólios da violência mais estáveis são sociedades onde a divisão de funções está desenvolvida, onde são mais longas as cadeias de ações que ligam os indivíduos, e maiores as dependências funcionais de cada um relativamente aos outros[15]. Daí a íntima

[11] Resolução da Assembleia Geral 48/141, parágrafo 4. f).

[12] Arbour, Louise (2005). Plano de Ação apresentado pela Alta Comissária das Nações Unidas para os direitos humanos. *SUR: Revista Internacional de Direitos Humanos*, 2 (3), pp. 173-175. São Paulo: SUR.

[13] Elias, Norbert (2006). *O processo civilizacional*, 2.ª edição. Lisboa: Publicações Dom Quixote.

[14] Para aprofundamento *vide* Gonzaga, Alvaro de Azevedo (2021). *Decolonialismo Indígena*. São Paulo: Matrioska Editora; Elias, Norbert (2006). *O processo civilizacional*, 2.ª edição. Lisboa: Publicações Dom Quixote.

[15] Elias, Norbert (2006). *O processo civilizacional*, 2.ª edição, p. 625. Lisboa: Publicações Dom Quixote.

ligação entre os DH e a dignidade humana, o que significa que, para estudarmos os Direitos Humanos temos de compreender a ideia central de dignidade humana[16], a medula de toda a ciência através dos princípios da política criminal do ser humano que afirma a liberdade como a primeira de todas as seguranças[17].

Os Direitos Humanos, conjunto de normas jurídicas que visam defender a pessoa humana contra os excessos de poder cometidos pelos órgãos do Estado, têm inspirado alguns dos maiores movimentos de mudança no nosso mundo, como a luta das mulheres e dos homens pelos direitos e liberdades inerentes à sua condição e dignidade[18]. As duas primeiras declarações de Direitos Humanos – a americana (*Bill of Rights of Virginia*, de 1776) e a francesa (*Déclaration des droits de l'homme et du citoyen*, de 1789) – constituem a fonte inspiradora das declarações e pactos internacionais dos séculos XX e XXI[19]. A *Declaração dos Direitos do Homem e do Cidadão* (1789) distingue os *direitos do homem* dos *direitos do cidadão*. O Homem surge como um ser que se imagina existir fora da sociedade, que se supõe pré-existir à sociedade, que é titular de direitos fundamentais que existiam antes do Estado. Quanto ao cidadão, é um ser subordinado ao poder do Estado. Por isso, os *direitos do Homem* são direitos naturais e inalienáveis, enquanto os *direitos do cidadão* são direitos concedidos pelo direito positivo. Contudo, apesar de se tratar de uma noção moderna de uma realidade antiga, os DH suscitaram pouco interesse aos juristas durante muito tempo[20]. Na verdade, até à

[16] Magalhães, Wellington (2015). A capacidade jurídico-postulatória do indivíduo em âmbito internacional de proteção e defesa dos direitos humanos. *ESMAT*, 6 (8). ESMT. Disponível em http://esmat.tjto.jus.br/publicacoes/index.php/revista_esmat/article/view/19 (acesso em 14 de abril de 2022); Santos, Nuno Pica dos (2019). Conselho da Europa: Direitos fundamentais e direitos do Homem e os estados de exceção, *Janus – Anuário de Relações Exteriores*. Conjuntura Internacional: A dimensão externa da segurança interna, 19, pp. 88-89. Lisboa: Observare – UAL.

[17] Valente, Manuel Monteiro Guedes (2013), *Do Ministério Público e da Polícia. Prevenção Criminal e Ação Penal como execução de uma Política Criminal do Ser Humano*, Lisboa: Universidade Católica Editora.

[18] Barreto, Ireneu C. (2010). *A CEDH. Anotada*, 4.ª edição, p. 17. Coimbra: Coimbra Editora.

[19] Monteiro, Ana (1991). *A família nas declarações internacionais dos direitos humanos*, p. 15. Lisboa: MESS.

[20] Vasak, Karel (1983). *As dimensões internacionais dos Direitos do Homem*, pp. 19-32. Lisboa: UNESCO.

adoção da Carta das Nações Unidas, em 26 de junho de 1945, o Direito Internacional apenas regulava as relações entre os Estados[21]. Quando um Estado violava os DH de indivíduos com a sua nacionalidade, este era um assunto da exclusiva jurisdição interna do Estado onde ocorria esse facto, impedindo a intervenção de outros Estados[22]. Mas, hodiernamente, os DH expressam algumas das mais altas aspirações da humanidade e as suas implicações para as sociedades são transformacionais[23], *i.e.*, representam um indicador de mudança social[24].

Existem diversas evidências recentes[25], políticas e provenientes da sociedade civil, nacionais e internacionais, de defesa, difusão e promoção dos Direitos Humanos[26], como a Exposição *Face à Vida Nua* que

[21] Cabrita, Isabel Xavier (2015). *Modelo Chinês para os Direitos Humanos: uma análise crítica no contexto das relações internacionais*, tese de doutoramento em Ciências Sociais (Relações Internacionais). Lisboa: ISCSP-UL.

[22] Buergenthal, Shelton e Stewart (2002) *apud* Cabrita, Isabel Xavier (2015). *Modelo Chinês para os Direitos Humanos: uma análise crítica no contexto das relações internacionais*, p. 7, tese de doutoramento em Ciências Sociais (Relações Internacionais). Lisboa: ISCSP-UL.

[23] Bloomer, Phil (2014). Os Direitos Humanos são uma ferramenta eficaz para a mudança social? Uma perspetiva sobre Direitos Humanos e Empresas. *SUR*, 11 (20), p. 119. São Paulo.

[24] Álvarez Icaza, Emilio (2014). Os direitos humanos como meio eficaz para produzir mudanças sociais. *SUR: Revista Internacional de Direitos Humanos*, 11 (20), p. 81. São Paulo.

[25] E outras mais recuadas no tempo, *e.g.*, Grant, Lawrence (1978). *Civil liberty: The National Council for Civil Liberties guide to your rights*. Harmondsworth: Penguin Books; Hammarberg, Thomas (2008). *Droits de l'Homme en europe: la complaisance n'a pas sa place: Points de vue du Comissaire aux Droits de l'Homme du Conseil de l'Europe*. Conseil de l'Europe.

[26] Ativista egípcio de direitos humanos espera que sua libertação dê esperança a milhares presos. *Voz da América*, 5 dezembro, 2020. Disponível em: https://www.voaportugues.com/a/activista-de-direitos-humanos-eg%C3%ADpcio-espera-que-sua-liberta%C3%A7%C3%A3o-d%C3%AA-esperan%C3%A7a-a-milhares-presos/5688514.html (acesso em 29 de março de 2022); 'Voices' transmitido em 34 países para marcar Dia dos Direitos Humanos. *Notícias ao Minuto*, 7 dezembro, 2020. Disponível em: https://www.noticiasaominuto.com/cultura/1642338/voices-transmitido-em-34-paises-para-marcar-dia-dos-direitos-humanos (acesso 29 março 2022); *Government launches independent review of the Human Rights Act*. GOV.UK, 7 dezembro, 2020. Disponível em: https://www.gov.uk/government/news/government-launches-independent-review-of-the-human-rights-act (acesso 29 março 2022); Três artistas apresentam obras sobre pandemia e direitos no Museu do Chiado. *Público*, 6 dezembro, 2020. Disponível em: https://www.publico.pt/2020/12/06/culturaipsilon/noticia/tres-artistas-apresentam-obras-pandemia-direitos-museu-chiado-1941958; EUA impõem restrições de vistos a chineses envolvidos em violação de direitos humanos no exterior. *Voz da América*, 5 dezembro, 2020. Disponível em: https://www.voaportugues.com/a/eua-imp%C3%B5em-restri%C3%A7%C3%B5es-de-

reuniu trabalhos de fotografia e cinema de Luciana Fina, João Pina e Vasco Barata, através da qual abordaram os tempos disruptivos de medo, insegurança e desigualdade, enfrentados pela Humanidade, uma exposição com obras sobre a pandemia e os Direitos Humanos[27]; as restrições de visto aos cidadãos chineses associados a operações no estrangeiro, que envolveram violência e outras formas de intimidação, impostas pelo Departamento de Estado americano[28]; ou quando a Alta Comissária das Nações Unidas para os Direitos Humanos, Michelle Bachelet, apareceu na *Web Summit* (2020), para falar sobre Direitos Humanos na era digital, afirmando que a ONU estava a pedir às empresas e aos governos internacionais que desenvolvessem guias sobre os Direitos Humanos nas

vistos-a-chineses-envolvidos-em-viola%C3%A7%C3%A3o-de-direitos-humanos-no-exterior/5688504.html; Dia Internacional dos Direitos Humanos assinalado com exposição em liceu de Lisboa. *Observador,* 4 dez., 2020. Disponível em: https://observador.pt/2020/12/04/dia-internacional-dos-direitos-humanos-assinalado-com-exposicao-em-liceu-de-lisboa/ (acesso 30 março 2022); Mestrado Erasmus em Direitos Humanos com bolsas integrais. *Catracalivre,* 2 dez., 2020. Disponível em: https://catracalivre.com.br/educacao/mestrado-erasmus-em-direitos-humanos-com-bolsas-integrais/ (acesso 27 março 2022); Web Summit: ONU pede a empresas e governos guias sobre direitos humanos na Internet. *Antena 1,* 2 dez., 2020. Disponível em: https://www.rtp.pt/noticias/mundo/web-summit-onu-pede-a-empresas-e-governos-guias-sobre-direitos-humanos-na-internet_a1280015 (acesso 27 março 2022); Valente, Manuel (Coord.) (2011). *DUDH: Estudos Comemorativos do 60.º Aniversário.* Lisboa: EDIUAL; Vitkauskas, Davydas, Dikov, Grigoriy (2012). *La protection du droit à un procés équitable par la Convention européenne des droits de l'homme.* Strasbourg: Conseil de l'Europe; Rudnicki, Dani *et al.* (2012). *Sistema penal e direitos humanos: (im)possíveis interlocuções.* Porto Alegre: Editora UniRitter; Silva, Maria M.; Castilhos, D.; Veiga, F. (dir.), Gonçalves, R. M. (coord.) (2016). Dimensões dos Direitos Humanos, *Atas do II Congresso Internacional.* Porto: U. Portucalense. Disponível em http://repositorio.uportu.pt:8080/bitstream/11328/1611/4/Libro_II_CONDIM_2016-1.SEM%20TEXTO.pdf (acesso em 18 de abril de 2022).

[27] Três artistas apresentam obras sobre pandemia e direitos no Museu do Chiado. *Público,* 6 dezembro, 2020. Disponível em: https://www.publico.pt/2020/12/06/culturaipsilon/noticia/tres-artistas-apresentam-obras-pandemia-direitos-museu-chiado-1941958 (acesso em 29 de março de 2022).

[28] EUA impõem restrições de vistos a chineses envolvidos em violação de direitos humanos no exterior. *Voz da América,* 5 dezembro, 2020. Disponível em: https://www.voaportugues.com/a/eua-imp%C3%B5em-restri%C3%A7%C3%B5es-de-vistos-a-chineses-envolvidos-em-viola%C3%A7%C3%A3o-de-direitos-humanos-no-exterior/5688504.html (acesso em 29 de março de 2022).

tecnologias digitais, para garantir que não são violados através do uso das novas tecnologias[29].

Contudo, apesar da consolidação desta visão, o secretário-geral da ONU, António Guterres, em 2020, ao abrir a 43.ª sessão do Conselho de Direitos Humanos, em Genebra, afirmou que havia decidido fazer o lançamento de um apelo global no ano do 75.º aniversário da ONU, porque os Direitos Humanos estavam sob *ataque*, destacando que estes Direitos ajudam as sociedades a crescer em liberdade, a garantir a igualdade para mulheres e meninas, o desenvolvimento sustentável, evitar conflitos, reduzir o sofrimento humano e construir um mundo justo e equitativo, lembrando que, como afirma a DUDH, estas normas são a maior aspiração da humanidade. Como exemplos, Guterres citou a violação do Direito Internacional em conflitos, o tráfico de seres humanos, a exploração e abuso de mulheres e meninas escravizadas, a prisão de ativistas, a perseguição de grupos religiosos e minorias e o assassinato ou assédio de jornalistas[30]. A Alta Comissária da ONU para os DH, Michelle Bachelet, também denunciou a situação na Bielorrússia, no que diz respeito ao direito à manifestação[31]; a repressão da minoria muçulmana dos Rohingyas na Birmânia, que obrigou uma fuga em massa para o Bangladesh, sobretudo desde 2017[32]; o aumento de ataques contra migrantes e refugiados, desencadeada pela pandemia de Covid-19, segundo o relatório sobre o Pacto Global das Migrações[33]; a incapacidade das empresas joalheiras para assegurar que as jóias não são obtidas

[29] Web Summit: ONU pede a empresas e governos guias sobre direitos humanos na Internet. *Antena 1*, 2 dezembro, 2020. Disponível em: https://www.rtp.pt/noticias/mundo/web-summit-onu-pede-a-empresas-e-governos-guias-sobre-direitos-humanos-na-internet_a1280015 (acesso em 27 de março de 2022).

[30] *In* https://unric.org/pt/chefe-da-onu-alerta-que-direitos-humanos-estao-sob-ataque/ (acesso 27 março 2022).

[31] ONU alerta que violação de direitos humanos na Bielorrússia está a piorar desde setembro. *TSF – Rádio Notícias*, 04 dezembro, 2020. Disponível em: https://www.tsf.pt/mundo/onu-alerta-que-violacao-de-direitos-humanos-na-bielorrussia-esta-a-piorar-desde-setembro-13105832.html (acesso em 29 de março de 2022).

[32] ONGs de defesa dos Direitos Humanos denunciam reassentamentos forçados de Rohingyas. *RFI*, 4 dezembro, 2020. Disponível em: https://www.rfi.fr/pt/mundo/20201204-ongs-de-defesa-dos-direitos-humanos-denunciam-reassentamentos-for%C3%A7ados-de-rohingyas (acesso em 30 de março de 2022).

[33] Pandemia causou crises de direitos humanos e ataques a migrantes e refugiados. *Observador*, 2 dezembro, 2020. Disponível em: https://observador.pt/2020/12/02/pandemia-causou-

com base na violação dos Direitos Humanos, como refere a *International Human Rights Watch*[34]; os protestos no Chile e no Equador, o terrorismo na Nigéria, os conflitos nos Camarões e o assassinato do jornalista saudita Jamal Khashoggi[35], entre outras violações[36].

Vivemos tempos que evidenciam a violação dos direitos humanos, as desigualdades sociais e a agudização da pobreza e da violência. As profundas alterações realizadas na relação entre o Estado e a sociedade,

crises-de-direitos-humanos-e-ataques-a-migrantes-e-refugiados/ (acesso em 30 de março de 2022).

[34] Joalheiras ainda não garantem respeito pelos direitos humanos. *Notícias ao Minuto,* 24 nov., 2020. Disponível em: https://www.noticiasaominuto.com/mundo/1633376/joalheiras-ainda-nao-garantem-respeito-pelos-direitos-humanos (acesso em 31 de março de 2022).

[35] Alta comissária da ONU relata situação dos direitos humanos no mundo. *ONU News,* 27 fevereiro, 2020. Disponível em: https://news.un.org/pt/story/2020/02/1705521 (acesso em 31 de março de 2022).

[36] Crimes de Vida Selvagem e Abusos dos Direitos Humanos nos Navios de Pesca de Taiwan. *National Geographic,* 02 dez., 2020. Disponível em: https://www.natgeo.pt/animais/2020/12/crimes-de-vida-selvagem-e-abusos-dos-direitos-humanos-nos-navios-de-pesca-de-taiwan (acesso em 30 de março 2022); Pessoas com Deficiência: ONU denuncia desigualdades no acesso aos direitos humanos aprofundadas pela pandemia. *Ecclesia,* 21 nov., 2020. Disponível em: https://agencia.ecclesia.pt/portal/pessoas-com-deficiencia-onu-denuncia-desigualdades-no-acesso-aos-direitos-humanos-aprofundadas-pela-pandemia/ (acesso em 31 de março 2022); TEDH condena Suíça por devolver homossexual à Gâmbia. *Observador,* 13 nov., 2020. Disponível em: https://observador.pt/2020/11/17/tribunal-europeu-dos-direitos-humanos-condena-suica-por-devolver-homossexual-a-gambia/ (acesso em 31 de março 2022); Ataques em Moçambique. Alta-Comissária da ONU para os direitos humanos pede medidas urgentes. *Observador,* 13 nov., 2020. Disponível em: https://observador.pt/2020/11/13/ataques-em-mocambique-alta-comissaria-da-onu-para-os-direitos-humanos-pede-medidas-urgentes/ (acesso em 31 de março 2022); Alta comissária da ONU relata situação dos direitos humanos no mundo. *ONU News,* 27 fev., 2020. Disponível em: https://news.un.org/pt/story/2020/02/1705521 (acesso em 31 de março 2022); CDH analisa performance de Angola na área. *ONU News,* 2019. Disponível em: https://news.un.org/pt/tags/conselho-de-direitos-humanos/audio/1/video/1 (acesso em 31 de março 2022); Moçambique destaca na ONU avanços na proteção de direitos humanos. *ONU News,* 2019. Disponível em: https://news.un.org/pt/tags/conselho-de-direitos-humanos/audio/1/video/1 (acesso em 31 de março 2022); Nkamate, Salvador (2014). A luta pela afirmação dos direitos humanos em Moçambique, *SUR,* 11 (20), pp. 225-231. São Paulo. Disponível em https://bdjur.stj.jus.br/jspui/bitstream/2011/90697/luta_afirmacao_direitos_nkamate.pdf (acesso em 14 de abril 2022); Silveira, Maria L. (2014). Direitos humanos e mudanças socias em Angola. *SUR,* 11 (20), pp. 219-223. São Paulo. Disponível em: https://bdjur.stj.jus.br/jspui/bitstream/2011/90695/direitos_humanos_mudanca_silveira.pdf (acesso em 18 de abril de 2022).

transformadas em políticas de ajuste recomendadas pelos organismos multilaterais, estimularam a diminuição da ação do Estado na resolução dos problemas sociais mediante diversas medidas que têm como objetivo a redução dos gastos sociais[37]. A este cenário acrescem os novos desafios aos Direitos Humanos, como a crise climática. A associação suíça *Idosos pelo Clima* apresentou uma queixa no TEDH, e abriu um precedente internacional, na medida em que a Suíça foi acusada, por um grupo de cidadãos, de conduzir uma política climática que viola o seu direito à vida[38]. Em paralelo, 33 países europeus, entre os quais Portugal, vão ter de responder à acusação de serem responsáveis pelo aquecimento global. O TEDH quer que respondam a uma ação interposta por seis jovens portugueses, que acusam esses Estados de inação no que diz respeito às alterações climáticas, responsabilizando-os por impulsionarem a crise climática[39].

Em Portugal, também encontramos diversos exemplos da defesa e promoção dos Direitos Humanos[40]. Em 2020, *e.g.*, o presidente da

[37] Teixeira, Amanda (2019). Sociedade de classe e direitos humanos. *Temporalis*, 18 (36), pp. 94-109. Disponível em: https://periodicos.ufes.br/index.php/temporalis/article/view/21508 (acesso 18 de abril de 2022).

[38] Crise climática, uma ameaça aos direitos humanos?. *Swissinfo.ch*, 5 dezembro, 2020. Disponível em: https://www.swissinfo.ch/por/politica-climatica_crise-clim%C3%A1tica--uma-amea%C3%A7a-aos-direitos-humanos-/46195500 (acesso em 29 de março de 2022).

[39] TEDH acolhe ação de jovens portugueses e obriga 33 países a darem resposta. *Diário de Notícias*, 30 novembro, 2020. Disponível em: https://www.dn.pt/mundo/tribunal-dos-direitos-humanos-da-luz-verde-a-processo-movido-por-jovens-portugueses-13090315.html (acesso em 27 de março 2022).

[40] Portugal na génese do Direito Internacional dos Direitos Humanos. *Diário de Notícias*, 14 novembro, 2020. Disponível em: https://www.dn.pt/edicao-do-dia/14-nov-2020/portugal-na-genese-do-direito-internacional-dos-direitos-humanos-13026384.html (acesso em 31 de março de 2022); O Eça foi um precursor da defesa dos direitos humanos. *Jornal de Notícias*, 25 novembro, 2020. Disponível em: https://www.jn.pt/artes/o-eca-foi-um-precursor-da-defesa-dos-direitos-humanos-13076142.html (acesso em 27 de março de 2022); Michelle Bachelet elogia Portugal por apoio à integração de migrantes [registo vídeo]. *ONU NEWS*, 2019. Disponível em: https://news.un.org/pt/tags/conselho-de-direitos-humanos/audio/1/video/1 (acesso em 31 de março de 2022); GNR realiza primeiro curso de prevenção criminal, policiamento comunitário e direitos humanos. *Diário de Notícias*, 5 de maio de 2019. Disponível em: https://www.dn.pt/lusa/gnr-realiza-primeiro-curso-de-prevencao-criminal-policiamento-comunitario-e-direitos-humanos-10864507.html (acesso em 31 de março de 2022); Ribeiro, Almeida *et al.* (1998). *Repensar a cidadania: nos 50 anos da declaração universal dos direitos humanos.* Lisboa: Notícias Editorial; Silveira, Alessandra e Canotilho,

República, Marcelo Rebelo de Sousa, elogiou o combate pelos Direitos Humanos contra a intolerância, no Prémio *Norte-Sul 2019*, atribuído à tunisina Nabila Hamza[41]. Contudo, também existem alguns sinais preocupantes: dos direitos das pessoas LGBTQIA+ aos refugiados, passando pelo combate à violência de género, Portugal é *exemplar* na consagração

Mariana (2013). Carta dos Direitos Fundamentais da União Europeia: comentada. Coimbra: Almedina; Há a destacar as seguintes iniciativas nacionais no CDH, em Genebra: a) na 40.ª sessão do CDH (25 de fevereiro a 22 de março de 2019), Portugal apresentou a resolução sobre a realização dos direitos económicos, sociais e culturais. Portugal co-patrocinou e co-organizou dois eventos paralelos à margem desta sessão, nomeadamente um evento sobre o papel das tecnologias assistidas para uma educação inclusiva das crianças com deficiência e um segundo evento relativo à dimensão económica e social do direito à Vida; b) na 41.ª sessão do CDH (14 de junho a 12 de julho de 2019), Portugal apresentou a resolução sobre o direito à educação, tendo ainda integrado o *core group* da resolução sobre Juventude e Direitos; c) na 42.ª sessão do CDH (9 a 27 de setembro), Portugal co-patrocinou três eventos paralelos à margem da sessão, sobre Água e Saneamento, Direitos das Pessoas Idosas e Participação das Crianças e Jovens a partir da Educação dos Direitos Humanos. Acresce que, na 3.ª Comissão da 74.ª Assembleia Geral das Nações Unidas, em Nova Iorque, de 1 de outubro a 21 de novembro de 2019, Portugal acompanhou ativamente a negociação das principais resoluções. Na sua capacidade nacional, participou em quatro diálogos interativos, elaborou as intervenções que foram lidas em nome da UE para três diálogos interativos e assegurou a negociação em nome da UE da Resolução sobre a proteção de migrantes, apresentada pelo México. Adicionalmente, apresentou e facilitou, em conjunto com o Cabo Verde e o Cazaquistão, a Resolução sobre políticas e programas que envolvem a juventude. A CNDH fez-se representar no Seminário Internacional sobre a implementação das Convenções Internacionais de Direitos Humanos que teve lugar em Cabo Verde, entre os dias 20 e 22 de maio de 2019. A CNDH recebeu também a visita de uma delegação da Direção Nacional de Direitos Humanos e Cidadania do Ministério da Justiça, Assuntos Constitucionais e Religiosos de Moçambique entre os dias 7 e 18 de outubro, que teve por objetivo a troca de experiências com a CNDH. Os membros da CNDH coordenaram e acompanharam a visita do Comité para a Prevenção da Tortura do Conselho da Europa a Portugal, entre os dias 3 e 12 de dezembro. Foram ainda defendidos os seguintes relatórios: 7.º Relatório da Convenção contra a Tortura e Outras Penas ou Tratamentos Cruéis, Desumanos ou Degradantes das Nações Unidas; o 5.º e 6.º Relatórios da Convenção sobre os Direitos da Criança. Em 2019, Portugal submeteu-se ainda ao 3.º ciclo do Exame Periódico Universal do CDH das Nações Unidas; Portugal. MNE. CNDH. *Relatório de Atividades da CNDH 2019.* Disponível em: https://direitoshumanos.mne.gov.pt/images/documentacao/atividades/relatrio_de_atividades_da_comisso_nacional_para_os_direitos_humanos_-_2019.pdf (acesso em 18 de abril de 2022).

[41] Marcelo e Ferro elogiam combate pelos direitos humanos contra a intolerância. *Observador*, 2 dezembro, 2020. Disponível em: https://observador.pt/2020/12/02/marcelo-e-ferro-elogiam-combate-pelos-direitos-humanos-contra-a-intolerancia/ (acesso em 27 de março de 2022).

legal dos Direitos Humanos[42], *i.e.*, na transposição de recomendações e diretivas comunitárias, mas *falha* muitas vezes no passo seguinte[43]. No ano de 2021, por exemplo, entraram 260 ações contra o Estado português no TEDH[44]. No ano anterior, a comissária europeia dos Assuntos Internos, Ylva Johansson, falou com o ministro da Administração Interna sobre a morte de Ihor Homenyuk, descrevendo o incidente como uma grave violação dos Direitos Humanos às mãos de um serviço de segurança[45]: no dia 29 de março de 2020, em plena pandemia, a comunicação social informou que o cidadão ucraniano Ihor Homeniuk tinha falecido, em 12 de março, no Centro de Instalação Temporária do Aeroporto de Lisboa, com o envolvimento de três inspetores do SEF que, mais tarde, foram acusados pela prática de um crime de homicídio qualificado e de um crime de detenção de arma proibida[46] e condenados,

[42] US Department of State – Bureau of Democracy, Human Rights and Labor (2021). *2021 Country Reports on Human Rights Practices: Portugal.* Disponível em: https://www.state.gov/reports/2021-country-reports-on-human-rights-practices/portugal/ (acesso em 19 de abril de 2022); United Nations. General Assembly. Human Rights Council (2017). *Outcome of the universal periodic review: Portugal.* Disponível em https://documents-dds-ny.un.org/doc/UNDOC/GEN/G19/287/50/PDF/G1928750.pdf?OpenElement (acesso em 18 de abril de 2022); United Nations. General Assembly. Human Rights Council (2019). *Compilation on Portugal: Report of the Office of the United Nations High Commissioner for Human Rights.* Disponível em: https://digitallibrary.un.org/record/3797915?ln=en (acesso em 19 de abril de 2022); United Nations. General Assembly. Human Rights Council (2019). *Report of the Working Group on the Universal Periodic Review: Portugal.* Disponível em: https://digitallibrary.un.org/record/3830842?ln=en (acesso em 19 de abril de 2022).

[43] Direitos humanos: Portugal é o melhor aluno da Europa mas falha quando tem de praticar o que aprendeu, *Público*, 3 de janeiro de 2019, Disponível em: https://www.publico.pt/2019/01/03/sociedade/noticia/direitos-humanos-portugal-melhor-aluno-europa-falha-praticar-aprendeu-1854377 (acesso em 31 de março de 2022).

[44] Tribunal Europeu dos Direitos Humanos recebeu 260 queixas contra Portugal em 2021, *Público*, 25 de janeiro de 2022. Disponível em: https://www.publico.pt/2022/01/25/sociedade/noticia/tribunal-europeu-direitos-humanos-recebeu-260-queixas-portugal-2021-1993113 (acesso em 31 de março de 2022).

[45] Poiares, Nuno (2021c). Justiça, Governança e Media: o caso de Ihor Homenyuk, *Politeia: Revista Portuguesa de Ciências Policiais*, ano XVIII, pp. 115-141, Lisboa: ICPOL-ISCPSI; Morte no SEF: Comissária fala de "violação horrível dos direitos humanos" e diz que "haverá mudanças na liderança". *Público*, 4 dezembro, 2020. Disponível em: https://www.publico.pt/2020/12/04/sociedade/noticia/morte-sef-comissaria-ministro-garantiu-havera-mudancas-lideranca-1941766 (acesso em 30 de março de 2022).

[46] Poiares, Nuno (2021c). Justiça, Governança e Media: o caso de Ihor Homenyuk, *Politeia: Revista Portuguesa de Ciências Policiais*, ano XVIII, 115-141, Lisboa: ICPOL-ISCPSI.

em 2021, pelo Tribunal da Relação de Lisboa, a nove anos de prisão, decisão que foi mantida, em 2022, pelo Supremo Tribunal de Justiça[47]. Este incidente grave também demonstrou que os *media* contribuem para a priorização dos factos e exercem uma influência na velocidade da decisão política, em contraponto à velocidade da justiça, garantia institucional, liberdade da comunicação social, que pode enfraquecer ou reforçar a dimensão subjetiva dos direitos fundamentais[48].

Acresce que os dados da IGAI indicam que as queixas, 881 das quais correspondentes a denúncias e 293 a certidões remetidas pelos tribunais e pela Direção-Geral de Reinserção e Serviços Prisionais, aumentaram 9,4% no ano de 2021 em relação a 2020, uma subida que se verifica desde 2017. A IGAI revela que, em 2017, recebeu 772 denúncias, que subiram para 860 em 2018, voltando a aumentar no ano seguinte para 950 queixas e, em 2020, registaram um novo aumento totalizando 1.073. Os dados do organismo que fiscaliza a atividade das Polícias mostram que a PSP, polícia responsável pelas maiores e mais sensíveis zonas urbanas, é a força de segurança com maior número de queixas, tendo dado entrada na IGAI 565 participações contra a atuação dos profissionais da PSP em 2021, seguindo-se a GNR, com 353, o SEF, com 62, e outras entidades tuteladas pelo MAI (15). A violação dos deveres de conduta (procedimentos ou comportamentos incorretos) e as ofensas à integridade física representam cerca de 60% do total das queixas. Segundo a IGAI, 43,44% das queixas contra a atuação das FSS estiveram relacionadas com a violação de deveres de conduta, tendo dado entrada um total de 510: 284 das quais dirigidas a polícias da PSP, 162 a militares da GNR e 42 a inspetores do SEF. As ofensas à integridade física motivaram 195 denúncias em 2021, 109 das quais dirigidas a polícias da PSP e 58 a militares da GNR. A IGAI recebeu também 119 queixas de abuso de autoridade, 67 das quais contra polícias da PSP e 40 englobadas na categoria

[47] *In* https://www.dn.pt/sociedade/supremo-tribunal-mantem-condenacao-a-nove-anos-de-prisao-dos-tres-inspetores-do-sef-15057553.html (acesso em 11 de dezembro de 2022).

[48] Poiares, Nuno (2021c). Justiça, Governança e Media: o caso de Ihor Homenyuk, *Politeia: Revista Portuguesa de Ciências Policiais*, ano XVIII, pp. 115-141, Lisboa: ICPOL-ISCPSI; Morte no SEF: Comissária fala de "violação horrível dos direitos humanos" e diz que "haverá mudanças na liderança". *Público*, 4 dezembro, 2020. Disponível em: https://www.publico.pt/2020/12/04/sociedade/noticia/morte-sef-comissaria-ministro-garantiu-havera-mudancas-lideranca-1941766 (acesso em 30 de março de 2022).

de violência doméstica. A IGAI registou ainda três denúncias relacionadas com a morte às mãos das forças de segurança, duas na PSP e uma na GNR. Apesar de em 2021 o número de queixas recebidas ter sido o mais elevado dos últimos cinco anos, o número de processos pendentes na IGAI diminuiu para menos de metade no mesmo período, passando de 1.341 em 2017 para 562 em 2021, diminuição que foi obtida por ser objetivo estratégico da IGAI obter uma maior celeridade na conclusão dos processos. A IGAI instaurou, em 2021, 1.300 processos contra elementos das forças de segurança, mais 52 do que em 2020, registando os processos instaurados uma evolução desde 2017. No ano de 2021 a IGAI levantou 41 processos de natureza disciplinar, menos 17 do que em 2020, enquanto em 2019 foram 15, em 2018 situaram-se nos 59 e 38 em 2017. No entanto, as penas disciplinares aplicadas no ano de 2021, um total de 12, mais do que duplicaram relativamente ao ano anterior[49].

Na tomada de posse do ex-diretor nacional da PSP, superintendente-chefe Manuel Magina da Silva, em janeiro de 2020, a primeira questão colocada pelos jornalistas foi a sua visão sobre os incidentes, alegadamente discriminatórios, ocorridos entre a Polícia e a cidadã Cláudia Simões[50], tendo respondido que havia tanto racismo na PSP como na sociedade portuguesa, algo que reafirmou, poucos dias depois, numa entrevista à TVI[51]. Meses mais tarde, no dia 9 de julho de 2020, a IGAI promoveu, com os dirigentes máximos da PSP, GNR e SEF, na Universidade Nova de Lisboa, um encontro subordinado ao *Plano de Prevenção de Manifestações de Discriminação*, com ênfase no controlo das publicações reprováveis, por parte de polícias, nas redes sociais, tema que ganhou particular exposição pública no dia 16 de novembro de 2022, com a denúncia de 591 profissionais da PSP e GNR, que, alegadamente, incitaram ao ódio e à violência nas redes sociais, sinais que também são

[49] 1174 queixas contra atuação das polícias, o valor mais elevado em cinco anos, 14 de junho de 2022. Disponível em: https://expresso.pt/sociedade/2022-06-14-1174-queixas-contra-atuacao-das-policias-o-valor-mais-elevado-em-cinco-anos-45e02a72 (acesso em 16 de junho de 2022).

[50] *In* https://observador.pt/2020/02/03/novo-diretor-da-psp-quer-responsabilizar-policias-com-comportamentos-discriminatorios/ (acesso em 17 de janeiro de 2022).

[51] *In* https://tvi24.iol.pt/opiniao/frederico-varandas/miguel-sousa-tavares-magina-da-silva-ha-tanto-racismo-na-psp-como-ha-na-sociedade-portuguesa (acesso em 17 de janeiro de 2022).

visíveis no plano internacional, como os sucessivos episódios de violência nos EUA, entre a Polícia e os cidadãos, resultantes de atuações policiais, com contornos supostamente discriminatórios.

Nessa medida, no dia 23 de dezembro de 2021, os órgãos de comunicação social informaram que o recrutamento de polícias ia começar a incluir testes para despistar ligações à extrema-direita e que os novos critérios de seleção dos futuros profissionais da PSP, GNR e SEF iam ser concretizados no ano de 2022. Segundo a IGAI, o recrutamento dos futuros polícias ia passar a incluir testes de personalidade para despistar eventuais ligações à extrema-direita ou comportamentos contrários ao Estado de Direito. Os novos critérios de seleção dos futuros elementos da PSP, GNR e SEF inserem-se no *Plano de Prevenção de Manifestações de Discriminação nas Forças e Serviços de Segurança,* um documento elaborado pela IGAI[52] e que contou com a participação das três instituições, cujo objetivo é prevenir qualquer forma de discriminação nas Polícias. Para esse efeito, foi criado um grupo de trabalho, que integrou membros das forças e serviços de segurança, psicólogos e pessoas ligadas aos departamentos de recursos humanos, resultando na introdução de novos campos no processo de seleção dos futuros polícias. Na área do recrutamento, foi previsto o reforço de critérios de recrutamento de forma a poder despistar comportamentos contrários ao Estado de Direito, falta de empatia e agressividade. Nesse sentido, José Vilalonga, ex-subinspector-geral da IGAI, salientou que foram estabelecidas alterações aos métodos de recrutamento, inserindo alguns campos de análise relacionados com aspetos de personalidade que tentam avaliar questões como o nível de empatia e a adesão aos valores do Estado de Direito. Pretende-se, desse modo, evitar que entrem racistas, xenófobos e homofóbicos ou qualquer outra forma de discriminação nas forças de segurança. Anabela Cabral Ferreira, inspetora-geral da IGAI, considerou que a sociedade portuguesa não é racista, mas há cidadãos racistas, xenófobos e homofóbicos e, muitos deles, podem entrar nas forças de segurança. O Plano, por esse motivo, define áreas de intervenção, objetivos e medidas específicas relacionadas com o recrutamento, formação

[52] Sob a coordenação da Dr.ª Anabela Cabral Ferreira, inspetora-geral da Administração Interna; e o Dr. José Vilalonga, subinspetor-geral da IGAI (aquando da aprovação do PPMD-FSS).

e a atuação dos profissionais das FSS[53], aspetos que serão aprofundados no decurso do presente estudo.

Pelo exposto, entendemos ser cientificamente relevante o desenvolvimento de um estudo inserido no quadro dos Direitos Humanos, contribuindo para o avanço do conhecimento relativamente ao diálogo entre o contexto da atividade policial e o respeito pela Diversidade nas sociedades contemporâneas, em particular no período democrático, em Portugal, visando melhorar a relação entre a Polícia e os cidadãos. Nessa senda, definimos, a seguinte pergunta de investigação: qual tem sido a trajetória da Polícia portuguesa, na sua relação com a Diversidade, em democracia, *i.e.*, desde 25 de abril de 1974? Para esse efeito, aprofundámos os seguintes objetivos específicos: i) revisão doutrinária, legal, jurisprudencial e documental, nacional e internacional, que permita apresentar um estado da arte sobre a evolução da Polícia e as atitudes e representações face à Diversidade; ii) compreender o modo como o objeto de estudo tem vindo a ser tratado em Portugal, no âmbito do recrutamento; iii) analisar as especificidades dos Cursos de Formação de Oficiais, Chefes e Agentes de Polícia, para aferir o tratamento e a relevância dos aspetos relacionados com a Diversidade na formação dos futuros profissionais da Polícia Portuguesa; iv) e projetar perspetivas de futuro e recomendações de ação face aos resultados obtidos.

A delimitação do tema foi, assim, inspirada em diversos episódios com impacto mediático, em relatórios (inter)nacionais e no facto de o autor destas linhas ser professor no Instituto Superior de Ciências Policiais e Segurança Interna[54], o que tem obrigado a colocar, no centro dos debates com os(as) alunos(as), a relação entre a Polícia e a Diversidade, à luz dos Direitos Humanos. Acresce que temos colaborado com o IGC/CDH[55], *i.e.*, no curso de pós-graduação em Direitos Humanos, com

[53] *In* https://www.dn.pt/sociedade/amp/recrutamento-de-policias-vai-incluir-testes-de-personalidade-para-despistar-ligacoes-a-extrema-direita--14435329.html?fbclid=IwAR2xdlmjuvw6i7YBFr9AGtdMxv0nlu2nR60dE10ouL-cfdRweHU7jJLs_u8 (acesso em 11 de janeiro de 2022).

[54] Sem olvidar outras instituições, com as quais tem colaborado, em particular a Faculdade de Direito da Universidade Lusófona de Lisboa, o Instituto Politécnico de Beja, a FDUC e a FDUL.

[55] *Ius Gentium Conimbrigae*/Centro de Direitos Humanos da Faculdade de Direito da Universidade de Coimbra.

o tema *Forças de Segurança e Direitos Humanos* (em 2017 e desde 2023); no 1.º curso de pós-graduação em Direitos Humanos e Tribunais, com o tema *Direitos Humanos e Polícias* (2020); e no III curso de formação em Direitos Humanos, com o tema *Segurança Pública e Direitos Humanos* (2021), o que permitiu criar um repositório bibliográfico especializado que facilitou o desenvolvimento do presente estudo.

Em termos metodológicos privilegiou-se uma abordagem qualitativa, assente na recolha de dados através de uma revisão documental, legal, doutrinal e jurisprudencial, complementada com um *focus group* dirigido a 150 comissários da PSP, onde se pretendeu aferir a perceção dos Oficiais, na maioria com funções de comando operacional, relativamente à existência de evidências de racismo e discriminação no seio da Polícia. O presente estudo assenta num raciocínio lógico-dedutivo e está dividido em duas partes com cinco capítulos. A parte I, com dois capítulos, é subordinada aos Direitos Humanos e aos instrumentos (inter)nacionais; onde abordamos os conceitos de Direito e Humano, o processo evolutivo desde os Direitos Humanos, passando pelos direitos dos animais, aos direitos dos sujeitos artificiais; a relação entre os Direitos Humanos e a globalização; e os instrumentos legais (inter)nacionais atualmente disponíveis, *maxime*, as regras internacionais de Direitos Humanos para a aplicação da lei, culminando numa abordagem à democracia e aos Direitos Humanos em Portugal. A parte II, subordinada ao diálogo entre a atividade policial e os Direitos Humanos, apresenta três capítulos, onde abordamos o sistema de segurança interna português; o conceito de polícia como sinónimo de civilização e de cultura até ao século XVII; a *Politeia* como a forma da Constituição e de governo; a profissão polícia, a cultura organizacional, as representações socioprofissionais, a consciência social do sentido útil (poder simbólico) do mandato policial, o(a) cidadão(ã)-polícia e a representação social do poder; a governança, a discriminação e a teoria da discricionariedade; e os *incidentes-rastilho*, as políticas securitárias e o *lobby* da insegurança. No capítulo quatro analisamos a relação entre a atividade policial e a Diversidade, *maxime* o multiculturalismo, o racismo, os direitos das mulheres, a comunidade LGBTQIA+ e a saúde mental, *i.e.*, a relação entre a Polícia e as minorias ou grupos mais vulneráveis, *e.g.*, pessoas discriminadas em função do género, vítimas de violência doméstica, cidadãos(ãs) com problemas de saúde mental, etc. Por fim, no capítulo cinco, analisamos, criticamente, a prevenção de manifestações de discriminação nas forças e serviços de segurança, abordando os sistemas de controlo da atividade policial, o *Plano de Prevenção de Manifestações de Discriminação*; os Direitos Humanos como matriz da formação policial europeia; a força e o *balizamento* constitucional da atuação policial[56], os direitos humanos nos cursos de formação policial; a formação ministrada na Escola Superior de Polícia (atual ISCPSI) e a disciplina pioneira de Direitos Fundamentais, lecionada desde 1984; os desafios do ensino dos Direitos Humanos em contexto policial e multicultural, concluindo com a mudança de paradigma e os desafios que se colocam, com a proposta de criação do Gabinete Nacional de Direitos Humanos, na dependência direta do ministro da Administração Interna, face à objetiva *incapacidade*, das forças e serviços de segurança, em criar uma estrutura interna especializada, com capacidade de influência, autonomia e com recursos que apoiem a missão do recém-criado Oficial de Direitos Humanos, no sentido de gerar uma verdadeira cultura de promoção dos Direitos Humanos, enquanto marca distintiva desta nova fase.

[56] Artigos 19.º e 272.º da Constituição da República Portuguesa.

PARTE I
DIREITOS HUMANOS, GLOBALIZAÇÃO E INSTRUMENTOS (INTER)NACIONAIS

Na parte I da presente Obra apresentamos uma contextualização sobre a relação entre os Direitos Humanos e a Globalização, assente nos conceitos-chave de *direito* e *humano*; a trajetória ocorrida desde a formalização dos Direitos do Homem, passando pelos Direitos Humanos, até às mais recentes preocupações sobre os direitos dos animais, o transumanismo e uma projeção do que poderá vir a ser uma *Declaração Universal dos Direitos dos Seres Vivos e dos Autómatos*, assim como uma abordagem aos efeitos da globalização para a defesa e a promoção dos Direitos Humanos (cap. 1), seguindo-se uma análise sobre os instrumentos internacionais de Direitos Humanos, *maxime* as regras internacionais para a aplicação da lei, culminando na análise da defesa e salvaguarda dos Direitos Humanos no ordenamento jurídico português (cap. 2).

1. Direitos Humanos e Globalização

O termo Globalização tornou-se recorrente somente nos anos 1990. No entanto, no século XIX já traduzia a ideia de que o processo de modernização implicava uma crescente integração do mundo[57]. Nessa senda,

[57] Campos, Luís e Canavezes, Sara (2007). *Introdução à Globalização*. Instituto Bento Jesus Caraça.

Giddens (2009) definiu a globalização como a intensificação das relações sociais ao nível mundial, que vincula diferentes localidades, de tal modo que os acontecimentos locais são influenciados por acontecimentos que têm lugar em espaços muito distantes no globo[58], com consequências, por vezes, negativas, como se tem verificado, por exemplo, no conflito bélico entre a Rússia e a Ucrânia, desde fevereiro de 2022; o que nos remete para a procura de um equilíbrio, nem sempre fácil de alcançar, entre diversas variáveis: a individualização *versus* a solidariedade; o globalismo *versus* a erosão do Estado-providência; o capital global *versus* o trabalho; e a cultura global *versus* a diversidade cultural[59].

Neste âmbito, Braudel (1989) distinguiu duas realidades: a) o que podemos designar por economia mundial, a economia do mundo globalmente considerado, que se aproxima do entendimento que atualmente se tem sobre globalização na sua dimensão económica; b) e o que pode designar-se por economia-mundo, *i.e.*, uma economia que ocupa um determinado espaço geográfico, que tem limites e que se submete a uma grande capital económica. Em alguns períodos históricos coexistiram dois centros numa economia-mundo, *e.g.*, Roma e Alexandria, no tempo de Augusto e de António e Cleópatra; ou Londres e Amesterdão, no séc. XVIII. Por outro lado, podem coexistir várias economias-mundo, como aconteceu antes de o mundo ser totalmente conhecido pelos europeus[60]. Atualmente, segundo Mário Reis Marques[61], o Estado *Vestefaliano*, que inaugurou o moderno sistema internacional de Estados-Nação[62], para garantir uma paz duradoura através do equilíbrio de poderes[63], *i.e.*, a moeda, a soberania, as fronteiras (territorialidade), o Estado sem esfera, a igualdade jurídica entre os Estados e a não intervenção,

[58] Giddens, Anthony (2009). *Sociologia*, 7.ª edição. Lisboa: Fundação Calouste Gulbenkian.

[59] Rocha, Acílio da Silva Estanqueiro (2010). Direitos humanos e globalização, *Direitos humanos numa época de insegurança*, pp. 295-318. Porto Alegre: Tomo Editorial.

[60] Braudel, Fernand (1989). *A Dinâmica do Capitalismo*. Lisboa: Teorema; Campos, Luís e Canavezes, Sara (2007). *Introdução à Globalização*. Instituto Bento Jesus Caraça.

[61] Seminário *O sentido dos Direitos Humanos no contexto da globalização*, proferido pelo Professor Doutor Mário Reis Marques, no Seminário Específico do Programa de Pós-Doutoramento em Democracia e Direitos Humanos, promovido pelo IGC/CDH, na Faculdade de Direito da Universidade de Coimbra, no dia 24 de junho de 2022.

[62] E o marco inicial da diplomacia e do direito internacional e uma das bases das relações internacionais.

[63] *Reforçada* com o Congresso de Viena (1815) e o Tratado de Versalhes (1919).

assente nos onze tratados celebrados no século XVII, está em crise devido à globalização, após o período de *ouro* dos direitos humanos na sociedade (desde a aprovação da DUDH elaborada pela ONU em 1948, à queda do muro de Berlim em 1989). Passámos, metaforicamente, de um *jardim vestefaliano italiano*, para uma *floresta tropical*. Norberto Bobbio, filósofo italiano (1909-2004) falava na Era dos Direitos[64] que, atualmente, se encontra em crise, fruto dos desequilíbrios potenciados pela busca de poder, controlo e hegemonia por parte de determinados interesses que têm procurado consolidar a sua posição económica, política, militar e geoestratégica com base na globalização, que não atende à necessidade de uma visão e uma governança globais e glocais, que consigam gerar equilíbrios e diminuir o fosso entre os países do Norte e do Sul, assim como mitigar a pobreza, a miséria e a violação de direitos humanos, em particular nos países subdesenvolvidos. Num discurso proferido na Universidade de Stanford, em 2013, o secretário-geral da ONU, Ban Ki-moon, referiu-se ao presente como uma Era de transição, pedindo aos ouvintes que se tornassem cidadãos globais, pois caminhamos para uma ordem mundial multipolar[65]. No entanto, verifica-se a continuidade de um desequilíbrio entre as organizações da sociedade civil do Norte e do Sul nos fóruns internacionais. Há fatores internos e externos que inibem as organizações do Sul de desempenhar um papel mais ativo nas discussões de governança global e na formação da agenda das organizações intergovernamentais. Importa, por isso, consolidar uma sociedade civil multipolar, de acordo com as realidades de uma ordem mundial em transformação[66], o que não tem sido fácil garantir face ao crescendo de posições extremadas, ultranacionalistas e os discursos radicais, intolerantes e anti-diversidade, que fazem recordar o passado ainda muito

[64] Bobbio, Norberto (1992). *A Era dos Direitos*. Rio de janeiro: Campus.

[65] Ki-Moon, Ban (2013). *Remarks at Stanford University*. UN News Centre, 17 de janeiro. Speech at Stanford U. Palo Alto: Califórnia. Disponível em: https://www.un.org/sg/en/content/sg/speeches/2013-01-17/remarks-stanford-university (acesso em 18 abril 2022); Sriskandarajah, Dhnanjayan; Tiwana, Mandeep (2014). Rumo a uma sociedade civil multipolar. *SUR: Revista Internacional de Direitos Humanos*, 11 (20), pp. 528-535. São Paulo. Disponível em: https://bdjur.stj.jus.br/jspui/bitstream/2011/90751/rumo_sociedade_civil_sriskandarajah.pdf (acesso em 18 de abril de 2022).

[66] Sriskandarajah, Dhnanjayan; Tiwana, Mandeep (2014). Rumo a uma sociedade civil multipolar. *SUR: Revista Internacional de Direitos Humanos*, 11 (20), pp. 528-535. São Paulo. Disponível em: https://bdjur.stj.jus.br/jspui/bitstream/2011/90751/rumo_sociedade_civil_sriskandarajah.pdf (acesso em 18 de abril de 2022).

recente na história da humanidade e que demonstrou o lado mais mórbido da natureza humana para a prática de atos que contrariam o processo civilizacional[67], pondo em causa a salvaguarda dos Direitos Humanos que, inclusivamente, podem ser instrumentalizados pela ideologia de grupos ou de poderes constituídos, que tendem, por vezes, a colocar esses Direitos ao serviço de interesses ou de privilégios particulares, com base em motivações geoestratégicas, ambientais, económicas, sociais, culturais, educacionais, etc.[68].

Na verdade, a natureza do ser humano tem-se revelado frágil para constituir fundamento dos Direitos Humanos, atendendo às diferentes perceções num mundo multicultural. O que significa que os Direitos Humanos são apenas potencialmente universais: uma coisa é o direito reivindicado, outra o direito reconhecido. O primeiro objetivo, na sua proclamação, foi o de torná-los universais nas sociedades anteriormente estruturadas de forma não democrática, em que as pessoas usufruíam de estatutos jurídicos diferentes. Os Direitos Humanos também têm desempenhado funções ideológicas, sendo criticados por alguns quadrantes por serem a expressão instrumental de uma razão ocidental, não se tendo em conta os diversos contextos socioculturais. Não se pode ignorar que o Ocidente, *maxime* os EUA, veicula uma cultura, o que desperta, em alguns quadrantes, uma reação negativa[69]. Veja-se, por exemplo, o caso da violência de género em algumas regiões africanas, onde a tradição, os costumes e as respostas informais e comunitárias ainda prevalecem sobre a lei, o que levanta dificuldades aos aplicadores do Direito, sobretudo aqueles cuja formação assenta numa matriz europeia garantística dos Direitos Humanos, *in casu*, dos direitos das mulheres, o que obriga uma hermenêutica intercultural e, eventualmente, uma justiça restaurativa[70]. E isto acontece porque os Direitos Humanos, na sua

[67] *E.g.*, a *Solução Final da Questão Judaica* durante a Segunda Guerra Mundial (1939-1945).

[68] Teixeira Fernandes, António (2009). Direitos Humanos e Globalização, *Sociologia*, XIX, pp. 11-45. Porto: U. Porto. Disponível em: https://www.redalyc.org/pdf/4265/426539980001.pdf (acesso em 1 de agosto de 2022).

[69] Fernandes, António Teixeira (2009). Direitos humanos e globalização, *Sociologia*, I série, 19, 11-45. Disponível em: https://ojs.letras.up.pt/index.php/Sociologia/article/view/2325 (acesso em 12 de abril de 2022).

[70] Monte, Mário Ferreira (2020). Multiculturalismo e tutela penal: uma proposta de justiça restaurativa, *Multiculturalismo e Direito Penal*, pp. 97-113, I Encontro Nova-Direito, 2012. Coimbra: Almedina; Dias, Augusto Silva (2015). A responsabilidade criminal do "outro": os

maioria, não são absolutos nem homogéneos. São absolutos os que valem em todas as situações e para todos os seres humanos, e são relativos os que são acolhidos por cada cultura. Em qualquer caso, estão em causa o ser humano, a sua cultura e a relação com o outro[71], na sua diversidade multicultural, o que, por vezes, não é pacífico.

1.1. Os conceitos de *Direito* e *Humano*

A nossa primeira tarefa deve consistir, para uma melhor compreensão do alcance e da etimologia dos Direitos Humanos, em definir o Direito, conceito poliédrico, na medida em que apresenta vários sentidos indissociáveis. A palavra Direito está associada a uma metáfora na qual uma figura geométrica assumiu um sentido moral e depois jurídico: o direito é a linha reta, que se opõe à curva, ou à oblíqua, e aparenta-se às noções de retidão, de franqueza e de lealdade nas relações humanas[72]. Nas sociedades modernas as normas jurídicas encontram-se materializadas em textos cujo conteúdo faz fé[73] e são uma projeção material das representações sociais num determinado contexto histórico, geográfico, social, político, religioso, económico e demográfico, acompanhando a forma como a comunidade perceciona a realidade. Mas isso nem sempre ocorre, podendo incorporar o espírito dos poderes instalados, sobre-

crimes culturalmente motivados e a necessidade de uma hermenêutica intercultural. *Julgar*, 25, pp. 95-108. Coimbra: Coimbra Editora; Dias, Augusto Silva (2016). *Crimes Culturalmente Motivados – O Direito Penal ante a 'Estranha Multiplicidade' das Sociedades Contemporâneas*, reimpressão 2018. Coimbra: Almedina; Dias, Augusto Silva (2020). O multiculturalismo como ponto de encontro entre Direito, Filosofia e Ciências, *Multiculturalismo e Direito Penal*. I Encontro Nova-Direito, Lisboa 2012, pp. 15-31. Coimbra: Almedina; Poiares, Nuno (2021a). *A violência doméstica nos PALOP: uma aproximação metodológica ao ensino jurídico-penal em contexto policial e multicultural*, dissertação de mestrado em Direito Penal. Lisboa: FDUL.

[71] Teixeira Fernandes, António (2009). Direitos Humanos e Globalização, *Sociologia*, XIX, pp. 11-45. Porto: FLUP. Disponível em: https://www.redalyc.org/pdf/4265/426539980001.pdf (acesso em 1 de agosto de 2022).

[72] Lévy-Bruhl, Henri (2000) (1988), *Sociologia do Direito*, p. 3. São Paulo: Martins Fontes Editora. Para Celso (século II d.C.) o Direito é a arte do bom e do justo (*ars boni et aequi*). Meio século depois, Ulpiano irá resumi-lo nas três máximas seguintes: *honeste vivere* (viver honrosamente); *alterum non laedere* (não prejudicar o próximo); *suum cuique tribuere* (dar a cada um o que lhe é devido), p. 7; Poiares, Nuno (2018a). *As profissões (para)jurídicas em Portugal: requisitos, mandatos e convergências*, 2.ª edição. Porto: Fronteira do Caos Editores.

[73] Guibentif, Pierre (1992). A aplicação do Direito redescoberta pela sociologia jurídica, *Sociologia – Problemas e Práticas*, 12, pp. 19-39. Lisboa: CIES-IUL.

tudo em regimes políticos com menor tradição democrática, ou naqueles cujos graus de desenvolvimento não se consegue impor a grupos de interesse. O Direito é, assim, um fenómeno social, o conjunto das normas obrigatórias que determinam as relações sociais impostas pelo grupo ao qual se pertence[74]. Mas também é uma ciência abstrata, lógico-dedutiva e que sistematiza um campo do conhecimento que congrega diversas áreas de especialização jurídicas, com ligação aos domínios da vida em sociedade, como o universo criminal, laboral, fiscal, rodoviário, a família, o ambiente, a saúde, a habitação, o urbanismo, a infância, a juventude, a terceira idade, o ciberespaço, a educação, a cultura e o ensino, entre outras dimensões sociais. Ou seja, o Direito regula as atividades dos seres humanos organizados em sociedade, *i.e.*, uma sociedade humana: *ubi homo ibi societas; ubi societas, ibi jus*[75].

Para Kingsley Davis (1949), a sociedade humana é o compósito da cultura, as normas sociais, os fins, meios e condições que controlam a adoção de normas e *status* pelos indivíduos; e a interação, conflito, competição e cooperação entre indivíduos que ocorre na estrutura social, *i.e.*, o indivíduo inserido numa sociedade, os grandes grupos, as instituições, a população e a mudança social[76]. O conceito de humano surge-nos, então, numa primeira dimensão, como animal ou espécie viva que pertence à família do *homo sapiens*, e que difere das demais por possuir inteligência e características próprias, tendo evoluído no sentido de uma crescente valorização da vida humana, atingindo a consagração constitucional da sua inviolabilidade em muitos países. Nesse âmbito, Morin (2011) defende o ser como unidual, ou seja, biológico e cultural, com características antagónicas e complementares. Assim, o ser humano é *homo sapiens* e *homo demens*, na medida em que exprime as qualidades egocêntricas e altruístas do indivíduo; um ser plenamente biológico mas, se não fosse a cultura, seria um primata, *i.e.*, ele só se realiza como ser humano pela cultura[77].

[74] Lévy-Bruhl, Henri (2000) (1988). *Sociologia do Direito*, p. 20. São Paulo: Martins Fontes Editora; Poiares, Nuno (2018a). *As profissões (para)jurídicas em Portugal: requisitos, mandatos e convergências*, 2.ª edição. Porto: Fronteira do Caos.

[75] Aforismo atribuído ao jurista romano Domicio Ulpiano (170-228 d.C.) no Corpus Iuris Civilis: onde está o homem, há sociedade; onde há sociedade, há direito (tradução nossa).

[76] Davis, Kingsley (1949). *Human society*. Macmillan.

[77] Morin, Edgar (2011). Ensinar a condição humana, *in* E. Morin, *Os sete saberes necessários para a educação do futuro*, pp. 47-59, 2.ª ed. Brasília: UNESCO; Pinto, Anaísa Cristina;

Para Sócrates (470-399 a.C.), um dos fundadores da filosofia ocidental, a questão central da sua reflexão foi a busca da essência do Homem, com base no método dialógico designado como maiêutica. Para o filósofo ateniense, do período clássico da Grécia Antiga, o Homem é a sua alma, enquanto razão e consciência, o *eu* intelectual e moral, *i.e.*, aquilo que distingue o ser humano de todos os outros seres existentes na natureza. Daí a importância da sua afirmação: *conhece-te a ti mesmo*. E só aqueles que se conhecem a si mesmo, é que compreendem, com humildade, que não sabem[78]. Nesse aspeto, Edgar Morin (2011) apresenta a tríade que constitui o ser humano: a) a mente, o cérebro e a cultura; b) a razão, o afeto e a pulsão; c) e o indivíduo, a sociedade e a espécie[79]. Para Xavier Zubiri (2006), o ser humano é, ao mesmo tempo, individual, social e histórico, e essas três dimensões são exigidas pela sua própria realidade, que é pluralizante, contínua e prospetiva[80]. Já Donald Brown (2004) fala-nos no conceito de *humano universal*, caracterizado pela cultura, a sociedade, a linguagem, o comportamento e a mente, que são encontrados em todos os povos conhecidos pela etnografia e pela história. Por outro lado, Hannah Arendt (1958) considera a humanidade a partir da perspetiva das ações de que é capaz realizar, onde os problemas identificados continuam atuais: a diminuição do humanismo e da liberdade política, e o paradoxo de que, à medida que os poderes humanos aumentam através da investigação tecnológica e humanística, estamos menos preparados para controlar as consequências das nossas ações[81].

Garanhani, Mara Lúcia; França, Thiago Eduardo de; Pierotti, Isadora (2017). Conceito de ser humano nas teorias de enfermagem: aproximação com o ensino da condição humana, *Pro-Posições*, 28 (1), set.-dez., pp. 88-110. Disponível em: https://www.scielo.br/j/pp/a/FRWqBZnfFGkVMthgnTSHQYk/abstract/?lang=pt (acesso 11 julho 2022).

[78] *In* https://nationalgeographic.pt/historia/grandes-reportagens/2768-socrates-as-suas-ideias-o-seu-pensamento-a-sua-etica-e-a-sua-concepcao-da-politica-continuam-presentes-nos-nossos-dias (acesso em 23 de agosto de 2022).

[79] Morin, Edgar (2011). Ensinar a condição humana, *in* E. Morin, *Os sete saberes necessários para a educação do futuro*, pp. 47-59, 2.ª ed. Brasília: UNESCO; Pinto, Anaísa Cristina; Garanhani, Mara Lúcia; França, Thiago Eduardo de; Pierotti, Isadora (2017). Conceito de ser humano nas teorias de enfermagem: aproximação com o ensino da condição humana, *Pro-Posições*, 28 (1), set.-dez., pp. 88-110. Disponível em: https://www.scielo.br/j/pp/a/FRWqBZnfFGkVMthgnTSHQYk/abstract/?lang=pt (acesso 11 julho 2022).

[80] Zubiri, Xavier (2006). *Tres Dimensiones Del Ser Humano: Individual, Social, Histórica*. Fundación Xavier Zubiri.

[81] Arendt, Hannah (1958). *The Human Condition*. University of Chicago Press.

Mas essa visão antropocêntrica, e até divina de si próprio, decorrente da *centelha de Deus* que se encontra em cada coisa criada, tem sido uma constante no processo civilizacional, variando entre uma maior e uma menor valorização do sujeito relativamente à coletividade e aos outros seres vivos[82]. Para Adriano Serra (1988), o autoconceito pode ser definido como a perceção que o indivíduo tem de si próprio e o conceito que, devido a isso, forma de si. É um constructo que ajuda a compreender o comportamento humano, como a uniformidade, a consciência e a coerência da conduta, a identidade e a manutenção de certos estereótipos de ação[83]. Acresce que o conceito da criação em Eckhart levou o ser humano a reconhecer-se como portador da centelha divina, assim como em todos os seres criados. Para Eckhart, a palavra ou centelha de Deus está em cada coisa criada, o que implica uma *divinação* de cada parte da criação, cabendo ao ser humano procurar entender como esta centelha está presente em toda parte e criar mecanismos de salvaguarda e defesa dessas características humanas[84].

Nessa medida, na convergência destes conceitos, encontramos o corolário defendido por Bourdieu: o Direito move a sociedade[85], corpo social onde os Direitos Humanos surgem como uma das maiores conquistas civilizacionais e, por isso, nunca foi tão fundamental, como hoje, a sua defesa e consagração universal face a constantes recuos e violações. Segundo Boaventura de Sousa Santos, os Direitos Humanos são parte integrante do projeto da modernidade, que é revolucionário e ambicioso[86]. No conceito originário, estes direitos são aqueles que

[82] A este propósito *vide*, por exemplo, a sistematização do Código Penal Português de 1886 em que, ao contrário do atual CP (1982), as pessoas surgiam em *4.º plano*: no título I surgiam os crimes contra a religião do Reino e dos cometidos por abuso de funções religiosas, seguindo-se os crimes contra a segurança do Estado (título II) e os crimes contra a ordem e a tranquilidade públicas (título III). Os crimes contra as pessoas surgiam no título IV; Poiares, Nuno e Dias, Eurico (2019). Igreja Católica e Direito Criminal: uma abordagem sociológica ao Código Penal Português (1886). *Rever*, 311-329, 19 (3), set.-dez. São Paulo: PUC e UCP.

[83] Serra, Adriano Supardo Vaz (1988). O auto-conceito, *Análise Psicológica*, 6 (2), pp. 101-110. Lisboa: ISPA.

[84] Newnum, Robert S. (2007). *O conceito do ser humano na criação em Mestre Eckhart*. V Encontro Internacional de Produção Científica (23 a 26 de outubro de 2007). Maringá, Paraná: Centro Universitário de Maringá, Brasil.

[85] Bourdieu, Pierre (2011). *O poder simbólico*, Lisboa: edições 70.

[86] Santos, Boaventura de Sousa (1989). Os direitos humanos na pós-modernidade. *Oficina do CES*, 10. Universidade de Coimbra. Disponível em: https://estudogeral.sib.uc.pt/

pertencem aos seres humanos em razão da sua própria natureza, *i.e.*, da sua condição e dignidade de pessoa. São anteriores e superiores às ordens jurídicas positivas que devem reconhecê-los enquanto direitos fundamentais. Todos os direitos humanos fundamentais ou naturais têm, como inspiração, a natureza humana, porque os Direitos Humanos são, originariamente, direitos naturais[87]. A mais antiga conceção jusnaturalista deve-se a Heraclito, alguns sofistas da Grécia, Sócrates, Platão e Aristóteles, mas também aos jurisconsultos romanos[88]. A civilização grega trouxe o interesse dos filósofos pela relação entre o Estado, a religião e o indivíduo. Com os estoicos, iniciou-se o estudo de um direito natural, as leis estabelecidas pelos seres humanos seriam réplicas imperfeitas de um direito eterno e imutável aplicável universalmente e só teriam valor quando correspondessem à lei natural[89]. Atualmente, os Direitos Humanos podem ser definidos sob dois prismas: a) a análise dos fundamentos primeiros desses direitos, à luz de uma abordagem filosófica, sociológica e pela ciência política; b) e a análise jurídica desses direitos, *i.e.*, o conjunto de tratados, convenções e legislação, cujo objeto é a definição e regulação dos mecanismos, internacionais e nacionais, garantísticos dos direitos fundamentais da pessoa humana[90], cujo marco mais significativo, para a sua consolidação, ocorreu no dia 10 de dezembro de 1948, aquando da adoção da DUDH pela Assembleia Geral das Nações Unidas. Esta Declaração reconhece que o respeito pelos direitos inalienáveis de todos os membros da família humana constitui o fundamento da liberdade, da justiça e da paz do mundo, proclamando que todos os seres humanos nascem livres e iguais em dignidade e em direitos, sem distinção de raça, cor, sexo, língua, religião, opinião política ou outra de

handle/10316/10919 (acesso em 14 de abril 2012); Magalhães, Wellington (2015). A capacidade jurídico-postulatória do indivíduo em âmbito internacional de proteção e defesa dos direitos humanos. *Revista ESMAT*, 6 (8). Disponível em http://esmat.tjto.jus.br/publicacoes/index.php/revista_esmat/article/view/19 (acesso em 14 de abril de 2022).

[87] Monteiro, Ana Isabel L. (1991). *A família nas declarações internacionais dos direitos humanos*, pp. 11-12. Lisboa: Ministério do Emprego e da Segurança Social. Direção Geral da Família.

[88] Monteiro, Ana Isabel L. (1991). *A família nas declarações internacionais dos direitos humanos*, p. 16. Lisboa: Ministério do Emprego e da Segurança Social. Direção Geral da Família.

[89] Barreto, Ireneu C. (2010). *A CEDH. Anotada*, 4.ª edição, p. 18. Coimbra: Coimbra Editora.

[90] Pinheiro, Flávio M. L. (2008). A teoria dos direitos humanos. *Themis*, Fortaleza, 6 (2), pp. 111-122. Disponível em: http://revistathemis.tjce.jus.br/index.php/THEMIS/article/view/198/188 (acesso em 14 de abril 2022).

origem nacional ou social, de fortuna, nascimento ou qualquer outra situação[91], o que representou um marco no processo de defesa e promoção dos Direitos Humanos. O ser humano passou a ser, assim, sujeito de direito universal[92].

1.2. Dos Direitos do Homem aos Direitos dos Sujeitos Artificiais

Nesta secção, pretendemos apresentar um enquadramento geral, mas resumido, do caminho percorrido desde a consagração formal dos *Direitos do Homem* até aos debates mais recentes sobre os *Direitos dos Animais* (*e.g.* o novo quadro legal e o conceito de família multiespécie) e a admissibilidade de personalidade jurídica para os autómatos, enquanto sujeitos artificiais de direitos e deveres. Esse caminho foi moldado por diversos marcos históricos, *maxime* as revoluções inglesa, francesa e norte-americana, que conduziram a um movimento de consolidação universal dos Direitos Humanos, cuja ideia central é a convicção de que todos os seres humanos têm o direito a ser igualmente respeitados pela sua humanidade[93]. Uma das visões, sobre o contributo das revoluções para a construção do conceito de liberdade, é a de Hannah Arendt[94]. Na sua obra *Sobre a Revolução* (1963), Arendt aborda o significado das duas revoluções fundadoras da história política moderna – a francesa e a americana – tratando o aparecimento da liberdade política e o seu *esquecimento* no desenrolar das revoluções[95]. Mas foi muito antes, a partir da Idade Média, que surgiram os antecedentes das *Declarações* que tinham como objetivo a proteção de direitos de um grupo circunscrito de pessoas, *i.e.*, monarcas e alguns homens livres, afastando-se, contudo, de uma visão universal, pois foi somente nos séculos XVII e XVIII, períodos

[91] Conselho da Europa (1983). *A protecção dos direitos do homem na Europa*, p. 1. Lisboa: Conselho da Europa.

[92] Valente, Manuel (Coord.) (2015). *Ciências Policiais e Política Criminal: Justiça e Segurança*, p. 14. Lisboa: ISCPSI.

[93] Pinheiro, Flávio M. L. (2008). A teoria dos direitos humanos. *Themis*, 6 (2), pp. 111-122. Fortaleza. Disponível em: http://revistathemis.tjce.jus.br/index.php/THEMIS/article/view/198/188 (acesso em 14 de abril 2022).

[94] Arendt, Hannah (1971). *Sobre a Revolução*. Tradução de I. Morais. Lisboa: Moraes Editores.

[95] Simões, Liliana F. Nunes (2014). *O discurso dos direitos Humanos*. Dissertação de mestrado em Estudos Europeus. Coimbra: FLUC; Arendt, Hannah (1971). *Sobre a Revolução*. Lisboa: Moraes Editores.

de profundas revoluções sociais e políticas, que se verificou uma progressiva inspiração e consolidação do respeito universal pelos Direitos Humanos[96].

A *Declaração de Direitos* (*Bill of Rights*) decorreu da revolução de 1688, onde se firmou a supremacia do parlamento, com a queda do rei e cujos poderes ficaram limitados. Na Inglaterra, a partir de 1689, o poder de legislar e criar tributos já não era uma prerrogativa do rei, mas sim do Parlamento composto, na sua maioria, por representantes da nobreza e do alto clero. A *Bill of Rights* passou a ser considerada a lei fundamental do Reino Unido, tendo provocado uma transformação social, pois limitou os poderes governamentais e garantiu as liberdades individuais[97]. Mais tarde, a atmosfera que pairava na maioria dos países da Europa no final do século XVIII, exceto a Inglaterra e a Holanda, era de aceitação relativamente às ideias burguesas. Mas a maioria dos laços políticos, jurídicos e culturais ainda estavam ligados à estrutura política feudal. A revolução francesa, da mesma forma que a revolução inglesa do século XVII, pode ser considerada o resultado de uma evolução social e económica, que culminou com a ascensão da burguesia ao poder, uma classe forte que foi introduzindo a sua ideologia, consagrando-se uma nova sociedade idealizada em 1789, com o surgimento da *Declaração Francesa dos Direitos do Homem e do Cidadão*, tida como a formulação dos direitos invioláveis do indivíduo[98], e a expressão formal do jusnaturalismo racionalista que proclamava um conjunto de direitos naturais baseados na liberdade, segurança e propriedade, que estabeleceram os novos fundamentos da vida social[99].

[96] Rodrigues, Elizabeth S. V. (2009). A evolução histórica dos direitos humanos. *Themis*, 7 (1), pp. 15-41. Fortaleza. Disponível em: https://bdjur.stj.jus.br/jspui/bitstream/2011/51319/evolu%c3%a7%c3%a3o_hist%c3%b3rica_direitos_rodrigues.pdf (acesso em 18 de abril de 2022).

[97] *Idem* (2009). A evolução histórica dos direitos humanos. *Themis*, 7 (1), pp. 15-41. Fortaleza. Disponível em: https://bdjur.stj.jus.br/jspui/bitstream/2011/51319/evolu%c3%a7%c3%a3o_hist%c3%b3rica_direitos_rodrigues.pdf (acesso em 18 de abril de 2022).

[98] Gonçalves, Fernando *et al.* (2014). *Convenções Internacionais e Direitos do Homem*. Coimbra: Rei dos Livros; Teixeira, Amanda V. A. (2019). Sociedade de classe e direitos humanos. *Temporalis*, 18 (36), pp. 94-109. Disponível em: https://periodicos.ufes.br/index.php/temporalis/article/view/21508 (acesso 18 de abril 2022).

[99] Monteiro, Ana Isabel L. (1991). *A família nas declarações internacionais dos direitos humanos*, p. 20. Lisboa: Ministério do Emprego e da Segurança Social. Direção Geral da Família.

Em 1776, a *Declaração Americana da Independência* proclamou que todos os homens nascem iguais e são dotados pelo Criador de certos direitos inalienáveis. A Constituição dos EUA foi criada em 1787 e entrou em vigor em 1789. O *Bill of Rights* americano incorporou os primeiros dez princípios da Constituição dos EUA, passando-se do domínio da filosofia para o do direito, ressurgindo um movimento de constitucionalização de direitos fundamentais. Contudo, nos EUA, só 80 anos mais tarde foi abolida a escravatura[100]. A revolução americana consistiu, assim, na luta pela independência, e visou a liberdade e a fundação de uma nova estrutura política. No caso francês, a luta foi protagonizada pelo povo contra a monarquia absolutista, na esperança de adquirirem mais poder e lugar no espaço público, com a finalidade de formarem um novo corpo político[101]. Em suma, o séc. XVIII assistiu à afirmação dos Direitos Humanos, contudo, quando os vencedores de Napoleão I se reuniram no Congresso de Viena, em 1815, a *ideia* de Direitos Humanos estava associada a uma desilusão: a fraternidade internacional dos seres humanos, que ela visava, não vingou. As ideias de pátria, língua, império e tradição, *falaram mais forte* do que os direitos da humanidade, *i.e.*, segundo Soromenho Marques, as revoluções já não se faziam para regenerar o género humano, mas para impor uma ditadura de classe[102].

Neste contexto, importa referir que não é consensual o conceito de direitos fundamentais, *maxime* pela variedade de expressões que geralmente são empregues: direitos naturais, direitos do homem, direitos humanos, direitos da pessoa humana, direitos individuais, direitos fundamentais, direitos públicos subjetivos, liberdades fundamentais e liberdades públicas. As expressões *direitos humanos* e *direitos do homem* são utilizadas, em particular, por autores anglo-americanos e latinos. Os *direitos fundamentais*, expressão empregue, sobretudo, pelos juristas alemães, apresentam-se como as posições jurídicas ativas consagradas na Constituição: formais, quando se considere a Constituição em sentido

[100] Barreto, Ireneu C. (2010). *A CEDH. Anotada*, 4.ª edição, p. 20. Coimbra: Coimbra Editora.

[101] Simões, Liliana Filipa Nunes (2014). *O discurso dos direitos Humanos: Teoria, Práticas e Fundamentação.* Dissertação de mestrado em Estudos Europeus. Coimbra: FLUC; Arendt, Hannah (1971). *Sobre a Revolução.* Tradução de I. Morais. Lisboa: Moraes Editores.

[102] Marques, Viriato Soromenho (1996). Direitos humanos, *Intervenção social,* (13-14), pp. 13-17. Disponível em: http://revistas.lis.ulusiada.pt/index.php/is/article/view/1312 (acesso em 14 de abril de 2022).

formal; materiais, quando resultam dos princípios e normas essenciais de determinado ordenamento[103]. De acordo com Vital Moreira e Gomes Canotilho[104], os Direitos Humanos distinguem-se dos Direitos Fundamentais porque estes são os direitos constitucionalmente positivados e juridicamente garantidos no ordenamento jurídico interno, enquanto os Direitos Humanos são os direitos de todas as pessoas ou coletividades de pessoas independentemente da sua positivação jurídica nos ordenamentos político-estaduais[105]. No entanto, Jorge Miranda defende que se deve afastar a expressão *Direitos Humanos*, não obstante o seu uso por influência anglo-americana: os direitos são todos direitos humanos, não há direitos que não sejam da pessoa humana. Pelo contrário, direitos fundamentais, a terminologia germânica adotada pela Constituição da República Portuguesa, afasta qualquer equívoco desse tipo, torna clara a sua relação com a lei fundamental, e permite distingui-los dos restantes direitos. Nessa medida, por direitos fundamentais, entendem-se os direitos ou posições jurídicas subjetivas das pessoas enquanto tais, individual ou institucionalmente consideradas, assentes na Constituição, seja na Constituição formal (direitos fundamentais em sentido formal), seja na Constituição material (direitos fundamentais em sentido material)[106]. Assim, são direitos fundamentais em sentido formal os que a Constituição especifica como tais, em sentido material são os que constituem a base jurídica da vida humana no seu nível atual de dignidade, as bases principais da situação jurídica de cada pessoa, quer estejam consagrados na Constituição, nas leis ou nas regras aplicáveis de direito

[103] Alves, Dora R. e Castilhos, Daniela S. (2016). A evolução dos direitos humanos na Europa: os principais momentos desde a ausência de direitos fundamentais na União Europeia até a actualidade, *in* G. A. Bedin (org.), *Cidadania, justiça e controle social*, p. 11. Santa Cruz do Sul: Essere nel Mondo. Disponível em http://hdl.handle.net/11328/1461 (consultado em 17 de março de 2022).

[104] Moreira, Vital e Canotilho, J. J. Gomes (2014). *Constituição da República Portuguesa Anotada – Volume I – Artigos 1.º a 107.º*, p. 240. Coimbra: Coimbra Editora.

[105] Antunes, João P. S. (2019). *A Formação em direitos humanos na Guarda Nacional Republicana*. Dissertação de Mestrado Integrado em Ciências Militares (especialidade de Segurança), pp. 5-6. Lisboa: Academia Militar.

[106] Miranda, Jorge (1998). Direitos Fundamentais e Polícia, *in* IGAI (1998). *Direitos humanos e eficácia policial: Sistemas de Controlo da Atividade Policial: Seminário Internacional*, p. 21. Lisboa: IGAI.

internacional, como ensina Castro Mendes[107]. Segundo Jorge de Miranda, por direitos fundamentais, entendem-se os direitos ou posições jurídicas subjetivas das pessoas enquanto tais, individual ou institucionalmente consideradas, assentes na Constituição[108], podendo-se distinguir em direitos fundamentais comuns e direitos fundamentais especiais: os primeiros são atribuídos ao ser humano enquanto tal, quer esteja integrado numa ou noutra ordem jurídica e social, ou mesmo em nenhuma. Um estrangeiro ou um apátrida não deixarão, por isso, de ser sujeitos desses direitos. Na nossa lei constitucional enquadram a categoria de direitos, liberdades e garantias. Os direitos fundamentais especiais derivam essa especialidade do bem tutelado, cuja tutela depende de uma organização especial da sociedade[109].

Há, por fim, uma classificação doutrinária que identifica três categorias distintas de direitos fundamentais: os direitos fundamentais de primeira, de segunda e de terceira geração. A primeira geração (direitos civis e políticos), também chamados de direitos individuais ou direitos de liberdade, surgiu com as revoluções dos séculos XVII e XVIII, com base no liberalismo e no iluminismo, e dominou o século XIX, tendo como destinatários os indivíduos isoladamente considerados e são oponíveis ao Estado. Já a segunda geração dos direitos fundamentais (direitos sociais, económicos e culturais) dominaram os séculos XX e XXI. Os direitos fundamentais de terceira geração, direitos de fraternidade ou de solidariedade, surgiram com a ideia de que o mundo é dividido em nações desenvolvidas e subdesenvolvidas ou em fase de desenvolvimento. Decorrem, assim, da reflexão acerca de temas referentes ao desenvolvimento, à paz, ao meio ambiente, à comunicação e ao património comum da humanidade. Estes direitos universais não se destinam à proteção de um indivíduo, de um grupo de pessoas ou de um Estado, pois os seus titulares são indeterminados[110]. Os sistemas de proteção dos

[107] Castro Mendes *apud* Faria, Miguel José (2001). *Direitos Fundamentais e Direitos do Homem*, p. 3. Lisboa: ISCPSI.

[108] Miranda, Jorge (1998). Direitos Fundamentais e Polícia, *in* IGAI (1998). *Direitos humanos e eficácia policial: Sistemas de Controlo da Atividade Policial: Seminário Internacional*, p. 21. Lisboa: IGAI.

[109] Castro Mendes *apud* Faria, Miguel José (2001). *Direitos Fundamentais e Direitos do Homem*, p. 95. Lisboa: ISCPSI.

[110] Leite, Carlos H. B. (2004). As três dimensões dos direitos humanos e o novo conceito de cidadania. *Revista do Tribunal Regional do Trabalho da 13.ª Região*, João Pessoa, 12 (9), pp. 104-108.

Direitos Humanos de âmbito global e regional são complementares, verificando-se, nas últimas décadas, uma gradual expansão da sua proteção internacional e a consolidação dos sistemas de proteção, orientados a salvaguardar as vítimas de violações dos DH. Assim, no âmbito do processo normativo de generalização dos Direitos Humanos, destaca-se a *Declaração Universal dos Direitos Humanos* (1948) para a multiplicação de instrumentos jurídicos internacionais de proteção desses direitos, *e.g.*, o *Pacto Internacional de Direitos Civis e Políticos*, a *Convenção Europeia de Direitos Humanos* e a *Convenção Americana de Direitos Humanos*[111], o que não significa que o indivíduo tem liberdades sem limites, mas que o respeito pelo outro constitui uma norma de conduta individual, social e política. A moral dos DH faz com que todos devam ser envolvidos, sempre que se verifique a sua violação[112].

Em 1948, a *Declaração Universal dos Direitos do Humanos* reconheceu que o respeito dos direitos inalienáveis de todos os membros da família humana constitui o fundamento da liberdade, da justiça e da paz do mundo[113] e o ser humano passa a ser sujeito de direito universal[114]. Mas o processo civilizacional, assente na evolução social, política, ideológica e cultural, tem conduzido a alterações no modo como percecionamos os sujeitos que devem ser abrangidos por direitos salvaguardados e respeitados universalmente. Nessa medida, em 1978, trinta anos após a assinatura da DUDH, foi aprovada[115] a *Declaração Universal dos Direitos dos Animais*, da qual emergiu a salvaguarda de um novo conjunto de

Disponível em: https://bdjur.stj.jus.br/jspui/bitstream/2011/18247/As_Tr%c3%aas_Dimens%c3%b5es_dos_Direitos_Humanos.pdf (acesso em 13 de abril de 2022).

[111] Magalhães, Wellington (2015). A capacidade jurídico-postulatória do indivíduo em âmbito internacional de proteção e defesa dos direitos humanos. *Revista ESMAT*, 6 (8). Disponível em: http://esmat.tjto.jus.br/publicacoes/index.php/revista_esmat/article/view/19 (acesso em 14 de abril de 2022).

[112] Fernandes, António Teixeira (2009). Direitos humanos e globalização, *Sociologia*, I série, 19, 11-46. Disponível em: https://ojs.letras.up.pt/index.php/Sociologia/article/view/2325 (acesso em 12 de abril de 2022).

[113] Conselho da Europa (1983). *A proteção dos direitos do homem na Europa*, p. 1. Lisboa: Conselho da Europa; Gonçalves, Fernando *et al.* (2014). *Convenções Internacionais e Direitos do Homem*. Coimbra: Rei dos Livros.

[114] Valente, Manuel (Coord.) (2015). *Ciências Policiais e Política Criminal: Justiça e Segurança*, p. 14. Lisboa: ISCPSI.

[115] Pela UNESCO, ONU, Bruxelas, Bélgica.

preocupações, como a previsão do biocídio (art. 11.º). A DUDA foi adotada pela Liga Internacional dos Direitos do Animal e das Ligas Nacionais filiadas após a 3.ª reunião sobre os direitos do animal, ocorrida em Londres, em 1977. A declaração proclamada em 15 de outubro de 1978, pela Liga Internacional, Ligas Nacionais e pelas pessoas físicas que se associaram a elas, foi aprovada pela UNESCO e, posteriormente, pela ONU[116], consagrando um conjunto de princípios tendencialmente universais.

Assim, nos termos vertidos na DUDA, todos os animais nascem iguais perante a vida, e têm o mesmo direito à existência (art. 1.º) e ao respeito (art. 2.º). Os humanos, enquanto espécie animal, não podem atribuir-se o direito de exterminar os outros animais, ou explorá-los, violando esse direito. Eles têm o dever de colocar os seus conhecimentos ao serviço dos animais, que têm direito à atenção, aos cuidados e à proteção dos humanos, nos termos do art. 2.º do mesmo diploma. Acresce que nenhum animal deve ser usado para divertimento dos humanos. A exibição dos animais e os espetáculos que utilizem animais são incompatíveis com a dignidade do animal (art. 10.º). O ato que leva à morte de um animal sem necessidade é um biocídio, ou seja, um crime contra a vida (art. 11.º) e cada ato que leve à morte um grande número de animais selvagens é um genocídio, *i.e.*, um delito contra a espécie e deve-se entender que o aniquilamento e a destruição do meio ambiente natural conduzem ao genocídio (art. 12.º).

Nessa linha de pensamento, a maioria dos países desenvolvidos introduziu e promoveu o reforço da proteção formal dos animais nos seus ordenamentos jurídicos. Em Portugal, verificamos uma proteção constitucional indireta, por via da proteção do ambiente, nos termos dos artigos 9.º e 66.º da Constituição da República Portuguesa, não existindo uma referência constitucional expressa aos animais, o que tem suscitado várias críticas. Assim, o art. 9.º, alínea e), da CRP, identifica, como tarefa fundamental do Estado, a proteção e valorização do património cultural do povo português, a defesa da natureza e o ambiente e a preservação dos recursos naturais, e o art. 66.º, n.º 1, estipula que todos têm direito a um ambiente de vida humano, sadio e ecologicamente equilibrado e o dever de o defender.

116 *In* Liga Portuguesa dos Direitos do Animal: https://www.lpda.pt/declaracao-universal-dos-direitos-animal/ (acesso em 20 de março de 2022).

Por outro lado, no domínio do direito ordinário, a Lei n.º 92/95, de 12 de setembro, com as diversas alterações, surgiu como um dos primeiros instrumentos jurídicos de proteção aos animais, proibindo todas as violências injustificadas contra animais, considerando-se como tais os atos consistentes em, sem necessidade, se infligir a morte, o sofrimento cruel e prolongado ou graves lesões a um animal. Mas este dispositivo verificou uma fraca adesão operativa, desde logo por não ter havido um trabalho paralelo no campo da educação e das representações sociais sobre este *novo olhar*. Mais tarde, a Lei n.º 69/2014, de 29 de agosto, veio proceder à 33.ª alteração ao Código Penal[117], criminalizando os maus tratos a animais de companhia, e à segunda alteração à Lei n.º 92/95, de 12 de setembro, alargando os direitos das associações zoófilas. Assim, foi aditado, no catálogo de tipos legais de crime, vertidos no Direito Penal Primário, o título VI – *Dos crimes contra animais de companhia*, introduzindo, materialmente, os arts. 387.º a 389.º. Um ano mais tarde, a Lei n.º 110/2015, de 26 de agosto, procedeu à 40.ª alteração ao CP, definindo o quadro de penas acessórias aplicáveis aos crimes contra animais de companhia; e, *logo a seguir*, a Lei n.º 8/2017, de 3 de março, alterou os artigos 203.º a 207.º, 209.º a 213.º, 227.º, 231.º a 233.º, 255.º, 355.º, 356.º, 374.º-B a 376.º do Código Penal. Mais recentemente, a Lei n.º 39/2020, de 18 de agosto, alterou o regime sancionatório aplicável aos crimes contra animais de companhia, procedendo à 50.ª alteração ao CP, à 37.ª alteração ao CPP e à 3.ª alteração à Lei n.º 92/95, de 12 de setembro, introduzindo o conceito de biocídio.

Atualmente, quem, sem motivo legítimo, matar animal de companhia é punido com pena de prisão de 6 meses a 2 anos ou com pena de multa de 60 a 240 dias, nos termos do art. 387.º, n.º 1, do Código Penal. E, quem, sem motivo legítimo, infligir dor, sofrimento ou quaisquer outros maus tratos físicos a um animal de companhia é punido com pena de prisão de 6 meses a 1 ano ou com pena de multa de 60 a 120 dias (n.º 3 do mesmo art. e diploma). Entende-se por animal de companhia qualquer animal detido ou destinado a ser detido por seres humanos, designadamente no seu lar, para seu entretenimento e companhia, não se aplicando a factos relacionados com a utilização de animais para fins de exploração agrícola, pecuária ou agroindustrial, assim como não

[117] Aprovado pelo Decreto-Lei n.º 400/82, de 23 de setembro.

se aplica a factos relacionados com a utilização de animais para fins de espetáculo comercial ou outros fins legalmente previstos (art. 389.º, n.ºs 2 e 3 do CP). Contudo, em 2021, o Tribunal Constitucional considerou inconstitucional a norma incriminatória prevista no art. 387.º do Código Penal, na versão da Lei n.º 69/2014, de 29 de agosto, relativa a maus-tratos de animal de companhia. O Tribunal apreciou um recurso e considerou a norma legal inconstitucional, pois entendeu que ofendia os arts. 18.º, n.º 2[118] e 27.º, da Constituição, por falta de identificação do bem jurídico objeto da tutela penal[119], o que significa que ainda existe um longo caminho a percorrer para uma *consolidação* axiológica e normativa dos Direitos dos Animais.

Por outro lado, até recentemente, o legislador português entendeu que os animais deviam ter o tratamento jurídico de *coisas* e, por isso, eram legalmente enquadrados no art. 202.º e ss. do Código Civil[120], mas a Lei n.º 8/2017, de 3 de março, veio alterar essa sistematização, ao estabelecer o estatuto jurídico dos animais, aditando o subtítulo I-A no CC, com a epígrafe *Dos Animais*, surgindo entre o subtítulo I (*Das pessoas*) e o subtítulo II (*Das coisas*). Esta fórmula (subtítulo I-A) *aproximou* sistematicamente os animais das pessoas (subtítulo I), distanciando-os dos objetos (subtítulo II), com base em três novos artigos (arts. 201.º-B, 201.º-C e 201.º-D)[121]. A partir desse momento, os animais, nos termos do art. 201.º-B do Código Civil, passaram a ser normativamente considerados seres vivos dotados de sensibilidade e objeto de proteção jurídica em virtude da sua natureza. Contudo, os animais continuam a ser objeto de propriedade, nos termos do art. 1302.º, n.º 2 do CC; e o proprietário de um animal deve assegurar o seu bem-estar e respeitar as

[118] Nos termos do art. 18.º, n.º 2 da CRP, a lei só pode restringir os direitos, liberdades e garantias nos casos expressamente previstos na Constituição, devendo as restrições limitar-se ao necessário para salvaguardar outros direitos ou interesses constitucionalmente protegidos.

[119] Acórdão n.º 867/2021, de 10 de novembro. Proc. n.º 867/19, 3.ª Secção, do Tribunal Constitucional. *Vide* http://www.tribunalconstitucional.pt/tc/acordaos/20210867.html (acesso em 10 de agosto de 2022); https://observador.pt/2021/11/19/norma-punitiva-sobre-maus-tratos-de-animal-de-companhia-considerada-inconstitucional/ (acesso em 31 de março de 2022).

[120] Aprovado pelo Decreto-Lei n.º 47 344, de 25 de novembro de 1966.

[121] Para além das alterações previstas nos artigos 493.º-A, 1305.º-A e 1793.º-A, todos do Código Civil.

características de cada espécie e observar, no exercício dos seus direitos, as disposições especiais relativas à criação, reprodução, detenção e proteção dos animais e à salvaguarda de espécies em risco, sempre que exigíveis, cf. o art. 1305-A, n.º 1 do CC. Para esse efeito, o dever de assegurar o bem-estar inclui a garantia de acesso a água e alimentação de acordo com as necessidades da espécie em questão; e a garantia de acesso a cuidados médico-veterinários sempre que justificado, incluindo as medidas profiláticas, de identificação e de vacinação previstas na lei, nos termos do art. 1305.º-A, n.º 2, alíneas a) e b) do CC. Acresce que o direito de propriedade de um animal não abrange a possibilidade de, sem motivo legítimo, infligir dor, sofrimento ou quaisquer outros maus-tratos que resultem em sofrimento injustificado, abandono ou morte, cf. o n.º 3 do mesmo artigo e diploma. Esta reflexão demonstra que existe um avanço na universalização e consolidação dos Direitos (Humanos e Não Humanos) mas ainda existe muito *por fazer* para atingirmos uma garantia plena dos Direitos dos Animais. Nessa senda, várias questões se colocam: caminhamos para um novo paradigma de família, *i.e.*, uma família multiespécie?[122] E podemos equacionar a existência de uma terceira via, um terceiro género (*tertium genus*)? Apenas o futuro e a vontade dos humanos poderão determinar esse desfecho.

Por fim, e como corolário desta análise, outras *inquietações* despontam: caminhamos para um quadro legal que salvaguarda os direitos de todos os seres vivos ou, numa abordagem menos consensual, alargada aos sujeitos artificiais? E será que caminhamos para um transumanismo, um patamar pós-humano, como defende Max More, o seu fundador[123], na perspetiva de melhorarmos aquilo que nos foi *dado* pela natureza, da qual fazemos parte, devendo o ser humano assumir o controlo inteligente da seleção natural, transcendendo a biologia através da ciência e das tecnologias emergentes? O universo dos autómatos tem suscitado debates entusiasmantes em fóruns jurídicos, sociológicos, éticos

[122] Paixão, Nuno. (2018). Porque devemos investigar crimes de maus tratos a animais, *in* Poiares, Nuno e Marta, Rui, *Segurança Interna: desafios na sociedade de risco mundial*, pp. 173-189. Lisboa: ICPOL-ISCPSI.

[123] More, Max e Vita-More, Natasha (Ed.) (2013). *The Transhumanist Reader: Classical and Contemporary Essays on the Science, Technology, and Philosophy of the Human Future*. Wiley-Blackwell. Disponível em: https://onlinelibrary.wiley.com/doi/book/10.1002/9781118555927 (acesso em 8 de agosto de 2022).

e tecnológicos, entre outros, *maxime* a possibilidade de um autómato ser responsabilizado criminalmente, *i.e.*, sujeito ativo de infração penal (*machina delinquere non potest?*) ou de lhe serem conferidos direitos e deveres, ainda que, no atual contexto, não nos pareça admissível que uma *coisa* possa ser titular de personalidade jurídica. Mas isso não significa que devemos afastar uma inevitável reflexão, porque a realidade começa a impor-se. Na verdade, os atuais avanços relativamente aos Direitos dos Animais, enquanto seres vivos dotados de sensibilidade e objeto de proteção jurídica em virtude da sua natureza, continuam a ser considerados *absurdos* aos olhos de muitas pessoas. E, talvez por isso, os avanços no ordenamento jurídico português, sejam *tímidos* e recentes, quando, internacionalmente, existem diversos quadros legais que salvaguardam os Direitos dos Animais há décadas.

Nessa linha de pensamento, é defensável a aplicação do mesmo racional aos autómatos, sobretudo porque existem evidências de um debate crescente e uma corrida tecnológica neste domínio. Longe vão os tempos desde a invenção do primeiro robô *The Writer* (1774), um humanoide com aparência infantil, cujo inventor foi o relojoeiro suíço Pierre Jaquet-Droz (1721-1790) e que, ainda hoje, continua a escrever[124]. Em Portugal, em maio de 2018, a PLMJ, prestigiada sociedade de advogados, promoveu um curso avançado sobre *Inteligência Artificial & Direito*, onde foi debatida a atribuição de personalidade jurídica aos autómatos; e, no dia 12 de novembro de 2018, a Universidade Católica Portuguesa organizou a Conferência *A Inteligência Artificial no Diálogo de Saberes*. Acresce que a Associação Portuguesa para a Inteligência Artificial tem promovido os avanços científicos neste domínio[125]. No mesmo ano, na *China International Big Data Industry Expo*, ocorrida de 26 a 29 de maio de 2018, em Guiyang, a imagem de *marca* do evento foi um autómato, à semelhança do que sucedeu em 2017, na *Lisbon Web Summit*[126]. Mais recentemente, a Google suspendeu um dos seus engenheiros por,

[124] *Vide* https://www.jaquet-droz.com/es/news/the-jaquet-droz-automaton-the-writer-travels-china-announce-fabulous-exhibition; https://www.opovo.com.br/noticias/curiosidades/2021/03/07/os-primeiros-robos-da-humanidade--automatos-capazes-de-escrever--desenhar-e-tocar-foram-construidos-no-seculo-18.html (acesso em 4 de agosto de 2022).

[125] *Vide* http://www.appia.pt/category/c15-eventos/ (acesso em 11 de agosto de 2022).

[126] Poiares, Nuno (2019b). A cibersegurança à luz da criminologia moderna, *Cyberlaw by CIJIC*, 7. Lisboa: FDUL; Poiares, Nuno (2019c), Cibersegurança, literacia e resiliência digital

alegadamente, ter violado a política de confidencialidade, depois de ter ficado alarmado por um sistema informático ter alcançado a autoconsciência. O engenheiro publicou excertos de uma conversa com o LaMDA, o sistema da Google que consegue dialogar sobre um número infinito de tópicos, no qual o *software* afirma que sente medo, prazer e felicidade. Contudo, alguns especialistas em inteligência artificial negam que este patamar tenha sido atingido, e que o sistema prevê apenas as palavras que melhor se encaixam num dado contexto[127]. É, assim, uma realidade que importa acompanhar com atenção, em particular as suas consequências e dimensões éticas, sociais, emocionais, familiares, jurídicas, criminais e laborais.

Acresce que o individualismo, o materialismo, a baixa natalidade, o abandono dos idosos, o idadismo e o envelhecimento da população, realidade que representa uma das transformações sociais mais significativas do século XXI, nas sociedades ocidentais, pode levar os seres humanos a mitigarem a solidão, através da criação de laços afetivos com sujeitos artificiais, aos quais poderá ser atribuída, ainda que *informalmente*, personalidade jurídica, como aconteceu no filme *O Náufrago*, cujo protagonista (Tom Hanks), após um acidente de avião, viveu vários anos sozinho numa ilha do Pacífico Sul, tendo como única *companhia* uma bola de voleibol *chamada* Wilson e com quem teve conversas regulares. No fim do filme, o protagonista perde Wilson no meio do oceano e chora como se tivesse falecido ou perdido um ser humano[128].

Eis, então, a questão-síntese: estamos a perder o contato com nossa humanidade? Sim, afirma Alan Wolfe (1994), ao analisar o anti-humanismo presente em muitas tendências académicas, defendendo que os

dos idosos, *Anuário Janus 2018-2019: A dimensão externa da segurança interna*, 19, pp. 118-119. Lisboa: Observare – UAL.

[127] Disponível em: https://cnnportugal.iol.pt/google/inteligencia-artificial/quero-que-todos-compreendam-que-eu-sou-de-facto-uma-pessoa-por-vezes-sinto-me-feliz-ou-triste-a-conversa-impressionante-entre-uma-maquina-e-um-engenheiro-que-acredita-que-ela-ganhou-finalmente-consciencia/20220614/62a78a8c0cf26256cd292419 (acesso em 4 de agosto de 2022).

[128] Poiares, Nuno (2019b). A cibersegurança à luz da criminologia moderna, *Cyberlaw by CIJIC*, 7. Lisboa: FDUL; Poiares, Nuno (2019c), Cibersegurança, literacia e resiliência digital dos idosos, *Anuário Janus 2018-2019: A dimensão externa da segurança interna*, 19, pp. 118-119. Lisboa: Observare – UAL

teóricos dos direitos dos animais e os extremistas ecológicos subestimam as capacidades humanas. Wolfe entende que os computadores são mais inteligentes do que nós e, em breve, irão substituir os seres humanos em muitas tarefas, advogando um retorno a uma ciência social moral e humanista, na qual as qualidades que nos distinguem como espécie sejam plenamente desempenhadas, explorando o pensamento crítico centrado no ser humano de estudiosos dos séculos XVIII e XIX. Segundo o Autor, na obra de Durkheim, Marx, Weber e Mead, os seres humanos são colocados no centro do palco, moldando e interpretando o mundo ao seu redor. As tendências intelectuais recentes, em contraste, dão pouco espaço para a diferença humana e a inteligência artificial anuncia a superioridade dos computadores sobre a mente humana[129]. Mas, por outro lado, Max More (2013) defende que temos de caminhar para um transumanismo, *i.e.*, um patamar pós-humano[130]; o que nos leva a afirmar que, independentemente da corrente teórica, o ser humano deve ter o discernimento clarividente para contrariar a perda de contacto com a sua humanidade, sob pena de caminharmos para uma sociedade envelhecida, individualista, idadista, materialista, hedonista, com pessoas fisicamente isoladas e acompanhadas apenas por *coisas* com direitos que poderão ser alvo de uma proteção jurídica, rumo a uma *Declaração Universal dos Direitos dos Seres Artificiais*[131].

1.3. Direitos Humanos e Globalização

Os Direitos Humanos cristalizaram na consciência moral das pessoas na década de 1970, como resultado de uma desilusão em relação a formas anteriores de idealismo. Segundo Samuel Moyn (2014), os Direitos Humanos surgiram como a última utopia, após o fracasso de outras utopias. *In casu*, a utopia e a realidade não se excluem, mas dependem uma da outra, *i.e.*, a esperança no movimento de Direitos Humanos emergiu de

[129] Wolfe, Alan (1994). *The Human Difference: Animals, Computers, and the Necessity of Social Science*. U. California Press.

[130] More, Max e Vita-More, Natasha (Ed.) (2013). *The Transhumanist Reader: Classical and Contemporary Essays on the Science, Technology, and Philosophy of the Human Future*. Wiley-Blackwell. Disponível em: https://onlinelibrary.wiley.com/doi/book/10.1002/9781118555927 (acesso em 8 de agosto de 2022).

[131] Poiares, Nuno (2019b). A cibersegurança à luz da criminologia moderna, *Cyberlaw*, 7. Lisboa: FDUL.

uma avaliação realista do tipo de utopismo que pode fazer a diferença[132]. Na verdade, as sociedades contemporâneas têm vindo a ser moldadas por uma série de perigos, uns naturais e outros produzidos pelo ser humano, com consequências que escapam ao controlo do poder dominante, uma sociedade em permanente mudança, líquida[133], de risco, com necessidades de segurança que, por vezes, colidem com a nossa liberdade[134]. Contudo, não podemos esquecer que pode existir segurança sem liberdade, mas não pode existir liberdade sem segurança[135]. Daí a relevância do gradual processo de monopolização do uso da força, por parte dos Estados, para o surgimento de espaços pacificados e as condições favoráveis para o crescimento das sociedades[136].

Nessa medida, para que a sociedade pudesse atingir o estádio atual, foram essenciais diversos marcos decorrentes do processo civilizacional. São os perigos, as dificuldades, as revoluções, a religião, as motivações económicas e geoestratégicas, os novos pensamentos que derrubam as ideias dominantes, os fenómenos criminais e os conflitos mundiais, que conduzem à mudança e à adaptação por parte dos seres humanos. Nas palavras de Soromenho Marques, sem Adolf Hitler não teria existido, porventura, a DUDH. Foi a sua visão do mundo, de arianos e sub-humanos, de senhores e escravos, de super-homens e guerreiros louros, de campos de extermínio, sob o olhar das *Waffen-SS* e da *Gestapo*[137], que comoveu a comunidade internacional, despertando-a para o facto de

[132] Moyn, Samuel (2014). O futuro dos direitos humanos. *SUR*. São Paulo, 11 (20), pp. 61-69. Disponível em https://sur.conectas.org/en/the-future-of-human-rights/ (acesso em 14 de abril de 2022).

[133] Bauman, Zygmunt (2001). *Modernidade Líquida*. Rio de Janeiro: Zahar.

[134] Beck, Ulrich (2015). *Sociedade de Risco Mundial – Em Busca da Segurança Perdida*. Edições 70.

[135] *Vide* https://www.fronteiras.com/leia/exibir/zygmunt-bauman-liberdade-e-seguranca-um-caso-de-amor-e-odio (acesso em 12 de agosto de 2022); https://observador.pt/programas/quando-o-mundo-parou/sem-seguranca-nao-ha-verdadeira-liberdade/ (acesso 12 de agosto de 2022); Bauman, Zygmunt e Dessal, Gustavo (2017). *O Retorno do Pêndulo. Sobre a Psicanálise e o Futuro do Mundo Líquido*. Rio de Janeiro: Zahar.

[136] Elias, Norbert (2006). *O processo civilizacional. Investigações sociogenéticas e psicogenéticas*. Lisboa: Dom Quixote.

[137] *Schutzstaffel* (SS) e *Geheime Staatspolizei* (Polícia Secreta do Estado) do Partido Nacional-Socialista Alemão.

que os DH estavam *adormecidos*[138]. Hoje, os DH são um mínimo que cada ser humano deve ver garantido e respeitar, são os direitos subjetivos que lhe cabem em virtude da sua humanidade[139]. A ONU define os Direitos Humanos como garantias jurídicas universais que protegem indivíduos e grupos contra ações ou omissões dos governos que atentem contra a dignidade humana[140], limites naturais subjetivos anteriores ao Estado e que por este devem ser garantidos[141]. Mas, para uma efetivação dos direitos, é fundamental o acesso à justiça e o reconhecimento de todo o indivíduo como sujeito de direito. Para isso é necessário que existam mecanismos capazes de permitir o acesso à justiça e a concretização dos direitos fundamentais do ser humano[142]. Acresce que a qualidade da fundamentação judicial também é relevante, uma vez que garante previsibilidade para que os Estados e os indivíduos possam evitar futuras violações e contribui para uma melhor implementação e aceitação pela sociedade de temas controversos[143].

Vimos que o termo globalização tornou-se recorrente nos anos 1990 e que se pode definir, segundo Giddens (2009), como a intensificação das relações sociais ao nível mundial, que vincula diferentes localidades, de tal modo que os acontecimentos locais são influenciados por

[138] Marques, Viriato Soromenho (1996). Direitos humanos: três questões para uma batalha pelo futuro. *Intervenção social,* 13-14, pp. 13-17. Disponível em: http://revistas.lis.ulusiada.pt/index.php/is/article/view/1312 (acesso em 14 de abril de 2022).

[139] Barzotto, Luis F. (2004). *Os direitos humanos como direitos subjetivos: da dogmática jurídica à ética. Revista da Procuradoria-Geral do Estado do RGS,* Porto Alegre, 28 (59), pp. 137-175. Disponível em: http://www.amprs.com.br/public/arquivos/revista_artigo/arquivo_1273603208.pdf (acesso em 11 abril 2022).

[140] Tavares, Raquel (2012). *Direitos Humanos: de onde vêm, o que são e para que servem?* p. 22. Lisboa: INCM; Alves, Dora R. e Castilhos, Daniela S. (2016). A evolução dos direitos humanos na Europa, *Cidadania, justiça e controle social,* p. 11. Santa Cruz do Sul. Disponível em http://hdl.handle.net/11328/1461 (acesso em 17 março 2022).

[141] Mesquita, Amílcar (2013). Justiça e história no pensamento europeu *in Direitos de Personalidade e sua tutela,* I, *Estudos seleccionados do Instituto Jurídico Portucalense,* p. 52. Rei dos Livros e UPT.

[142] Cardoso, Arisa R. (2015). Reflexões sobre cidadania e Direitos Humanos no mundo globalizado. *Videre,* 5 (9), pp. 17-24. Disponível em: https://ojs.ufgd.edu.br/index.php/videre/article/view/2247 (ac. 12 abril 2022).

[143] Killander, Magnus (2010). *Interpretação dos tratados regionais de direitos humanos. SUR,* 7 (13), pp. 149-175. São Paulo. Disponível em: https://sur.conectas.org/wp-content/uploads/2017/11/sur13-port-magnus-killander.pdf (acesso em 13 de abril de 2022).

acontecimentos que têm lugar em espaços muito distantes no globo[144], o que nos remete para a procura de um equilíbrio entre a individualização e a solidariedade, o globalismo e a erosão do Estado-providência, o capital global e o trabalho, e a cultura global e a diversidade cultural[145]. Mas ainda existe um longo caminho a percorrer para a universalização dos Direitos Humanos, sendo essencial que a globalização não se torne uma *maldição*, devido às suas consequências mais negativas, sendo uma questão que se encontra em aberto e cuja resposta só depende dos seres humanos[146], desde logo porque existem evidências de que os Direitos Humanos, por vezes, são colocados atrás dos interesses ideológicos, económicos, militares ou geoestratégicos, considerados prioritários para muitos países[147].

Os sistemas de proteção dos Direitos Humanos de âmbito global e regional, nas últimas décadas, têm verificado uma gradual expansão da sua proteção internacional e a consolidação dos sistemas de proteção, orientados a salvaguardar as vítimas de violações[148]. A adoção da Carta das Nações Unidas (1945), a aprovação da DUDH (1948) e de outros instrumentos internacionais de Direitos humanos, como os dois principais tratados criados em 1966 – o *Pacto Internacional de Direitos Civis e*

[144] Giddens, Anthony (2009). *Sociologia*, 7.ª edição. Lisboa: Fundação Calouste Gulbenkian.

[145] Rocha, Acílio da Silva Estanqueiro (2010). Direitos humanos e globalização, *in* Santoro, Emilio *et al.* (orgs.). *Direitos humanos numa época de insegurança*, pp. 295-318. Porto Alegre: Tomo Editorial.

[146] Baumann, Z. (2005). *Identidade: entrevista a Benedetto Vecchi*, p. 95. Rio de Janeiro: Zahar; Correio, R.; Correio, L. (2017). Globalização, transnacionalismo e efetivação de direitos humanos. *Direito Público*, 12 (3), pp. 315-343, Disponível em: https://www.uel.br/revistas/uel/index.php/direitopub/article/view/32249 (acesso 14 abril 2022); Correio, R.; Correio, L. (2018). Globalização, transnacionalismo e a efetivação de direitos humanos. *Scientia Iuris*, 22 (1), pp. 134-161. Disponível em: https://www.uel.br/revistas/uel/index.php/direitopub/article/view/32249 (acesso 14 abril 2022); Catarro, Francisco J. T. (2019). Globalização e Estado social, *Os direitos humanos por um fio?*, pp. 103-122. VNF: Húmus.

[147] Macron recebeu Sisi sem condenar violação de direitos humanos. E teve manifestações à porta. *Expresso*, 9 dezembro, 2020. Disponível em: https://expresso.pt/internacional/2020-12-08-Macron-recebeu-Sisi-sem-condenar-violacao-de-direitos-humanos.-E-teve-manifestacoes-a-porta (acesso em 29 de março de 2022).

[148] Magalhães, Wellington (2015). A capacidade jurídico-postulatória do indivíduo em âmbito internacional de proteção e defesa dos direitos humanos, *ESMAT*, 6 (8). ESMAT. Disponível em: http://esmat.tjto.jus.br/publicacoes/index.php/revista_esmat/article/view/19 (acesso em 14 de abril de 2022).

Políticos e o *Pacto Internacional de Direitos Económicos, Sociais e Culturais* – e o trabalho desenvolvido pelos órgãos internacionais com atribuições no âmbito dos Direitos Humanos, diminuiu o n.º de violações[149], apesar de algumas especificidades, no modo como estes direitos são defendidos formalmente, em função do contexto geográfico, social, político, cultural e religioso.

O modelo europeu contempla um sistema de proteção essencialmente jurisdicional, que abrange todos os Estados aderentes à Convenção Europeia de Direitos Humanos, cuja principal marca é a de reconhecer ao indivíduo a legitimidade para ascender diretamente à jurisdição supranacional, ou seja, ao Tribunal Europeu de Direitos Humanos[150]. Em Portugal, que se encontra alinhado com o modelo jurisdicional, os Direitos Humanos, positivados em direitos fundamentais, estão constitucionalmente protegidos, porque fundam-se em valores axiologicamente inspirados na Declaração Universal dos Direitos Humanos e existem para defender aspetos vitais, desde logo por força do art. 16.º, n.º 2, da CRP, que estipula que os preceitos constitucionais e legais relativos aos direitos fundamentais devem ser interpretados e integrados de harmonia com a DUDH. O direito da liberdade religiosa, um dos primeiros direitos humanos, é, por exemplo, estrutural na Constituição Portuguesa, a par do princípio da dignidade da pessoa humana, onde assenta a ordem jurídica portuguesa[151]. Por outro lado, o sistema interamericano é marcado pela distribuição de competências entre uma comissão e o Tribunal. Nesse sistema, a pessoa não tem acesso direto ao Tribunal, contudo, tanto a ação da Comissão como a jurisprudência do TIDH têm demonstrado reconhecer o direito de petição ao indivíduo

[149] Cabrita, Isabel Xavier (2015). *Modelo Chinês para os Direitos Humanos: uma análise crítica no contexto das relações internacionais.* Tese de doutoramento em Ciências Sociais (Relações Internacionais). Lisboa: ISCSP-UL.

[150] Magalhães, Wellington (2015). A capacidade jurídico-postulatória do indivíduo em âmbito internacional de proteção e defesa dos direitos humanos. *Revista ESMAT*, 6 (8). ESMAT. Disponível em http://esmat.tjto.jus.br/publicacoes/index.php/revista_esmat/article/view/19 (acesso em 14 de abril de 2022).

[151] Seminário *O sentido dos Direitos Humanos no contexto da globalização*, proferido pelo Professor Doutor Mário Reis Marques, no Seminário Específico do Programa de Pós-Doutoramento em Democracia e Direitos Humanos, promovido pelo IGC/CDH, na Universidade de Coimbra, no dia 24 de junho de 2022.

perante a Comissão ou ao Tribunal[152]. Mas, independentemente do contexto, todos devem ser cidadãos plenos em qualquer lugar em que se encontrem. Ser cidadão é mais do que esperar passivamente que o Estado lhe outorgue direitos e imponha deveres. Implica direitos e deveres decorrentes da consciencialização do ser humano como membro de uma sociedade e da perceção de que todos possuem uma responsabilidade em relação aos demais e ao Estado[153]. E, neste contexto, o papel dos polícias é insubstituível, pois surgem na sua dupla consciência: como cidadãos plenos, apesar da restrição de alguns dos seus direitos[154], mas também como instrumento de promoção dos Direitos Humanos em cenários, por vezes, multiculturais, motivo pelo qual o Alto Comissariado das Nações Unidas para os Direitos Humanos, entende que é necessário que os aplicadores da lei compreendam os Direitos Humanos, os seus padrões normativos e saibam como incentivar o exercício de atividades, atitudes e comportamentos que respeitem os mesmos, através da concretização de ações que visem a sua defesa. Para esse efeito, é fundamental a existência de uma formação adequada e contextualizada para as funções dos polícias, pois, só com uma formação completa e aprofundada, se pode garantir a promoção e proteção universal destes direitos num mundo cada vez mais globalizado e polarizado[155].

Assim, a globalização representa uma *moeda com duas faces* e gera um exercício de cidadania, baseada no indivíduo e nos Direitos Humanos, que tanto se constitui na obrigação política vertical entre os cidadãos e

[152] Magalhães, Wellington (2015). A capacidade jurídico-postulatória do indivíduo em âmbito internacional de proteção e defesa dos direitos humanos. *Revista ESMAT*, 6 (8). ESMAT. Disponível em http://esmat.tjto.jus.br/publicacoes/index.php/revista_esmat/article/view/19 (acesso em 14 de abril de 2022).

[153] Cardoso, Arisa (2015). Reflexões sobre cidadania e Direitos Humanos no mundo globalizado. *Videre*, 5 (9), pp. 17-24. Disponível em: https://ojs.ufgd.edu.br/index.php/videre/article/view/2247 (acesso 12 abril 2022).

[154] A lei portuguesa pode estabelecer, na estrita medida das exigências próprias das respetivas funções, restrições ao exercício dos direitos de expressão, reunião, manifestação, associação e petição coletiva e à capacidade eleitoral passiva por agentes dos serviços e das forças de segurança e a não admissão do direito à greve, mesmo quando reconhecido o direito de associação sindical, cf. artigos 57.º e 270.º da CRP.

[155] Antunes, João P. S. (2019). *A Formação em direitos humanos na Guarda Nacional Republicana*. Dissertação de mestrado integrado em Ciências Militares (especialidade de Segurança), p. 3. Lisboa: Academia Militar.

o Estado, como na obrigação política horizontal entre cidadãos[156], colocando diversos desafios à justiça social. Nancy Fraser (2002) identificou três problemas que ameaçam a justiça social no contexto da globalização: a redução das propriedades e identidades humanas, enquanto coletividade, a substituição da redistribuição pelo reconhecimento, e a forma como diferentes tipos de luta estão a enquadrar desajustadamente os processos transnacionais, apresentando estratégias para neutralizar os riscos derivados destes problemas, através de uma conceção do reconhecimento baseada no estatuto que não conduz a uma política de identidade; um constructo bidimensional de justiça que abrange o reconhecimento e a distribuição; e uma conceção de soberania de múltiplos níveis que descentra o enquadramento nacional[157].

O movimento global de Direitos Humanos, conjunto de atores sociais articulados por valores e discursos alinhados e que operam internacionalmente em busca de um objetivo comum – a defesa, promoção e proteção dos Direitos Humanos, bem como o fortalecimento dos sistemas e mecanismos institucionais para a concretização desse propósito – passou por mudanças desde que a DUDH foi adotada. Como resultado dos processos socioeconómicos e geopolíticos, o movimento foi-se fortalecendo a partir dos anos 1960, com a fundação de diversas organizações de direitos humanos nos EUA e na Europa, que se constituíram como agentes influentes no cenário político, observando-se a consolidação de um modelo de ativismo transnacional, até ao final da década de 1980, que se refletiu numa divisão do trabalho dentro do movimento global de Direitos Humanos, onde as organizações locais recebiam as denúncias, ao passo que as organizações internacionais as potenciavam globalmente[158]. A efetivação dos Direitos Humanos numa nova ordem causada pelo fenómeno da globalização e o transnacionalismo, uma das principais

[156] Santos, Boaventura de Sousa (1997). *Pela mão de Alice. O social e o político na pós-modernidade*, 4.ª edição. Subjetividade, cidadania e emancipação, p. 239. São Paulo: Cortez.

[157] Fraser, Nancy (2002). A justiça social na globalização: Redistribuição, reconhecimento e participação, *Revista Crítica de Ciências Sociais*, 63, pp. 7-20. Coimbra: Centro de Estudos Sociais.

[158] Chillier, Gastón; Timo, P. B. (2014). O movimento global de direitos humanos no século XXI: reflexões sob a perspectiva de uma ONG nacional de direitos humanos do sul. *SUR*, 11 (20), pp. 384-394. Disponível em: https://bdjur.stj.jus.br/jspui/bitstream/2011/90733/movimento_global_direitos_chillier.pdf (acesso em 12 de abril de 2022).

consequências da globalização, tem contribuído, assim, para uma diminuição de fronteiras entre países e a alteração de bases legitimadoras[159]. O transnacionalismo, segundo Stelzer (2011), liga-se à conceção de um Estado permeável e em declínio, enquanto a globalização remete a ideia de conjunto, de globo, *i.e.*, o mundo sintetizado como único[160]. Assim, a globalização continua a representar um desafio, na esperança de que possa contribuir para a promoção e universalização dos Direitos Humanos.

2. Instrumentos (inter)nacionais de Direitos Humanos

No presente capítulo identificamos os principais instrumentos internacionais de Direitos Humanos, *maxime* as regras internacionais para a aplicação da lei, culminando numa reflexão sobre a democracia e os Direitos Humanos no contexto português, para depois, nos capítulos seguintes, *mergulharmos* na relação entre a Polícia e a Diversidade, questão central da presente investigação.

Assim, foi após a Segunda Guerra Mundial (1945), no decurso da qual ocorreram inúmeras violações da dignidade da pessoa humana, a uma escala global, sobretudo por parte da Alemanha Nacional-Socialista, que se deu a internacionalização dos Direitos Humanos, baseada no pressuposto de que estas violações podiam ser evitadas se existisse um sistema de proteção internacional, vinculando e responsabilizando os Estados pelas suas ações[161]. Este sistema foi inspirado nos tratados *vestefalianos* do séc. XVII, que inauguraram o Direito Internacional e procuraram gerar um equilíbrio de poderes, consolidando o Estado-Nação, o processo de monopolização do uso da força pelo Estado[162] e o respeito

[159] Correio, Regiane, Correio, Leilane (2017). Globalização, transnacionalismo e efetivação de direitos humanos. *Revista do Direito Público*, Londrina, 12 (3), pp. 315-343. Disponível em: https://www.uel.br/revistas/uel/index.php/direitopub/article/view/32249 (acesso em 14 de abril de 2022); Correio, Regiane N., Correio, Leilane S. G. (2018). Globalização, transnacionalismo e a efetivação de direitos humanos. *Scientia Iuris*, 22 (1), pp. 134-161. Disponível em: https://www.uel.br/revistas/uel/index.php/direitopub/article/view/32249 (acesso em 14 de abril de 2022).

[160] Stelzer, Joana (2011). O fenómeno da transnacionalização da dimensão jurídica, *Direito e Transnacionalidade*, p. 21, reimpressão Curitiba: Juruá.

[161] Pinto, Maria do Céu (2014). *As Nações Unidas e os desafios da governação global*. Lisboa: Letras Itinerantes; Sudre, Frédéric (2012). *Droit européen et international des droits de l'homme*. Paris: Presses Universitaires de France.

[162] Elias, Norbert (2006). *O processo civilizacional*, 2.ª edição. Lisboa: Publicações Dom Quixote.

pela soberania, o recurso à diplomacia, a não-agressão, a territorialidade, e os compromissos internacionais (*pacta sunt servanda*[163]). Nessa medida, assistiu-se ao reforço do papel legitimador das convenções de Direitos Humanos no campo discursivo, através das quais qualquer ordem jurídica só podia fazer parte das nações civilizadas se assumisse um compromisso político de paz perpétua centrado no respeito pelos Direitos Humanos[164]. Assim, as primeiras linhas do preâmbulo da Carta das Nações Unidas, adotada em São Francisco em 1945, apontam o principal propósito da nova organização internacional emergente após o conflito mundial: preservar as gerações vindouras do flagelo da guerra que, por duas vezes, no espaço de uma vida humana, trouxe sofrimentos sem precedentes à humanidade. Para o efeito, anunciou-se uma nova ordem mundial, baseada em princípios, para manter a paz e a segurança internacionais e na garantia de que a força armada não será usada, salvo no interesse comum[165].

Acresce que o primeiro-ministro inglês Winston Churchill já tinha reclamado, em 1943, a necessidade de construir uma *espécie* de ONU europeia, o que levou a que, em março de 1948, cinco Estados[166] celebrassem o Tratado de Bruxelas, aos quais se juntaram outros cinco[167] e, em 5 de maio de 1949, assinaram, em Londres, o Estatuto do Conselho da Europa[168], cujo preâmbulo apresenta o espírito que o move: a paz, fundada na justiça e na cooperação, é vital para a preservação da sociedade humana e da civilização. Adere-se aos valores que estão na base dos princípios da liberdade individual e política e no primado do direito, em que se funda a democracia. Procura-se favorecer o progresso social e económico e atender às aspirações dos povos que compõem esse Conselho[169]. Assim, o campo de ação do Conselho da Europa pode ser visto sob duas perspetivas: a promoção, defesa e garantia dos Direitos

[163] Os pactos devem ser observados.

[164] Canotilho, José Joaquim Gomes (2014). Prefácio, *Convenções Internacionais e Direitos do Homem*, p. 5. Coimbra: Rei dos Livros.

[165] Coutinho, Francisco Pereira (2015). A Legitimidade do Conselho de Segurança, *A Participação de Portugal no Conselho de Segurança*, p. 53. Lisboa: Instituto Diplomático.

[166] Bélgica, França, Holanda, Luxemburgo e Reino Unido.

[167] Dinamarca, Irlanda, Itália, Noruega e Suécia.

[168] Barreto, Ireneu C. (2010). *A CEDH. Anotada*, 4.ª edição, p. 24. Coimbra: Coimbra Editora.

[169] Faria, Miguel José (2001). *Direitos Fundamentais e Direitos do Homem*, p. 273. Lisboa: ISCPSI.

Humanos e a cooperação internacional[170]. Desse modo, os Direitos Humanos tornaram-se, no Direito Internacional, uma categoria jurídica à qual os textos adotados vinculariam um regime protetivo, embora esse reconhecimento nem sempre seja respeitado, apesar de a jurisprudência reconhecer, sem discriminação, os direitos dos indivíduos, assegurando a liberdade e a dignidade da pessoa humana[171]. Mais recentemente, em 2020, o Conselho da União Europeia adotou, pela primeira vez, um regime global de sanções em matéria de Direitos Humanos. O quadro de medidas – composto por uma decisão e um regulamento – aplica-se a atos como o genocídio, crimes contra a humanidade, violações ou abusos graves dos Direitos Humanos (tortura, escravatura, execuções extrajudiciais, detenções ou prisões arbitrárias) e outras violações generalizadas ou sistemáticas no que diz respeito aos objetivos da política externa e de segurança comum estabelecidos no Tratado da União Europeia, visando indivíduos, entidades e organismos, responsáveis, envolvidos ou associados a graves violações e abusos dos Direitos Humanos em todo o mundo, independentemente do local onde estes tenham ocorrido[172].

2.1. Instrumentos internacionais

Vimos que após a Segunda Guerra Mundial surgiu um movimento materializado num conjunto de ideias, normas e instituições, que atingiu o seu ponto mais alto com a *Declaração Universal dos Direitos Humanos*, das Nações Unidas[173], aprovada em 1948[174], um dos principais instrumentos internacionais e que representa um marco civilizacional e a reserva moral da humanidade, enquanto legado político-jurídico que o Ocidente

[170] Barreto, Ireneu C. (2010). *A CEDH. Anotada*, 4.ª edição, p. 25. Coimbra: Coimbra Editora.

[171] Pinto, Maria do Céu (2014). *As Nações Unidas e os desafios da governação global.* Lisboa: Letras Itinerantes; Sudre, Frédéric (2012). *Droit européen et international des droits de l'homme.* Paris: Presses Universitaires de France.

[172] UE adota primeiro regime global de sanções por violações de direitos humanos. *Observador,* 7 dezembro, 2020. Disponível em: https://observador.pt/2020/12/07/ue-adota-primeiro-regime-global-de-sancoes-por-violacoes-de-direitos-humanos/ (acesso em 29 de março de 2022).

[173] Gonçalves, Fernando *et al.* (2014). *Convenções Internacionais e Direitos do Homem.* Coimbra: Rei dos Livros.

[174] Monteiro, Ana Isabel L. (1991). *A família nas declarações internacionais dos direitos humanos,* p. 15. Lisboa: Ministério do Emprego e da Segurança Social. Direção Geral da Família.

protagonizou ao longo dos séculos[175]. A Comissão de Direitos do Homem das Nações Unidas, criada pelo Conselho Económico e Social, nos termos previstos no art. 68.º da Carta das Nações Unidas, recebeu a missão de elaborar a *Carta Internacional dos Direitos Humanos*. Foi sobre o texto preparado por aquela comissão que a Assembleia Geral das Nações Unidas, na sua 183.ª sessão, realizada em Paris, em 10 de dezembro de 1948, aprovou por 48 votos a favor, nenhum contra e oito abstenções, a *Declara*ção Universal dos Direitos do Humanos[176].

A Carta das Nações Unidas, elaborada em S. Francisco em 1945, já se refere a direitos fundamentais, mas sempre se entendeu que a intervenção da Organização só é válida num quadro de promoção, auxílio ou recomendação. Daí que se reconhecesse a necessidade de uma proteção internacional eficaz desses direitos e liberdades, o que levou à aprovação da DUDH e, em 1966, dos Pactos Internacionais de *Direitos Económicos, Sociais e Culturais* e de *Direitos Cívicos e Políticos*[177]. Estava em marcha, assim, entre outras alterações, uma profunda transformação no Direito aplicável aos conflitos armados, retirando-se aos Estados a prerrogativa soberana de utilização das respetivas forças armadas enquanto instrumento da sua política externa através da previsão de uma proscrição geral do uso da força[178], salvaguardando-se apenas as intervenções militares em legítima defesa[179]. As relações internacionais passariam a estar enquadradas por um sistema de segurança coletiva que tem como epicentro o Conselho de Segurança, órgão principal das Nações Unidas[180], a quem os respetivos membros atribuíram a principal responsabilidade na manutenção da paz e da segurança internacionais[181]. Assim, a análise de Declaração leva-nos a descortinar duas ordens de valores: a dignidade

[175] Faria, Miguel José (2001). *Direitos Fundamentais e Direitos do Homem*, pp. 258-259. Lisboa: ISCPSI.

[176] Barreto, Ireneu C. (2010). *A Convenção Europeia dos Direitos do Homem. Anotada*, 4.ª edição, p. 22. Coimbra: Coimbra Editora.

[177] Andrade, José Carlos Vieira de (1983). *Os direitos fundamentais na constituição portuguesa* de 1976, pp. 16-17. Coimbra: Almedina.

[178] Art. 2.º, n.º 4, da Carta das Nações Unidas.

[179] Art. 51.º da Carta das Nações Unidas.

[180] Art. 7.º, n.º 1, da Carta das Nações Unidas.

[181] Art. 24.º, n.º 1, da Carta das Nações Unidas; e Coutinho, Francisco Pereira (2015). A Legitimidade do Conselho de Segurança, *A Participação de Portugal no Conselho de Segurança*, p. 53. Lisboa: Instituto Diplomático.

da pessoa humana, proclamada no art. 1.º e a moral, referida no art. 29.º, n.º 2, como exigência limitativa do exercício dos direitos e do gozo das liberdades nela consagrados. A par desses valores, temos os princípios da liberdade, da igualdade e da fraternidade, também no art. 1.º, na senda do humanismo do século XVIII, bem como os da ordem e da inviolabilidade dos direitos humanos vertidos nos artigos 28.º e 30.º[182]. A DUDH prevê ainda, enquanto ponto fixo e limite que deve ser observado universalmente, que todos os seres humanos nascem livres e iguais em dignidade e direitos (art. 1.º), que todo o ser humano tem capacidade para gozar os direitos e as liberdades estabelecidos na Declaração, sem distinção de qualquer espécie, seja de raça, cor, sexo, língua, religião, opinião política ou de outra natureza, origem nacional ou social, riqueza, nascimento, ou qualquer outra condição (art. 2.º, n.º 1) e que ninguém será submetido à tortura, nem a tratamento ou castigo cruel, desumano ou degradante (art. 5.º).

Acresce que, em 4 de novembro de 1950, os ministros de 15 países europeus, reunidos em Roma, assinaram a Convenção Europeia dos Direitos Humanos, que entrou em vigor em 3 de setembro de 1953, constituindo-se como um tratado internacional, nos termos do qual os Estados assumem determinadas obrigações, permitindo que qualquer pessoa que invoque uma violação dos seus direitos possa desencadear um processo contra o Governo que considere responsável por esse facto[183]. Na verdade, na construção comunitária, os tratados criadores das Comunidades Europeias não dispunham de qualquer previsão de direitos fundamentais, uma vez que os seus objetivos eram sobretudo de natureza económica. Porém, como resultado das sucessivas revisões operadas nos tratados originários, o campo das competências comunitárias expandiu-se à dimensão cívica e a matérias pertencentes ao núcleo de soberania dos Estados, tornando-se necessária uma tutela adequada para a salvaguarda dos direitos fundamentais[184]. Nessa medida,

[182] Faria, Miguel José (2001). *Direitos Fundamentais e Direitos do Homem*, p. 273. Lisboa: ISCPSI.

[183] Gonçalves, Fernando *et al.* (2014). *Convenções Internacionais e Direitos do Homem*. Coimbra: Rei dos Livros; Conselho da Europa (1983). *A protecção dos direitos do homem na Europa*, pp. 3-4. Lisboa: Conselho da Europa.

[184] Alves, Dora e Castilhos, Daniela (2016). A evolução dos direitos humanos na Europa: os principais momentos desde a ausência de direitos fundamentais na União Europeia até a atualidade, *Cidadania, justiça e controle social*, p. 10. Santa Cruz do Sul: Essere nel Mondo.

o instrumento normativo que o Conselho da Europa definiu para proteger os Direitos Humanos no espaço europeu, foi a CEDH[185] e os respetivos protocolos adicionais. Para a sua efetivação, o art. 19.º criou a Comissão Europeia dos Direitos Humanos e o Tribunal Europeu dos Direitos Humanos[186].

O atual dispositivo da Convenção Europeia dos Direitos Humanos estipula que o direito de qualquer pessoa à vida é protegido pela lei. Ninguém poderá ser intencionalmente privado da vida, salvo em execução de uma sentença capital pronunciada por um tribunal, no caso de o crime ser punido com esta pena pela lei (art. 2.º); que ninguém pode ser submetido a torturas, nem a penas ou tratamentos desumanos ou degradantes (art. 3.º); defende o direito à liberdade e à segurança (art. 5.º), a um processo equitativo (art.º 6.º) e o princípio da legalidade, na medida em que ninguém pode ser condenado por uma ação ou uma omissão que, no momento em que foi cometida, não constituía infração, segundo o direito nacional ou internacional, não podendo ser imposta uma pena mais grave do que a aplicável no momento em que a infração foi cometida (art. 7.º, n.º 1)[187]. A CEDH estipula ainda o direito ao respeito pela vida privada e familiar (art. 8.º), à liberdade de pensamento, de consciência e de religião (art. 9.º), de expressão (art. 10.º), a liberdade de reunião e de associação (art. 11.º) e, como um dos princípios centrais e estruturantes, a proibição de discriminação, na medida em que o gozo dos direitos e liberdades reconhecidos na Convenção deve ser assegurado sem quaisquer distinções, tais como as fundadas no sexo, raça, cor, língua, religião, opiniões políticas ou outras, a origem nacional ou social, a pertença a uma minoria nacional, a riqueza, o nascimento ou qualquer outra situação (art. 14.º). Por outro lado, importa destacar a relevância da *Carta dos Direitos Fundamentais da União Europeia*[188] que, pela

Disponível em: http://hdl.handle.net/11328/1461 (acesso 17 março 2022); Pacheco, Maria Fátima (2005). A proteção dos particulares no sistema português de direitos fundamentais e no sistema da União Europeia, *Revista de Ciências Empresariais e Jurídicas*, 3, pp. 102-104. Porto: ISCAP.

185 Também designada *Convenção para a Proteção dos Direitos Humanos e das Liberdades Fundamentais.*

186 Faria, Miguel José (2001). *Direitos Fundamentais e Direitos do Home*m, p. 260. Lisboa: ISCPSI.

187 Dispositivos com igual proteção jurídico-constitucional em Portugal.

188 *Vide* https://eur-lex.europa.eu/legal-content/PT/TXT/PDF/?uri=CELEX:12016P/TXT&from=FR (acesso em 25 de agosto de 2022).

primeira vez, reuniu num único texto os direitos civis e políticos, bem como os direitos económicos e sociais dos cidadãos europeus, que estavam dispersos por diversas leis nacionais e convenções internacionais. A Carta tem um preâmbulo e 54 artigos repartidos em sete capítulos: Dignidade, Liberdades, Igualdade, Solidariedade, Cidadania, Justiça e Disposições Gerais; e, quando foi adotada, em dezembro de 2000, representava apenas um compromisso político mas, com a entrada em vigor do Tratado de Lisboa, em 1 de dezembro de 2009, a Carta passou a ter força de lei[189]. O principal objetivo, desse esforço normativo, foi garantir que a humanidade não voltasse a cometer os mesmos *erros* do passado, pondo em causa a paz, apesar de alguns aspetos polémicos no quadro normativo europeu, pós-Segunda Guerra Mundial, *maxime* as particularidades dos regimes especiais da economia e saúde pública, droga, ambiente, valores mobiliários, instituições de crédito, seguros, impostos e trabalho[190], e de verificarmos violações dos Direitos Humanos.

Nessa senda, seguiram-se outros instrumentos internacionais, tendo como pressuposto e um limite do poder punitivo dos Estados, o respeito pela dignidade da pessoa humana, *e.g.*: a *Convenção para a Prevenção e Repressão do Crime de Genocídio* (1948)[191]; as *Regras Mínimas das Nações Unidas para o Tratamento dos Reclusos* (1955)[192]; a *Convenção de Viena sobre Relações Consulares* (1963)[193], o *Pacto Internacional sobre os Direitos Civis e Políticos* (1966)[194]; a *Convenção Americana de Direitos Humanos* (1969), adotada pelo Brasil e 24 países da Organização dos Estados Americanos,

[189] *Vide* https://op.europa.eu/webpub/com/carta-dos-direitos-fundamentais/pt/ (acesso em 25 agosto 2022).

[190] A este propósito *vide*, entre outros, Albuquerque, Paulo Pinto de (2011). *Comentário do Regime Geral das Contraordenações: à luz da Constituição da República e da Convenção Europeia dos Direitos do Homem*. Lisboa: U. C. Editora.

[191] Adotada por unanimidade pela Assembleia Geral das Nações Unidas, em 9 de dezembro de 1948, entrando em vigor em 12 de janeiro de 1951, tendo o advogado Raphael Lemkin como principal promotor.

[192] Adotadas pelo primeiro congresso das Nações Unidas para a Prevenção do Crime e o Tratamento dos Delinquentes, realizado em Genebra em 1955, e aprovadas pelo Conselho Económico e Social das Nações Unidas através das suas resoluções 663 C (XXIV), de 31 de julho de 1957 e 2076 (LXII) de 13 de maio de 1977.

[193] Entrou em vigor em 19 de março de 1967.

[194] Adotado e aberto à assinatura, ratificação e adesão pela resolução 2200-A (XXI) da Assembleia-Geral das Nações Unidas, de 16 de dezembro de 1966.

promulgada em 22 de novembro de 1969 e conhecida como Pacto de São José da Costa Rica que, através do seu art. 5.º, prevê que ninguém pode ser submetido a tortura, nem a penas ou tratamentos cruéis, desumanos ou degradantes; e que toda a pessoa privada da liberdade deve ser tratada com o respeito devido à dignidade inerente ao ser humano[195]; a *Convenção Internacional para a Eliminação e Repressão do Crime de Apartheid* (1973)[196]; a *Declaração sobre a Proteção de Todas as Pessoas contra a Tortura e Outras Penas ou Tratamentos Cruéis, Desumanos ou Degradantes* (1975)[197]; e a *Convenção Europeia para a Repressão do Terrorismo* (1977), instrumento emanado do Conselho da Europa que visa uma proteção mais eficaz dos cidadãos europeus, contra o terrorismo. Assinada em Estrasburgo em janeiro de 1977, foi aprovada para ratificação, em 18 de agosto de 1981, pela Assembleia da República Portuguesa. Nessa medida, o art. 2.º da Lei n.º 19/81, formulou a reserva de que Portugal não aceitará a extradição, como Estado requisitado, quando as infrações sejam punidas com a pena de morte, ou com penas ou medidas de segurança privativas da liberdade com caráter perpétuo, no Estado requisitante[198]. Esta Convenção Europeia representou, assim, neste âmbito, um marco no quadro jurídico-internacional, apesar de, até ao final da década de 1980, os Estados continuarem a encarar o terrorismo como uma questão nacional[199]. Os países africanos, por seu turno, deram igualmente um passo decisivo na proteção dos Direitos Humanos ao assinarem a *Carta Africana dos Direitos Humanos e dos Povos*, também conhecida como *Carta de Banjul*, aprovada pela Conferência Ministerial da Organização da Unidade Africana, em Banjul, Gâmbia, em janeiro de 1981, e adotada pela

[195] Basso, Marco António (2007). *Tortura: evolução histórica, jurídica e social: a tutela do direito fundamental e a dignidade humana*, p. 172. São Paulo: Scortecci.

[196] Aprovada pela Assembleia Geral da ONU e assinada, em Nova Iorque, em 30 de novembro de 1973, apesar de um elevado número de abstenções e votos negativos, tendo entrado em vigor em 18 de julho de 1976.

[197] Adotada pela Assembleia Geral das Nações Unidas na sua resolução 3452 (XXX), de 9 de dezembro de 1975; Gonçalves, Fernando *et al.* (2014). *Convenções Internacionais e Direitos do Homem*. Coimbra: Rei dos Livros.

[198] Faria, Miguel José (2001). *Direitos Fundamentais e Direitos do Homem*, p. 266. Lisboa: ISCPSI.

[199] Prata, Pedro da Gama (2014). As Nações Unidas e os instrumentos do combate ao terrorismo *in* Pinto, Maria do Céu (Coord.). *As Nações Unidas e os desafios da governação global*, p. 222. Lisboa: Letras Itinerantes.

XVIII Assembleia dos Chefes de Estado e Governo da Organização da Unidade Africana em Nairobi, Quénia, em 27 de julho de 1981[200].

Importa ainda referir que a Assembleia-Geral das Nações Unidas criou o Conselho de Direitos Humanos, através da Resolução A/RES/60/251, adotada em 15 de março de 2006, em substituição da Comissão de Direitos Humanos, que existia desde 1946, considerado um órgão politizado e lento no combate às violações de Direitos Humanos. Esta alteração institucional ocorreu num momento em que o mundo estava a experienciar novos desafios mundiais multifacetados como o terrorismo ou conflitos armados complexos, numa tentativa de dar uma resposta mais eficaz a estes desafios. Sendo o CDH um órgão intergovernamental, a interligação existente entre o direito internacional público e as relações internacionais está extremamente patente na sua atuação, ao nível dos seus mecanismos de tomada de decisão no que se refere às normas de Direitos Humanos[201]. Assim, a criação do novo órgão justificou-se pela necessidade de combater as debilidades existentes, como a excessiva politização, e de contar com um órgão que respondesse mais agilmente às situações de violação de direitos humanos, o que levou à extinção da Comissão de Direitos Humanos, um órgão político e intergovernamental, responsável pela criação dos principais tratados de Direitos Humanos, como a DUDH, e que atuou durante 60 anos como o órgão responsável pela defesa destes direitos no âmbito do sistema universal de proteção[202].

Por fim, e em *jeito* de introdução à próxima secção, importa destacar um instrumento essencial para a internacionalização dos Direitos Humanos, em particular em contextos de pós-conflito, missões e ope-

[200] *Vide* http://www.dhnet.org.br/direitos/sip/africa/banjul.htm (acesso em 25 de agosto de 2022); Andrade, José Carlos Vieira de (1983). *Os direitos fundamentais na constituição portuguesa* de 1976, p. 18. Coimbra: Almedina.

[201] Roque, Sónia (2017). *O Conselho de Direitos Humanos e o papel central do indivíduo enquanto ator na política internacional de direitos humanos*, III Congresso Internacional do *Observare*. Lisboa: UAL. Disponível em https://repositorio.ual.pt/handle/11144/3365 (acesso em 18 de abril de 2022); Silva, M. V. (2013). O Conselho de Direitos Humanos das Nações Unidas: seis anos depois. *SUR*, 10 (18), pp. 102-119. São Paulo. Disponível em https://bdjur.stj.jus.br/jspui/bitstream/2011/71301/conselho_direitos_humanos_silva.pdf (acesso em 18 de abril de 2022).

[202] Silva, Marisa V. (2013). O Conselho de Direitos Humanos das Nações Unidas. *SUR*, 10 (18), pp. 102-119. SP. Disponível em https://bdjur.stj.jus.br/jspui/bitstream/2011/71301/conselho_direitos_humanos_silva.pdf (acesso em 18 de abril de 2022).

rações de administração política transitória ou de manutenção da paz (*peacebuilding* e *peacekeeping*), em processos de apoio da ONU à formação e desenvolvimento de polícias nacionais, a reforma dos setores da justiça, defesa e segurança[203], e a intervenção preventiva em contextos multiculturais, *i.e.*, o *Código de Conduta para os funcionários responsáveis pela aplicação da lei*, diploma estruturante adotado pela Resolução 34/169, de 17 de dezembro de 1979, da Assembleia Geral das Nações Unidas, onde a ética policial surge como um conceito-chave. A ética na Polícia numa sociedade democrática[204] é uma preocupação central do Conselho da Europa, abrangendo questões como os Direitos Humanos e a ética policial, o direito à vida e o uso da força, a tortura, os direitos dos detidos, as normas internacionais de interrogatório e os padrões internacionais de Direitos Humanos para líderes policiais[205]. E, por isso, o Código de Conduta é considerado como um instrumento de referência e uniformizador, que serve de luz orientadora para a atuação de todos os funcionários responsáveis pela aplicação da lei, colocando-os a *falar a mesma língua*, no que respeita a um conjunto de limites que devem ser observados, respeitados e defendidos, sobretudo quando se encontram em missões sob a égide das Nações Unidas.

2.2. Regras internacionais de Direitos Humanos para a aplicação da Lei

Na secção anterior vimos os instrumentos internacionais de Direitos Humanos mais significativos, culminando no *Código de Conduta para os*

[203] A este propósito *vide* Elias, Luís (2006). *A Formação das Polícias nos Estados Pós-Conflito. O caso de Timor-Leste.* Lisboa: Instituto Diplomático.

[204] Conselho da Europa (1983). *A protecção dos direitos do homem na Europa.* Lisboa: Conselho da Europa; Conseil de L'Europe (1997). *Les droits de l'homme et la police: Actes du séminaire.* Strasbourg, 6-8 décembre, 1995. Strasbourg: Conseil de L'Europe; Conseil de L'Europe (1997). *L'éthique de la police dans une société démocratique*: Réunion multilatérale. Strasbourg: Conseil de L'Europe; Council of Europe (1994). *Human Rights and the police.* Germany: Council of Europe.

[205] Crawshaw, Ralph, Williamson, Barry Devlin Tom (1998). *Human rights and policing: Standards for good behaviour and a strategy for change.* The Hague: Kluwer Law International; Crawshaw, Ralph (1999). *Police and human rights: A manual for teachers, recourse persons and participants in human rights programmes.* The Hague: Kluwer Law International; Crawshaw, Ralph, Holmstrom, Leif (2001). *Essential Texts on Human Rights for the Police.* United Kingdom: Kluwer Law International.

funcionários responsáveis pela aplicação da lei, diploma estruturante adotado pela Resolução 34/169, de 17 de dezembro de 1979, da Assembleia-Geral das Nações Unidas, atendendo que a violação de Direitos Humanos, em particular pela Polícia no plano internacional e sob a égide das Nações Unidas, é uma preocupação central, entendendo-se, como funcionários(as) responsáveis pela aplicação da lei, nos termos da Resolução, todos(as) os(as) agentes da lei, quer nomeados(as) quer eleitos(as), que exerçam poderes policiais, em especial poderes de captura ou detenção. Acresce que, nos países onde os poderes policiais sejam exercidos por autoridades militares, fardadas ou não, ou por forças de segurança do Estado, a definição de funcionários(as) responsáveis pela aplicação da lei inclui os(as) funcionários(as) desses mesmos serviços. Em paralelo, no ano de 1996, o Alto Comissariado das Nações Unidas para os Direitos Humanos publicou um *livro de bolso* com regras internacionais de Direitos Humanos para a aplicação da lei pela Polícia. Estas regras resultam da formação ministrada a responsáveis pela aplicação da lei e de membros das componentes da polícia civil das operações de manutenção da paz das Nações Unidas, com o objetivo de alargar o conhecimento sobre as normas internacionais em matéria de Direitos Humanos, habilitando as forças policiais empenhadas em funções de uma forma humana e respeitadora da lei, sobretudo em contextos internacionais complexos e multiculturais pós-conflito[206].

A internacionalização dos Direitos Humanos, em particular em contextos de pós-conflito, missões e operações de administração política transitória, para evitar novos conflitos ou de manutenção da paz (*peacebuilding* e *peacekeeping*), em processos de apoio da ONU à formação e desenvolvimento de polícias nacionais, a reforma dos setores da justiça, defesa e segurança, e a intervenção preventiva em contextos multiculturais, é uma preocupação central dos organismos internacionais, abrangendo, como já vimos, a ética policial, o direito à vida, o uso da força, a tortura, os direitos dos detidos, as normas internacionais de interrogatório e os padrões internacionais de Direitos Humanos para

[206] Alto Comissariado das Nações Unidas para os Direitos Humanos (1996). *International Human Rights Standards for Law Enforcement. A Pocket Book on Human Rights for the Police.* Gabinete de Documentação e Direito Comparado da Procuradoria-Geral da República: Comissão Nacional para as Comemorações do 50.º Aniversário da DUDH e Década das Nações Unidas para a Educação em matéria de Direitos Humanos.

líderes policiais[207]. A importância de garantir que os Direitos Humanos sejam protegidos no quadro de um Estado de Direito tem sido sublinhada pelas Nações Unidas desde a elaboração da *Declaração Universal*, tendo vindo a orientar a ONU nas suas atividades em prol da promoção e proteção dos Direitos Humanos desde essa altura. Por isso, esta é uma noção central no trabalho do *Programa de Serviços Consultivos e de Assistência Técnica no Domínio dos Direitos Humanos* das Nações Unidas, um programa iniciado em 1995 para apoiar os Estados, a seu pedido, na criação e reforço de estruturas nacionais com impacto na observância dos Direitos Humanos pelas pessoas em geral e na manutenção do Estado de Direito[208]. E, por isso, o *Código de Conduta* é considerado como um instrumento de referência para a atuação de todos(as) os(as) funcionários(as) responsáveis pela aplicação da lei, sobretudo quando se encontram em missões sob a égide das Nações Unidas; um código aprovado em 1979, o que significa que, há mais de quatro décadas, já existiam preocupações internacionais ao nível do respeito dos Direitos Humanos por parte da Polícia em operações de manutenção da paz, assente em ideias como a não discriminação, a investigação criminal, a captura e detenção, a utilização da força, o uso de armas de fogo, distúrbios internos, estados de exceção, conflitos armados, a proteção de jovens, os direitos das mulheres, os refugiados, os não-nacionais, as vítimas, o comando e gestão policiais, o policiamento das comunidades e as violações de Direitos Humanos.

A abordagem deste conjunto de temas advém do princípio de que os funcionários responsáveis pela aplicação da lei estão obrigados a conhecer e a aplicar as normas internacionais de Direitos Humanos[209]; devem respeitar e cumprir a lei em todas as ocasiões, servindo a sua comunidade e protegendo todas as pessoas contra atos ilegais, em conformidade com

[207] Crawshaw, Ralph, Williamson, Barry Devlin Tom (1998). *Human rights and policing: Standards for good behaviour and a strategy for change.* The Hague: Kluwer Law International; Crawshaw, Ralph (1999). *Police and human rights: A manual for teachers, recourse persons and participants in human rights programmes.* The Hague: Kluwer Law International; Crawshaw, R., Holmstrom, L. (2001). *Essential Texts on Human Rights for the Police.* UK: Kluwer Law International.

[208] Conselho da Europa (1998). *Os direitos humanos e a polícia: Guia dos direitos humanos para um bom uso dos poderes da polícia*, p. vi. Estrasburgo: Centro de Informação sobre os Direitos Humanos.

[209] Art. 2.º, n.º 3 do Pacto Internacional sobre os Direitos Civis e Políticos.

o alto nível de responsabilidade exigido pela sua profissão[210]; não devem cometer qualquer ato de corrupção e dever-se-ão opor frontalmente a tais atos e combatê-los[211]; devem respeitar e proteger a dignidade humana, bem como defender e garantir os Direitos Humanos de todas as pessoas[212]; devem participar as violações das leis, códigos e conjuntos de princípios que promovem e protegem os Direitos Humanos[213]; e todas as atividades da Polícia devem respeitar os princípios da legalidade, necessidade, não discriminação, proporcionalidade e humanidade[214].

Acresce que cada organismo responsável pela aplicação da lei deve ser representativo da comunidade no seu conjunto, responder às suas necessidades e ser responsável perante ela[215] e, nos termos do art. 5.º do *Código de Conduta*, nenhum funcionário responsável pela aplicação da lei pode infligir, instigar ou tolerar qualquer ato de tortura ou qualquer outra pena ou tratamento cruel, desumano ou degradante, nem invocar ordens superiores ou circunstâncias excecionais[216], como justificação para a prática de tortura ou outras penas ou tratamentos cruéis, desumanos ou degradantes. Esta proibição decorre da *Declaração sobre a Proteção de Todas as Pessoas contra a Tortura e Outras Penas ou Tratamentos Cruéis, Desumanos ou Degradantes*, adotada pela Assembleia Geral, de acordo com a qual tal ato constitui uma ofensa à dignidade humana e será condenado como violação dos objetivos da Carta das Nações Unidas e dos direitos proclamados na DUDH e em outros instrumentos internacionais[217].

[210] Artigos 1.º e 8.º do Código de Conduta.

[211] Art. 7.º do Código de Conduta.

[212] Art. 2.º do Código de Conduta.

[213] Art. 9.º do Código de Conduta; e Princípios Básicos sobre a Utilização da Força e de Armas de Fogo pelos Funcionários Responsáveis pela Aplicação da Lei (princípios 6, 11 f), 22, 24 e 25).

[214] Artigos 2.º, 3.º, 5.º, 7.º e 8.º do Código de Conduta; e Princípios Básicos 2, 4, 5, 9, 11, 13, 14, 15, 16, 24, 25 e 26, sobre a Utilização da Força e de Armas de Fogo pelos Funcionários Responsáveis pela Aplicação da Lei. Crawshaw, R., Holmstrom, L. (2001). *Essential Texts on Human Rights for the Police*. UK: Kluwer Law International.

[215] Resolução da Assembleia-Geral das Nações Unidas 34/169, de 17 de dezembro de 1979 (adota o Código de Conduta), 8.º parágrafo preambular, subparágrafo a).

[216] Tais como um estado de guerra ou de ameaça de guerra, uma ameaça à segurança nacional, uma situação de instabilidade política interna ou qualquer outra situação de emergência pública.

[217] Espírito observado em Portugal pois, nos termos da Constituição, o nosso País é uma República soberana, baseada na dignidade da pessoa humana (art. 1.º); onde, em caso

A Declaração define tortura como todo o ato pelo qual um funcionário público, ou outrem por ele instigado, inflija intencionalmente a uma pessoa penas ou sofrimentos graves, físicos ou mentais, com o fim de obter dela ou de terceiro uma informação ou uma confissão, de a punir por um ato que tenha cometido ou se suspeite que cometeu, ou de intimidar essa ou outras pessoas. Mas não se consideram tortura as penas ou sofrimentos que sejam consequência unicamente da privação legítima da liberdade, inerentes a esta sanção ou por ela provocados, desde que estejam em conformidade com as *Regras Mínimas para o Tratamento dos Reclusos*. Contudo, o conceito de penas ou tratamento cruéis, desumanos ou degradantes não foi definido pela Assembleia Geral, mas deve ser interpretado de forma a conferir a máxima proteção possível contra maus tratos, físicos ou mentais[218].

O Estado de Direito é essencial para uma paz sustentada, uma boa governança e o crescimento económico. No entanto, a doutrina indica que sabemos pouco sobre como restaurar o Estado de Direito após um conflito, apesar de existiram alguns esforços nesse sentido. No entanto, apesar de sua importância, sabemos surpreendentemente pouco sobre

algum, haverá pena de morte (art. 24.º, n.º 2), ninguém pode ser submetido a tortura, nem a tratos ou penas cruéis, degradantes ou desumanos (art. 25.º, n.º 2); não pode haver penas nem medidas de segurança privativas ou restritivas da liberdade com carácter perpétuo ou de duração ilimitada ou indefinida (art. 30.º, n.º 1) e são nulas todas as provas obtidas mediante tortura, coação, ofensa da integridade física ou moral da pessoa, abusiva intromissão na vida privada, no domicílio, na correspondência ou nas telecomunicações (art. 32.º, n.º 8). Por outro lado, nos termos do artigo 243.º, n.º 1, do Código Penal, com a epígrafe *Tortura e outros tratamentos cruéis, degradantes ou desumanos*, quem, tendo por função a prevenção, perseguição, investigação ou conhecimento de infrações criminais, contraordenacionais ou disciplinares, a execução de sanções da mesma natureza ou a proteção, guarda ou vigilância de pessoa detida ou presa, a torturar ou tratar de forma cruel, degradante ou desumana para: obter dela ou de outra pessoa confissão, depoimento, declaração ou informação; a castigar por ato cometido ou supostamente cometido por ela ou por outra pessoa; ou a intimidar ou para intimidar outra pessoa; é punido com pena de prisão de 1 a 5 anos, se pena mais grave lhe não couber por força de outra disposição legal; considerando-se tortura, tratamento cruel, degradante ou desumano, o ato que consista em infligir sofrimento físico ou psicológico agudo, cansaço físico ou psicológico grave ou no emprego de produtos químicos, drogas ou outros meios, naturais ou artificiais, com intenção de perturbar a capacidade de determinação ou a livre manifestação de vontade da vítima (n.º 3).

218 Comentário ao art. 5.º do Código de Conduta, p. 4, Gabinete de Comunicação e Direito Comparado, PGR.

como restaurar o estado de direito após o conflito. Robert Blair (2020), por exemplo, explica como a comunidade internacional pode ajudar a estabelecer o Estado de Direito nos países devastados pela guerra, com um foco no papel crucial das Nações Unidas, em particular os funcionários ligados à aplicação da lei e a manutenção da segurança e da ordem[219]. Existem diversos exemplos elucidativos do papel essencial da Polícia, *in casu* sob a égide da ONU, no apoio aos Estados na (re)construção das instituições, em particular na reforma dos setores da segurança, da justiça e penitenciário, sobretudo em contextos complexos de autodeterminação[220]. Mas as preocupações nacionais e internacionais sobre os Direitos Humanos e a intervenção policial, *i.e.*, o modo como os aplicadores da lei exercem o seu mandato e como dão uso ao seu poder, balizados por um conjunto de princípios que colocam no centro a dignidade da pessoa humana, é algo que ganhou particular intensidade na transição do milénio[221]. As autoridades angolanas em 2020, por exemplo, intensificaram a repressão de dissidentes, utilizando uma força supostamente desproporcional para dispersar os protestos e combater as violações do estado de emergência, o que, para a Amnistia Internacional e a organização angolana OMUNGA, representou um ataque aos Direitos Humanos e, por isso, mereceu uma reação crítica por parte da comunidade internacional[222].

Para Norbert Elias (2006), o processo civilizacional assenta num caminho de individualização e formação dos Estados nacionais, com base na monopolização da violência ou o uso da força pelos Estados. A sociedade contemporânea, segundo o autor, caracteriza-se, sobretudo no Ocidente,

[219] Blair, Robert A. (2020). *Peacekeeping, Policing, and the Rule of Law after Civil War.* Cambridge, Cambridge U. Press.

[220] Elias, Luís (2006). *A Formação das Polícias nos Estados Pós-Conflito. O caso de Timor-Leste.* Lisboa: I. Diplomático.

[221] Conselho da Europa (2000). *La police et les droits de L'homme – au-delà de l'an 2000.* Strasbourg: Conseil de L'Europe; Conselho da Europa (2001). *Semana Polícia e Direitos do Homem: 28 de outubro a 4 de novembro de 2000. intervenções.* Lisboa: IGAI; Conselho da Europa (1998). *Os direitos humanos e a polícia: Guia dos direitos humanos para um bom uso dos poderes da polícia,* p. v. Estrasburgo: Centro de Informação sobre os Direitos Humanos.

[222] Organizações denunciam "ataque frontal aos direitos humanos" em Angola. *Deutsche Welle,* 8 dezembro, 2020. Disponível em: https://www.dw.com/pt-002/organiza%C3%A7%C3%B5es-denunciam-ataque-frontal-aos-direitos-humanos-em-angola/a-55860045 (acesso em 29 de março de 2022).

por um estado de monopolização muito definido. O indivíduo foi despojado do direito de dispor livremente dos meios coercivos, que está reservado a uma autoridade central. Quando se constitui um monopólio da violência, surgem espaços pacificados, campos sociais isentos de violência. Nessa medida, as sociedades sem um estável monopólio da violência são sociedades em que a divisão de funções é diminuta e as cadeias de ações que ligam os indivíduos são curtas. Inversamente, as sociedades com monopólios da violência mais estáveis são sociedades onde a divisão de funções está mais ou menos desenvolvida, onde são mais longas as cadeias de ações que ligam os indivíduos, e maiores as dependências funcionais de cada um relativamente aos outros[223]. Por isso se defende que *a segurança é o petróleo do século XXI* ou, numa perspetiva mais rigorosa, *o petróleo de todo o processo civilizacional* pois, pode existir segurança sem liberdade, mas não pode existir liberdade sem segurança.

No entanto, continuam a subsistir discursos populistas em alguns círculos responsáveis pela aplicação da lei, com o argumento de que o respeito pelos Direitos Humanos é incompatível com a efetiva aplicação da lei, ou seja, a noção de que, para aplicar a lei, capturar o delinquente e garantir a sua condenação, é necessário *ludibriar* a lei, ou a tendência para utilizar a força de forma desproporcional para controlar manifestações, ou a pressão física para obter respostas dos detidos, ou um excessivo uso da força para garantir uma captura. Para esta corrente, a aplicação da lei é uma guerra contra o crime, constituindo os Direitos Humanos obstáculos colocados no caminho da Polícia pelos advogados e as ONG de proteção dos Direitos Humanos que, só desse modo, conseguem justificar a sua existência[224]. Esta visão ganha uma particular dimensão quando o sentimento subjetivo de insegurança e o pânico moral[225] apresentam um cenário com características favoráveis para que o *lobby* da insegurança[226] possa potenciar a dimensão simbólica do medo

[223] Elias, Norbert (2006). *O processo civilizacional*, 2.ª edição. Lisboa: Publicações Dom Quixote.

[224] Conselho da Europa (1998). *Os direitos humanos e a polícia: Guia dos direitos humanos para um bom uso dos poderes da polícia*. Estrasburgo: Centro de Informação sobre os Direitos Humanos.

[225] Machado, Carla (2004). Pânico Moral: Para uma Revisão do Conceito, *Interações: Sociedade e as Novas Modernidades*, 4 (7), pp. 60-80. ISMT; Thompson, Kennett (1998). *Moral Panics*. Londres: Routledge.

[226] Fenech, Georges (2001). *Tolerância Zero: acabar com a criminalidade e a violência urbana*, pp. 85-109. Mem-Martins: Editorial Inquérito.

junto das populações, alicerçada numa lógica assente na necessidade de aumentar a severidade das penas, investir na segurança privada e na antecipação do crime[227], ou tornar a intervenção policial mais musculada, nota característica em alguns quadrantes políticos durante as campanhas eleitorais. No entanto, também é certo que, no extremo oposto, existem *vozes* que desvalorizam o aumento da criminalidade, invocando o determinismo social dos comportamentos desviantes, como justificação para o crime e as manifestações violentas, enquanto resposta legítima à injustiça social[228]. Por isso, é cada vez mais necessário o olhar objetivo, distanciado e sob uma permanente vigilância epistemológica, dos juristas, sociólogos, psicólogos sociais, criminólogos, cientistas políticos e cientistas policiais, na análise das questões securitárias, para um apoio à governança que corresponda às necessidades reais das comunidades.

Assim, as dimensões que envolvem a atuação da Polícia do século XXI, a partir do *olhar* da ONU, devem contribuir para a segurança pública, que só é alcançada através de um policiamento eficaz e de uma gestão da ordem pública, sobretudo em ambientes considerados hostis, com instituições públicas fragilizadas, violações generalizadas dos Direitos Humanos e escassez de serviços de policiamento. Por isso, nestes contextos, o foco da gestão da ordem pública deve visar o exercício dos direitos fundamentais da população, bem como conciliar o direito de reunião pacífica com a segurança pública[229]. Neste âmbito, são essenciais os instrumentos existentes para balizar a atuação policial, como os *Princípios Básicos sobre a Utilização da Força e de Armas de Fogo pelos Funcionários responsáveis pela Aplicação da Lei*, adotados pelo 8.º Congresso das Nações Unidas para a Prevenção do Crime e o Tratamento dos Delinquentes, realizado em Havana, Cuba, de 27 de agosto a 7 de setembro

[227] Lourenço, Nelson (2010). O custo social e económico do crime: impactes do crime nas vítimas e na sociedade, *Pela Lei e pela Grei*, revista da GNR, XXII (88), out.-dez., pp. 50-55. Lisboa: Comando-Geral da GNR.

[228] Fenech, Georges (2001). *Tolerância Zero: acabar com a criminalidade e a violência urbana*, pp. 109-119. Mem-Martins: Editorial Inquérito.

[229] Gouvêa, Carina B., Castelo Branco, Pedro H., Vianna, Gilberto (2021). Contextualizando a Polícia Democrática: uma possível resposta para as graves crises de segurança pública no Brasil *in Revista Acadêmica da Faculdade de Direito do Recife*, p. 90, nov. 2021; Crawshaw, Ralph, Holmstrom, Leif (2001). *Essential Texts on Human Rights for the Police*. United Kingdom: Kluwer Law International.

de 1990, segundo os quais, os Governos e organismos de aplicação da lei devem adotar e aplicar regras e regulamentos sobre a utilização da força e de armas de fogo contra pessoas por parte de funcionários(as) responsáveis pela aplicação da lei, e devem manter sob permanente avaliação as questões éticas associadas à utilização da força e de armas de fogo[230]. Assim, sempre que o uso legítimo da força ou de armas de fogo seja inevitável, os(as) funcionários(as) responsáveis pela aplicação da lei deverão utilizá-las com moderação e a sua ação deve ser proporcional à gravidade da infração e ao objetivo legítimo a alcançar; minimizar os danos e as lesões, respeitar e preservar a vida humana; assegurar a prestação de assistência e cuidados médicos às pessoas feridas ou afetadas, tão rapidamente quanto possível; e assegurar a comunicação da ocorrência à família ou pessoas próximas da pessoa ferida ou afetada, tão rapidamente quanto possível[231].

Importa, ainda, destacar os seguintes instrumentos relevantes para a orientação da atividade policial: a) o *Conjunto de Princípios Relativos a uma Prevenção Eficaz e à Investigação das Execuções Extrajudiciais, Arbitrárias e Sumárias*, recomendados pelo Conselho Económico e Social das Nações Unidas, na sua resolução 1989/65, de 24 de maio de 1989. O Conselho Económico recomendou que os Princípios devem ser respeitados pelos Governos no quadro das suas leis e práticas internas, e que, para prevenir as execuções extrajudiciais, arbitrárias ou sumárias, devem garantir um controlo rigoroso, incluindo uma cadeia de comando clara sobre todos(as) os(as) funcionários(as) responsáveis pela captura, detenção, prisão, guarda e encarceramento de pessoas, assim como sobre os(as) funcionários(as) autorizados(as) por lei a utilizar a força e armas de fogo; b) as *Regras Mínimas das Nações Unidas para o Tratamento dos Re*clusos (Regras de Nelson Mandela[232]), adotadas pelo 1.º congresso das Nações Unidas para a Prevenção do Crime e o Tratamento dos Delinquentes, realizado em Genebra em 1955, e aprovadas pelo Conselho Económico e Social das Nações Unidas através das suas resoluções 663 C (XXIV), de 31 de julho de 1957 e 2076 (LXII), de 13 de maio de 1977; c) o *Conjunto*

230 N.º 1 das Disposições Gerais.

231 N.º 5 das Disposições Gerais.

232 Adotada pela Resolução 70/175, de 17 de dezembro de 2015, da Assembleia-Geral nas Nações Unidas, anexo.

de Princípios para a Proteção de Todas as Pessoas Sujeitas a Qualquer Forma de Detenção ou Prisão, adotados pela Resolução 43/173, de 9 de dezembro de 1988, da Assembleia Geral das Nações Unidas, segundo os quais, todas as pessoas sujeitas a qualquer forma de detenção ou prisão deverão ser tratadas de forma humana e com respeito pela dignidade da pessoa humana[233]. Qualquer forma de detenção ou prisão e todas as medidas que afetem os direitos humanos de uma pessoa sujeita a qualquer forma de detenção ou prisão deverão ser ordenadas por uma autoridade judiciária ou outra autoridade, ou estar sujeitas ao seu efetivo controlo[234]. Estes princípios aplicam-se a todas as pessoas que se encontrem no território de qualquer Estado, sem distinção de raça, cor, sexo, língua, religião, opiniões políticas ou outras, origem nacional, étnica ou social, fortuna, nascimento ou outra condição. As medidas aplicadas nos termos da lei e exclusivamente destinadas a proteger os direitos e a condição especial das mulheres, especialmente mulheres grávidas e mães de crianças de tenra idade, das crianças e jovens, dos idosos e das pessoas doentes ou deficientes não serão consideradas discriminatórias. A necessidade de tais medidas e a sua aplicação estarão sempre sujeitas a revisão por parte de uma autoridade judiciária ou outra autoridade[235]; d) As *Regras Mínimas das Nações Unidas para a Administração da Justiça de Jovens* (Regras de Beijing), adotadas pela Resolução 40/33, de 29 de novembro de 1985, da Assembleia Geral das Nações Unidas, segundo as quais os Estados Membros devem esforçar-se por criar condições que garantam ao jovem uma vida útil no seio da comunidade, fomentando, durante o período de vida em que o(a) jovem se encontra mais exposto(a) a um comportamento desviante, um processo de desenvolvimento pessoal e de educação afastado tanto quanto possível de qualquer contacto com a criminalidade e a delinquência; e a justiça de jovens deverá ser concebida como parte integrante do processo de desenvolvimento nacional de cada país, num

[233] Princípio 1 do Conjunto de Princípios para a Proteção de Todas as Pessoas Sujeitas a Qualquer Forma de Detenção ou Prisão (1988); Crawshaw, Ralph, Holmstrom, Leif (2001). *Essential Texts on Human Rights for the Police*. United Kingdom: Kluwer Law International.

[234] Princípio 4 do Conjunto de Princípios para a Proteção de Todas as Pessoas Sujeitas a Qualquer Forma de Detenção ou Prisão (1988); Crawshaw, Ralph, Holmstrom, Leif (2001). *Essential Texts on Human Rights for the Police*. United Kingdom: Kluwer Law International.

[235] Pontos 1 e 2 do Princípio 5 do Conjunto de Princípios para a Proteção de Todas as Pessoas Sujeitas a Qualquer Forma de Detenção ou Prisão (1988).

quadro geral de justiça social para todos os jovens, contribuindo, assim, para a proteção dos jovens e a manutenção da paz e da ordem na sociedade; e) *A Declaração dos Princípios Básicos de Justiça relativos às Vítimas da Criminalidade e de Abuso de Poder*, adotada pela Resolução 40/34, de 29 de novembro de 1985, da Assembleia Geral das Nações Unidas, que determina que o termo *vítima* designa a pessoa que, individual ou coletivamente, tenham sofrido um dano, físico ou mental, um sofrimento emocional, um prejuízo económico ou um atentado importante aos seus direitos fundamentais, em resultado de atos ou omissões que violem as leis penais em vigor nos Estados Membros; e que as vítimas devem ser tratadas com compaixão e respeito pela sua dignidade, tendo direito de acesso aos mecanismos da justiça e a uma pronta reparação do dano que tenham sofrido, nos termos previstos pela legislação nacional; f) a *Declaração sobre a Proteção de Todas as Pessoas contra os Desaparecimentos Forçados*, proclamada pela Resolução 47/133, de 18 de dezembro de 1992, da Assembleia Geral das Nações Unidas, segundo a qual, qualquer ato de desaparecimento forçado constitui um atentado à dignidade humana, sendo condenado enquanto negação dos objetivos das Nações Unidas e uma violação dos Direitos Humanos e liberdades fundamentais proclamados na DUDH e reafirmados em outros instrumentos internacionais; g) o *Pacto Internacional sobre os Direitos Civis e Políticos*, adotado pela Resolução n.º 2200-A (XXI), de 16 de dezembro de 1966, da Assembleia Geral das Nações Unidas, segundo o qual, nos termos do art. 7.º, ninguém pode ser submetido a tortura, nem a penas ou tratamentos cruéis, desumanos ou degradantes. Será proibido, sobretudo, submeter uma pessoa, sem o seu livre convencimento, a experiências médicas ou científicas[236]. O Comité dos Direitos Humanos monitoriza o cumprimento das obrigações impostas pelo PIDCP e os seus Protocolos Facultativos pelos respetivos Estados Partes. O PIDCP desenvolve os direitos previstos nos artigos 3.º a 16.º e 18.º a 21.º da DUDH, tornando estas disposições juridicamente vinculativas para os Estados Partes. O leque de direitos abrangidos é muito semelhante ao da CEDH (arts. 2.º a 18.º) e aos direitos, liberdades e garantias previstos na Constituição da República Portuguesa (arts. 24.º a 50.º). Muitos dos direitos estão igualmente

[236] Basso, Marco António (2007). *Tortura: evolução histórica, jurídica e social: a tutela do direito fundamental e a dignidade humana*, pp. 171-172. São Paulo: Scortecci.

previstos na *Carta Africana dos Direitos do Humanos e dos Povos* (arts. 2.º a 13.º) e na *Convenção Americana sobre Direitos Humanos*. O PIDCP impõe aos Estados Partes a obrigação de respeitar e garantir estes direitos a todas as pessoas sujeitas à sua jurisdição, adotar as medidas necessárias para dar efeito aos mesmos e garantir um recurso eficaz no caso da sua violação. Define ainda as restrições admissíveis ao exercício de tais direitos, incluindo um art. 4.º que permite a derrogação de certas disposições do Pacto em casos de emergência pública que ameaça a existência da nação, dentro de certas condições estabelecidas, como a proclamação oficial, o respeito dos princípios da necessidade absoluta e da proporcionalidade, e a compatibilidade com outras obrigações internacionais do Estado e a notificação ao secretário-geral da ONU[237]; h) a *Convenção Internacional sobre a Eliminação de Todas as Formas de Discriminação Racial*, adotada pela Resolução 2106 (XX) da Assembleia Geral das Nações Unidas, de 21 de dezembro de 1965, que determina que a expressão *discriminação racial* visa qualquer distinção, exclusão, restrição ou preferência fundada na raça, cor, ascendência ou origem nacional ou étnica que tenha como objetivo ou como efeito destruir ou comprometer o reconhecimento, o gozo ou o exercício, em condições de igualdade, dos direitos do homem e das liberdades fundamentais nos domínios político, económico, social e cultural ou em qualquer outro domínio da vida pública; i) a *Convenção sobre a Eliminação de todas as Formas de Discriminação contra as Mulheres*, adotada pela Resolução n.º 34/180 da Assembleia Geral das Nações Unidas, de 18 de dezembro de 1979, nos termos da qual a expressão *discriminação contra as mulheres* significa qualquer distinção, exclusão ou restrição baseada no sexo que tenha como efeito ou como objetivo comprometer ou destruir o reconhecimento, o gozo ou o exercício pelas mulheres, seja qual for o seu estado civil, com base na igualdade dos homens e das mulheres, dos direitos do homem e das liberdades fundamentais nos domínios político, económico, social, cultural e civil ou em qualquer outro domínio; j) a *Convenção sobre os Direitos das Criança*, adotada pela Resolução n.º 44/25 da Assembleia Geral das Nações Unidas, em 20 de novembro de 1989 e ratificada por Portugal em 21 de setembro de 1990, segundo a qual criança é todo o ser humano menor de 18 anos,

[237] *In* http://gddc.ministeriopublico.pt/faq/pacto-internacional-sobre-os-direitos-civis-e-politicos-pidcp-conteudo (acesso em 15 de fevereiro de 2022).

salvo se, nos termos da lei que lhe for aplicável, atingir a maioridade mais cedo (art. 1.º); os Estados Partes comprometem-se a respeitar e a garantir os direitos previstos na Convenção a todas as crianças que se encontrem sujeitas à sua jurisdição, sem discriminação, independentemente da raça, cor, sexo, língua, religião, opinião política ou outra da criança, de seus pais ou representantes legais, ou da sua origem nacional, étnica ou social, fortuna, incapacidade, nascimento ou de qualquer outra situação (art. 2.º, n.º 1) e todas as decisões das instituições públicas ou privadas de proteção social, dos tribunais, autoridades administrativas ou órgãos legislativos, terão o interesse superior da criança em consideração (art. 3.º, n.º 1).

Mais recentemente, em 2022, foi divulgada a versão revista do *Protocolo de Istambul* (1999), com orientações para os profissionais de saúde e refletindo a jurisprudência e as lições aprendidas nas duas últimas décadas. A versão revista do *Protocolo de Istambul: manual para a investigação e documentação eficazes da tortura e outras penas ou tratamento cruéis, desumanas ou degradantes*, foi apresentada pela Alta Comissária das Nações Unidas para os Direitos Humanos, no dia 29 de junho de 2022, e resulta de um processo de seis anos que envolveu 180 especialistas de 51 países, tendo sido liderada por diversas entidades das Nações Unidas, *i.e.*, o Comité contra a Tortura, o Subcomité para a Prevenção da Tortura, a Relatora Especial sobre Tortura e o Fundo Voluntário para as Vítimas de Tortura, bem como organizações da sociedade civil: os Médicos pelos Direitos Humanos, o Conselho Internacional de Reabilitação das Vítimas de Tortura, a Fundação de Direitos Humanos da Turquia e *Redress Trust*.

2.3. Democracia e Direitos Humanos em Portugal

A democracia surge hoje como um objetivo civilizacional e um anseio generalizado de todos os povos por liberdade, igualdade e fraternidade, onde a salvaguarda dos Direitos Humanos representa a *ponta da lança* dessa vontade[238]. Por isso, a promoção e a salvaguarda dos Direitos

[238] Fernandes, António Teixeira (1987). Democracia e direitos humanos. *Revista da Faculdade de Letras: Filosofia*, II (4), pp. 43-63. Disponível em: http://193.137.34.195/index.php/filosofia/article/view/201/187 (consultado em 12 de abril de 2022); Fernandes, António T. (2009). Direitos humanos e globalização. *Revista da Faculdade de Letras: Sociologia*, I (19), pp. 11-46. Disponível em: https://ojs.letras.up.pt/index.php/Sociologia/article/view/2325 (acesso em 12 de abril de 2022).

Humanos, no contexto português, ganhou expressão imediata após a revolução ocorrida no dia 25 de abril de 1974, conhecida como *Revolução dos Cravos*, depois do derrube, pelo Movimento das Forças Armadas, de 41 anos (1933-1974) do regime político designado como Estado Novo, *maxime* quando a Assembleia Constituinte, reunida na sessão plenária de 2 de Abril de 1976, aprovou a Constituição da República Portuguesa, começando por referir, no seu artigo 1.º, que Portugal é uma República soberana, baseada na dignidade da pessoa humana e na vontade popular e empenhada na construção de uma sociedade livre, justa e solidária, e que é um Estado de direito democrático, baseado na soberania popular, no pluralismo de expressão e organização política democráticas, no respeito e na garantia de efetivação dos direitos e liberdades fundamentais (art. 2.º), o que significa que o princípio da dignidade da pessoa humana é um pressuposto e um limite do poder constituinte[239]. Acresce que, no mesmo ano (1976), Portugal tornou-se o 19.º Estado-Membro do Conselho da Europa: 31 anos após o estabelecimento da ONU, com base na aprovação da Carta das Nações Unidades (1945); 28 anos após a proclamação da Declaração Universal dos Direitos Humanos, pela Assembleia-Geral da ONU (1948) e 26 anos após a assinatura da CEDH (1950)[240].

No entanto, existem diversas evidências de que, antes de 1974, já existiam movimentos e preocupações pela salvaguarda dos Direitos Humanos face às violações que se assistiam em Portugal. Os católicos, por exemplo, que raramente se manifestavam, desde logo pela forte ligação entre a Igreja e o Estado[241], iniciaram um movimento de oposição ao regime em 1958, contando com o apoio de personalidades como o bispo D. António Ferreira Gomes, que enviou uma carta ao então chefe do Governo, António de Oliveira Salazar, a criticar a situação política, social e religiosa do país, tendo sido forçado ao exílio em 24 de julho de 1959. Mais tarde, um número significativo de católicos divulgou publicamente

[239] Pereira, Rui Carlos (Poiares, 2021).

[240] Santos, Nuno Ricardo Pica dos (2019). Conselho da Europa: Direitos fundamentais e direitos do Homem e os estados de exceção, *Janus – Anuário de Relações Exteriores*, 19, pp. 88-89. Lisboa: Observare – UAL.

[241] Poiares, Nuno e Dias, Eurico (2019). Igreja Católica e Direito Criminal: uma abordagem sociológica ao Código Penal Português (1886). *REVER*, 19 (3), pp. 311-329, set.-dez. São Paulo: PUC-SP e UCP.

outra carta que pedia uma investigação ao modo como a PIDE tratava os presos políticos. Esta carta deu origem a um processo judicial, que teve como advogado de defesa Francisco Salgado Zenha, que expôs as diversas irregularidades jurídicas numa obra que foi considerada proibida[242].

Assim, após a revolução de 1974, o legislador constituinte *apressou-se* a introduzir os direitos fundamentais na Constituição, enquanto obrigação do Estado de os salvaguardar e promover, inspirando-se na DUDH e em outros ordenamentos jurídicos com maior tradição democrática, apesar de estarem previstos em anteriores Constituições. Na verdade, em Portugal, a partir da revolução liberal (1820), as sucessivas Constituições deram abrigo a direitos fundamentais, liberdades e garantias, ainda que com filosofias distintas[243]. A garantia constitucional de certos direitos ou liberdades tem uma história antiga, particularmente em Inglaterra, mas a França também contribuiu para a afirmação jurídica dos direitos fundamentais, produzindo a *Declaração dos Direitos do Homem e do Cidadão*, em 1789. Por isso, a *Constituição Portuguesa* de 1822 falava dos direitos e deveres individuais, tendo sido influenciada pela *Declaração* francesa. Mas os direitos fundamentais preconizados eram direitos ou liberdades, reconhecidos apenas aos homens ou a certas categorias de entre eles, longe de direitos universais à luz dos valores do século XXI. Atualmente, os direitos fundamentais estão constitucionalmente protegidos contra todos os órgãos de soberania, que não podem suspender o exercício dos direitos, liberdades e garantias, salvo em caso de estado de sítio ou de estado de emergência, declarados na forma prevista na Constituição, e são também objeto de tutela em caso de revisão constitucional, já que constituem, nos termos do art. 290.º, al. d) da CRP, limites materiais ao poder de revisão, ou os casos em que a lei e a Constituição permitem em geral ataques limitados à esfera dos direitos fundamentais, como acontece, por exemplo, no caso de expropriação por utilidade pública ou em matéria de polícia[244].

[242] Zenha, Francisco Salgado (1969). *A quinta causa: os católicos e os direitos do Homem*. Lisboa: Morais Editora; e *vide* https://in-libris.com/products/quinta-causa-os-catolicos-e-os-direitos-humanos (acesso em 5 de abril de 2022).

[243] Andrade, J. C. Vieira (1983). *Os direitos fundamentais na constituição portuguesa* de 1976, p. 29. Coimbra: Almedina.

[244] Andrade, José C. Vieira (1983). *Os direitos fundamentais na constituição portuguesa* de 1976. Coimbra: Almedina.a

O art. 1.º da CRP apresenta, como vimos, a dignidade da pessoa humana como *pedra angular* da República, abarcando, como refere Jorge Miranda (1998), regras comuns a todos os direitos e regras específicas dos direitos, liberdades e garantias: os princípios da universalidade (art. 12.º) e da igualdade (art. 13.º), como os corolários da extensão ou da equiparação de direitos dos portugueses no estrangeiro (art. 14.º) e dos estrangeiros em Portugal (art. 15.º); os princípios da proteção jurídica, desdobrada nos princípios do acesso ao direito (art. 20.º n.º 1, 1.ª parte e n.º 2), da tutela jurisdicional (art. 20.º, n.º 1, 2.ª parte e n.º 4), da tutela não jurisdicional ou não contenciosa (arts. 52.º, n.ºs 1 e 2, e 23.º) ou a sujeição aos limites decorrentes das justas exigências da moral, da ordem pública e do bem-estar numa sociedade democrática, nos termos do art. 29.º, n.º 2 da DUDH, aplicável por força da receção operada pelo art. 16.º, n.º 2, segundo o qual, os preceitos constitucionais e legais relativos aos direitos fundamentais devem ser interpretados e integrados de harmonia com a DUDH. Acrescem as regras comuns específicas dos direitos, liberdades e garantias: a aplicação direta dos preceitos constitucionais (art. 18.º, n.º 1, 1.ª parte); a vinculação a todas a entidades públicas (art. 18.º, n.º 1, 2.ª parte); a vinculação das entidades privadas (art. 18.º, n.º 1, 3.ª parte); a reserva de lei (art. 18.º, n.º 2); o caráter restritivo das restrições (art. 18.º, n.ºs 2 e 3); o caráter excecional da suspensão (art. 19.º); a limitação, a suspensão ou a privação quanto a qualquer pessoa em concreto apenas nos casos e com as garantias da Constituição e da lei (arts. 27.º, n.º 2, 28.º, 29.º, 32.º, n.º 4, 36.º, n.º 6, 37.º, n.º 3, 46.º, n.º 2, etc.); a autotutela, mediante o direito de resistência (art. 21.º); e a reserva legislativa absoluta de competência do Parlamento (art. 164.º, alíneas a), e), h), i), j), l) e o)) e relativa, nos termos do art. 165.º, n.º 1, alínea b)[245].

Recentemente, o Conselho de Ministros, em 17 de janeiro de 2019, aprovou a resolução que adotou a expressão universalista *Direitos Humanos*, em substituição da expressão *Direitos do Homem*, depois de ter aprovado uma proposta de lei, apresentada à Assembleia da República, para a revisão global da linguagem utilizada nas convenções internacionais

[245] Miranda, Jorge (1998). Direitos Fundamentais e Polícia, *in* IGAI (1998). *Direitos humanos e eficácia policial: Sistemas de Controlo da Atividade Policial: Seminário Internacional*, pp. 25-26. Lisboa: IGAI.

em matéria de Direitos Humanos a que a República Portuguesa se encontra vinculada. Segundo o Conselho de Ministros, a adoção da expressão para referenciar os *Direitos Humanos*, apresenta-se como um passo no combate à desigualdade entre homens e mulheres, reconhecendo o progresso dos direitos fundamentais nos últimos 70 anos. Nesse sentido, entendeu-se que se devia optar por uma linguagem neutra e inclusiva que abrangesse todas as pessoas (homens, mulheres, crianças, minorias, grupos indígenas, pessoas com deficiência e migrantes)[246]. Contudo, em bom rigor, a expressão *Direitos do Homem*, utilizada em Portugal durante décadas, deveu-se a uma tradução incorreta da versão inglesa de 1948 (*Universal Declaration of Human Rights*), já que Portugal se inspirou na versão francesa (*Déclaration universelle des droits de l'homme*) que, por sua vez, se baseou na terminologia da *Déclaration des Droits de l'Homme et du Citoyen*, de 1789[247].

Assim, analisando o tema central da presente secção, verificamos que, em 2009, Portugal criou a Comissão Nacional para os Direitos Humanos, na dependência do Ministério dos Negócios Estrangeiros, cuja decisão decorreu do compromisso assumido pelo Governo no Conselho de Direitos Humanos, em Genebra, no dia 4 de dezembro de 2009, por ocasião da apresentação do relatório sobre a situação de Direitos Humanos em Portugal e o cumprimento das suas obrigações internacionais, perante os restantes Estados-membros, numa sessão do *Grupo de Trabalho do mecanismo de Revisão Periódica Universal*, um mecanismo intergovernamental do CDH de revisão pelos pares e com envolvimento de ONG e de instituições nacionais de DH, criado em 2006, que procede à avaliação da situação de Direitos Humanos em todos os Estados-membros das Nações Unidas a cada quatro anos[248]. Assim, segundo a secretária de Estado dos Negócios Estrangeiros e da Cooperação e Presidente da CNDH, o ano de 2019 foi, para Portugal, marcante em termos de Direitos Humanos[249], porque o país submeteu-se, pela terceira vez, ao exame

[246] *In* https://www.portugal.gov.pt/pt/gc21/governo/comunicado-de-conselho-de-ministros?i=246 (acesso em 30 de agosto de 2022).

[247] Posição defendida pela Mestre Carla de Marcelino Gomes (IGC/CDH-FDUC), numa aula lecionada no dia 10 de outubro de 2022, no Instituto Superior de Ciências Policiais e Segurança Interna.

[248] *In* https://direitoshumanos.mne.gov.pt/pt/ (acesso em 15 de outubro de 2022).

[249] Há a destacar as seguintes iniciativas nacionais no Conselho de Direitos Humanos, em Genebra: a) na 40.ª sessão do CDH (de 25 de fevereiro a 22 de março de 2019), Por-

periódico universal do CDH, a par de outras atividades em prol da realização dos Direitos Humanos. Também em 2019, Portugal comemorou diversas efemérides que ilustraram o caminho percorrido no sentido da realização dos DH: o 10.º aniversário da *Carta dos Direitos Fundamentais da União Europeia*, o 30.º aniversário da *Convenção das Nações Unidas sobre os Direitos da Criança* e o 70.º aniversário do Conselho da Europa. Para além disso, os três exames realizados pelo CDH a Portugal – em 2009, 2014 e 2019 – proporcionaram uma oportunidade para refletir sobre o progresso realizado em matéria de Direitos Humanos e estabelecer

tugal apresentou a resolução sobre a realização dos direitos económicos, sociais e culturais; co-organizou ainda um evento sobre o papel das tecnologias assistidas para uma educação inclusiva das crianças com deficiência e um evento relativo à dimensão económica e social do direito à vida; b) na 41.ª sessão do CDH (14 de junho a 12 de julho), Portugal apresentou a resolução sobre o direito à educação, tendo ainda integrado o "core group" da resolução sobre Juventude e Direitos; c) na 42.ª sessão do CDH (9 a 27 de setembro), Portugal co-patrocinou três eventos paralelos à margem da sessão, nomeadamente sobre Água e Saneamento, Direitos das Pessoas Idosas e Participação das Crianças e Jovens a partir da Educação dos Direitos Humanos. Acresce que, na 3.ª Comissão da 74.ª Assembleia Geral das Nações Unidas, de 1 de outubro a 21 de novembro, Portugal acompanhou a negociação das principais resoluções. Na sua capacidade nacional, participou em quatro diálogos interativos, elaborou as intervenções que foram lidas em nome da UE para três diálogos interativos e assegurou a negociação em nome da UE da Resolução sobre a proteção de migrantes, apresentada pelo México. Adicionalmente, apresentou, em conjunto com o Cabo Verde e o Cazaquistão, a Resolução sobre políticas e programas que envolvem a juventude. A CNDH fez-se representar no Seminário Internacional sobre a implementação das Convenções Internacionais de Direitos Humanos que teve lugar em Cabo Verde, entre os dias 20 e 22 de maio. A CNDH recebeu também a visita de uma delegação da Direção Nacional de Direitos Humanos e Cidadania do Ministério da Justiça, Assuntos Constitucionais e Religiosos de Moçambique entre os dias 7 e 18 de outubro, que teve por objetivo a troca de experiências com a CNDH. Os membros da CNDH coordenaram e acompanharam a visita do Comité para a Prevenção da Tortura do Conselho da Europa a Portugal, entre os dias 3 e 12 de dezembro. Foram ainda defendidos os seguintes relatórios: 7.º Relatório da Convenção contra a Tortura e Outras Penas ou Tratamentos Cruéis, Desumanos ou Degradantes das Nações Unidas; o 5.º e 6.º Relatórios da Convenção sobre os Direitos da Criança. Em 2019, Portugal submeteu-se ainda ao 3.º ciclo do Exame Periódico Universal do CDH das Nações Unidas; Portugal. MNE. CNDH. *Relatório de Atividades da Comissão Nacional para os Direitos Humanos 2019.* Disponível em: https://direitoshumanos.mne.gov.pt/images/documentacao/atividades/relatrio_de_atividades_da_comisso_nacional_para_os_direitos_humanos_-_2019.pdf (acesso em 18 de abril de 2022).

novas metas em função do conjunto de recomendações que foram dirigidas a Portugal[250].

Contudo, os relatórios internacionais demonstram que Portugal ainda tem um caminho, porventura permanente, a percorrer, em matéria de defesa e promoção dos Direitos Humanos: na verdade, como já referimos, dos direitos das pessoas LGBTQIA+ aos refugiados, passando pelo combate à violência de género, Portugal *anda depressa* na consagração legal dos Direitos Humanos, é um *aluno exemplar* na transposição de recomendações e diretivas comunitárias, mas *falha* no passo seguinte[251] e, talvez por isso, continuem a surgir relatórios com evidências relativamente ao uso da força, alegadamente, excessivo pela Polícia e de maus-tratos e outras formas de abuso a reclusos por guardas prisionais, que a violência baseada no género, incluindo a violência doméstica, continua a ser um problema, e que existe um crescente nível de racismo e a persistência da discriminação em relação a algumas minorias no país[252].

Apesar destas denúncias públicas, também existem evidências de que existe, objetivamente, um esforço no sentido de mitigar eventuais disfunções e, por isso, o Conselho dos Direitos Humanos das Nações Unidas, no ano de 2020, congratulou-se com a adoção das seguintes medidas legislativas e políticas em Portugal[253]: a) a aprovação da Lei Orgânica n.º 4/2019, de 13 de setembro, que criou a Entidade de Transparência, órgão independente do Tribunal Constitucional, responsável pela avaliação e supervisão das declarações de rendimentos, bens e interesses dos titulares de cargos políticos e funcionários públicos de

[250] Portugal. MNE. CNDH. *Relatório de Atividades da CNDH 2019.* Disponível em: https://direitoshumanos.mne.gov.pt/images/documentacao/atividades/relatrio_de_atividades_da_comisso_nacional_para_os_direitos_humanos_-_2019.pdf (acesso em 18 de abril de 2022).

[251] Direitos humanos: "Portugal é o melhor aluno da Europa mas falha quando tem de praticar o que aprendeu", *Público,* 3 de janeiro de 2019, Disponível em: https://www.publico.pt/2019/01/03/sociedade/noticia/direitos-humanos-portugal-melhor-aluno-europa-falha-praticar-aprendeu-1854377 (acesso em 31 de março de 2022).

[252] United States Department of State – Bureau of Democracy, Human Rights and Labour (2021). *2021 Country Reports on Human Rights Practices: Portugal.* Disponível em: https://www.state.gov/reports/2021-country-reports-on-human-rights-practices/portugal/ (acesso em 19 de abril de 2022).

[253] United Nations. Human Rights Committee (2020). *Concluding observations on the fifth periodic report of Portugal.* Disponível em: file:///C:/Users/100218/Downloads/CCPR_C_PRT_CO_5-EN.pdf (acesso 18 abril 2022).

alto escalão; b) a Lei Orgânica n.º 1/2019, de 29 de março, que elevou de 33,3 por cento para 40 por cento o limite mínimo de mulheres nas listas eleitorais para os parlamentos nacional e europeu, órgãos eletivos dos municípios e membros da Junta de Freguesia Conselhos; c) a Lei n.º 26/2019, de 28 de março, que estabeleceu um limiar mínimo de 40 por cento de mulheres entre os altos funcionários da administração pública e nas instituições públicas de ensino superior e associações públicas; d) a Lei n.º 38/2018, de 7 de agosto, sobre os direitos das pessoas lésbicas, gays, bissexuais, transexuais e intersexuais; e) a Lei n.º 93/2017, de 23 de agosto, que estabelece o *Regime jurídico da prevenção, da proibição e do combate à discriminação, em razão da origem racial e étnica, cor, nacionalidade, ascendência e território de origem*; f) a Lei n.º 94/2017, de 23 de agosto, que introduziu a possibilidade de execução de penas de prisão até dois anos através de prisão domiciliária com monitorização eletrónica; g) e o *Plano de Ação para Prevenir e Combater a Violência contra as Mulheres e a Violência Doméstica (2018-2030)*.

Acresce que, nos termos da Constituição, Portugal é uma República baseada na dignidade (art. 1.º) e na igualdade (art. 13.º) da pessoa humana, onde os preceitos constitucionais e legais relativos aos direitos fundamentais devem ser interpretados e integrados de harmonia com a Declaração Universal dos Direitos Humanos (art. 16.º, n.º 2), e em caso algum, haverá pena de morte (art. 24.º, n.º 2) e ninguém pode ser submetido a tortura, nem a tratos ou penas cruéis, degradantes ou desumanos (art. 25.º, n.º 2). Acresce que a todos são reconhecidos os direitos à identidade pessoal, ao desenvolvimento da personalidade, à capacidade civil, à cidadania, ao bom nome e reputação, à imagem, à palavra, à reserva da intimidade da vida privada e familiar e à proteção legal contra quaisquer formas de discriminação (art. 26.º); não pode haver penas nem medidas de segurança privativas ou restritivas da liberdade com carácter perpétuo ou de duração ilimitada ou indefinida (art. 30.º, n.º 1); são nulas todas as provas obtidas mediante tortura, coação, ofensa da integridade física ou moral da pessoa, abusiva intromissão na vida privada, no domicílio, na correspondência ou nas telecomunicações (art. 32.º, n.º 8); e não são consentidas associações armadas nem de tipo militar, militarizadas ou paramilitares, nem organizações racistas ou que perfilhem a ideologia fascista (art. 46.º, n.º 4).

Por outro lado, nos termos do art. 243.º, n.º 1, do Código Penal, com a epígrafe *Tortura e outros tratamentos cruéis, degradantes ou desumanos*, quem, tendo por função a prevenção, perseguição, investigação ou conhecimento de infrações criminais, contraordenacionais ou disciplinares, a execução de sanções da mesma natureza ou a proteção, guarda ou vigilância de pessoa detida ou presa, a torturar ou tratar de forma cruel, degradante ou desumana para obter dela ou de outra pessoa confissão, depoimento, declaração ou informação; a castigar por ato cometido ou supostamente cometido por ela ou por outra pessoa; ou a intimidar ou para intimidar outra pessoa, é punido com pena de prisão de 1 a 5 anos, se pena mais grave lhe não couber por força de outra disposição legal; considerando-se tortura, tratamento cruel, degradante ou desumano, o ato que consista em infligir sofrimento físico ou psicológico agudo, cansaço físico ou psicológico grave ou no emprego de produtos químicos, drogas ou outros meios, naturais ou artificiais, com intenção de perturbar a capacidade de determinação ou a livre manifestação de vontade da vítima (n.º 3). Acresce que, no domínio do Direito Penal adjetivo, são nulas, não podendo ser utilizadas, as provas obtidas mediante tortura, coação ou, em geral, ofensa da integridade física ou moral das pessoas, nos termos do art. 126.º, n.º 1 do CPP.

Contudo, apesar deste enquadramento e das medidas normativas elencadas, o Conselho dos Direitos Humanos, no ano de 2020, recomendou, entre outros aspetos, as seguintes ações de melhoria[254]: a) tomar todas as medidas institucionais e legislativas necessárias para assegurar a plena implementação dos direitos protegidos pelo Pacto no ordenamento jurídico interno e assegurar a implementação das Observações Finais e Pontos de Vista adotados pelo Conselho para garantir o direito de vítimas a uma assistência efetiva quando houver uma violação do Pacto. Portugal deve ainda considerar a alteração de sua legislação para assegurar a conformidade com o artigo 14.º (3) (d) e (5) do Pacto; continuar o esforço para informar e educar advogados, procuradores, juízes, polícias e o público em geral, sobre o Pacto e o seu Protocolo Facultativo; b) e rever as necessidades de recursos do Gabinete do Provedor de Justiça, *maxime* assegurar de que dispõe dos recursos financeiros necessários para implementar o seu mandato de forma eficaz e independente.

[254] United Nations. Human Rights Committee (2020). *Concluding observations on the fifth periodic report of Portugal*. Disponível em: file:///C:/Users/100218/Downloads/CCPR_C_PRT_CO_5-EN.pdf (acesso 18 abril 2022).

PARTE II
POLÍCIA E DIREITOS HUMANOS EM PORTUGAL

Diz-me a Polícia que tens, dir-te-ei o Estado que és[255].

Na parte II da presente investigação desenvolvemos uma reflexão mais circunscrita no objeto de estudo – a atividade policial à luz dos Direitos Humanos em democracia – com base em três capítulos: primeiramente, analisamos as principais características do Sistema de Segurança Interna em Portugal, por forma a permitir uma contextualização do universo onde se encontra inserido o mandato policial e as especificidades da sua cultura organizacional, em particular a relação entre a atuação policial e a discricionariedade (cap. 3). Seguidamente, no capítulo 4, abordamos a relação entre a Polícia e a Diversidade, *maxime* o multiculturalismo, o racismo, os direitos das mulheres, o movimento LGBTQIA+ e a saúde mental. Por fim, no cap. 5, abordamos os mecanismos de prevenção de manifestações de discriminação nas forças e serviços de segurança, com base nos sistemas de controlo da atividade policial, o *Plano de Prevenção de Manifestações de Discriminação*, promovido pela IGAI, culminando no papel do(a) Oficial de Direitos Humanos, criado no seio da GNR, na PSP e no SEF (serviço de segurança extinto em 2023).

[255] Valente, Manuel (2017). *Teoria Geral do Direito Policial.* 5.ª edição, p. 144. Coimbra: Almedina.

3. A Polícia no Estado de Direito Democrático

Pensar a Polícia exige uma contextualização histórico-sociológica e política. As organizações policiais são constituídas por seres humanos que partilham o mesmo quadro de valores, e que, a determinada altura das suas vidas e por motivos diferenciados, decidiram abraçar a profissão polícia, sem deixarem de constituir parte integrante da comunidade[256]. E, por isso, a Polícia representa uma projeção das virtudes e dos vícios da sociedade da qual advém, aspeto relevante quando pensamos em atitudes e comportamentos discriminatórios ou de incentivo ao ódio[257]. Por isso, a noção de Polícia surge em estreita ligação com as ideias de liberdade e segurança, enquanto produtos de uma longa evolução com um fundo cultural e histórico[258], e de pertença e integração das especificidades de cada sociedade, o que impõe que cada organismo responsável pela aplicação da lei seja representativo da comunidade no seu conjunto e responda às suas necessidades[259], para permitir uma melhor interação e comunicação e um maior grau de compreensão, empatia e aceitação.

3.1. O sistema de segurança interna em Portugal: o caso da investigação criminal

No início da democracia portuguesa, marcada pela revolução de abril de 1974, o *Programa do Movimento das Forças Armadas* previu, como medida imediata, a reorganização e saneamento das forças armadas, militarizadas e policiais. As questões relacionadas com os direitos, as liberdades e as garantias dos cidadãos e, por outro lado, os limites do mandato policial, mereceram uma particular atenção por parte do legislador

[256] Art. 1.º do Código de Conduta.

[257] A este propósito *vide* Medeiros, Pilar Damião (2019). Porque odiamos? A exclusão do "Outro" em tempos de crise, *Os direitos humanos por um fio? Perspectivas transdisciplinares em torno dos direitos humanos em tempos difíceis.*, pp. 285-298. Vila Nova de Famalicão: Edições Húmus.

[258] Rodrigues, José N. Cunha (1998). Para um novo conceito de Polícia, *in* IGAI (1998). *Direitos humanos e eficácia policial: Sistemas de Controlo da Atividade Policial: Seminário Internacional*, pp. 43-44. Lisboa: IGAI. Para aprofundamento das liberdades públicas, *vide* Morange, Jean (1979). *Les libertés publiques*. Paris: PUF.

259 8.º parágrafo preambular, subparágrafo a), do Código de Conduta, adotado pela Resolução da Assembleia-Geral das Nações Unidas 34/169, de 17 de dezembro de 1979.

constituinte, sobretudo porque a Polícia deve assumir-se como a guardiã dos Direitos Humanos[260] e é a *first-line enforcer* da lei criminal[261], não sendo admissível um ambiente de desconfiança generalizada em relação à atuação das forças de segurança, num quadro democrático e constitucional, ainda que, em circunstâncias de exceção, continue a ser fundamental restringir determinados direitos aos cidadãos, dentro dos limites e nos termos previstos na Constituição (art. 19.º e 27.º, n.º 3), ou até mesmo aos polícias, como o exercício de direitos de expressão, reunião, manifestação, associação, capacidade eleitoral ou o direito à greve, mesmo quando reconhecido o direito de associação sindical, previstos no artigo 270.º.

Mas, apesar dessa imagem negativa da Polícia no pós-Estado Novo, enquanto braço armado do antigo regime, não é possível conceber uma sociedade sem uma instituição responsável por garantir a manutenção da ordem e da tranquilidade públicas porque, como refere José de Faria Costa, *ubi societas, ibi crimen*[262]. Nessa senda, iniciou-se um processo de reconfiguração da Polícia Portuguesa assente na consolidação de uma força de segurança com uma matriz civil e respeitadora dos direitos dos cidadãos, desde logo através de um estabelecimento de ensino superior policial que formasse as futuras elites administrativas e que, por essa via, interrompesse o ciclo da liderança oriunda das Escolas militares[263]. Assim, no ano de 1982, seis anos após a *Revolução dos Cravos*, foi criada a Escola Superior de Polícia, atual Instituto Superior de Ciências Policiais e Segurança Interna, com um *curricula* pioneiro no domínio do ensino

[260] Valente, Manuel (Coord.) (2015). *Ciências Policiais e Política Criminal: Justiça e Segurança: um discurso de liberdade e democrática*, p. 14. Lisboa: ISCPSI.

[261] Dias, Jorge de Figueiredo e Andrade, Manuel da Costa (1997). *Criminologia. O Homem Delinquente e a Sociedade Criminógena*, 2.ª reimpressão, pp. 443-469. Coimbra: Coimbra Editora.

[262] Costa, José de Faria (2007). *Noções fundamentais de Direito Penal (Fragmenta Iuris Poenalis) – Introdução*, p. 15. Coimbra: Coimbra Editora.

[263] Dias, Eurico e Poiares, Nuno (2021a). The role of military leadership in the socio-professional configuration of Portuguese police administrative elites. *Revista Militar*, 5, pp. 417-442; Alves, Flávio dos Santos (2021). *Subsídios para a História da Polícia de Segurança Pública*. Lisboa: Serviços Sociais da PSP; Gonçalves, Gonçalo Rocha e Durão, Susana (Orgs.) (2017). *Polícia e Polícias em Portugal. Perspetivas Históricas*. Lisboa: Celta Editora; Poiares, Nuno (2021b). *A Ciência Policial em Portugal: o reconhecimento pela Comunidade Científica Internacional*. Lição Inaugural da Cerimónia de Abertura Solene do Ano Académico 2021-2022, em 2 de dezembro de 2021. Lisboa: ISCPSI.

dos direitos fundamentais, onde passaram a ser estudados, com profundidade, temas como o comportamento e a eficácia da Polícia, a ordem social e a justiça social, o respeito pela vida privada, as minorias nacionais e os emigrantes, os direitos das mulheres e dos homens[264]; a democracia, os direitos humanos e o policiamento, a ética policial, o direito à vida, o uso da força, a tortura, os direitos dos detidos, as normas internacionais de interrogatório e os padrões internacionais de Direitos Humanos para líderes policiais[265].

Curiosamente, nos meses de setembro e outubro de 1982, materializaram-se vários marcos estruturantes da nova ordem democrática em Portugal, *i.e.*, a entrada em vigor do Código Penal[266], mas também o Regime Penal Especial para Jovens Delinquentes, aplicável em matéria penal aos jovens com idade compreendida entre os 16 e os 21 anos, correspondendo ao imperativo decorrente do artigo 9.º do Código Penal, porque se entende que um jovem imputável é merecedor de um tratamento penal especializado sobretudo à luz do Código Penal em vigor, no qual a capacidade de ressocialização do homem é pressuposto necessário, em particular quando este se encontra no limiar da sua maturidade[267]; o Regime Geral do Ilícito de Mera Ordenação Social[268],

[264] Conseil de L'Europe (1997). *Les droits de l'homme et la police: Actes du séminaire.* Strasbourg, 6-8 décembre, 1995. Strasbourg: Conseil de L'Europe; Crawshaw, Ralph, Holmstrom, Leif (2001). *Essential Texts on Human Rights for the Police.* UK: KLI; US Department of State – Bureau of Democracy, Human Rights and Labor (2021). *2021 Country Reports on Human Rights Practices: Portugal.* Disponível em: https://www.state.gov/reports/2021-country-reports-on-human-rights-practices/portugal/ (acesso 19 abril 2022); UN. General Assembly. Human Rights Council (2017). *Outcome of the universal periodic review: Portugal.* Disponível em https://documents-dds-ny.un.org/doc/UNDOC/GEN/G19/287/50/PDF/G1928750.pdf?OpenElement (acesso em 18 abril 2022).

[265] Crawshaw, Ralph, Williamson, Barry Devlin Tom (1998). *Human rights and policing: Standards for good behaviour and a strategy for change.* The Hague: Kluwer Law International; Crawshaw, Ralph (1999). *Police and human rights: A manual for teachers, recourse persons and participants in human rights programmes.* The Hague: Kluwer Law International; Crawshaw, Ralph, Holmstrom, Leif (2001). *Essential Texts on Human Rights for the Police.* UK: Kluwer Law Int.

[266] Aprovado pelo Decreto-Lei n.º 400/82, de 23 de setembro.

[267] Preâmbulo do Decreto-Lei n.º 401/82, de 23 de setembro.

[268] Decreto-Lei n.º 433/82, de 27 de outubro. Após a publicação do Decreto-Lei n.º 411-A/79, de 1 de outubro, o regime geral das contraordenações, introduzido pelo Decreto-Lei n.º 232/79, de 24 de julho, ficou desprovido de qualquer eficácia direta e própria.

apesar de o regime das contraordenações, ter sido introduzido pelo Decreto-Lei n.º 232/79, de 24 de julho; e, por fim, a criação formal da Escola Superior de Polícia[269], onde, em particular, Germano Marques da Silva[270], membro da Comissão Instaladora, teve um papel decisivo para garantir que a imagem negativa da Polícia, enquanto braço armado do Antigo Regime e assente em lideranças militares, ganhasse uma nova dimensão humanista, desde logo numa pioneira unidade curricular de Direitos Fundamentais, com 90 horas letivas, e assente no respeito pela dignidade da pessoa humana, recordando o étimo de Polícia, enquanto sinónima de Civilização e Cultura[271].

Em paralelo, a Constituição da República Portuguesa[272] passou a atribuir à Polícia relevantes funções na defesa da legalidade democrática e na garantia da segurança interna e dos direitos dos cidadãos, podendo adotar medidas de polícia previstas na lei, o que tem levado ao surgimento de disciplinas como o Direito Policial e o Direito da Segurança[273]. A referência à Polícia no art. 272.º da Constituição Portuguesa de 1976, preceito que teve origem numa proposta apresentada por Jorge Miranda à 5.ª Comissão da Assembleia Constituinte, representa uma marca da nova ordem democrática. Na verdade, são escassas as Constituições que contemplam *ex professo* a Polícia; talvez, nas palavras de Jorge Miranda, por temerem menos tais abusos ou por se contentarem com regras de caráter geral. Uma das que faz exceção é a Constituição Portuguesa, por causa dos *traumatismos* provocados por um regime autoritário de 48 anos, pela memória dos atentados contra os direitos fundamentais perpetrados pela polícia política, pela preocupação de que factos semelhantes não voltassem a ocorrer, e ainda por um intuito de tratamento abrangente de todas as matérias com relevância constitucional[274].

[269] Decreto-Lei n.º 423/82, de 15 de outubro.

[270] Professor Catedrático da Faculdade de Direito da Universidade Católica Portuguesa; e antigo Professor Catedrático Convidado da Escola Superior de Polícia.

[271] Afonso, João José Rodrigues (2018). Polícia: etimologia e evolução do conceito, *Revista Brasileira de Ciências Policiais*, 9 (1), pp. 213-260, jan-jun. Brasília (acesso em 11 de setembro de 2022).

[272] Artigo 272.º, n.ºs 1 e 2 da CRP.

[273] Dias, Augusto Silva e Pereira, Rui Soares (2018). *Sobre a Validade de Procedimentos Administrativos Prévios ao Inquérito e de Fases Administrativas Preliminares no Processo Penal*, p. 10. Coimbra: Edições Almedina.

[274] Miranda, Jorge (1998). Direitos Fundamentais e Polícia, *in* IGAI (1998). *Direitos humanos e eficácia policial: Sistemas de Controlo da Atividade Policial: Seminário Internacional*. Lisboa: IGAI.

Assim, nos termos do art. 272.º da Constituição, a Polícia tem por funções defender a legalidade democrática e garantir a segurança interna e os direitos dos cidadãos. Por legalidade democrática entende-se a legalidade inerente a um Estado de Direito democrático, a conformidade com todos os atos do Estado, das regiões autónomas e do poder local com as leis, constitucionais e ordinárias, fundados no sufrágio universal. E para a sua defesa são também competentes o Governo (alínea f) do art. 199.º), os tribunais (art. 202.º, n.º 2) e o Ministério Público (art. 219.º, n.º 1). Por segurança interna entende-se a atividade desenvolvida pelo Estado para garantir a ordem, a segurança e a tranquilidade públicas, proteger pessoas e bens, prevenir e reprimir a criminalidade e contribuir para assegurar o normal funcionamento das instituições democráticas, o regular exercício dos direitos, liberdades e garantias fundamentais dos cidadãos e o respeito pela legalidade democrática[275], e dela se aproxima a ordem pública, a que alude o art. 29.º, n.º 2 da DUDH[276]; contrapondo-se à segurança externa, a qual se identifica com a defesa nacional, apesar de esta destrinça, no século XXI, ser cada vez mais ténue, face às ameaças híbridas, o terrorismo e a criminalidade altamente organizada transnacional. Acresce que, ao analisarmos o art. 272.º da Constituição, Jorge Miranda (1998) defende que é indispensável reter as seguintes notas: 1.ª) que ele se localiza no título respeitante à Administração Pública e que deve ser interpretado sistematicamente a essa luz; 2.ª) que, por esse motivo, os princípios fundamentais da Administração Pública enunciados no art. 266.º, *i.e.*, a prossecução do interesse público, da constitucionalidade e da legalidade, da igualdade, da proporcionalidade, da justiça, da imparcialidade e da boa fé, são aplicáveis à Polícia; 3.ª) e que se lhe estendem, *mutatis mutandis*, outros princípios ali contidos, como a necessidade de aproximação das populações, a desconcentração e a racionalização dos serviços (art. 267.º, n.ºs 1, 2 e 5), a tutela jurisdicional dos administrados (art. 268.º), que podem ser quaisquer cidadãos postos em contacto com a Polícia ou quaisquer elementos da organização policial alvo de decisões dos respetivos

[275] Art. 1.º, n.º 1 da Lei n.º 53/2008, de 29 de agosto, Lei de Segurança Interna, na sua versão recente (Lei n.º 24/2022, de 16 de dezembro), que revogou a Lei n.º 20/87, de 12 de junho.
[276] Miranda, Jorge (1998). Direitos Fundamentais e Polícia, *in* IGAI (1998). *Direitos humanos e eficácia policial: Sistemas de Controlo da Atividade Policial: Seminário Internacional.* Lisboa: IGAI.

superiores hierárquicos; e a isenção partidária e o respeito das garantias disciplinares de funcionários e agentes (art. 269.º, n.ºs 1 e 3)[277].

Atualmente, o Sistema de Segurança Interna português surge com uma estrutura assente num modelo dual ou napoleónico, com duas grandes forças de segurança (PSP e GNR) com naturezas distintas (civil e militar); ou pluralista, como defendem alguns autores, atendendo que coexistem várias forças e serviços de segurança, superiormente coordenadas pelo Secretário-Geral do SSI, figura equiparada, para todos os efeitos legais, a secretário de Estado, exceto os relativos à sua nomeação e exoneração, e que funciona na dependência do Primeiro-Ministro ou, por sua delegação, do ministro da Administração Interna[278]. Oliveira (2006), por exemplo, defende que, em Portugal, existe um modelo de polícia fragmentado, centralizado, plural e especializado[279]. Neste quadro complexo, poliédrico e disfuncional, a Polícia e os direitos fundamentais surgem como um tema atual e multidimensional, em que a relação entre os direitos fundamentais e a manutenção da ordem, numa sociedade democrática, se reveste de um equilíbrio delicado[280], *maxime* quando se pensa, *e.g.*, se a ordem pública tem o mesmo conteúdo nas diferentes disciplinas jurídicas que a estudam, e como essas disciplinas interpretam a relação entre a ordem pública, o Direito Penal e os Direitos Fundamentais; a ordem pública no Direito Internacional, a ordem pública europeia, a ordem pública, o domínio público e a saúde pública, a constitucionalização da ordem pública; a ordem pública e os direitos dos estrangeiros, o direito à segurança e à liberdade, a Europol, a ordem pública e a dignidade da pessoa humana[281], os direitos das minorias no

[277] Miranda, Jorge (1998). Direitos Fundamentais e Polícia, *in* IGAI (1998). *Direitos humanos e eficácia policial: Sistemas de Controlo da Atividade Policial: Seminário Internacional*, p. 27. Lisboa: IGAI.

[278] Nos termos do artigo 14.º, n.ºs 1 e 2 da Lei n.º 53/2008, de 29 de agosto (LSI).

[279] Oliveira, José Ferreira de (2006). *As Políticas de Segurança e os Modelos de Proximidade: a Emergência do Policiamento de Proximidade*. Coimbra: Edições Almedina.

[280] Ergec, Rusen (1987). Les Libertés Fondamentales et le maitien de l'ordre dans une societé démocratique: un équilibre délicat, *in* Ergec, Rusen *et al. Maintien de l'ordre et droits de l'homme*, pp. 3-33. Centre Interuniversitaire de Droit Public. Bruxelles: Bruylant.

[281] Redor, Marie-Joelle (dir.) (2001). *L'ordre public: Ordre public ou ordres publics? Ordre public et droits fondamentaux.* Centre de recherche sur les droits fondamentaux, Université de Caen. Bruxelles: Editions Nemesis; Conseil de L'Europe (1997). *Les droits de l'homme et la police: Actes du séminaire.* Strasbourg, 6-8 décembre, 1995. Strasbourg: Conseil de L'Europe; Ergec,

contexto do Direito Internacional, o papel das instituições internacionais no desenvolvimento de regimes de proteção e a dificuldade de se definir universalmente o termo minoria[282].

No entanto, apesar do alcance abrangente do conceito constitucional de Polícia, Jorge Miranda entende que o art. 272.º não compreende a polícia judiciária, *i.e.*, a polícia de investigação criminal distinta da polícia administrativa *stricto sensu*, o que não invalida que, por pertencer à Administração, não esteja sujeita aos mesmos princípios, a par das regras previstas, por exemplo, no art. 32.º, relativas às garantias do processo criminal[283], sobretudo porque, neste âmbito, ganha particular relevância o respeito pelos Direitos Humanos em investigações criminais, os cuidados na gestão da informação, a interceção de comunicações; o contacto, o tratamento e a segurança das vítimas e das testemunhas; a gestão do local do crime e a recolha de elementos probatórios; a captura e detenção de suspeitos, o uso da força durante a detenção; os direitos dos detidos; o interrogatório de detidos ou de suspeitos de terrorismo; a tortura; ou a detenção por tempo prolongado[284].

Acresce que não é possível abordar a evolução histórico-sociológica da Polícia sem analisar uma das suas dimensões mais recentes e com implicações diretas ou cuja atividade interfere necessariamente com os direitos, liberdades e garantias dos cidadãos, em particular no domínio

Rusen *et al.* (1987). *Maintien de l'ordre et droits de l'homme.* Centre Interuniversitaire de Droit Public. Bruxelles: Bruylant; Crawshaw, Ralph, Holmstrom, Leif (2001). *Essential Texts on Human Rights for the Police.* United Kingdom: Kluwer Law International.

[282] Díaz-Pedrosa, Arístides (2003). Gaetano Pentassuglia. Minorities in International Law: na introductory study (Strasbourg: Council of Europe Publishing, 2002), *Revue québécoise de droit international,* 16 (2), 2003. pp. 377-382; Pentassuglia, Gaetano (2002). *Minorities in international law: an introductory study.* European Centre for Minority Issues. Strasbourg: Council of Europe Publishing; Conseil de L'Europe (1997). *Les droits de l'homme et la police: Actes du séminaire.* Strasbourg, 6-8 décembre, 1995. Strasbourg: Conseil de L'Europe; Crawshaw, Ralph, Holmstrom, Leif (2001). *Essential Texts on Human Rights for the Police.* United Kingdom: Kluwer Law International.

[283] Miranda, Jorge (1998). Direitos Fundamentais e Polícia, *in* IGAI (1998). *Direitos humanos e eficácia policial: Sistemas de Controlo da Atividade Policial: Seminário Internacional,* p. 27. Lisboa: IGAI.

[284] Office for Democratic Institutions and Human Rights (2013). *Human rights in counter-terrorism investigations: A practical manual for law enforcement officers.* Poland: OSCE; Crawshaw, Ralph, Holmstrom, Leif (2001). *Essential Texts on Human Rights for the Police.* United Kingdom: Kluwer Law International.

da produção da prova, *i.e.*, a investigação criminal. A história da Polícia, em sentido lato, é o produto de um longo constructo inacabado, assente na relação funcional entre, em particular, os órgãos de polícia criminal e as autoridades judiciárias, mais especificamente o Ministério Público no âmbito de uma das fases do processo penal, que se designa como inquérito, cuja direção cabe ao MP com a coadjuvação dos OPC se bem que, como sabemos, o papel dos OPC não se *esgota* na fase do inquérito. Aliás, como sabemos, o conceito de investigação criminal, previsto no art.º 1.º da Lei de Organização da Investigação Criminal[285], *confunde-se, i.e.*, está intrinsecamente associado, ao conceito de inquérito previsto no art. 262.º do CPP. A investigação criminal compreende o conjunto de diligências que visam objetivos concretos, a saber: averiguar a existência de um crime, determinar os seus agentes e a sua responsabilidade e descobrir e recolher as provas, no âmbito do processo penal. Já o conceito de inquérito, previsto no art. 262.º do CPP, apresenta as mesmas finalidades, *i.e.*, diligências que visam investigar a existência de um crime, determinar os seus agentes e a responsabilidade deles e descobrir e recolher as provas. Mas estes objetivos têm um fim, um corolário, nos termos do direito penal adjetivo: *em ordem à decisão sobre a acusação.*

E isto, que hoje nos parece consensual, nem sempre foi assim, quando confrontamos o CPP de 1929 com o atual CPP de 1987. A evolução da investigação criminal em Portugal é a projeção de um processo gradual de aumento de confiança dos cidadãos nas diversas Polícias, naquilo que é a sua capacidade técnica, tática e ética para o exercício de funções num domínio extremamente sensível no âmbito dos Direitos Humanos (*e.g.*, escutas telefónicas, buscas domiciliárias, detenções, apreensões, revistas, o uso da força, o abuso de poder, a revitimização, o contacto com testemunhas, a discricionariedade, a discriminação, etc.), consolidada com a primeira versão da LOIC, aprovada em 2000[286]. No pós-25 de abril de 1974, o CPP de 1987, aprovado treze anos após a *Revolução dos Cravos*, representou uma profunda mudança de paradigma nesta matéria, mas gerou muito ceticismo, porque se entendeu que estava a ser

[285] Lei de Organização da Investigação Criminal – Lei n.º 21/2000, de 10 de agosto, revogada pela LOIC em vigor – Lei n.º 49/2008, de 27 de agosto.

[286] Lei de Organização da Investigação Criminal – Lei n.º 21/2000, de 10 de agosto, revogada pela LOIC em vigor – Lei n.º 49/2008, de 27 de agosto.

dada uma excessiva autonomia e possibilidade de interferência à Polícia e ao Ministério Público, no quadro do direito penal formal, em domínios da esfera de competência do juiz, a par de alguns receios devido ao passado recente, associado à excessiva arbitrariedade por parte da Polícia do antigo regime. Por esse motivo, levantaram-se dúvidas quanto à constitucionalidade de algumas das normas desse diploma, o que levou o presidente da República a suscitar a sua (in)constitucionalidade, culminando no Acórdão do Tribunal Constitucional n.º 7/87, de 9 de janeiro, que tratou da avaliação preventiva e abstrata do CPP de 1987. Os *temas* considerados *polémicos* foram os seguintes: a atribuição do domínio do inquérito ao MP, nos termos do n.º 1 do art. 263.º do CPP, que determina que a direção do inquérito cabe ao MP, assistido pelos OPC, ainda que saibamos que não deixa de caber ao juiz de instrução, nos termos do art. 17.º do CPP, exercer todas as funções jurisdicionais até à remessa do processo para julgamento; o caráter facultativo da instrução, nos termos do art. 286.º, n.º 2 do CPP; e a competência dos OPC para realizarem atos delegados pelo MP, *i.e.*, diligências e investigações durante o inquérito, cf. art. 270.º do CPP. No entanto, o Tribunal Constitucional entendeu não ser inconstitucional a direção do inquérito pelo MP, por vários motivos, como o facto de, nos termos do art. 219.º, n.º 1 da CRP, caber ao MP exercer a ação penal e, apesar de a direção do inquérito estar acometida ao MP, os atos que contendem com direitos, liberdades e garantias são da competência do juiz de instrução, mesmo na fase do inquérito. O Tribunal também entendeu não ser inconstitucional o MP poder delegar atos do inquérito aos OPC[287].

Assim, o atual cenário é o resultado de um percurso com alguns *sobressaltos*, mas também de avanços. Naturalmente que este caminho foi reforçado com a publicação, em 2000, da Lei de Organização da Investigação Criminal, pois consolidou o conceito de investigação criminal, previsto no seu art. 1.º; reforçou a ideia, no art. 2.º, de que a direção da investigação cabe à autoridade judiciária (MP, juiz de instrução e juiz) competente em cada fase do processo penal; e que a autoridade judiciária é assistida na investigação pelos OPC. A LOIC veio também determinar quais são os OPC de competência genérica, de competência específica e

[287] Mendes, Paulo de Sousa (2018). *Lições de Direito Processual Penal*, pp. 38-41, reimpressão 2022. Ed. Almedina.

a atribuição da competência reservada (art. 3.º); a competência da PSP, GNR e PJ em matéria de investigação criminal; a competência do Procurador Geral da República para o deferimento da investigação criminal de um crime a outro OPC desde que tal se afigure, em concreto, mais adequado ao bom andamento da investigação e, por exemplo, existam provas simples e evidentes, na aceção do CPP; e também aborda, no seu art. 9.º, os conflitos negativos de competência em matéria de investigação criminal. Contudo, apesar destes avanços, ainda persistem algumas disfunções e uma busca de protagonismo e uma competitividade, pouco *saudável*, entre organizações policiais, que, por vezes, faz esquecer a principal missão das forças e serviços de segurança, *i.e.*, a segurança do território nacional e dos cidadãos, numa sociedade líquida e de risco global, onde a linha que separa e segurança interna e a defesa nacional é cada vez mais ténue e onde os Estados não conseguem, *per si*, resolver os desafios securitários cada vez mais complexos, o que exige uma governança em rede e multinível, em que todos os parceiros – públicos e privados, cidadãos e organizações, nacionais e internacionais – são relevantes.

Por isso, hoje, fruto da crescente complexidade dos fenómenos securitários, verificamos que o conceito de segurança (humana) se estendeu a novas áreas, onde ganham espaço outros atores. A isto acresce o facto de as políticas públicas de segurança ou, mais especificamente, a política pública policial, representar um palco onde o poder político surge como um *elo fraco*, aos olhos da opinião pública, quando demonstra um desinteresse, ou um interesse *pouco convicto*, pelo reforço da capacidade de intervenção e as condições de trabalho da(s) Polícia(s), devido aos *fantasmas* do passado que demoram a dissipar. Por isso, assiste-se à consolidação de outras soluções menos *polémicas*, do que a capacitação das forças e serviços de segurança, como a privatização das funções de polícia e o papel desempenhado pela segurança privada na segurança interna[288], sem olvidar outros atores essenciais no âmbito do Sistema Integrado de

[288] Santos, Nuno Ricardo Pica dos (2017). *Da atuação dos seguranças privados na prevenção criminal: a intervenção perante o crime.* Lisboa: ICPOL-ISCPSI; Rodrigues, Norberto Paulo Gonçalves (2011). *A Segurança Privada em Portugal: Sistemas e Tendências.* Coimbra: Almedina; Poiares, Nuno (2008). Novos horizontes para a segurança privada, *in Estudos de Homenagem ao Professor Doutor Artur Anselmo*, pp. 579-594. Coimbra: Almedina; Gomes, Paulo Valente (2008). Reflexões sobre o novo quadro da segurança interna e o papel da segurança privada *in Estudos de Homenagem ao Professor Doutor Artur Anselmo*, pp. 595-610. Coimbra: Almedina.

Segurança Interna, como as Polícias Municipais, a Proteção Civil, a Defesa Nacional, através das Forças Armadas e do Serviço de Informações Estratégicas de Defesa; o Sistema de Informações da República Portuguesa, o Sistema de Autoridade Marítima, o Sistema de Autoridade Aeronáutica, o Sistema Fiscal e Aduaneiro, a Emergência Médica, os Conselhos Municipais e os Contratos Locais de Segurança, as Organizações Não Governamentais; e os guardas noturnos, apesar de terem um passado que não permitiu a fixação de uma identidade própria enquanto profissionais, sendo hoje uma figura esquecida que não espelha o protagonismo que teve nos séculos XIX e XX[289]. Mas, independentemente do alargamento desta parceria estratégica, importa não ignorar que todos os atores envolvidos na segurança interna devem ter presente os limites e os princípios considerados intransponíveis na sua atuação: a dignidade da pessoa humana e o respeito pelos Direitos Humanos, positivados como direitos fundamentais na Constituição. É verdade que tem existido uma preocupação política no domínio da formação académica e profissional, inicial e complementar, dos polícias. Mas o trabalho em rede exige uma formação conjunta e um alinhamento na visão, atuação, coordenação e o respeito pelos direitos, liberdades e garantias dos cidadãos.

3.2. A profissão polícia e a cultura organizacional

Na presente secção não pretendemos apresentar um quadro teórico-concetual no âmbito da sociologia das profissões[290], mas tão-só tecer uma síntese sobre as principais características da profissão polícia, *maxime* da Polícia de Segurança Pública, em diálogo com as especificidades sociais e culturais desta profissão, o seu conceito, o policiamento e a relação com o universo militar no contexto português. Assim, importa recordar que a palavra Polícia, segundo Afonso (2018), apresenta um longo percurso onomasiológico, tendo nascido na Antiguidade Clássica greco-romana, com o vocábulo politeia dos gregos e politia dos romanos, com o significado de governo da Cidade-estado. Na Idade Média,

[289] Afonso, João José R. (2019). *Os Guardas-Noturnos: História, Estatutos e Regime Jurídico*. Lisboa: Chiado Editora.

[290] *E.g.*, Poiares, Nuno (2018a). *As profissões (para)jurídicas em Portugal: requisitos, mandatos e convergências*. Porto: Fronteira do Caos Ed.; Rodrigues, Maria de Lurdes (2002) (1997). *Sociologia das Profissões*. Oeiras: Celta Editora.

o conceito de Polícia passou a significar a boa ordem da sociedade civil, promovida pelo príncipe; e, na Idade Moderna, com a emergência das teorias absolutistas, passou a designar a atividade do Estado tendente ao bom governo da nação e à ordem pública em geral. Desse modo, o Direito Policial, entendido como a ciência de governar os homens, constituía o meio através do qual o príncipe atingia o fim último do Estado: a felicidade da nação. Mais recentemente, com o fim do Antigo Regime, o conceito de Polícia reduziu-se às dimensões de garante da segurança pública para o exercício dos demais direitos e liberdades[291]. Por outro lado, no Direito Europeu, o termo Polícia (*Polizei, police, polìzia*) anda associado a uma pluralidade de sentidos, que têm oscilado entre um conceito de Polícia que abarca a vida social sujeita ao poder de regulação imediato do soberano e um conceito que compreende os poderes necessários a assegurar a ordem e a tranquilidade públicas, prevenindo perigos e removendo situações que possam afetar a ordem social[292]. No entanto, apesar de as obrigações dos Estados, perante o direito internacional, exigirem a adaptação da legislação nacional às disposições dos tratados, a responsabilidade, no entanto, não termina aí. A prática do Estado, em relação às pessoas no seu território, deve respeitar o Direito Internacional, independentemente da sua incorporação na legislação nacional, o que tem implicações no quadro da atuação policial[293].

A História da Polícia em Portugal é coadjuvada por uma História da liderança militar, na medida em que os Oficiais do Exército imprimiram uma marca indelével, com um impacto duradouro na cultura organizacional, visível nas práticas e rituais dos profissionais que exercem o comando na Polícia, motivando uma *crise* identitária que continua latente[294] na configuração socioprofissional da sua elite administrativa.

[291] Afonso, João José Rodrigues (2018). Polícia: etimologia e evolução do conceito, *Revista Brasileira de Ciências Policiais*, 9 (1), pp. 213-260. Disponível em: https://periodicos.pf.gov.br/index.php/RBCP/article/view/539 (acesso em 11 de setembro de 2022).

[292] Melo, António M. B. (2005). Polícia, Segurança Interna e Direitos do Homem, *Conferência Internacional: Direitos Humanos e Comportamento Policial*. Lisboa: IGAI. Disponível em https://www.igai.pt/pt/Publicacoes/PublicacoesIGAI/Documents/2005%20Conferencia%20Internacional%20Direitos%20humanos%20e%20comportamento%20policial.pdf (acesso em 12 de abril de 2022).

[293] Rover, Cees de (1998). *To serve and protect: Human Rights and Humanitarian Law for Police and Security Forces*, p. 134. Geneva: International Committee of the Red Cross.

[294] Essa *crise* culminou no Despacho n.º 08/GDN/2009, de 28 de abril de 2009, do Diretor Nacional da PSP, superintendente-chefe Francisco Oliveira Pereira, o qual criou o grupo de

A Polícia foi liderada por comandantes-gerais (até 1999) e diretores nacionais (até 2002) oriundos do Exército. De 2002 a 2008, a Polícia foi dirigida por diretores nacionais provenientes da magistratura judicial e do MP[295]; no período de 2008 a 2012 retomaram os diretores nacionais provenientes do Exército, integrados nos Quadros da Polícia[296]; em sucedâneo, a partir de 2012 até ao momento, seguiram-se os primeiros diretores nacionais[297] diplomados pelo Instituto Superior de Ciências Policiais e Segurança Interna[298], o que teve um impacto na consolidação da matriz civil desta força de segurança, distanciando-se, cada vez mais, de uma cultura militar.

A formação foi, assim, o primeiro investimento do Estado Português para a promoção de uma verdadeira mudança na representação socioprofissional da Polícia Portuguesa. Alguns estudos dos anos 1990 defendiam que um nível formativo baixo podia dificultar qualquer processo de profissionalização na Polícia. Mas, por outro lado, um nível excessivamente alto era encarado com reticências, pois duvidava-se da vocação desses polícias, cujas elevadas habilitações podiam gerar expetativas de promoção que nem sempre se podiam cumprir e uma frustração negativa para o serviço[299]. Mas, ainda assim, a formação policial tem sido

trabalho "SWOT", uma ferramenta para a análise de cenários e ambientes (*e.g.*, organizacionais). O seu objetivo era compreender a visão do público interno relativamente ao futuro da Polícia de Segurança Pública.

[295] O juiz desembargador Mário Belo Morgado tomou posse como Diretor Nacional a 5 de agosto de 2002, seguido pelo juiz desembargador José Branquinho Lobo e o Procurador da República Orlando Soares Romano.

[296] Superintendentes-Chefes Francisco Oliveira Pereira (2008-2011) e Guilherme Guedes da Silva (2011-2012).

[297] Superintendentes-Chefes Paulo Jorge Valente Gomes (2012-2013), Luís Manuel Peça Farinha (2013-2020), Manuel Augusto Magina da Silva (2020-2023) e José Augusto de Barros Correia (desde 2023).

[298] Poiares, Nuno (2021b). *A Ciência Policial em Portugal: o reconhecimento pela Comunidade Científica Internacional.* Lição Inaugural da Cerimónia de Abertura Solene do Ano Académico 2021-2022. Lisboa: ISCPSI; Dias, Eurico e Poiares, Nuno (2021). The role of military leadership in the socio-professional configuration of portuguese police administrative elites. *Revista Militar*, 5, pp. 417-442.

[299] Fernández, Manuel M. (1990). *La Profesión de Policía*, p. 129. Madrid: CISM; Poiares, Nuno (2004). *A profissão polícia: uma nova lógica socioprofissional e organizacional*, dissertação de mestrado em Sociologia. Évora: Universidade de Évora; Poiares, Nuno (2021b). *A Ciência Policial em Portugal: o reconhecimento pela Comunidade Científica Internacional.* Lição Inaugural da Cerimónia de Abertura Solene do Ano Académico 2021-2022. Lisboa: ISCPSI.

uma das áreas privilegiadas pelos sucessivos Governos. Um polícia, para o cabal cumprimento da sua missão, é obrigado a dominar um quadro concetual e procedimentos jurídico-policiais. Esta realidade obriga o conhecimento e uma capacidade de interpretação e aplicação da lei *just in time* – uma hermenêutica jurídico-policial. Numa simples *ação de rua*, exige-se um conjunto de respostas operacionais e legais. Trata-se de Direito *em ação*, de administração aplicada, de Direito Policial *just in time*, que nem sempre coincide com a visão ou interpretação de quem *a posteriori* analisa as circunstâncias sem a pressão do contexto do incidente[300]. Esta capacidade de discernimento é particularmente relevante nos quadros de chefia, comando e direção, pois obriga o domínio de competências interdisciplinares, sobretudo jurídicas, de comando, supervisão e liderança. Assim, no ano de 1982, foi criada a Escola Superior de Polícia e consolidados os alicerces para que, em 1984, arrancasse o 1.º Curso de Formação de Oficiais de Polícia, tendo em vista a progressiva substituição dos Oficiais do Exército, para que continuasse a ser assegurada a estabilidade da instituição, habilitando os futuros Oficiais de Polícia com os conhecimentos que, na altura, eram considerados imprescindíveis para dirigir uma organização policial e gerar uma nova mentalidade e relação entre a Polícia e a comunidade, objetivo só alcançável com profissionais munidos de um elevado nível cultural e adequada preparação científica, técnica e cívica[301]. Entendeu-se que essa formação devia ter nível superior, devendo as matérias a professar estender-se desde as diferentes áreas do Direito com mais interesse para a Polícia até à educação física, não descurando os aspetos culturais[302].

[300] Poiares, Nuno (2018a). *As profissões (para)jurídicas em Portugal: requisitos, mandatos e convergências*, 2.ª edição. Porto: Fronteira do Caos Editores.

[301] Ponto 3 do Preâmbulo do Estatuto Orgânico da PSP, aprovado pelo Decreto-Lei n.º 151/85, de 9 de maio. Um terço dos efetivos policiais, admitidos antes de 1979, tinha um capital educacional mínimo e outro terço possuía habilitações escolares abaixo das que já então vigoravam para entrar na profissão policial, *i.e.*, nove anos de escolaridade Costa, Alberto (2002). *Esta (Não) é a Minha Polícia – Mudança e Popularidade*, Lisboa: Notícias Editorial; Baganha, Elisa (2003). *A cultura organizacional na relação com a comunidade: um estudo realizado no Comando da PSP de Braga*, Relatório Final de Estágio da Licenciatura em Sociologia. Braga: Universidade do Minho.

[302] Cf. Preâmbulo do Decreto-Lei n.º 423/82, de 15 de outubro.

Internacionalmente os estudos de polícia têm uma longa tradição[303], contudo, este campo de estudos em Portugal é relativamente recente e esteve muitos anos ausente da agenda das ciências sociais. Mas, ainda assim, encontramos vasta obra científica desenvolvida por ex-alunos diplomados pelo ISCPSI[304]. Para Susana Durão (2011), desde o início do século XXI tornaram-se objeto de estudo mais sistemático as ações e representações da autoridade policial, a problematização de políticas internas às organizações e as formas de governação da segurança em Portugal. Todo o campo da segurança e da justiça criminal está em rápida transformação, o que obriga ao diálogo entre os padrões do policiamento, a organização das Polícias, as respostas dos polícias no seu trabalho e as suas biografias e carreiras sociais[305].

Na Polícia portuguesa verifica-se que o cumprimento de normas e regulamentos se apresenta como uma característica primordial, em

[303] Entre outros, Ericson, Richard V. (1982). *Reproducing Order: A Study of Police Patrol Work.* Toronto: University of Toronto Press; Boer, Monica den (2012). European Police Science: connecting practice, education and research. Conference in Lyon. *European Police Science and Research Bulletin,* Special Conference 2, 21-26; Fernández, Manuel Martín (1990). *La Profesión de Policía,* Madrid: Centro de Investigaciones Sociológicas de Madrid; Fyfe, Nicholas R. (2012). Outlook: paradoxes, paradigms and pluralism – reflections on the future challenges for police science in Europe. Conference in Lyon, *European Police Science and Research Bulletin,* pp. 309-316. Special Conference issue n. 2; Greene, Jack R. (2014). The Upside and Downside of the Police Science Epistemic Community. *Policing,* 8 (4), pp. 379-392, Oxford University Press; Jaschke, Hans-Gerd., Bjorgo, Tore, Romero, Francisco del Barrio, Kwanten, Cees, Mawby, Robin, Pagon, Milan (2007). *Perspectives of Police Science in Europe (Final Report).* Project Group on a European Approach to Police Science. European Police College; Kersten, Joachim (2013). Police Science: a programmatic analysis of how police science stands in the German-speaking world. *SIAK – International Edition,* pp. 4-18; L'Heuillet, Hélène (2004). *Alta Polícia, Baixa Política. Uma Visão sobre a Polícia e a Relação com o Poder.* Editorial Notícias; Nagel, Christof e Vera, Antonio (2020). Police Science as an emerging scientific discipline. *International Journal ofPolice Science & Management,* pp. 1-11; Neyroud, Peter (2012). Policing with Science: a new evidence-based professionalism for policing. Conference in Lyon, *European Police Science and Research Bulletin,* Special Conference, 2, pp. 39-44; Neyroud, Peter e Weisburd, David (2014). Transforming the Police Through Science: The Challenge of Ownership. *Policing,* 8 (4), pp. 287-293. Oxford University Press.

[304] *Vide* Elias, Luís (2018). *Ciências Policiais e Segurança Interna: Desafios e Prospetiva,* p. 38. Lisboa: ICPOL-ISCPSI.

[305] Durão, Susana (2011), Polícia, segurança e crime em Portugal: ambiguidades e paixões recentes, *etnográfica,* fevereiro, 15 (1), pp. 129-152. Disponível em: file:///C:/Users/100218/Downloads/etnografica-850.pdf (acesso em 27 de abril de 2022).

termos de cultura organizacional, assim como o controlo de procedimentos sobre a atividade desenvolvida, na demanda de uniformidade de atuação e a salvaguarda da legitimidade da sua atuação. Do mesmo modo, a tensão entre a cultura de apoio e cultura de objetivos também sobressai, evidenciando um desejo por uma redução da importância dada ao cumprimento de objetivos e ao aumento do envolvimento interno. Este desejo também pode ser o reflexo do desajustamento entre o atual contexto competitivo entre as diversas forças e serviços de segurança e aquilo que os seus profissionais pretendem em termos culturais[306]. A Polícia portuguesa surge, assim, como uma organização do tipo simples de supervisão direta[307], assente em estruturas sólidas[308], que potenciam e valorizam valores como segurança, uniformização, centralização, hierarquia e controlo, típicos de uma cultura de regras, e onde a inovação surge com pouca relevância[309]. Assim, para os polícias, o aspeto mais positivo da sua profissão é a estabilidade financeira que ela precipita, sobretudo por ser um emprego que garante uma perspetiva de futuro. Após a estabilidade financeira surge a disponibilidade para ajudar as pessoas, o caráter humanista da atividade, seguido pela possibilidade de ascensão na carreira. Por outro lado, na perspetiva dos atores externos, sobressai, como característica mais positiva, a vertente filantrópica da profissão. Relativamente aos fatores mais negativos da profissão, os polícias apontam a incompreensão e o não reconhecimento do serviço prestado pela Polícia por parte da comunidade, por não *olharem* para a instituição policial com a consideração que entendem merecer. Como segundo fator negativo, surge a disponibilidade que tem de existir

[306] Bayley, 1994; Chan, 1997; Fernandes, 2006; Oliveira, 2006 *apud* Silva, André (2016). *A cultura organizacional como condicionador da ação estratégica: estudo exploratório com o modelo dos valores contrastantes na PSP*, dissertação de mestrado em Estratégia. Lisboa: ISCSP-UL.

[307] Dias, Hélder V., 2009 *apud* Silva, André (2016). *A cultura organizacional como condicionador da ação estratégica: estudo exploratório com o modelo dos valores contrastantes na PSP*, dissertação de mestrado em Estratégia. Lisboa: ISCSP.

[308] Oliveira, José F., 2005 *apud* Silva, André (2016). *A cultura organizacional como condicionador da ação estratégica: estudo exploratório com o modelo dos valores contrastantes na PSP*, dissertação de mestrado em Estratégia. Lisboa: ISCSP.

[309] Silva, André (2016). *A cultura organizacional como condicionador da ação estratégica: estudo exploratório com o modelo dos valores contrastantes na Polícia de Segurança Pública*, dissertação de mestrado em Estratégia. Lisboa: ISCSP.

numa profissão desta natureza e as consequências que daí advêm e, em terceiro lugar, surge o risco inerente à profissão[310].

Uma das medidas que também alterou a imagem da Polícia foi a nova filosofia que chegou a Portugal, em finais dos anos 1990, apresentada como um novo paradigma de intervenção policial[311], *i.e.*, o policiamento de proximidade ou comunitário. Passou-se de um modelo com uma estrutura que centralizava todas as decisões para um paradigma em que os polícias executantes passaram a ter uma maior autonomia, o que aumentou a motivação. Algumas *vozes* puseram em causa, na altura, determinadas atividades *excessivamente* assistencialistas, no âmbito do policiamento de proximidade, argumentando que são funções cujos contornos não fazem parte das atribuições de uma força de segurança, mas sim, por exemplo, dos assistentes sociais. Contudo, tendo em consideração a *incapacidade* de outros parceiros, parece-nos ser uma resposta mitigadora, apesar de representar uma canalização de recursos policiais. Acresce que a Polícia tem um conhecimento *in loco* dos problemas das pessoas, o que lhes garante uma perceção real da dimensão das dificuldades, tornando-os atores privilegiados[312]. Uma *Polícia de Proximidade* permite, assim, a criação de laços de confiança e de conhecimento mútuo entre as polícias, os cidadãos e as forças *vivas* das comunidades em que atuam. Cada polícia deve conhecer e ser conhecido pelos moradores, os agentes económicos, as coletividades, os representantes das populações e os marginais que habitam a sua área de policiamento. A Polícia tem de conhecer a realidade, as preocupações das populações

[310] Poiares, Nuno (2013). *Mudar a polícia ou mudar os polícias? O papel da PSP na sociedade portuguesa*. Lisboa: Bnomics; Poiares, Nuno (2005b). Para lá da farda, da estrela e da arma, *Volume Comemorativo dos 20 anos do ISCPSI*, 889-914. Coimbra: Almedina; Poiares, Nuno (2005c), A profissão Polícia: um constructo contínuo da representação social, *Sociologia em Diálogo II*, pp. 73-96. Évora: Universidade de Évora e CISA-AS; Poiares, Nuno (2004). *A profissão polícia: uma nova lógica socioprofissional e organizacional*, dissertação de mestrado em Sociologia. Évora: U. Évora.

[311] Durão, Susana (2008). *Patrulha e Proximidade. Uma Etnografia da Polícia e Lisboa*. Tese de doutoramento em Antropologia, p. 141. ISCTE-IUL. Lisboa: ICPOL-ISCPSI. Coimbra: Almedina; Poiares, Nuno (2004). *A profissão polícia: uma nova lógica socioprofissional e organizacional*, dissertação de mestrado em Sociologia. Évora: U. Évora.

[312] Poiares, Nuno (2005a). Na encruzilhada das competências: autoridade e ordem ou serviço social? Um estudo de caso no Alentejo, *in Revista Politeia*, pp. 62-79. ISCPSI. Coimbra: Almedina.

que serve e estas de conhecer e confiar na atuação dos polícias[313]: este é o espírito do policiamento de proximidade.

3.3. Polícia, discriminação e discricionariedade

Para Figueiredo Dias e Costa Andrade (1997), a Polícia constitui o símbolo mais visível do sistema formal de controlo, o mais presente no quotidiano dos cidadãos e, por via de regra, o executor de primeira linha da lei criminal, situada no limiar do processo do direito em ação[314]. Por outro lado, Giddens, citando Ericson e Haggerty, defende que os polícias são, acima de tudo, trabalhadores do conhecimento[315], cujo laboratório é a rua, o bairro e a cidade; mas também as esquadras, os processos e as inter-relações que se geram com o poder político e os cidadãos[316]. Assim, a Polícia surge como a instância que processa o caudal mais volumoso de comportamentos desviantes, mas também a que o faz em condições de maior discricionariedade[317], principal característica da ação policial, assumindo o seu estudo a maior importância, reconhecida que é a sua influência para uma melhor compreensão dos mecanismos que determinam a eficácia da lei, das políticas criminais e o modo de atuação policial. Por discricionariedade policial, entende-se a autonomia que cada polícia tem para tomar decisões[318], a possibilidade que os limites efetivos dão a cada polícia de escolher livremente entre um modo de ação

[313] Coelho, Jorge (1998). Sessão de Abertura, *in* IGAI (1998). *Direitos humanos e eficácia policial: Sistemas de Controlo da Atividade Policial: Seminário Internacional*, p. 17. Lisboa: IGAI.

[314] Dias; Jorge de Figueiredo e Andrade, Manuel da Costa (1997). *Criminologia. O Homem Delinquente e a Sociedade Criminógena*, 2.ª reimpressão, p. 443. Coimbra: Coimbra Editora.

[315] Giddens, Anthony (2009). *Sociologia*, 7.ª edição, p. 224. Lisboa: Fundação Calouste Gulbenkian.

[316] A Polícia tem de gerir equilíbrios, pois tem o olhar voltado, ao mesmo tempo, para o alto, o Estado e a soberania da qual depende, e para baixo, a sociedade na qual deve imergir (L'Heuillet, 2004: 216); Poiares, Nuno (2021b). *A Ciência Policial em Portugal: o reconhecimento pela Comunidade Científica Internacional.* Lição Inaugural da Cerimónia de Abertura Solene do Ano Académico 2021-2022. Lisboa: ISCPSI.

[317] Dias; Jorge de Figueiredo e Andrade, Manuel da Costa (1997). *Criminologia. O Homem Delinquente e a Sociedade Criminógena*, 2.ª reimpressão, p. 443. Coimbra: Coimbra Editora.

[318] Black *apud in* Ericson, Richard V. (1982). *Reproducing Order: A Study of Police Patrol Work.*, p. 12. Toronto: U. Toronto Press; Leitão, José (2007). Discricionariedade Policial. *Estudos de Homenagem ao Juiz Conselheiro António Neves Ribeiro*, p. 573. Coimbra: Almedina; Poiares, Nuno (2021a). *A violência doméstica nos PALOP: uma aproximação metodológica ao ensino jurídico-penal em contexto policial e multicultural*, dissertação mestrado em Direito. Lisboa: FDUL.

ou uma omissão, ou o poder de decidir quais as regras que se aplicam a uma situação específica e se devem aplicar ou não[319].

Na Constituição da República Portuguesa, o princípio da igualdade, *in casu* no contexto da atuação policial, não comporta uma dimensão única, desdobrando-se em duas vertentes: a proibição do arbítrio e a proibição da discriminação[320]. A proibição da discriminação determina que não são legítimas quaisquer diferenciações de tratamento entre os cidadãos em razão de categorias subjetivas[321]. No entanto, não se considera discriminação, ilegal ou negativa, a aplicação de medidas para atender à especial condição e necessidades de mulheres, incluindo mulheres grávidas e mães de crianças de tenra idade, assim como menores, doentes, idosos e outras pessoas que necessitem de tratamento especial, em conformidade com as normas internacionais de Direitos Humanos[322]. Por outro lado, a ideia de discricionariedade da Polícia conflitua com as representações da comunidade, segundo as quais a Polícia é uma instância de controlo virada para a manutenção da ordem e a aplicação da lei, nos termos da estrita legalidade, da qual se destaca o princípio da igualdade. Mas é irrealista o *total enforcement, i.e.*, a capacidade de resposta da Polícia a toda a criminalidade, devido a diversos constrangimentos, de

[319] Davies, K. Culp (1969). *Discretionary Justice*. St. Paul Minnesota: West Publishing; Ericson, Richard V. (1982). *Reproducing Order: A Study of Police Patrol Work.*, p. 11. Toronto: U. Toronto Press; Leitão, José (2007). Discricionariedade Policial, *Estudos de Homenagem ao Juiz Conselheiro António Neves Ribeiro*, pp. 569-573. Coimbra: Almedina; Poiares, Nuno (2021a). *A violência doméstica nos PALOP: uma aproximação metodológica ao ensino jurídico-penal em contexto policial e multicultural*, dissertação de mestrado em Direito Penal. Lisboa: FDUL.

[320] Carneiro, Beatriz da Costa (2022). *O Oficial de Direitos Humanos e a prevenção da discriminação nas Forças e Serviços de Segurança*, dissertação de mestrado integrado em Ciências Policiais, p. 1. Lisboa: ISCPSI.

[321] Canotilho, José Joaquim G., e Moreira, Vital (2007). *Constituição da República Portuguesa anotada*. 1.º volume, p. 339. Coimbra Editora; Carneiro, Beatriz da Costa (2022). *O Oficial de Direitos Humanos e a prevenção da discriminação nas Forças e Serviços de Segurança*, dissertação de mestrado integrado em Ciências Policiais, p. 1. Lisboa: ISCPSI.

[322] Art. 10.º do PIDCP; arts. 4.º, n.º 2 e 12.º, n.º 2 da *Convenção sobre a Eliminação de todas as Formas de Discriminação contra as Mulheres*; arts. 37.º e 40.º da *Convenção sobre os Direitos das Criança*; regras 5, 8, 53 e 85 das *Regras Mínimas para o Tratamento dos Reclusos*; princípio 5, n.º 2 do *Conjunto de Princípios para a Proteção de Todas as Pessoas Sujeitas a Qualquer Forma de Detenção ou Prisão*; e regras 1 a 8 das *Regras Mínimas das Nações Unidas para a Administração da Justiça de Jovens*.

natureza legal ou factual, como a escassez de meios e as exigências constitucionais vertidas nos princípios do processo penal[323].

A Constituição, na versão inicial (1976), definiu, como funções da Polícia, defender a legalidade democrática e os direitos dos cidadãos, o que implica a execução das leis e a observância da ordem jurídica (art. 272.º), *i.e.*, as atividades policiais visam a defesa da ordem jurídica e a salvaguarda dos direitos das(os) cidadãs(ãos). Contudo, os novos riscos e os recursos dos agentes do crime mudam e obrigam as forças de segurança a ajustar os seus meios e estratégias. A capacidade de adaptação requer, nessa medida, uma formação profissional inicial exigente e um aperfeiçoamento contínuo, com base em boas e más práticas, para objeto de reflexão, uma vez que a atividade policial está aberta às influências da cultura, da *maneira de ser* e da psicologia da comunidade. Além disso, o art. 272.º, n.º 2, da Constituição estabelece o princípio da legalidade quanto às medidas de polícia, o que significa que a Polícia só pode tomar medidas que se encontrem tipificadas na lei e, na escolha das medidas a usar em cada situação concreta, devem ser utilizadas as que forem estritamente necessárias, *i.e.*, a medida de polícia adotada, além de legal, deve obedecer ao princípio da proporcionalidade ou da proibição de excesso. O n.º 3 do mesmo artigo refere-se à prevenção dos crimes, mas, apesar de se tratarem de factos jurídica e eticamente mais censuráveis, a Polícia não pode fazer tudo o que parecer conveniente para atingir o objetivo de salvaguardar a legalidade democrática, pois tem de respeitar as regras gerais sobre polícia e os direitos, liberdades e garantias[324]. Assim, no universo de princípios gerais, que devem representar uma luz orientadora na atuação policial, surge, por exemplo: a) o princípio da oportunidade que, segundo Valente (2017), é um princípio geral aplicado diante da oportunidade quanto à intervenção policial, mas que serve a promoção da segurança e não atinge preceitos de ordem legal,

[323] Dias; Jorge de Figueiredo e Andrade, Manuel da Costa (1997). *Criminologia. O Homem Delinquente e a Sociedade Criminógena*, 2.ª reimpressão, pp. 444-445. Coimbra: Coimbra Editora.

[324] Melo, António M. B. (2005). Polícia, Segurança Interna e Direitos do Homem: como assegurar um controlo democrático justo e eficaz? *Conferência Direitos Humanos e Comportamento Policial*. Lisboa: IGAI. Disponível em https://www.igai.pt/pt/Publicacoes/PublicacoesIGAI/Documents/2005%20Conferencia%20Internacional%20Direitos%20humanos%20e%20comportamento%20policial.pdf (consultado em 12 de abril de 2022).

mas faz com que a Polícia cumpra o seu desiderato; b) ou o princípio da lealdade, que impõe que a Polícia assuma o compromisso em garantir a ordem pública, mas cujo cumprimento da missão, tem de ocorrer com base no respeito e na garantia dos direitos fundamentais, da segurança interna, dos princípios deontológicos, no respeito pela dignidade da pessoa humana; e que a atividade policial deve ser orientada no emprego de meios legítimos, da lealdade na atuação e de modo a evitar estratégias investigativas que conduzam à autoincriminação, no sentido de preservar o princípio do Estado de Direito[325].

A estas premissas acrescem os princípios consagrados na DUDH e na CEDH, cujos preceitos encontram uma concordância axiológica constitucional e jurídico-penal material, formal e na execução das penas e nas medidas privativas da liberdade, *i.e.*, a proibição de discriminação, sem quaisquer distinções, tais como as fundadas no sexo, raça, cor, língua, religião, opiniões políticas ou outras, a origem nacional ou social, a pertença a uma minoria nacional, a riqueza, o nascimento ou qualquer outra situação[326]; ninguém deve ser arbitrariamente preso, detido ou exilado[327]; todos os seres humanos nascem livres e iguais em dignidade e em direitos[328] e podem invocar os direitos e as liberdades proclamados na DUDH, sem distinção alguma, nomeadamente de raça, de cor, de sexo, de língua, de religião, de opinião política ou outra, de origem nacional ou social, de fortuna, de nascimento ou de qualquer outra situação. Além disso, não deve ser feita nenhuma distinção fundada no estatuto político, jurídico ou internacional do país ou do território da naturalidade da pessoa[329]; ninguém será submetido a tortura nem a penas ou tratamentos cruéis, desumanos ou degradantes[330]; todos são

[325] Valente, Manuel (2017). *Teoria Geral do Direito Policial.*, 5.ª edição, pp. 273-283. Coimbra: Almedina; Vale, Luciana Costa (2019). *A dignidade da pessoa humana como fundamento da liberdade no contexto da atividade policial*, dissertação de mestrado em Direito. Lisboa: UAL.

[326] Art. 14.º da CEDH; André, Estevão (2001). *A polícia no estado de direito democrático: Limites de atuação policial.* Lisboa: ISCPSI; Dias, Jorge Figueiredo e Andrade, Manuel Costa (1997). *Criminologia. O Homem Delinquente e a Sociedade Criminógena*, pp. 443-469. Coimbra: Coimbra Editora; Leitão, José Bastos (2007). Discricionariedade Policial, *Estudos de Homenagem ao Juiz Conselheiro António Neves Ribeiro*, pp. 569-604. Coimbra: Almedina.

[327] Art. 9.º da DUDH.

[328] Art. 1.º da DUDH; e preâmbulo do PIDCP.

[329] Art. 2.º da DUDH.

[330] Art. 5.º da DUDH.

iguais perante a lei e têm direito, sem qualquer distinção, a igual proteção da lei; todos têm direito a igual proteção contra qualquer discriminação que viole a DUDH e contra qualquer incitamento a tal discriminação[331]; toda a pessoa acusada de um ato delituoso presume-se inocente até que a sua culpabilidade fique legalmente provada no decurso de um processo público em que todas as garantias necessárias de defesa lhe sejam asseguradas[332]; e ninguém será condenado por ações ou omissões que, no momento da sua prática, não constituíam ato delituoso à face do direito interno ou internacional. Do mesmo modo, não será infligida pena mais grave do que a que era aplicável no momento em que o ato delituoso foi cometido[333]. Os funcionários responsáveis pela aplicação da lei devem, assim, respeitar e proteger a dignidade da pessoa humana e defender os Direitos Humanos de todos(as)[334], são responsáveis perante a coletividade no seu conjunto[335] e devem ser estabelecidos mecanismos eficazes para assegurar a disciplina interna, o controlo externo, bem como a supervisão eficaz dos responsáveis pela aplicação da lei[336]. Os funcionários responsáveis pela aplicação da lei que tenham razões para pensar que se verificou ou que está prestes a verificar-se uma violação de Direitos Humanos devem relatar o caso[337]; e devem ser estabelecidas disposições para receber e dar seguimento às queixas apresentadas por particulares contra responsáveis pela aplicação da lei, devendo essas disposições ser tornadas públicas[338]. As investigações relativas a violações dos Direitos Humanos cometidas pela Polícia devem ser conduzidas de forma célere, competente, profunda e imparcial[339]; e devem procurar identificar as vítimas, obter e preservar as provas, encontrar as

[331] Art. 7.º da DUDH; art. 26.º do PIDCP; e artigos 2.º e 5.º da CIEDR.

[332] Art. 11.º, n.º 1 da DUDH.

[333] Art. 11.º, n.º 2 da DUDH.

[334] Artigo 2.º do *Código de Conduta.*

[335] 8.º Parágrafo preambular, subparágrafo a), da Resolução 34/169.

[336] 8.º Parágrafo preambular, subparágrafo d), da Resolução 34/169; artigos 7.º e 8.º do *Código de Conduta*; e princípios 22 a 26 dos *Princípios sobre a Força e as Armas de Fogo.*

[337] Art. 8.º do *Código de Conduta.*

[338] Arts. 9.º e 13.º da *Declaração sobre Desaparecimentos Forçados*; princípio 9 dos *Princípios sobre Execuções Sumárias*; princípio 23 dos *Princípios sobre Força e Armas de Fogo*; princípio 33 dos *Princípios sobre Detenção ou Prisão*; e regra 36 do RMTR.

[339] Parágrafo 6.º da *Declaração das Vítimas*; princípio 9 dos *Princípios sobre Execuções Sumárias*; e art. 13.º da *Declaração sobre Desaparecimentos Forçados.*

testemunhas, estabelecer a causa da violação, a forma, o local e o momento em que a violação ocorreu e ainda identificar e deter os seus autores[340]. Os locais onde foram cometidas as violações devem ser cuidadosamente examinados[341]; os superiores hierárquicos devem ser responsabilizados nos casos em que, tendo conhecimento de que foi cometido um abuso, não tomaram todas as medidas no seu poder para o prevenir[342]; os polícias que se recusem a executar uma ordem ilícita dos seus superiores, devem receber imunidade contra ações penais e sanções disciplinares[343]; a obediência a ordens superiores não poderá ser invocada como meio de defesa em caso de violações cometidas pela polícia[344]; e as políticas de recrutamento, contratação, colocação e promoção adotadas pelas instituições policiais não devem admitir qualquer forma de discriminação ilegal[345]. Por fim, na utilização do uso da força, deve-se recorrer, em primeiro lugar, a meios não violentos[346]; a força deve ser utilizada apenas quando estritamente necessário, com moderação[347] e apenas para fins lícitos de aplicação da lei[348], não sendo admitidas quaisquer exceções para a utilização ilícita da força[349], devendo ser proporcional aos objetivos lícitos prosseguidos[350].

Mas, apesar da consolidação deste edifício jurídico garantístico, e analisando a jurisprudência da Comissão e do Tribunal Europeu dos Direitos Humanos, concluímos que, nos casos em que os artigos 2.º e 3.º da Convenção são invocados, são polícias que aparecem implicados. Esta imagem parece ser a que predomina sobre a Polícia no Conselho da Europa nos anos 90 do século XX. O crime de tortura ressurgiu no contexto de um Ocidente que foi surpreendido por um discurso onde a razão da força e o medo prevaleceu sobre o intelecto e a consciência,

[340] Princípio 9 dos *Princípios sobre Execuções Sumárias.*

[341] Princípios 9, 12 e 13 dos *Princípios sobre Execuções Sumárias.*

[342] Princípio 24 dos *Princípios sobre Força e Armas de Fogo.*

[343] Princípio 25 dos *Princípios sobre Força e Armas de Fogo.*

[344] Princípio 26 dos *Princípios sobre Força e Armas de Fogo.*

[345] Arts. 2.º, 3.º e 26.º do PIDCP; preâmbulo, e artigos 2.º, n.º 1, e), 2.º, n.º 2 e 5.º, alínea e) da CERD; o preâmbulo e artigos 2.º, d) a f), 3.º, 5.º, a) e 7.º, b) da CEDM.

[346] Princípio 4 – *Princípios sobre Força e Armas de Fogo.*

[347] Princípios 2, 4, 5 e 9 – *Princípios sobre Força e Armas de Fogo.*

[348] Princípios 5 e 7 – *Princípios sobre Força e Armas de Fogo.*

[349] Princípio 8 – *Princípios sobre a Força e as Armas de Fogo.*

[350] Princípios 2 e 5 a) – *Princípios sobre a Força e as Armas de Fogo.*

o que ofende a dignidade humana[351]. Por isso, o Conselho lançou o Programa *Polícia e Direitos Humanos 1997-2000*, orientado para uma Polícia focada no seu papel primordial de proteção das liberdades fundamentais e no respeito pela proeminência do direito nas sociedades democráticas, colocando no centro a formação policial em Direitos Humanos[352].

Mas, ainda assim, a salvaguarda dos Direitos Humanos continua a ser uma *luta de todos os dias*. Um relatório da Amnistia Internacional sobre Direitos Humanos (2018) indica que, em Portugal, ainda persistem diferentes formas de discriminação de pessoas e comunidades mais vulneráveis, destacando que foram reportados, por órgãos internacionais de monitorização de DH, situações de maus-tratos por parte das forças de segurança e problemas nos estabelecimentos prisionais[353], *i.e.*, existem relatos de alegado uso excessivo da força pela Polícia e de maus-tratos e outras formas de abuso de reclusos por guardas prisionais[354], assim como por polícias, *maxime* aquando de intervenções em zonas urbanas sensíveis. Em 24 de março de 2021, a comissária de Direitos Humanos do Conselho da Europa, divulgou um memorando para abordar o crescente nível de racismo e a persistência da discriminação racial em Portugal, com base numa série de agressões durante o ano de 2020 a pessoas afrodescendentes e outras pessoas percebidas como estrangeiras, bem como contra antirracistas e ativistas da sociedade civil; e que continuam as denúncias da comunicação social sobre assédio policial, má conduta e abusos contra os ciganos, que continuam a ser confrontados com práticas discriminatórias, como negação de serviço, em todo o país e que a hostilidade generalizada, por vezes, resultou em incidentes de violência

[351] Rodríguez-Magariños, Faustino Gudín (2009). *El estado de derecho frente a la tortura: luces y sombras en la lucha jurídica por la dignidad del hombre*. Valencia: tirant lo blanch.

[352] Trechsel, Stefan (1998). A Polícia e os Direitos do Homem, *in* IGAI (1998). *Direitos humanos e eficácia policial: Sistemas de Controlo da Atividade Policial: Seminário Internacional*, p. 37. Lisboa: IGAI.

[353] Problemas de direitos humanos persistem em Portugal apesar de progressos, *Jornal de Negócios*, 10 de dezembro de 2018. Disponível em https://www.jornaldenegocios.pt/economia/mundo/detalhe/problemas-de-direitos-humanos-persistem-em-portugal-apesar-de-progressos (acesso em 31 de março de 2022).

[354] United States Department of State – Bureau of Democracy, Human Rights and Labour (2021). *2021 Country Reports on Human Rights Practices: Portugal*. Disponível em: https://www.state.gov/reports/2021-country-reports-on-human-rights-practices/portugal/ (acesso em 19 de abril de 2022).

contra as comunidades ciganas[355]. No entanto, ao contrário do que é denunciado em outros países, relativamente a atos discriminatórios nas práticas policiais com a comunidade LGBTQIA+[356], em Portugal, apesar de se verificar algum *conservadorismo*, não há evidências que permitem uma avaliação objetiva, existindo, contudo, um esforço no sentido de formar e sensibilizar as forças de segurança, como vamos verificar no capítulo 4.

Em síntese, e partilhando da visão de José Fontes (2020), podemos afirmar que, em Portugal, temos alguns casos críticos na atuação policial, que diminuem a nossa segurança e a liberdade. Mas, de igual modo, importa reconhecer o esforço e a dedicação de milhares de polícias, mulheres e homens que, no terreno e muitas vezes desconhecendo formalmente as proclamações escritas de Direitos Humanos, materialmente as aplicam e tornam efetivo, com a sua ação, o Estado de Direito. Por outro lado, importa lutar contra os discursos que acentuam uma narrativa de hipervalorização da segurança, com políticas securitárias que diminuem o estatuto e a posição constitucionais do direito à liberdade, constitucionalmente previsto no art. 27.º e consagrado no art. 3.º da DUDH[357], e reforçado, no contexto da não discriminação, pela Lei n.º 7/82, de 29 de abril, que aprovou a adesão de Portugal à *Convenção Internacional sobre a Eliminação de Todas as Formas de Discriminação Racial*, e que definiu o termo *discriminação racial* (art. 1.º, n.º 1), instituindo uma estratégia para eliminar a discriminação racial em todas as suas formas

[355] United States Department of State – Bureau of Democracy, Human Rights and Labour (2021). *2021 Country Reports on Human Rights Practices: Portugal*. Disponível em: https://www.state.gov/reports/2021-country-reports-on-human-rights-practices/portugal/ (acesso em 19 de abril de 2022). A propósito dos conceitos de minorias, igualdade e não discriminação *vide*, entre outros, Díaz-Pedrosa, Arístides (2003). Gaetano Pentassuglia. Minorities in International Law: an introductory study (Strasbourg: Council of Europe Publishing, 2002), in *Revue québécoise de droit international*, 16 (2), 2003. pp. 377-382; Pentassuglia, Gaetano (2002). *Minorities in international law: an introductory study*. European Centre for Minority Issues. Strasbourg: Council of Europe Publishing.

[356] Garcia, Tamires de Oliveira (2019). *Política Criminal e Violência contra a População LGBT: um estudo com a Polícia Civil e Movimentos Sociais em Porto Alegre*. Canoas, RS: Universidade La Salle – Editora Unilasalle.

[357] Fontes, José (2020). Dos Direitos Humanos na Atividade Policial, Lição inaugural proferida na Sessão Solene de Abertura do Ano Académico de 2020-2021, *Politeia*, XVII, pp. 129-135. Lisboa: ICPOL-ISCPSI.

e promover a compreensão entre todas as raças (art.º 2.º, n.º 1). Acresce que a alteração, ocorrida em 2017, do regime jurídico da *prevenção, da proibição e do combate à discriminação, em razão da origem racial e étnica, cor, nacionalidade, ascendência e território de origem*[358], veio ajustar-se às orientações de política pública nacional, europeia e internacional, de forma a permitir um combate mais eficaz ao fenómeno da discriminação, e uma maior proteção das vítimas[359].

4. Polícia e Diversidade

No capítulo 4 analisamos a atividade policial em diálogo com a diversidade, *maxime*, à luz dos universos mais sensíveis, como o racismo, a discriminação, o direito à saúde mental, os direitos humanos das mulheres e os direitos das minorias[360]. O processo civilizacional, em determinado momento, consolidou o princípio de que todos os seres humanos nascem livres e iguais em dignidade e em direitos, como preconiza a DUDH[361], cujo artigo 7.º estipula que todos são iguais perante a lei e, sem distinção, têm direito a igual proteção da lei e contra qualquer incitamento a tal discriminação[362]. Acresce que, no domínio do Direito da União Europeia, o art.º 2.º, n.º 1 da Diretiva 2000/43/CE, de 29 de junho de 2000, define o princípio da igualdade de tratamento como a ausência de qualquer discriminação, direta ou indireta[363] e, no contexto

[358] Lei n.º 93/2017, de 23 de agosto.

[359] Art.º 4.º, n.º 2, al. i), da Lei n.º 93/2017, de 23 de agosto; Carneiro, Beatriz da Costa (2022). *O Oficial de Direitos Humanos e a prevenção da discriminação nas Forças e Serviços de Segurança*, dissertação de mestrado integrado em Ciências Policiais, pp. 20-21. Lisboa: ISCPSI.

[360] Para um maior aprofundamento *vide* Gomes, Carla de Catarina e Moreira, Vital (2014). *Compreender os Direitos Humanos: Manual de Educação para os Direitos Humanos*. Coimbra: Coimbra Editora (onde são tratados outros temas relevantes: proibição da tortura, direito a não viver na pobreza, primado do direito e julgamento justo, liberdades religiosas, direito à educação, direitos humanos da criança, direitos humanos em conflito armado, direito ao trabalho direito à privacidade, liberdade de expressão e liberdade dos meios de informação, direito à democracia e o direito ao asilo).

[361] Art.º 1.º da DUDH e Preâmbulo do PIDCP.

[362] Art. 7.º da DUDH; art. 26.º do PIDCP; e artigos 2.º e 5.º da CERD; Miranda, Jorge (Org.) (1979). *Direitos do Homem: Declaração Universal. Pactos Internacionais. Convenção Europeia*, p. 15. Lisboa: Livraria Petrony.

[363] Carneiro, Beatriz da Costa (2022). *O Oficial de Direitos Humanos e a prevenção da discriminação nas Forças e Serviços de Segurança*, dissertação de mestrado integrado em Ciências Policiais, p. 12. Lisboa: ISCPSI.

particular de Portugal, a salvaguarda dos Direitos Humanos resulta de um princípio constitucional, vertido no art. 13.º, n.º 1, que estipula que todos os cidadãos têm a mesma dignidade social e são iguais perante a lei, o que decorre da aplicação do art. 16.º, n.º 2 da Constituição. O princípio da igualdade desdobra-se em duas dimensões: a proibição do arbítrio e a proibição da discriminação[364], estipulando que não são legítimas quaisquer diferenciações de tratamento entre os cidadãos baseadas em categorias subjetivas[365]. No entanto, apesar desta proteção jurídica reforçada, continua a ser necessário prevenir a discriminação em todas as suas formas, para garantir que não assistimos a um retrocesso, como demonstram vários episódios graves no mundo, como o assassinato de Hadis Najafi com 20 anos de idade, símbolo da revolta das mulheres no Irão, que morreu baleada durante uma manifestação, por ter sido filmada sem o véu islâmico, a apanhar o cabelo, durante as manifestações que se alastraram a 80 localidades e provocaram cerca de 50 mortes, em setembro de 2022[366]; ou a alegada preparação de um *golpe* de Estado, em 7 de dezembro de 2022, por um grupo associado a uma célula da extrema-direita (intitulada *Cidadãos do Reich*), que rejeita a Constituição e apela ao derrube do Governo, tendo sido detidas, pela Polícia alemã, 25 pessoas suspeitas – incluindo a juíza alemã Birgit Malsack-Winkemann, ex-deputada do partido de extrema-direita *Alternativa para a Alemanha*[367] – que preparavam uma entrada armada no Parlamento alemão[368], o que nos fez recuar, *mutatis mutandis*, ao *Putsch* de Munique, que representou uma tentativa falhada de golpe de Estado, de 8 para 9 de novembro de

[364] Carneiro, Beatriz da Costa (2022). *O Oficial de Direitos Humanos e a prevenção da discriminação nas Forças e Serviços de Segurança*, dissertação de mestrado integrado em Ciências Policiais, p. 1. Lisboa: ISCPSI.

[365] Canotilho, José Joaquim G., e Moreira, Vital (2007). *Constituição da República Portuguesa anotada*. 1.º vol., p. 339. Coimbra Editora; Carneiro, Beatriz da Costa (2022). *O Oficial de Direitos Humanos e a prevenção da discriminação nas Forças e Serviços de Segurança*, dissertação de mestrado integrado em Ciências Policiais, p. 1. Lisboa: ISCPSI.

[366] *Vide* https://www.sapo.pt/noticias/atualidade/jovem-de-20-anos-simbolo-da-revolta-das_6330606507bee51b542477f4/snippet?utm_source=sms_SAPONews&utm_medium=sms&utm_campaign=sms_25092022_1527 (acesso em 25 de setembro de 2022).

[367] *Vide* https://www.rtp.pt/noticias/mundo/juiza-alema-detida-em-operacao-antiterrorista-contra-extrema-direita-demite-se_n1452031 (acesso em 15 de dezembro de 2022).

[368] *Vide* https://www.dn.pt/internacional/policia-alema-diz-ter-impedido-ataque-armado-da-extrema-direita-ao-parlamento-15442103.html (acesso em 8 de dezembro de 2022).

1923, a partir da qual Adolf Hitler e o nacional-socialismo ganharam projeção (inter)nacional, que permitiu, dez anos mais tarde, alcançar o poder em 30 de janeiro de 1933.

Neste contexto complexo, a Polícia surge como guardiã dos direitos, liberdades e garantias dos(as) cidadãos(ãs), numa dupla perspetiva. Por um lado, deve prevenir e reprimir quaisquer comportamentos ilícitos com os quais seja confrontada, comunicando aos tribunais competentes que, através da ação penal, contribuem para a prevenção geral e especial do crime e a reintegração do agente na sociedade, conduzindo à diminuição do número de ocorrências discriminatórias. Mas, por outro lado, ao proteger e servir a comunidade, a Polícia não pode discriminar com base na raça, no sexo, na religião, na língua, na cor, na opinião pública, na origem nacional, na fortuna, no nascimento ou em qualquer outra condição[369]; apesar de não ser considerada discriminação ilegal a aplicação de medidas concebidas para atender à especial condição e necessidades de mulheres, incluindo mulheres grávidas e mães de crianças de tenra idade; menores, doentes, idosos e outras pessoas que necessitem de tratamento especial em conformidade com as normas internacionais de direitos humanos[370]. Por isso, é essencial a formação no domínio dos poderes de polícia, a liberdade de expressão, o terrorismo, a ordem pública e a discriminação em razão da orientação sexual e religiosa[371]. Mas, a par da formação inicial e contínua, são essenciais a supervisão e a fiscalização da atividade policial. Para esse efeito, a Inspeção-Geral da Administração Interna, de forma independente, investiga, por exemplo, as mortes causadas pelas forças de segurança, com consequências objetivas e com um efeito preventivo. No ano de 2020,

[369] Art. 2.º da DUDH; artigos 2.º e 3.º do PIDCP; artigos 2.º e 5.º da CERD; e artigos 1.º e 2.º do Código de Conduta. A este propósito *vide* Crawshaw, Ralph, Holmstrom, Leif (2001). *Essential Texts on Human Rights for the Police*. United Kingdom: Kluwer Law International.

[370] Art. 10.º do PIDCP; arts. 4.º, n.º 2 e 12.º, n.º 2 da CEDM; arts. 37.º e 40.º da *Convenção sobre os Direitos das Criança*; regras 5, 8, 53 e 85 das *Regras Mínimas para o Tratamento dos Reclusos*; princípio 5, n.º 2 do *Conjunto de Princípios para a Proteção de todas as Pessoas Sujeitas a qualquer forma de Detenção ou Prisão*; e regras 1 a 8 das *Regras Mínimas das Nações Unidas para a Administração da Justiça de Jovens* (Regras de Pequim).

[371] A propósito de tópicos como os poderes de polícia, a liberdade de expressão, o terrorismo, a ordem pública; a discriminação em razão da orientação sexual e o conflito com as crenças religiosas, *vide* Stone, Richard (2000). *Textbook on Civil Liberties and Human Rights*. Londres: Blackstone Press.

em resposta ao falecimento do cidadão ucraniano Ihor Homenyuk, enquanto estava sob custódia da autoridade de imigração portuguesa, a IGAI foi chamada a intervir e o governo deu início a um processo de *desmantelamento* do Serviço de Estrangeiros e Fronteiras, dando início a um processo de substituição pelo Serviço de Estrangeiros e Asilo e transferindo as funções para quatro agências governamentais. Acresce que o tribunal condenou três inspetores do SEF por ter concluído que os polícias algemaram, espancaram e deixaram Homenyuk a asfixiar no chão no centro de detenção do aeroporto de Lisboa[372].

4.1. Polícia, multiculturalismo e racismo

Uma força de segurança, responsável pela aplicação da lei, deve ser representativa da comunidade no seu conjunto, ou seja, deve ser um espelho do multiculturalismo e da diversidade existente no seio dos seus *clientes*: os cidadãos. Este objetivo, vertido na Resolução da Assembleia-Geral das Nações Unidas que adota o *Código de Conduta*[373], surge como um imperativo que decorre da ideia de que os polícias apresentam um maior grau de aceitação, junto da comunidade, se existir um diálogo compreensivo com a diversidade, que deve ser encarada com naturalidade à luz do princípio da igualdade, e que será reforçado se a Polícia representar e acolher a riqueza decorrente dessa diversidade, sobretudo porque os Direitos Humanos têm uma pretensão à universalidade. Através do processo civilizacional, passou-se dos *direitos em si* para os *direitos para todos*. Mas a cidadania constitucional não obriga a uma assimilação cultural forçada. Os imigrantes, por exemplo, não devem ser impelidos a abandonar as suas tradições culturais, desde que compatíveis com a cultura política dominante[374], o que não é consensual, pois existe um dilema acerca da compreensão dos Direitos Humanos

[372] United States Department of State – Bureau of Democracy, Human Rights and Labour (2021). *2021 Country Reports on Human Rights Practices: Portugal*. Disponível em: https://www.state.gov/reports/2021-country-reports-on-human-rights-practices/portugal/ (acesso em 19 de abril de 2022).

[373] 8.º parágrafo preambular, subparágrafo a) da Resolução da Assembleia-Geral das Nações Unidas 34/169, de 17 de dezembro de 1979 (adota o *Código de Conduta*).

[374] Fernandes, António Teixeira (2009). Direitos humanos e globalização, *Sociologia*, I série, 19, pp. 11-46. Disponível em https://ojs.letras.up.pt/index.php/Sociologia/article/view/2325 (acesso em 12 de abril de 2022).

numa perspetiva universal face aos desafios da diversidade cultural[375]. Os Direitos Humanos, transformados em linguagem universal, são vistos como derivações do eurocentrismo que conquistou o mundo, mas acabaram por contribuir para dar *voz* a um universalismo que pretendeu disseminar o primado da dignidade humana, mostrando-se, contudo, impotente para corresponder às esperanças das diferentes culturas numa Humanidade cada vez mais diversa e interdependente[376]. Na verdade, o regime ou movimento global de Direitos Humanos[377] corre o risco de ignorar as complexidades derivadas de diversas políticas glocais, podendo estar em crise devido ao declínio da influência ocidental e o surgimento de novos poderes, a politização da linguagem e a resistência contra os Direitos Humanos, particularmente em casos de crença religiosa[378]. Frantz Fanon (2008) examinou a negação do racismo em França e como a ideologia que ignora a cor pode apoiar o racismo que nega, defendendo que o mundo moderno não tem uma noção coerente sobre o que é uma pessoa negra normal; e que a maioria dos negros está *obcecada* em *fixar-se*, como resultado da impotência social: não conseguindo exercer um impacto sobre o mundo social, eles voltam-se para dentro de si mesmos[379]. Por outro lado, Angela Davis (1983) abordou o racismo, as mulheres, a classe e a influência político-social do elitismo branco, demonstrando como os preconceitos racistas e de classe dificultaram as ambições das mulheres[380].

[375] Baracchini, André; Zalewski, Charlon; Menezes, Samira (2007). Direitos humanos no diálogo intercultural: um debate necessário. *Revista eletrônica do Curso de Direito da UFSM*, 2, (3), Santa Maria. A este propósito *vide* Crawshaw, Ralph, Holmstrom, Leif (2001). *Essential Texts on Human Rights for the Police*. United Kingdom: Kluwer Law International.

[376] Rocha-Cunha, Silvério; Martins, Marco A. Baptista; Vasques, Rafael F. (Orgs.) (2019). *Os direitos humanos por um fio? Perspectivas transdisciplinares em torno dos direitos humanos em tempos difíceis*, p. 7. Vila Nova de Famalicão: Húmus.

[377] Roth, Kenneth (2014). Porque acolhemos parcerias em direitos humanos. *SUR*, 11 (20), pp. 506-513. Disponível em https://bdjur.stj.jus.br/jspui/bitstream/2011/90749/acolhemos_parcerias_direitos_roth.pdf (acesso em 18 de abril de 2022).

[378] Hopgood, Stephen (2014). Desafios para o regime global de direitos humanos: os direitos humanos ainda são uma linguagem eficaz para a mudança social? *SUR*, São Paulo, 11 (20), pp. 71-79. Disponível https://sur.conectas.org/en/challenges-to-the-global-human-rights-regime/em (acesso em 12 de abril de 2022).

[379] Fanon, Frantz (2008). *Pele negra, máscaras brancas*. Salvador: EDUFBA.

[380] Davis, Angela Y. (1983). *Women, Race & Class*, eBooks. New York: First Vintage Book Edition. Disponível em: https://legalform.files.wordpress.com/2017/08/davis-women-race-class.pdf (acesso em 10 de julho 2022).

Neste contexto, ganham particular relevância as migrações à escala global, pois são um dos desafios e um tema central das sociedades contemporâneas, governos e organizações não-governamentais no século XXI[381]. A tensão criada entre a pressão dos fluxos migratórios e a perceção de certos setores de opinião pública, em que se geram sentimentos de racismo e xenofobia, obrigaram os Estados a impor políticas migratórias e a controlar os fluxos no interior do seu território[382]. Por outro lado, surgem preocupações quanto à sua influência na sustentabilidade do Estado social, no emprego, na população, na identidade cultural e nacional e na segurança interna e externa. No entanto, a jurisprudência tem caminhado no sentido de apontar limites às políticas de imigração, sobretudo nas situações em que estão em causa os Direitos Humanos dos estrangeiros, pois deve ser garantida a observância de um conjunto mínimo de princípios em relação a todas as pessoas que se encontrem em processo de migração, tais como a proibição de discriminação, de expulsão coletiva e de detenção arbitrária, a necessidade de fundamentação das decisões de recusa de entrada ou de expulsão e o direito de acesso aos tribunais. Assim, verifica-se que os Estados encontram-se vinculados à necessidade de respeitarem os Direitos Humanos dos imigrantes[383], pois existe uma proteção jurídico-internacional da família migrante, pois a família é o elemento fundamental da sociedade e tem direito à proteção desta e do Estado[384]. A este cenário acrescem os desafios jurídicos internacionais e europeus na incorporação do conceito de refugiados ambientais nos respetivos ordenamentos. Para Pomade

[381] Para uma melhor compreensão sobre os conceitos, as tendências e as questões mais relevantes nas migrações contemporâneas *vide* Neves, Ana Filipa (2018). Understanding Contemporary Migrations: Concepts, Trends and Issues *in* Viviani, Alessandra (coord.). *Global Citizenship Education, Multiculturalism and Social Inclusion in Europe: The Findings of the Project I Have Rights*, pp. 169-185. Coimbra: IGC/CDH.

[382] Blasco, Margarida (2018c). Direitos Humanos e Comunidades Minoritárias A IGAI como serviço pedagógico e auxiliar das Forças de Segurança para a compreensão dos Direitos Humanos e da inclusão das comunidades minoritárias *in* IGAI (2018). *Coletânea de textos (Intervenções e Pareceres)*, pp. 39-48. Lisboa: IGAI.

[383] Gil, Ana Rita (2021). *Imigração e Direitos Humanos*, 2.ª edição atualizada. Forte da Casa: Petrony Editora.

[384] Art. 16.º, n.º 3 da DUDH e art. 21.º, n.º 1 do Pacto Internacional relativo aos Direitos Civis e Políticos cf. Canotilho, J. J. Gomes (2000). *Direitos Humanos, Estrangeiros, Comunidades Migrantes e Minorias*, p. 84. Oeiras: Celta.

Adélie (2017), esta realidade não surge regulada por normas capazes de dar resposta aos problemas, atendendo ao conflito entre as racionalidades do Direito Internacional ambiental e dos Direitos Humanos em face do Direito Europeu ambiental[385].

Outro conceito não menos relevante é o de minorias, *i.e.*, pessoas que se encontram unidas numa posição de submissão cultural, socioeconómica ou política a um grupo de domínio[386]. O termo minorias, segundo Giddens (2008), utiliza-se para referenciar grupos que tenham experienciado preconceito e discriminação por parte da maioria da sociedade[387]. Mas, para que uma minoria se torne uma entidade social diferenciável, é necessário que exista entre os membros características subjetivas, bem como estereótipos, sistema de crenças e consciência de que possuem características comuns socialmente relevantes e diferenciadoras de outras entidades[388]. Já a etnia refere-se às práticas e visões culturais que distinguem um determinado grupo dos restantes[389], ou seja, características que são apreendidas e/ou socialmente transmitidas pelos indivíduos de um determinado grupo, compreendendo fatores como a língua, a religião, o vestuário, entre outros[390]. Para Tumin (1964), o termo etnia é aplicado a qualquer grupo que difere de outros grupos num ou em vários padrões de estilos de vida socialmente transmitidos, ou que difere na totalidade desses padrões de estilos de vida ou

[385] Adélie, Pomade (2017). Os refugiados climáticos: aspetos jurídicos nos cenários internacional e europeu *in* Martins, Bruno Sena; Rodrigues, Saulo Tarso (Orgs.). *Os Direitos Humanos e as linguagens da dignidade: debates e perspectivas.* Coleção Direito e Justiça Social, vol. 1. Rio Grande: Editora da FURG, pp. 305-326. Disponível em https://estudogeral.sib.uc.pt/handle/10316/48101 (acesso em 24 de abril de 2024).

[386] Rondon Filho, Edson Benedito (2013). Polícia e minorias: Estigmatização, desvio e discriminação. *Dilemas: Revista de estudos de conflito e controle social*, 6 (2), pp. 269-293. Disponível em file:///C:/Users/100218/Downloads/7427-14642-1-SM.pdf (acesso em 7 de abril de 2022).

[387] Giddens, Anthony (2008). *Sociologia*, 6.ª edição. Porto Alegre: Artmed.

[388] Tajfel, Henri (1983). *Grupos Humanos e Categorias Sociais. Estudos em Psicologia Social*, vol. II. Livros Horizonte.

[389] Giddens, Anthony (2008). *Sociologia*, 6.ª edição. Porto Alegre: Artmed.

[390] Figueiredo, Inês F. C. (2020). *Atuação Policial, Preconceito e Minorias Étnicas: uma revisão da literatura.* Dissertação de mestrado em Ciências Policiais, especialização em Criminologia e Investigação Criminal. Lisboa: ISCPSI.

cultura[391]. Já Morris (1968)[392] define a etnia como uma categoria que se distingue da população de uma sociedade pelo facto de ter uma cultura que é normalmente diferente dessa sociedade[393]. Em Portugal, neste âmbito, é comum entender-se, que a cultura e a história colonial, a miscigenação de portugueses com outros povos, o facto de muitos negros residentes no país serem cidadãos nacionais, ou o facto de a maioria dos imigrantes africanos serem provenientes das antigas colónias ultramarinas, contribuiriam para um eventual racismo. Mas os estudos demonstram que as crenças racistas se organizam em Portugal de forma semelhante à de outros países europeus, que os fatores que estão na sua génese não são diferentes daqueles que subjazem ao racismo subtil ou flagrante noutros países e que, tal como nos restantes países europeus, em Portugal a norma antirracista incide sobre o racismo flagrante, mas não sobre o racismo subtil[394]. Allport (1954)[395] foi o pioneiro na discussão do termo preconceito, definindo-o como um sentimento favorável ou desfavorável para uma determinada pessoa, estabelecido *a priori* ou não, baseado na experiência atual, não tendo apenas contornos negativos, *i.e.*, as pessoas podem ser preconceituosas sem qualquer fundamento ou com base em poucos factos, fazendo generalizações; todavia nem todas as generalizações são preconceituosas, mas apenas equívocas no decurso de informação errada. Na definição de preconceito surge a premissa de que é uma ideia infundamentada, distinguindo-se o preconceito de outras atitudes negativas. O preconceito com contornos negativos aparece a partir da negação ou desvalorização da identidade do outro e da subvalorização ou afirmação da própria identidade[396]. Em suma, a

[391] Vala, J. Lopes, D. Lima, Marcus (2008). Black Immigrants in Portugal: Luso Tropicalism and Prejudice, *Journal of Social Issues*, 64 (2), pp. 287-302; Vala, J.; Brito, R. e Lopes, D (1999) (2015). *Expressões dos Racismos em Portugal*. Lisboa: ICS-UL.

[392] Morris (1968, p. 353) *apud* Tajfel, Henri (1983). *Grupos Humanos e Categorias Sociais. Estudos em Psicologia Social*, II. Livros Horizonte.

[393] Figueiredo, Inês F. C. (2020). *Atuação Policial, Preconceito e Minorias Étnicas: uma revisão da literatura*. Dissertação de mestrado em Ciências Policiais, especialização em Criminologia e Investigação Criminal. Lisboa: ISCPSI.

[394] Vala, J.; Brito, R. e Lopes, D (1999) (2015). *Expressões dos Racismos em Portugal*, p. 170. Lisboa: ICS-UL.

[395] Allport, Gordon W. (1954). *The Nature of Prejudice*, p. 6. Massachusetts: Addison-Wesley Publish Company.

[396] Bandeira, Lourdes & Batista, Analía Soria (2002). Preconceito e discriminação como expressões de violência. *Revista Estudos Feministas*, ano 10, p. 13. Disponível em https://www.

conquista de amplitude dos Direitos Humanos que destaque a normalização da diversidade é uma tarefa inacabada e permanente. Paradoxalmente, o distanciamento social promovido pela regulação dos comportamentos sociais e individuais na época moderna, e que devia pacificar os relacionamentos, levou ao seu contrário, *i.e.*, derivou em tensões e construções preconceituosas e violentas das diferenças e num futuro cada vez mais incerto[397]. Por isso, uma Polícia que projeta e respeita os refugiados, os migrantes, as minorias, os estrangeiros[398], os direitos das mulheres e dos homens e a diversidade funcional[399], é uma Organização mais respeitada pela comunidade e está alinhada com os normativos internacionais no domínio dos Direitos Humanos, aspeto particularmente sensível nas missões de paz internacionais, sendo uma constante cada vez mais reforçada e necessária em países profundamente marcados por anos de violações desses direitos[400].

Neste âmbito surgem diversos princípios que, direta ou indiretamente, são considerados como limites intransponíveis e cujo espírito deve estar compreensivamente presente na atividade policial, *e.g.*: em qualquer organização política, todo o indivíduo, nacional ou estrangeiro, tem direito à liberdade e à segurança, não podendo ser objeto de prisão ou detenção arbitrárias[401]; ao proteger e servir a comunidade, a Polícia não

scielo.br/j/ref/a/77qSbxLKYLyttqQbSzFjMcb/?lang=pt (acesso em 7 de abril de 2022). Figueiredo, Inês F. C. (2020). *Atuação Policial, Preconceito e Minorias Étnicas: uma revisão da literatura*. Dissertação de Mestrado em Ciências Policiais, especialização em Criminologia e Investigação Criminal. Lisboa: ISCPSI.

[397] Bandeira, Lourdes & Batista, Analía Soria (2002). Preconceito e discriminação como expressões de violência. *Revista Estudos Feministas*, ano 10. Disponível em https://www.scielo.br/j/ref/a/77qSbxLKYLyttqQbSzFjMcb/?lang=pt (acesso em 7 de abril de 2022).

[398] Canotilho, José Joaquim Gomes (2000). *Direitos Humanos, Estrangeiros, Comunidades Migrantes e Minorias*, pp. 233-241. Oeiras: Celta Editora.

[399] Conseil de L'Europe (1997). *Les droits de l'homme et la police: Actes du séminaire*. Strasbourg, 6-8 décembre, 1995. Strasbourg: Conseil de L'Europe; Crawshaw, Ralph, Williamson, Barry Devlin Tom (1998). *Human rights and policing: Standards for good behaviour and a strategy for change*. The Hague: Kluwer Law International; Crawshaw, Ralph (1999). *Police and human rights: A manual for teachers, recourse persons and participants in human rights programmes*. The Hague: Kluwer Law International.

[400] Ferro, Mónica (2005). *Construção de Estados: Administrações Internacionais das Nações Unidas*, p. 198. Lisboa: Instituto Superior de Ciências Sociais e Políticas.

[401] Direito consagrado nos arts. 3.º e 9.º da DUDH, art. 9.º, n.º do PIDCP; art. 5.º da CEDH e Protocolo n.º 7 da CEDH, art. 3.º; art. 8.º da *Convenção Interamericana*; art. 7.º da *Carta Africana*;

deverá discriminar ilegalmente com base na raça, no sexo, na religião, na língua, na cor, na opinião pública, na origem nacional, na fortuna, no nascimento ou em qualquer outra condição"[402]; e, em caso de perseguição, todos têm o direito de procurar e de beneficiar de asilo num outro país[403]. Os estrangeiros e apátridas devem ser considerados não nacionais[404], mas em situação regular no território de um Estado, se nele entraram de maneira conforme com a lei e se possuírem uma autorização de residência válida[405], podem invocar todos os Direitos Humanos, à exceção de certos direitos políticos[406]. Acresce que os não nacionais que se encontrem legalmente no território, que tenham uma estreita ligação com o país e que o considerem como seu, por nele terem estabelecido um lar, nascido, ou aí desde há muito residirem, não serão expulsos[407]. Os outros não nacionais que se encontrem legalmente no território não podem ser expulsos, a menos que a lei a tal obrigue e se a decisão de expulsão não for arbitrária nem discriminatória e as garantias de processo tiverem sido respeitadas[408]. Contudo, podem ser autorizadas exceções a

e art. 5.º, al. b) da *Convenção Sobre a Eliminação de Todas as Formas de Discriminação Racial* cf. comentário de Pereira, André Gonçalo Dias *in* Canotilho, José Joaquim G. (2000). *Direitos Humanos, Estrangeiros, Comunidades Migrantes e Minorias*, p. 27. Oeiras: Celta Editora.

402 Art. 2.º da DUDH; artigos 2.º e 3.º do PIDCP; e arts. 2.º e 5.º do CERD; e arts. 1.º e 2.º do Código de Conduta.

403 Art. 14.º da DUDH e art. 32.º da Convenção Relativa ao Estatuto dos Refugiados (1951).

404 Art. 1.º da Declaração sobre não Nacionais.

405 Comentário Geral 15 (27), parágrafo 9 (nos termos do qual a legislação interna, desde que consistente com o PIDCP, determina as condições para a entrada legal de um estrangeiro); decisão do Comité de Direitos Humanos no caso Maroufidou c. Suécia, n.º 58/1979, parágrafo 9.2 (determina que a legalidade da entrada de uma pessoa em posse de um título de residência válido é indisputável). Para uma discussão geral sobre o requisito da legalidade relativamente à entrada de estrangeiros dos artigos 12.º e 13.º do PIDCP, *vide* M. Nowak, UN Covenant on Civil and Political Rights: CCPR Commentary (Estrasburgo, 1993) [Comentário ao PIDCP de Nowak], pp. 201 e 224.

406 *Declaração sobre não Nacionais*, artigos 5.º e 6.º. *Vide* igualmente o Comentário Geral 15 (27).

407 Art. 12.º, n.º 4 do PIDCP (direito de entrada no seu próprio país) e das interpretações deste preceito feitas pelo CDH. A expressão «seu próprio país» do art. 12.º, n.º 4 indica que a proteção não se encontra expressamente limitada aos nacionais. Os trabalhos preparatórios do PIDCP confirmam que o termo foi utilizado com o intuito de se aplicar aos estrangeiros e apátridas que tenham uma forte ligação ao Estado que encaram como sendo o seu próprio país (*vide* documentos das Nações Unidas E/CN.4/L.189/Rev.1 e E/CN.4/SR.316.5).

408 Artigos 2.º, 3.º, 13.º e 26.º do PIDCP; art. 7.º da Declaração sobre não Nacionais; e Maroufidou c. Suécia, n.º 58/1979 do Comité de Direitos Humanos.

certas garantias processuais, por razões imperiosas de segurança nacional como, por exemplo, se pesarem ameaças políticas ou militares sobre a nação[409]. Acresce que são proibidas as expulsões coletivas[410]; e o cônjuge e os filhos menores dependentes de um não nacional que se encontre legalmente no território devem ser autorizados a acompanhá-lo[411] e os não nacionais expulsos devem ser autorizados a deslocar-se para qualquer país que os aceite, e não podem ser enviados para países em que os seus direitos individuais sejam violados[412].

Por outro lado, é fundamental que os aplicadores da lei compreendam que um refugiado é uma pessoa que, receando com razão ser perseguida em virtude da sua raça, religião, nacionalidade, filiação em certo grupo social ou das suas opiniões políticas, não possa ou, em virtude daquele receio, não queira voltar ao seu país de origem ou, no caso de ser apátrida, regressar ao país de residência habitual[413] e, por isso, pode invocar todos os Direitos Humanos fundamentais, com exceção de alguns direitos políticos. Porém, se se encontrar ilegalmente no território de um Estado, a sua liberdade de circulação poderá ser restringida no interesse da saúde e ordem públicas[414]. Os refugiados que se encontrem em situação irregular no território de um Estado, e que chegam diretamente de um país onde eram perseguidos, não podem ser objeto de qualquer tipo de pena, no caso de se apresentarem imediatamente às autoridades[415]; e não lhes pode ser negado asilo, pelo menos de natureza temporária, aos refugiados que chegam diretamente de um país onde eram perseguidos[416], *i.e.*, ninguém pode ser enviado para um país, no qual a sua vida ou liberdade se encontre ameaçada e no qual seja

[409] *Vide* as decisões n.ºs 155/1983 e 193/1985 do Comité de Direitos Humanos.

[410] Art. 7.º da *Declaração sobre não Nacionais*. *Vide* igualmente o Comentário Geral 15 (27).

[411] Art. 7.º da *Declaração sobre não Nacionais*.

[412] *Vide* Comentário Geral 15 (27).

[413] Art. 1.º, A, n.º 2 da *Convenção dos Refugiados*.

[414] Artigos 5.º e 6.º da *Declaração sobre os Direitos Humanos dos Indivíduos que não possuem a Nacionalidade do País em que Vivem* [*Declaração sobre não Nacionais*], adotada pela resolução 40/144 da Assembleia Geral das Nações Unidas, de 13 de dezembro de 1985. *Vide* igualmente o Comentário Geral n.º 15 (27) (A situação dos estrangeiros no âmbito do Pacto) do Comité de Direitos Humanos [Comentário Geral 15 (27)].

[415] Art. 31.º da *Convenção dos Refugiados*.

[416] Arts. 31.º e 33.º da *Convenção dos Refugiados*; Comentário Geral 15 (27); e art. 3.º da *Declaração sobre Asilo Territorial*.

perseguido, ou para um país terceiro que tenha por política enviar os seus refugiados para tais países[417]. Acresce que os refugiados que se encontram legalmente no território têm o direito de nele circular livremente e de ali escolher o seu local de residência[418], devem beneficiar de um tratamento no mínimo tão favorável como aquele que é concedido aos nacionais no que diz respeito ao exercício de direitos fundamentais[419]; e têm direito a documentos de viagem e identificação[420]. Por fim, os requerentes de asilo devem ser informados sobre os procedimentos necessários, disponibilizando-lhes os meios necessários para que apresentem o seu pedido de asilo, permanecendo no território enquanto aguardam uma decisão final[421].

Neste contexto, a relação entre a atividade policial, a discriminação e a discricionariedade surge como um campo de debate essencial, sobretudo no domínio da formação inicial e contínua, porque o mandato policial é desenvolvido, muitas vezes, em contextos sensíveis, de grande tensão e imprevisibilidade. Uma das decisões mais importantes que um polícia tem de tomar, no cumprimento da sua missão, é a ponderação de, numa fração de segundos, (não) disparar sobre um suspeito, quando é confrontado com a necessidade de repelir uma agressão atual e ilícita, contra o próprio ou terceiros. Mas, simultaneamente, espera-se que os polícias se pautem por princípios éticos, morais e cívicos na sua ação, ao mesmo tempo que lhes é pedido que *esqueçam* as suas atitudes, e que exerçam o princípio de igualdade e que tratem todas as pessoas da mesma maneira, independentemente das suas atitudes previamente desenvolvidas face a qualquer grupo social, inclusivamente em situações em que põem as vidas em risco[422]. E esse imperativo, no plano da

[417] Art. 33.º da *Convenção dos Refugiados.*

[418] Art. 26.º da *Convenção dos Refugiados.*

[419] Artigos 4.º, 15.º, 16.º, 21.º, 22.º e 23.º da *Convenção dos Refugiados.*

[420] Artigos 27.º e 28.º da *Convenção dos Refugiados.*

[421] Comentário Geral 15 (27); Alto Comissariado das Nações Unidas para os Refugiados (ACNUR), «Conclusões sobre a Proteção Internacional de Refugiados», adotadas pelo Comité Executivo do Programa do ACNUR (Genebra, 1980) (HCR/1P/2/ENG/Rev.1989) – clarifica as regras básicas mínimas para o tratamento de refugiados cujo estatuto no país recetor ainda não se encontra normalizado.

[422] Costa-Lopes, Rui (2018). Atitudes e recurso a meios coercivos: contributos da psicologia social, *in* Poiares, Nuno e Marta, Rui (Coord.). *Segurança Interna: desafios na sociedade de risco mundial*, pp. 129-140. Lisboa: ISCPSI; Figueiredo, Inês F. C. (2020). *Atuação Policial,*

sensibilização e da formação, torna-se mais necessário quando diversos estudos demonstram que os cidadãos de minorias são desproporcionalmente parados, revistados e presos em relação às suas populações de base. Na década de 1990, a política gerada por relatos de policiamento racialmente tendencioso aumentou a pressão sobre as agências de aplicação da lei[423]. Os polícias norte-americanos, desde 2013, mataram mais de 1.000 civis por ano. Nos EUA, os polícias brancos são mais propensos a ver os negros como violentos e a minimizar a discriminação anti-negro do que os cidadãos brancos não policiais. Os polícias negros, no entanto, não são significativamente mais conservadores racialmente do que os cidadãos negros[424]. Os suspeitos negros têm duas vezes mais probabilidade de serem mortos pela Polícia do que as pessoas de outros grupos raciais ou étnicos. As mortes de civis latinos, causadas por polícias, também são maiores em comparação com brancos e outros grupos raciais ou étnicos em algumas circunstâncias[425]. À luz deste cenário, é legítimo argumentar que a ineficácia da formação policial, para reduzir os tiroteios e a disparidade racial, pode dever-se à ausência de matérias

Preconceito e Minorias Étnicas: uma revisão da literatura. Dissertação de Mestrado em Ciências Policiais (Criminologia e Investigação Criminal). Lisboa: ISCPSI.

423 Warren, Patricia Y. e Tomaskovic-Devey, Donald (2009). Racial profiling and searches: Did the politics of racial profiling change police behavior? *in Criminology & Public Policy*, 8 (2), pp. 343-369, American Society of Criminology; Costa-Lopes, Rui (2018). Atitudes e recurso a meios coercivos: contributos da psicologia social, *in* Poiares, Nuno e Marta, Rui (Coord.). *Segurança Interna: desafios na sociedade de risco mundial*, pp. 129-140. Lisboa: ISCPSI; Figueiredo, Inês F. C. (2020). *Atuação Policial, Preconceito e Minorias Étnicas: uma revisão da literatura.* Dissertação de Mestrado em Ciências Policiais (Criminologia e Investigação Criminal). Lisboa: ISCPSI.

424 LeCount, Ryan Jerome (2017). More Black than Blue? Comparing the Racial Attitudes of Police to Citizens, *Sociological Forum*, in "Whose Lives Matter? Violence, Social Control, and the Racial Divide", pp. 1-22. Eastern Sociological Society; Costa-Lopes, Rui (2018). Atitudes e recurso a meios coercivos: contributos da psicologia social, *in* Poiares, Nuno e Marta, Rui (Coord.). *Segurança Interna: desafios na sociedade de risco mundial*, pp. 129-140. Lisboa: ISCPSI; Figueiredo, Inês F. C. (2020). *Atuação Policial, Preconceito e Minorias Étnicas: uma revisão da literatura.* Dissertação de Mestrado em Ciências Policiais (Criminologia e Investigação Criminal). Lisboa: ISCPSI.

425 Filimon, Luiza Maria (2015). Police Practices in New York: between racial profiling, discrimination and unconstitutionality, *Bulletin of the Transilvania University of Brasov*, VII, 8 (57), 2, pp. 189-200.

específicas sobre a diversidade racial nos seus currículos[426]. Acresce que o Departamento de Polícia de Oakland registou a atuação dos seus polícias entre abril de 2013 e abril de 2014, através de câmaras corporais. Ao longo desse ano, foram registadas 28.000 interações de 510 polícias em que o contexto era o de um agente mandar parar um carro ou um peão: 60% dessas interações envolveram negros e apenas 13% envolveram brancos. A análise dessas interações revelou também que a probabilidade de o suspeito ser revistado era muito maior no caso de um suspeito negro (1 em 5) do que no caso de um suspeito branco (1 em 20). Por outro lado, a probabilidade de o suspeito ser algemado era também maior no caso de um suspeito negro (1 em 4) do que no caso de um suspeito branco (1 em 15). Acresce que a probabilidade de o suspeito ser preso era também maior no caso de um suspeito negro (1 em 6) do que no caso de um suspeito branco (1 em 14). Os dados revelaram ainda que dos 510 polícias que constituíram a amostra, 77% nunca revistou, e 74% nunca algemou, um suspeito branco. Por contraste, desses mesmos polícias, 66% revistou pelo menos um suspeito negro e 72% algemou pelo menos um suspeito negro. Outros dados são apresentados pelo *Center for Policing Equity*, sobre incidentes em que ocorreu uso da força, entre 2010 e 2015, em onze cidades dos EUA: através da análise de 19.000 incidentes concluiu-se que o uso da força ocorreu 3.6 vezes mais com suspeitos negros do que com suspeitos brancos. Acresce que os dados sobre as certidões de óbito por distrito, entre 2010 e 2014, do *Center for Disease Control* e do *Wide Ranging Online Data for Epidemiological Research*, revelam que a Polícia foi responsável pela morte de 2.285 cidadãos nos EUA e que os negros têm uma probabilidade 2.8 vezes maior de serem mortos pela Polícia do que os brancos; já os hispânicos têm uma probabilidade 1.7 vezes maior em relação aos brancos[427].

[426] Fagan, Jeffrey A. & Campbell, Alexis D. (2020). Race and Reasonableness in Police Killings, 100 *B.U.L. Rev.* 951. Columbia Law School. Disponível em: https://scholarship.law.columbia.edu/faculty_scholarship/2656 (acesso em 11 de julho de 2022). Neste âmbito *vide* ainda Warren, Patricia; Tomaskovic-Devey, Donald; Smith, William; Zingraff, Matthew; Mason, Marcinda (2006). Driving while black: bias processes and racial disparity in police stops, *Criminology*, 44 (3), pp. 709-738.

[427] Fryer, Jr, Roland G. (2016). An Empirical Analysis of racial differences in Police Use of Force, *NBER Working Paper Series* – Working Paper 22399. Cambridge: National Bureau of Economic Research. Disponível em: https://www.nber.org/papers/w22399 (acesso em 11 de julho de 2022); Costa-Lopes, Rui (2018). Atitudes e recurso a meios coercivos: contributos

Por outro lado, Jennifer Edberhardt *et al.* (2004) também desenvolveram um estudo pertinente sobre a avaliação que participantes civis fazem sobre o uso da força por parte da Polícia. Os participantes visualizavam um vídeo com a duração de dois minutos em que surge um suspeito a ser agredido por polícias, onde a etnia do suspeito não era percetível e era-lhes pedido que avaliassem a aceitabilidade das agressões. A etnia do suspeito era alterada ao longo do processo, através de uma fotografia que era mostrada aos participantes, sendo que metade dos participantes via a fotografia com um suspeito negro e a outra metade via a fotografia de um suspeito branco. Os resultados demostram que as pessoas com estereótipos face aos negros consideravam que a agressividade policial no vídeo ao suspeito negro era mais legítima e aceitável[428].

No Brasil, alguns estudos também surgem alinhados com estes resultados, demonstrando que a intersecção entre raça, classe social, pertença territorial e perfil etário tem sido determinante na produção dos critérios de suspeição na prática policial, onde jovens negros, pobres e moradores de favelas configuram o público-alvo das abordagens policiais. Os dados revelaram que a segregação racial e o racismo, presentes na estrutura e dinâmicas relacionais da sociedade brasileira, assim como sua negação e/ou naturalização, influenciam a tomada de decisão e o modo de atuar da Polícia[429], o que, em parte, pode decorrer de práticas seculares de desumanização e de atuação racista[430], sendo essencial compreender o lugar do racismo na formação social do Brasil e a trajetória

da psicologia social, *in* Poiares, Nuno e Marta, Rui (Coord.). *Segurança Interna: desafios na sociedade de risco mundial*, pp. 129-140. Lisboa: ISCPSI; Figueiredo, Inês F. C. (2020). *Atuação Policial, Preconceito e Minorias Étnicas: uma revisão da literatura.* Dissertação de mestrado em Ciências Policiais (Criminologia e Investigação Criminal). Lisboa: ISCPSI.

[428] Eberhardt, Jennifer L., Goff, Phillip Atiba, Purdie, Valerie J., Davies, Paul G. (2004). Seeing Black: Race, Crime, and Visual Processing *in* Journal of Personality and Social Psychology, 87 (6), pp. 876–93; Figueiredo, Inês F. C. (2020). *Atuação Policial, Preconceito e Minorias Étnicas: uma revisão da literatura.* Dissertação de mestrado em Ciências Policiais (Criminologia e Investigação Criminal). Lisboa: ISCPSI.

[429] Araújo, Jurandir de Almeida (2014). Racismo, violência e direitos humanos: pontos para o debate, *RIDH – Revista Interdisciplinar de Direitos Humanos*, 2 (2), pp. 75-96, Bauru, São Paulo; Anunciação, Diana; Bonfim Trad, Leny Alves; Ferreira, Tiago (2020). Mão na cabeça!: abordagem policial, racismo e violência estrutural entre jovens negros de três capitais do Nordeste, *Saúde Soc.* São Paulo, 29 (1), e190271.

[430] Pires, Thula Rafaela de Oliveira (2018). Estruturas Intocadas: Racismo e Ditadura no Rio de Janeiro, Rev. *Direito & Práxis*, 9 (2), pp. 1054-1079. Rio de Janeiro.

histórica dos movimentos negros na tematização da questão policial[431]. Por outro lado, nos últimos anos, algumas experiências de mudança na formação policial podiam ser potenciadas, mudando a imagem da Polícia de dentro para fora e não de fora para dentro. Se os polícias se queixam da falta de reconhecimento do seu trabalho é porque uma parte da população brasileira está descontente com o trabalho por eles exercido. Outro aspeto a ser considerado é que as mudanças neste setor levam tempo a serem sentidas, o que reforça a importância de políticas públicas de segurança sustentadas[432].

O primeiro comentário que estes estudos merecem é que os dados não são totalmente objetivos e acompanhados por informação complementar sobre a caracterização dos agentes do crime em cada contexto urbano estudado e as circunstâncias de cada caso, por forma a aferir se existe uma relação entre as conclusões dos estudos e os suspeitos-tipo que a Polícia confronta na sua atividade diária, apesar de isso não justificar, necessariamente, uma discriminação estatística, quando uma parte dos polícias acredita que os indivíduos pertencentes a minorias são mais propensos a cometer crimes. Por isso, o *racial profiling* é uma das questões mais controversas que o policiamento nos EUA enfrenta nos últimos anos, por investigar, prender e acusar indivíduos pertencentes a minorias em números desproporcionais, cenário que se agudiza quando as comunidades afro-americanas, árabes, muçulmanas e sul-asiáticas são, alegadamente, *alvos* desde o *11 de setembro de 2001*, em nome da segurança nacional[433].

Por fim, ao analisarmos a realidade portuguesa, verificamos que os dados mais recentes, segundo o *Relatório Estatístico Anual de 2022*, do Observatório das Migrações, demonstram que em 2020, os estrangeiros representavam 6,4% do total de residentes, mas, em 2021, passaram a

[431] Freitas, Felipe da Silva (2020). *Racismo e Polícia: uma discussão sobre mandato policial*, tese de doutoramento em Direito. Brasília: Faculdade de Direito da Universidade de Brasília.

[432] Silva, Rosimeri Aquino da e Taschetto, Leônidas Roberto (2008). Direitos Humanos e Polícia, *Civitas*, 8 (3), set.-dez., pp. 454-465. Porto Alegre.

[433] Gaines, Larry K. & Kappeler, Victor E. (2011). *Policing in America*, pp. 229-230, 7.ª edição. Cincinnati: Waltham: Anderson Publishing; Figueiredo, Inês F. C. (2020). *Atuação Policial, Preconceito e Minorias Étnicas: uma revisão da literatura*. Dissertação de Mestrado em Ciências Policiais (Criminologia e Investigação Criminal). Lisboa: ISCPSI.

ser 6,8% (698.887 pessoas)[434], o que significa que somos um país cada vez mais multicultural, o que representa um desafio. Neste âmbito, o Conselho dos Direitos Humanos das Nações Unidas, no ano de 2020, recomendou, a Portugal, as seguintes ações de melhoria[435]: considerar a alteração do artigo 240.º do Código Penal para assegurar a sua compatibilidade com os artigos 20.º e 26.º do Pacto e tomar todas as medidas para assegurar que a sua aplicação proporcione uma proteção material e processual abrangente e eficaz contra a discriminação por todos os motivos proibidos nos termos do Pacto em todas as esferas e setores, incluindo a incitação à discriminação; garantir o acesso a recursos eficazes e apropriados para as vítimas de discriminação; intensificar os esforços para combater a estigmatização e a discriminação contra a população cigana e afrodescendente, garantir que as queixas são investigadas e as vítimas têm acesso a recursos; garantir o acesso dos ciganos e afrodescendentes ao mercado de trabalho e aumentar as taxas de matrícula e conclusão escolar das crianças no sistema educativo; permitir a coleta de dados desagregados sobre diferentes grupos minoritários e desenvolver ferramentas para avaliar e garantir o gozo efetivo por minorias raciais e étnicas de todos os Direitos Humanos e liberdades fundamentais e fazer uso desses dados para fins de planeamento e avaliação; reforçar os esforços para combater a intolerância, os estereótipos, o preconceito e a discriminação em relação a grupos vulneráveis e minoritários, incluindo ciganos, afrodescendentes, muçulmanos e pessoas lésbicas, gays, bissexuais e transexuais, aumentando a formação dos agentes da lei, procuradores e juízes, e a realização de campanhas de sensibilização que promovam a sensibilidade e o respeito pela diversidade entre o público em geral; aumentar os esforços para prevenir crimes de ódio e garantir que qualquer discurso e defesa de ódio, hostilidade ou violência nacional, racial ou religiosa seja proibida por lei, de acordo com os artigos 19.º e 20.º do Pacto e o comentário geral do Comité n.º 34 (2011) sobre

[434] *Vide* https://www.om.acm.gov.pt/publicacoes-om/colecao-imigracao-em-numeros/relatorios-anuais (acesso em 20 de dezembro de 2022); e https://observador.pt/2022/12/19/portugal-atinge-valor-inedito-de-quase-700-mil-residentes-estrangeiros/ (acesso em 20 de dezembro de 2022).

[435] United Nations. Human Rights Committee (2020). *Concluding observations on the fifth periodic report of Portugal.* Disponível em: file:///C:/Users/100218/Downloads/CCPR_C_PRT_CO_5-EN.pdf (acesso 18 abril de 2022).

as liberdades de opinião e expressão; incentivar a denúncia de crimes e discurso de ódio e garantir que tais crimes são identificados e registados, inclusive por meio do estabelecimento de um sistema de recolha de dados abrangente[436]. Por outro lado, o Conselho dos Direitos Humanos apresenta, *a favor* de Portugal, o facto de a Constituição proibir a discriminação e fornecer proteção legal contra atos e práticas discriminatórias, em razão da ascendência, sexo, raça, idade, deficiência, idioma, território de origem, religião, convicções políticas ou ideológicas, educação, situação económica, condição social ou orientação sexual, e qualquer outro motivo; e o âmbito da lei portuguesa contra a discriminação ser mais amplo do que a lei da União Europeia, existindo um diploma contra crimes de ódio, como o homicídio e ofensas à integridade física, motivados por ódio racial ou religioso, genocídio, discriminação ou intolerância racial e religiosa como a profanação de cemitérios[437].

No ano seguinte, em 24 de março de 2021, a comissária de Direitos Humanos do Conselho da Europa, divulgou um memorando sobre o crescente nível de racismo e a persistência da discriminação no país, denunciando uma série de agressões durante o ano de 2020 a pessoas afrodescendentes ou percebidas como estrangeiras e contra antirracistas e outros ativistas da sociedade civil em Portugal. De acordo com o memorando, os incidentes culminaram em 2020, com o assassinato de Bruno Cande, cidadão português de ascendência africana, baleado e morto em Lisboa. O agente do crime terá gritado insultos racistas antes de matar Cande. Em 29 de junho, um tribunal de Lisboa condenou Evaristo Marinho, de 76 anos, por homicídio agravado por ódio racial e sentenciou-o a 22 anos e nove meses de prisão pelo assassinato de Cande. Marinho, um veterano que serviu durante a guerra colonial em Angola, entre 1963 e 1974, confessou o homicídio no julgamento. Nos bairros socialmente precários de Lisboa, o racismo e a criminalização da pobreza criam uma expetativa negativa sobre indivíduos e grupos,

[436] United Nations. Human Rights Committee (2020). *Concluding observations on the fifth periodic report of Portugal.* Disponível em: file:///C:/Users/100218/Downloads/CCPR_C_PRT_CO_5-EN.pdf (acesso 18 de abril 2022).

[437] United States Department of State – Bureau of Democracy, Human Rights and Labour (2021). *2021 Country Reports on Human Rights Practices: Portugal.* Disponível em: https://www.state.gov/reports/2021-country-reports-on-human-rights-practices/portugal/ (acesso em 19 de abril de 2022).

fazendo-os crer que essa expetativa é verdadeira[438]. É assim que se reflete uma das faces do racismo institucional, quando jovens afrodescendentes são transformados em criminosos potenciais, naquilo que Michel Misse (2015) designa como *sujeição criminal*: confundidos com o crime, os jovens negros das margens de Lisboa encarnariam a transgressão, culpabilizados pelos problemas da cidade, tornando as medidas repressivas da Polícia um recurso legítimo aos olhos da opinião pública[439]. No memorando de 24 de março, a comissária Mijatovic observou que, no mesmo período, injúrias racistas e suásticas apareceram nas paredes de vários prédios públicos, incluindo escolas, e nas paredes das instalações de certas ONG, como a SOS Racismo, e que o presidente dessa entidade e outras pessoas pertencentes a organizações da sociedade civil, receberam ameaças de morte e advertências para deixar o país em 48 horas, em resposta à sua postura pública contra o racismo. As ameaças também atingiram sindicatos e três membros do parlamento, tendo ocorrido uma manifestação *estilo Ku Klux Klan* em frente às instalações da SOS Racismo[440].

A propósito da população cigana, o governo português estima que exista uma população de 40.000 a 50.000 pessoas e que, muitos deles, continuam a viver em acampamentos constituídos por quartéis, barracas ou tendas, em áreas isoladas do resto da população e muitas vezes sem uma infraestrutura básica, como o acesso a água potável, eletricidade ou instalações de recolha de lixo. Algumas localidades (*e.g.*, o bairro das Pedreiras, na cidade de Beja) construíram muros em torno de bairros ciganos. O memorando de Mijatovic também afirmava que continuaram

[438] Misse, Michel (2015). Sujeição criminal: quando o crime constitui o ser do sujeito, *in* Patrícia Birman; Márcia Pereira Leite; Carly Machado; Sandra de Sá Carneiro (orgs.), *Dispositivos urbanos e trama dos viventes: ordens e resistências*. Rio de Janeiro: Editora FGV, 77-91; *apud* Raposo, Otávio, Alves, Ana Rita, Varela, Pedro e Roldão, Cristina (2019). Negro drama. Racismo, segregação e violência policial nas periferias de Lisboa, Revista Crítica de Ciências Sociais, 119, pp. 5-18. Coimbra: CES-UC.

[439] Raposo, Otávio, Alves, Ana Rita, Varela, Pedro e Roldão, Cristina (2019). Negro drama. Racismo, segregação e violência policial nas periferias de Lisboa, Revista Crítica de Ciências Sociais, 119, pp. 5-18. Coimbra: CES-UC.

[440] United States Department of State – Bureau of Democracy, Human Rights and Labour (2021). *2021 Country Reports on Human Rights Practices: Portugal.* Disponível em: https://www.state.gov/reports/2021-country-reports-on-human-rights-practices/portugal/ (acesso em 19 de abril de 2022).

as denúncias da comunicação social sobre assédio policial, má conduta e abusos contra os ciganos; e que os ciganos são há muito tempo alvo de discurso de ódio racista e continuam a ser rotineiramente confrontados com práticas discriminatórias, como negação de serviço, em todo o país e que a hostilidade generalizada às vezes resultou em incidentes de violência de multidão contra essa minoria. O memorando apontou, como exemplo, uma série de incidentes em 2017 que incluíram ameaças, incêndios e ataques contra propriedades da comunidade cigana que ocorreram no sul do país. Em 2020, a Comissão para a Igualdade e contra a Discriminação Racial, órgão que tem como missão prevenir a discriminação racial e punir as ações que resultem na violação de direitos fundamentais ou na recusa ou restrição do exercício de direitos económicos, sociais ou culturais por qualquer pessoa com base na raça, origem étnica, cor, nacionalidade, ascendência ou território de origem; recebeu 655 queixas de discriminação, um aumento de 50,2% em relação a 2019, a maioria relacionada com a alegada discriminação (48,7%). A CICDR entende que o aumento reflete uma maior consciência social do problema da discriminação racial e étnica, bem como uma maior confiança na Comissão e nos mecanismos disponíveis para o exercício dos direitos[441].

Pelo exposto, podemos concluir que Portugal representa um país multicultural, que tem desenvolvido diversos esforços no sentido de prevenir e combater quaisquer comportamentos discriminatórios, inclusivamente no seio das forças e serviços de segurança. Contudo, não se pode admitir qualquer forma de tolerância multicultural perante o crime[442], *e.g.*, a violência doméstica. O que significa que os critérios de

[441] United States Department of State – Bureau of Democracy, Human Rights and Labour (2021). *2021 Country Reports on Human Rights Practices: Portugal.* Disponível em: https://www.state.gov/reports/2021-country-reports-on-human-rights-practices/portugal/ (acesso em 19 de abril de 2022).

[442] A este propósito *vide* Dias, Augusto Silva (1996). Problemas do Direito Penal numa sociedade multicultural: o chamado infanticídio ritual na Guiné-Bissau. *Revista Portuguesa de Ciência Criminal*, 6 (2), abril-junho, 209-232; Dias, Augusto Silva (2015). A responsabilidade criminal do "outro": os crimes culturalmente motivados e a necessidade de uma hermenêutica intercultural. *Julgar*, 25, 95-108, Coimbra Editora; Dias, Augusto Silva (2016). *Crimes Culturalmente Motivados – O Direito Penal ante a 'Estranha Multiplicidade' das Sociedades Contemporâneas*, reimpressão 2018. Coimbra: Almedina; Dias, Augusto Silva (2020). O multiculturalismo como ponto de encontro entre Direito, Filosofia e Ciências, *Multiculturalismo e Direito Penal.* I Encontro Nova-Direito, Lisboa 2012, 15-31. Coimbra: Almedina; Beleza,

um Estado de Direito democrático não podem, por isso, ser adaptados a uma realidade multicultural, em questões que ofendem a dignidade humana e o ensino jurídico deve representar uma projeção desse ideal[443], alinhada com as garantias processuais e o acesso ao Direito e aos Tribunais, enquanto ponto nuclear de qualquer sistema de proteção de direitos, liberdades e garantias, cf. artigos 8.º e 9.º da DUDH, art. 14.º do PIDCP, artigos 6.º e 13.º da CEDH e art. 20.º da CRP[444]. Por isso, o ensino policial também deve ter em consideração a prática à luz das diversas culturas, cujas especificidades não podem *beliscar* os princípios jurídico-constitucionais em vigor e, por essa via, o Estado de Direito democrático. As exigências constitucionais devem ser respeitadas em todo o território nacional, através da educação e sensibilização, processo de mudança onde os polícias desempenham um papel fundamental, enquanto aplicadores da lei. Importa, assim, que sejam respeitadas as especificidades culturais, desde que estas não ponham em causa a Constituição e os Direitos Humanos. É neste ponto que o ensino policial se deve focar: a consciencialização de uma visão consolidada e unitária relativamente aos princípios que devem nortear toda a atividade policial. Cabe ao Direito representar um motor de mudança através de novas mentalidades e práticas, porque o respeito pelos Direitos Humanos

Teresa Pizarro; Caeiro, Pedro; Pinto, Frederico Costa (Org) (2020). *Multiculturalismo e Direito Penal*, I Encontro Nova-Direito, Lisboa 2012. Coimbra: Almedina; Faria, Maria Paula Leite Ribeiro (2020). O costume e o direito penal no século XXI. *In* Beleza, Teresa Pizarro; Caeiro, Pedro; Pinto, Frederico Costa (Org) – *Multiculturalismo e Direito Penal*, I Encontro Nova--Direito. Lisboa 2012, 115-141. Coimbra: Almedina; Monte, Mário Ferreira (2003). Da realização integral do direito penal. *In Studia Ivridica – Ars Ivdicandi* – Estudos de Homenagem ao Prof. Doutor António Castanheira Neves, III. Coimbra: Coimbra Editora; Palma, Maria Fernanda (2011). *Direito Constitucional Penal*. Coimbra: Almedina; Palma, Maria Fernanda (2017). *Arguição da Dissertação de Agregação do Doutor Augusto Silva Dias*, texto não publicado. Lisboa: FDUL; Wolkmer, António C. (2006). Pluralismo jurídico, direitos humanos e interculturalidade. *Revista Sequência*, 53, 113-128; Vieira, Hector Luís C. (2011). *Os entraves de aplicação das normas universais de Direitos Humanos frente às particularidades culturais*. Dissertação de mestrado em Direito. Brasília: Faculdade de Direito da Universidade de Brasília.

443 Poiares, Nuno (2021). *A violência doméstica nos Países Africanos de Língua Oficial Portuguesa: uma aproximação metodológica ao ensino jurídico-penal em contexto policial e multicultural*, dissertação de mestrado. Lisboa: FDUL.

444 Canotilho, José Joaquim Gomes (2000). *Direitos Humanos, Estrangeiros, Comunidades Migrantes e Minorias*, pp. 201 e ss. Oeiras: Celta Editora.

também se ensina[445]. E Portugal é um bom exemplo de um esforço que pode dar os seus *frutos*: apesar da matriz formativa que tem por base a DUDH, a CEDH e os seus Protocolos[446], ainda existe um longo caminho a percorrer na desconstrução de estereótipos e preconceitos de género e raciais que ainda potenciam as desigualdades. Mas o caminho percorrido em Portugal, em particular a partir dos anos 80 do século XX, é positivo quando se pensa nos diversos avanços ocorridos no campo legal, educacional e intrafamiliar. Mas importa que os programas da formação prevejam uma abordagem às dificuldades de aplicação do Direito, em particular o Direito Constitucional Penal[447], aquando da função policial, *i.e.*, a vinculação das normas penais à axiologia constitucional democrática em contextos cujas culturas põem em causa a dignidade da pessoa humana. A mensagem angular, que deve ser ensinada e interiorizada pelos polícias, é que existe um ponto fixo que é intransponível e que a função policial deve salvaguardar a dignidade da pessoa humana, independentemente do contexto multicultural e de diversidade. Neste âmbito, importa referir que os Oficiais de Polícia dos Países Amigos[448], formados em Portugal, têm representado um motor de mudança nas diversas Polícias de Língua Oficial Portuguesa, na salvaguarda dos direitos, liberdades e garantias pessoais, por forma a reforçar o respeito pela vida humana, a integridade pessoal, a igualdade, e o direito à liberdade e à segurança[449].

Por fim, e como corolário desta secção, importa apresentar alguns resultados recolhidos e que servem para enriquecer a presente reflexão. No período de 6 de abril a 28 de setembro de 2022, realizaram-se seis *focus group*, no âmbito do 5.º Curso de Comando e Direção Policial,

[445] Rui Pereira *apud* Poiares, Nuno (2021). *A violência doméstica nos PALOP: uma aproximação metodológica ao ensino jurídico-penal em contexto policial e multicultural*, dissertação de mestrado em Direito Penal. Lisboa: FDUL.

[446] Adotada em Roma, no dia 4 de novembro de 1950, entrando em vigor em 3 de setembro de 1953.

[447] Para um maior aprofundamento sobre os limites impostos pela Constituição ao Direito Penal *vide* Palma, Maria Fernanda (2011). *Direito Constitucional Penal*. Coimbra: Almedina.

[448] Angola, Cabo Verde, Guiné Bissau, Moçambique e São Tomé e Príncipe e, desde 2022, Timor-Leste.

[449] Poiares, Nuno (2021). *A violência doméstica nos Países Africanos de Língua Oficial Portuguesa: uma aproximação metodológica ao ensino jurídico-penal em contexto policial e multicultural*, dissertação de mestrado. Lisboa: FDUL.

envolvendo cerca de 150 oficiais de polícia com a categoria de comissário. Nesses debates, os auditores foram desafiados a refletir sobre as seguintes questões centrais: existe racismo e discriminação na Polícia Portuguesa? O que é que a instituição pode fazer para mitigar eventuais desvios? E quais são os principais desafios neste âmbito? Dessa discussão participada retiraram-se as seguintes conclusões partilhadas pela maioria dos auditores: as pessoas *não nascem* racistas, sendo um constructo contínuo assente nas vivências e nas inter-relações sociais e profissionais; existe um aproveitamento político e uma generalização de algumas condutas residuais; a maioria dos auditores entende que não existe um racismo estrutural (contudo, surgiram algumas *vozes*, em particular dois Oficiais que exerceram funções na Amadora, que assumiram existir um problema estrutural e sistémico na PSP e, inclusivamente, um dos informantes, devido às suas características físicas, já se sentiu discriminado por parte de polícias, antes de saberem da sua condição profissional); em França é normal promover a rotatividade dos polícias, de dois em dois anos, nas esquadras situadas em áreas *sensíveis*; a discriminação é uma realidade que é dificilmente mensurável; deve existir um reforço curricular sobre Ética nos cursos de formação inicial e ao longo da vida para desconstruir preconceitos; deve-se dar uma particular atenção às movimentações dos polícias no ciberespaço (*e.g. likes* em páginas conotadas com grupos extremistas); é admissível a existência de uma discriminação estatística, *i.e.*, um determinado comportamento e atitude padronizados que se devem ao facto de alguns polícias trabalharem diariamente com os mesmos públicos em zonas urbanas sensíveis, tratando-se de uma discussão necessária em Portugal[450]; e que se deve ponderar e avaliar a primeira colocação dos polícias (a subunidade operacional onde iniciam a carreira), para que não assimilem vícios, preconceitos e estereótipos, fruto do contexto; exigindo-se uma maior integração, supervisão, acompanhamento, comunicação e rotatividade dos polícias nas zonas urbanas sensíveis, sem prejuízo de se manter, por um período mais longo, os polícias com *laços fortes*, comprovadamente positivos e que representam uma mais-valia, junto da comunidade e das forças vivas locais.

[450] Raposo, Ótavio, Alves; Ana Rita; Varela Pedro; Roldão, Cristina (2019). Negro drama. Racismo, segregação e violência policial nas periferias de Lisboa, *Revista Crítica de Ciências Sociais*, 119, pp. 5-18. Coimbra: CES-UC.

4.2. Polícia e Direitos das Mulheres

A consagração do princípio da igualdade, no âmbito dos direitos das mulheres, representa uma das evidências mais expressivas do processo civilizacional, ainda que exista um longo caminho a percorrer, para que possamos defender, com segurança, que este princípio foi atingido em plenitude. No terceiro milénio, é possível afirmar que as mulheres devem, querem e podem ocupar os espaços de poder que lhes pertencem pelo facto de serem pessoas humanas[451]. Na verdade, o respeito pelos direitos das mulheres tem vindo a ser consolidado por via da desconstrução de estereótipos e preconceitos seculares que criaram assimetrias perversas entre os géneros, com consequências na realização profissional, académica, familiar, cultural e social; e que ganhou uma particular expressão a partir da aprovação, em 1979, da *Convenção sobre a Eliminação de Todas as Formas de Discriminação contra as Mulheres*, que veio defender que as mulheres têm direito a gozar de forma igual todos os direitos[452], que incluem o direito à vida, à igualdade, à liberdade e à segurança da pessoa, a uma proteção igual perante a lei, a não ser vítima de discriminação, ao melhor estado de saúde física ou mental possível, a condições de trabalho justas e favoráveis e a estar protegida contra a tortura e outras penas ou tratamentos cruéis, desumanos ou degradantes[453]. Curiosamente, a defesa de uma sociedade que garante, na generalidade, as mesmas possibilidades aos seus cidadãos e cidadãs, é um ideal antigo que remonta à Antiguidade. O filósofo e matemático Arístocles de Atenas, mais conhecido como Platão (428-347 a.C.), discípulo de Sócrates e mestre de Aristóteles, criou uma Academia, considerada como a primeira universidade, e onde se ensinava filosofia e matemática, inclusive a mulheres, o que representou um avanço naquela época. Na sua teoria política, vertida em vários diálogos, Platão concebeu uma polis, uma cidade, uma sociedade ideal com três categorias de cidadãos, onde a finalidade do Estado, assente num Governo justo, seria educar os

[451] Vicente, Ana (2000). *Direitos das Mulheres: Direitos Humanos*, p. 9. Lisboa: CIDM-PCM.

[452] Art. 2.º da DUDH; art. 3.º do PIDCP; preâmbulo da Declaração sobre a Eliminação da Discriminação contra as Mulheres; preâmbulo e artigos 1.º, 2.º e 3.º da Convenção sobre a Eliminação de Todas as Formas de Discriminação contra as Mulheres, e art. 3.º da Declaração sobre a Violência contra as Mulheres.

[453] Artigos 1.º e 7.º a 15.º do CEDAW; artigos 2.º, 4.º, 5.º, 6.º, 9.º e 10.º de Declaração sobre a Discriminação contra Mulheres; e art. 3.º da Declaração sobre a Violência contra Mulheres.

cidadãos na virtude e onde as mulheres não sofreriam qualquer discriminação, pois não existiam diferenças entre os sexos, inclusivamente no serviço militar[454].

Em Portugal, o primeiro Código Civil, elaborado pelo Visconde de Seabra, entrou em vigor em 1867 e previa o princípio da igualdade, onde a lei não deveria fazer distinção em razão do sexo, mas fazia a ressalva de que podia-se fazer tal diferenciação em alguns casos identificados. À mulher casada era vedada, por exemplo, a prática de qualquer ato sem a autorização do marido. O poder familiar também era função do marido (*pater familias*), não cabendo ele à mulher após o falecimento do marido, caso ele deixasse nomeado em testamento a composição do conselho de família[455]. Mais tarde, no Código Civil, aprovado em 25 de novembro de 1966, e que entrou em vigorar no dia 1 de junho de 1967, no que tange a submissão da mulher ao marido e a chefia da família, não se verificou uma evolução, pois o novo CC manteve a chefia da família no marido, nos termos do artigo 1674.º, ao defender que o marido é o chefe da família, competindo-lhe, nessa qualidade, representá-la e decidir em todos os atos da vida conjugal comum[456].

A discriminação e a violência contra as mulheres, independentemente da forma assumida, são, assim, preocupações antigas, na medida em que violam, impedem ou anulam o exercício dos Direitos Humanos e liberdades fundamentais das mulheres[457], mas só entraram nas agendas políticas a partir dos anos 1990, por impulso da 4.ª Conferência Mundial sobre as Mulheres, organizada em 1995, sob a égide da Organização das Nações Unidas, que visou assegurar o respeito dos Direitos Humanos das mulheres, e acelerar a remoção de obstáculos a uma participação

[454] Platão (1990). *A República*. Tradução de Maria Helena Pereira. Lisboa: Fundação Calouste Gulbenkian.

[455] Fermino, Chrystiane (2012). *A situação jurídica das mulheres em Portugal no pré e pós 25 de Abril, em especial no âmbito das relações familiares*, trabalho final da *pós*-graduação em Direitos Humanos, pp. 6-7. Coimbra: IGC/CDH.

[456] Idem (2012). *A situação jurídica das mulheres em Portugal no pré e pós 25 de Abril, em especial no âmbito das relações familiares*, trabalho final do XIV Curso de Pós-Graduação em Direitos Humanos, pp. 13-14. Coimbra: IGC/CDH.

[457] Resolução da Assembleia Geral 48/104, de 20 de dezembro de 1993 (proclamando a Declaração sobre a Violência contra Mulheres) [resolução 48/104], quinto parágrafo preambular.

paritária das mulheres na vida política, económica, cultural e social[458]. Acresce que foi em 1999 que a Assembleia Geral da ONU instituiu o dia 25 de novembro como o *Dia Internacional pela Eliminação da Violência contra as Mulheres*, para erradicar a violência contra as mulheres, marcando a data em que foram assassinadas, em 25 de novembro de 1960, as três irmãs Mirabal, na República Dominicana, tornando-se um símbolo mundial da resistência popular e de luta contra a violência que vitimiza as mulheres[459].

Desde então, desenvolveu-se a utilização do termo *empoderamento* das mulheres, *i.e.*, para que haja desenvolvimento humano importa garantir a emergência do poder, autonomia, afirmação, identidade, autoestima, autoconfiança, responsabilidade, capacidade de decisão e de escolha das mulheres. Mas isso não significa que as mulheres queiram *ser* homens. A igualdade significa respeito mútuo, reconhecimento e respeito pela identidade de cada pessoa, porque é um ser humano com a mesma dignidade[460], inclusivamente quando se pensa em diversidade racial. Angela Davis (1983), como já vimos, é uma das autoras que conseguiu apresentar uma abordagem que pôs em diálogo três dimensões (mulheres, racismo e classe) e a influência social e política do elitismo branco no feminismo, desde o abolicionismo da escravatura até ao presente, demonstrando como as desigualdades entre mulheres negras e brancas influenciaram as questões contemporâneas da violação, a liberdade reprodutiva, a educação, a emancipação, o trabalho doméstico e os cuidados com os filhos[461].

Assim, desde 1995, intensificaram-se as iniciativas, jurídicas e públicas, consagradoras da plena igualdade entre homens e mulheres, visando mitigar, prevenir e combater o sofrimento discriminatório e a violência contra milhares de mulheres em todo o mundo. Um dos principais

[458] Secretaria de Estado da Justiça (1995). *Os direitos humanos e a violência contra as mulheres: Seminário (18 de março de 1994)*, 9. Lisboa: Ministério da Justiça.

[459] *In* https://www.calendarr.com/portugal/dia-internacional-para-a-eliminacao-da-violencia-contra-as-mulheres/ (acesso em 14 de dezembro de 2022).

[460] Vicente, Ana (2000). *Direitos das Mulheres: Direitos Humanos*, pp. 12-15. Lisboa: CIDM-PCM.

[461] Davis, Angela Y. (1983). *Women, Race & Class*, eBooks. New York: First Vintage Book Edition. Disponível em: https://legalform.files.wordpress.com/2017/08/davis-women-race-class.pdf (acesso em 10 de julho 2022).

instrumentos jurídicos vinculativos, de âmbito internacional, foi a *Convenção do Conselho da Europa para a Prevenção e o Combate à Violência contra as Mulheres e a Violência Doméstica*, designada como *Convenção de Istambul* (2011), que visou a proteção das mulheres e a prevenção contra a violência, contribuindo para a promoção da igualdade entre mulheres e homens, através da eliminação de todas as formas de discriminação contra as mulheres, visando um quadro global de políticas, medidas de proteção e assistência, a cooperação internacional e apoiar as organizações e organismos responsáveis pela aplicação da lei para que cooperem de maneira eficaz, adotando uma abordagem integrada, com vista a eliminar a violência contra as mulheres e a violência doméstica[462].

Mas, apesar de todos estes esforços e avanços, a violência contra as mulheres continua a ser um problema[463]. O assassinato de mulheres por parte dos maridos ou companheiros é vulgar e frequente em todos os países do mundo[464], assim como a mutilação genital, a violação e a violência na família. Um relatório (novembro de 2022) da Divisão de Saúde Sexual, Reprodutiva, Infantil e Juvenil da Direção-Geral da Saúde, veio alertar que, entre janeiro de 2018 e dezembro de 2021, foram registados 433 casos de mutilação genital feminina em Portugal. O relatório refere ainda que o registo de casos foi feito, em particular, no âmbito da vigilância da gravidez (43,4%); as unidades da Região de Saúde de Lisboa e Vale do Tejo registaram a quase totalidade dos casos reportados e que, em média, a realização da mutilação ocorreu aos 8,4 anos de idade, maioritariamente na Guiné-Bissau (272) e Guiné Conacri (126), com um aumento gradual dos registos de mutilações praticadas no Senegal[465].

[462] *Convenção do Conselho da Europa para a Prevenção e o Combate à Violência contra as Mulheres e a Violência Doméstica*. Istambul: Conselho da Europa; adotada em Istambul, a 11 de maio de 2011; aprovada pelo Governo português a 16 de novembro de 2012; ratificada pela Assembleia da República a 21 de janeiro de 2013; e entrou em vigor em Portugal a 1 de agosto de 2014 *in* https://earhvd.sg.mai.gov.pt/LegislacaoDocumentacao/Pages/ConvencaoDeIstambul.aspx (acesso em 24 de abril de 2022).

[463] United States Department of State – Bureau of Democracy, Human Rights and Labour (2021). *2021 Country Reports on Human Rights Practices: Portugal.* Disponível em: https://www.state.gov/reports/2021-country-reports-on-human-rights-practices/portugal/ (acesso em 19 de abril de 2022).

[464] Vicente, Ana (2000). *Direitos das Mulheres: Direitos Humanos*, p. 59. Lisboa: CIDM-PCM.

[465] *In* https://www.dgs.pt/em-destaque/relatorio-da-dgs-433-casos-de-mutilacao-genital-feminina-registados-em-portugal-entre-2018-e-2021.aspx (acesso em 26 de novembro de 2022).

A violência contra as mulheres pode ser física, sexual ou psicológica e inclui a violência de facto, as sevícias sexuais, a violência relacionada com o dote, a violação conjugal, as práticas tradicionais prejudiciais, o assédio sexual, a prostituição forçada, o tráfico de mulheres e a violência ligada à exploração[466]. Outra dimensão relevante diz respeito à diversidade funcional, *maxime*, em contexto de violência contra as mulheres. A erradicação da violência é uma das principais missões das organizações de mulheres com deficiência em todo o mundo. Como resultado do seu ativismo, a Plataforma de Ação de Pequim (1995) e a *Convenção das Nações Unidas sobre os Direitos das Pessoas com Deficiência* (2006) fizeram referência expressa ao seu maior risco de sofrer violência e à necessidade de implementar medidas adequadas. No entanto, ainda são poucos os países que incluíram essas recomendações nos seus ordenamentos jurídicos[467].

Em Portugal, o crime de violência doméstica é considerado um crime específico impróprio ou impuro e de perigo abstrato, que abrange ações típicas que encontram previsão noutros tipos legais, com os quais pode criar uma relação de concurso aparente de normas. Por isso, o agente é punido pelo crime mais grave quando existe uma relação de subsidiariedade entre os tipos legais em concreto. Assim, o crime de violência doméstica, relativamente aos crimes com uma moldura penal menos severa, encontra-se numa relação de subsidiariedade. Por isso, por exemplo, quando o agente, num quadro de violência doméstica, *i.e.*, numa relação interpessoal nos termos vertidos no artigo 152.º do Código Penal – *e.g.*, (ex-)cônjuges, (ex-)namorados, pessoa particularmente indefesa em razão da idade, deficiência, doença, gravidez ou dependência económica, etc. – comete o crime de devassa da vida privada p. e p. pelo art. 192.º, com uma moldura penal até um ano ou com pena de multa até 240 dias. Mas *in casu*, a pena é afastada pelo tipo legal p. e p. pela al. b), n.º 2 do art. 152.º, na medida em que, quem difundir através da Internet ou de outros meios de difusão pública generalizada, dados pessoais, designadamente imagem ou som, relativos à intimidade da vida privada de uma

[466] Artigo 2.º da Declaração sobre a Violência contra Mulheres.

[467] Conejo, Miriam Arenas (2015). Una Mirada Interseccional a la Violencia contra las Mujeres con Diversidad Funcional, *Oñati Socio-legal Series*, 5 (2), pp. 367-388. Disponível em: http://ssrn.com/abstract=2611006 (acesso em 20 de julho de 2022).

das vítimas sem o seu consentimento é punido com pena de prisão de dois a cinco anos, ou seja, a moldura penal do segundo tipo legal *afasta* o primeiro[468]. Na linha de pensamento de Maria Fernanda Palma (2019), na violência doméstica é, pois, a prevenção especial e a proteção das vítimas que está em causa. Os crimes contra as pessoas mais vulneráveis, em ambientes privados de poder, tornam-se frequentemente expressão de descontrolo social e de fragilidade do Estado – e das suas Polícias – na proteção de direitos fundamentais. A violência doméstica é o modo de expressão da falta de interiorização dos direitos fundamentais no seio das relações familiares e interpessoais de tipo privado[469].

No ano de 2019, ocorreram 27.637 participações de violência doméstica, em que 75% das vítimas foram mulheres, em 81,4% dos denunciados foram homens e, em 48,6% das ocorrências, a vítima era cônjuge ou companheiro(a); em 15,5% a vítima era filho(a) ou enteado(a); e, em 15%, a vítima era ex-cônjuge ou ex-companheiro(a)[470]. Os números mais recentes[471] vertidos no RAMVD (MAI, 2022) e no RASI (SSI, 2022) revelam que a violência doméstica continua ser o tipo legal n.º 1 nos crimes contra as pessoas, e o crime n.º 2 no âmbito da criminalidade global, sobretudo nos meses de julho e agosto; onde a vítima-média, em 81,8% das ocorrências, é mulher, casada ou em união de facto, com idade média de 42 anos, não depende economicamente do denunciado (82,3%) e tem habilitações literárias iguais ou inferiores ao 9.º ano de escolaridade (60,1%), o que significa que a violência doméstica é um problema social que afeta, em particular, as mulheres[472]. No ano de 2022, perto de um

[468] Poiares, Nuno (2020). Violência doméstica e redes sociais: a proteção jurídico-penal da vida privada na internet. *Cyberlaw by CIJIC*, 10.ª edição. Lisboa: CIJIC-FDUL.

[469] Palma, Maria Fernanda (2019). O problema do sistema e o sistema imposto pelo problema na violência doméstica. *Anatomia do Crime. Revista de Ciências Jurídico-Criminais*, 9, pp. 53-55. Lisboa: IDPCC-FDUL.

[470] Portugal. Sistema de Segurança Interna (2020). *Relatório Anual de Segurança Interna 2019*, p. 71. Disponível em: https://www.portugal.gov.pt/download-ficheiros/ficheiro.aspx?v=%3d%3dBQAAAB%2bLCAAAAAAABAAzNDQ1NAUABR26oAUAAAA%3d (acesso em 18 de abril de 2022).

[471] RASI (SSI, 2022) e RAMVD (MAI, 2022).

[472] Por outro lado, o denunciado, em 84,1% das ocorrências, é do sexo masculino, casado ou em união de facto, com idade média de 43 anos, não depende economicamente da vítima e 69,4% tem habilitações literárias iguais ou inferiores ao 9.º ano de escolaridade.

milhar, na maioria, homens portugueses, cumpre atualmente pena em prisões nacionais por violência doméstica[473].

O atual Código Penal continua a refletir a importância do *Ser* (título I) sobre o *Ter* (título II), mantendo-se fiel à sistematização de 1982[474]. Mas nem sempre foi assim. A sistematização do Código Penal de 1886 colocava, como primeira linha de preocupações, os crimes contra a religião e os crimes contra a segurança do Estado e contra a ordem e a tranquilidade públicas. As pessoas só apareciam em 4.º lugar[475]. O CP de 1886 foi aprovado por um decreto assinado pelo ministro e secretário de Estado dos Negócios Eclesiásticos e de Justiça, o que reforça a convicção de que as *questões* da Igreja eram, também, *questões* da Justiça[476]. E, por isso, não é de estranhar que se verificasse um tratamento discriminatório, quando, por exemplo, o adultério surgia com um tratamento diferenciado entre homens e mulheres. Acresce que também se entendia que só ocorria o crime de violação (*in casu*, da mulher) se existisse a penetração do designado *vaso natural*, pondo *de parte* as restantes formas de penetração[477].

[473] *Vide* https://expresso.pt/sociedade/2022-11-19-Durante-27-anos-esbofeteou-pontapeou-e-humilhou-a-mulher.-Hoje-e-um-dos-958-agressores-na-cadeia-um-numero-que-triplicou-numa-decada-a2353701 (acesso em 19 de novembro de 2022).

[474] Surgindo, no catálogo, em 2014, os crimes contra os animais de companhia.

[475] Crimes contra a religião do Reino e dos cometidos por abuso de funções religiosas (título I), crimes contra a segurança do Estado (título II) e crimes contra a ordem e a tranquilidade públicas (título III).

[476] Foucault, Michel (2013). *Vigiar e Punir. Nascimento da Prisão.* Introdução de António Fernando Cascais e tradução de Pedro Elói Duarte. «Biblioteca de Teoria Política», 9. Lisboa: Edições 70; Poiares, Nuno e Dias, Eurico (2019). Igreja Católica e Direito Criminal: uma abordagem sociológica ao Código Penal Português (1886), *REVER – Revista de Estudos da Religião,* 19 (3), set.-dez., 311-329. UCP e PUC de São Paulo. ISSN 1677-1222. DOI: http://dx.doi.org/10.23925/1677-1222.2019vol19i3a19.

[477] O homem casado que achasse a sua mulher em adultério e, nesse ato, a matasse ou ao adúltero, ou ambos, era desterrado para fora da comarca por seis meses, nos termos do artigo 372.º, com a epígrafe "adultério e forma de provocação". Mas, se as ofensas fossem menores, o homem casado não sofria qualquer pena. As mesmas disposições eram aplicadas à mulher casada que matasse a concubina teúda e manteúda (Teúda: define a mulher apenas como amante sem qualquer tipo de suporte financeiro do homem casado. Manteúda: mulher que é mantida financeiramente, sendo tratada como se fosse a segunda esposa), ou ao marido ou a ambos, ou lhes fizesse ofensas corporais, mas apenas se o ato ocorresse na casa conjugal. O artigo 401.º, com a epígrafe "adultério", impunha que o adultério da mulher fosse punido com pena de prisão de dois a oito anos. Por outro lado, nos termos do artigo 404.º

O género é, assim, a variável de diferenciação mais consistente na análise do fenómeno criminal: os homens praticam mais crime, as mulheres são mais vítimas de crime[478] e, no domínio da violência de género, verifica-se a mesma tendência. Mas não podemos, como defende Inês Ferreira Leite (2020), proceder a uma equiparação absoluta entre violência de género e violência exercida contra a mulher. A violência de género é um produto das conceções sociais, das tradições e das normas sociais sobre comportamentos de género e sobre o papel (hierárquico e qualitativo) de cada género na sociedade, não estando absolutamente vinculada a um perfil biológico; o que significa que não podemos fazer equiparações absolutas entre sexo biológico e género, já que o género é a construção social e cultural das diferenças biológicas que gera um condicionamento nas relações sociais e simbólicas de poder entre géneros na sociedade[479].

No ano de 2022 comemorámos 15 anos (2007-2022) de existência de um novo tipo legal que, à luz da lei de política criminal em vigor, é um crime de prevenção e investigação prioritárias[480], tendo ocorrido sucessivas alterações e surgido novos diplomas[481]: desde a Lei n.º 112/2009,

– adultério de marido –, o homem casado que tivesse manceba teúda e manteúda na casa conjugal seria condenado na multa de três meses a três anos, o que revela que o adultério do homem casado era fortemente desvalorizado socialmente, sendo punido apenas se esse adultério ocorresse na casa conjugal *in* Poiares, Nuno e Dias, Eurico (2019). Igreja Católica e Direito Criminal: uma abordagem sociológica ao Código Penal Português (1886), *REVER – Revista de Estudos da Religião*, pp. 311-329, 19 (3), set.-dez., UCP e PUC de São Paulo. DOI: http://dx.doi.org/10.23925/1677-1222.2019vol19i3a19.

[478] Machado, Helena (2008). *Manual de Sociologia do Crime*, p. 101. Porto: Edições Afrontamento.

[479] Leite, Inês F. (2020). Violência doméstica e violência interpessoal: contributos sob a perspetiva do Direito para a racionalização dos meios de prevenção e proteção. *Anatomia do Crime*, 10, pp. 32-33. Lisboa: IDPCC-FDL.

[480] Artigos 4.º e 5.º da Lei n.º 55/2020, de 27 de agosto, que define os objetivos, prioridades e orientações de política criminal para o biénio de 2020-2022, em cumprimento da Lei n.º 17/2006, de 23 de maio, que aprova a Lei-Quadro da Política Criminal.

[481] Lei n.º 112/2009, de 16 de setembro, que estabelece o regime jurídico aplicável à prevenção da violência doméstica, à proteção e à assistência das suas vítimas; a Lei n.º 19/2013, de 21 de fevereiro, que passou a incluir as relações de namoro no art. 152.º do Código Penal; a Lei n.º 16/2018, de 27 de março, que integrou na previsão de qualificação do homicídio os crimes cometidos no âmbito de uma relação de namoro, reforçando a sua proteção jurídico-penal; a Lei n.º 44/2018, de 9 de agosto, que reforçou a proteção jurídico-penal da intimidade da vida privada na internet, alterando os artigos 152.º e 197.º do Código Penal; a Resolução do

de 16 de setembro, até, mais recentemente, a Lei n.º 57/2021, de 16 de agosto, que alargou a proteção das vítimas; e a Portaria n.º 209/2021, de 18 de outubro, que aprovou o modelo de auto de notícia/denúncia padrão de violência doméstica a utilizar pela GNR, PSP, PJ e MP; e também foi em 2021, que a Direção Nacional da PSP aprovou, internamente, duas Normas de Execução Permanente, para uniformizar os procedimentos policiais em ocorrências de violência doméstica, mas também a atuação das estruturas de investigação criminal em contexto deste tipo legal de crime[482]. Mas, apesar deste edifício jurídico, ainda há muito *por fazer* na desconstrução de estereótipos e no domínio das representações sociais. Não se mudam as mentalidades com *uma lei*. Ainda hoje temos muitas pessoas que entendem, por exemplo, que o crime de violência doméstica devia ter a natureza semipública ou que o Estado não tem de interferir numa relação intrafamiliar[483].

Neste contexto, importa referir que temos vindo a assistir a um movimento que procura converter a natureza do crime de violação para pública: primeiro, em 2014, com o projeto de lei proposto pelo Bloco de Esquerda[484]; mais tarde, em 2021, com um projeto de lei proposto pelo

Conselho de Ministros n.º 139/2019, de 19 de agosto, que determinou a elaboração de um manual de atuação, por uma equipa que integrasse as estruturas formativas e operacionais da GNR, da PSP e da PJ, o CEJ e a PGR, que incluísse, os procedimentos que devem ser desenvolvidos com vista à proteção e apoio à vítima, à preservação e aquisição urgente da prova, à contenção e definição da situação processual da pessoa agressora e ao desencadeamento e articulação com os procedimentos que corram simultaneamente termos na área de família e menores. Em maio de 2020 foram emanados novos instrumentos de combate à VD, como o manual de atuação a adotar pelos OPC nas 72 horas subsequentes à apresentação de denúncia em contexto de VD; um guia de intervenção integrada junto de crianças ou jovens vítimas de VD; um plano anual de formação conjunta e um guia de requisitos mínimos para programas e projetos de prevenção primária para a violência contra as mulheres e VD; e, no ano de 2021, foi publicada a Lei n.º 57/2021, de 16 de agosto, que alarga a proteção das vítimas de VD, alterando a lei n.º 112/2009, de 16 de setembro, o CP e o CPP; e a Portaria n.º 209/2021, de 18 de outubro, que aprovou o modelo de auto de notícia/denúncia padrão de VD a utilizar pela GNR, PSP, PJ e MP.

482 NEP AUOOS/DO/03/02, de 6 de julho de 2021 – Procedimento Policial em Ocorrências de Crime de Violência Doméstica e NEP AUOOS/DIC/02/04, de 6 de julho de 2021 – Atuação da Investigação Criminal em contexto de crimes de Violência Doméstica.

483 Poiares, Nuno (2014). *Políticas de segurança e as dimensões simbólicas da lei: o caso da violência doméstica em Portugal,* tese de doutoramento em Sociologia Lisboa: ISCTE-IUL.

484 Projeto de Lei 665/XII/4 (2014).

PAN[485] e, em abril de 2022, foi entregue, na Assembleia da República, uma petição com mais de 100.000 assinaturas a pedir que a violação seja considerada um crime público[486]. O crime de violação encontra-se previsto no artigo 164.º do Código Penal[487], com a natureza semipública, o que significa que o Ministério Público só está legitimado, em regra, para promover a ação penal[488], depois de a vítima apresentar a queixa[489]. Quando alguém pratica o crime de violação ofende, não só o direito à liberdade e autodeterminação sexual da vítima, como a sua honra e dignidade, nela criando sentimentos de vergonha e humilhação, que paralisam a vítima, demovendo-a de apresentar queixa, por medo do agressor e do olhar julgador da sociedade. A vítima, como defende Ana Mendes Lopes (2021), tem medo de que a verdade a faça perder a sua identidade[490], o que resulta da nossa história recente, sustentada em relações

[485] Projeto de Lei 771/XIV/2, de 2021 do PAN, que procurava consagrar a natureza pública dos crimes de violação, de coação sexual, de fraude sexual, de abuso sexual de pessoa incapaz de resistência e de procriação artificial não consentida e alarga os prazos de prescrição de crimes contra a liberdade e autodeterminação sexual de menores e do crime de mutilação genital feminina, procedendo à alteração do Código Penal e do CPP *in* https://www.parlamento.pt/ActividadeParlamentar/Paginas/DetalheIniciativa.aspx?BID=110609 (acesso em 14 de novembro de 2022).

[486] Tendo como primeira subscritora, a pintora e escritora Francisca Magalhães de Barros, as presidentes do Instituto de Apoio à Criança, Manuela Eanes e Dulce Rocha, e o advogado António Garcia Pereira *in https://observador.pt/2022/04/28/parlamento-recebe-peticao-com-mais-de-100-mil-assinaturas-a-pedir-que-a-violacao-seja-considerado-crime-publico/* (acesso em 14 de novembro de 2022).

[487] Envolve a conduta de constranger outra pessoa a praticar, consigo ou com outrem, cópula, coito anal, coito oral, atos de introdução vaginal, anal ou oral de parte do corpo ou objetos. A pena é ainda passível de agravação em um terço sempre que a vítima for, por exemplo, familiar do agente ou for pessoa particularmente vulnerável (cf. o art. 177.º do CP). Trata-se, em regra, de um crime semipúblico, ou seja, o respetivo procedimento criminal depende de apresentação de queixa do ofendido, salvo se for praticado contra menores ou se dele resultar a morte ou o suicídio da vítima, casos em que é público. Por outro lado, o MP pode iniciar o procedimento criminal oficiosamente, no prazo de seis meses a contar da data em que tenha conhecimento dos factos e dos autores, se assim o aconselhar o interesse da vítima (cf. o art. 178.º do Código Penal).

[488] Nos termos do art. 219.º da CRP e o art. 48.º e ss. do CPP.

[489] Nos termos dos arts. 48.º e 49.º do CPP e do art. 113.º e ss do Código Penal.

[490] Lopes, Ana Mendes (2021). *Crime de Violação: que caminho trilhar do semi ao público?* Observatório Almedina, 31 de março; *in* https://observatorio.almedina.net/index.php/2021/03/31/crime-de-violacao-que-caminho-trilhar-do-semi-ao-publico/ (acesso em 14 de novembro de 2022).

sociais fortemente influenciadas pela Igreja Católica: um *modo de ver a vida* que foi sendo transmitido geracionalmente e que remonta a uma altura em que uma mulher vítima do crime de violação, era triplamente vitimizada (pelo agressor, as instâncias formais e a comunidade) pois uma mulher, cujo *vaso natural* fosse *desflorado*, ainda que involuntariamente, era, em certa medida, alguém que deixava de ser *uma opção matrimonial* para muitos homens. E esse sentimento de vergonha e receio da censura social ainda se encontra, infelizmente, latente[491]. Assim, a natureza semipública do crime de violação não visa diminuir a importância deste crime, mas somente salvaguardar os interesses da vítima que, na maioria das vezes, prefere *esquecer o assunto*, do que ver a sua intimidade discutida em tribunal, sobretudo em meios pequenos. O crime de violação, sendo um crime semipúblico, assegura que a possibilidade de a vítima ver a sua intimidade discutida em tribunal depende da sua vontade, o que a protege, mas também a prejudica, já que, no seu íntimo, a sua vontade pode estar enviesada. Uma fragilidade do crime de violação ter a natureza semipública é o facto de as vítimas adultas disporem de apenas seis meses para apresentar queixa[492], findo o qual o direito de queixa extingue-se[493].

Neste enquadramento ganha particular relevância o papel das forças de segurança, enquanto atores que surgem numa primeira linha de intervenção em contextos de violência de género, como a violência doméstica, onde se inclui a violência no namoro, que também é uma questão de Direitos Humanos: muitas situações, que acabam em violência contra as mulheres, têm o seu início no namoro, sendo uma problemática que precisa de ser falada abertamente em casa, nas escolas e nos locais frequentados por jovens[494]. Por isso, a relação entre a Polícia

[491] É bom relembrar que, até 1991, na Grã-Bretanha, não se reconhecia a existência de violação no seio do casamento, pois existia o entendimento que um marido não podia ser acusado de violar a sua mulher, pois, pelo consentimento mútuo do contrato matrimonial, a mulher deveria entregar-se ao seu marido, a quem não se podia negar *in* Giddens, Anthony (2009), *Sociologia*, 7.ª edição. Lisboa: Fundação Calouste Gulbenkian.

[492] Nos termos do artigo 115.º, n.º 1 do Código Penal.

[493] *Vide* https://observatorio.almedina.net/index.php/2021/03/31/crime-de-violacao-que-caminho-trilhar-do-semi-ao-publico/ (acesso em 14 de novembro de 2022).

[494] Violência no namoro: uma questão de direitos humanos. *Público*, 2 dezembro, 2020. Disponível em: https://www.publico.pt/2020/12/02/impar/opiniao/violencia-namoro-questao-direitos-humanos-1941230 (consultado em 30 de março de 2022).

e os direitos das mulheres é uma das maiores preocupações do Conselho da Europa[495] porque, ao proteger e servir a comunidade, a Polícia não deve discriminar ilegalmente com base na raça, no sexo, na religião, na língua, na cor, na opinião pública, na origem nacional, na fortuna, no nascimento ou em qualquer outra condição[496]. Nessa senda, a Equipa de Análise Retrospetiva de Homicídio em Violência Doméstica recomendou, às entidades responsáveis pelas áreas da educação, da saúde e da promoção da igualdade de género, para, no âmbito da sua atuação, prestarem especial atenção à sensibilização dos jovens e da comunidade para o combate à violência no namoro, com particular destaque para a violência psicológica, a perseguição, o controlo e a violência através das redes sociais, bem como à sua desvalorização e até mesmo à valorização de alguns destes comportamentos como pretensas manifestações de afeto[497].

Contudo, por outro lado, também importa contrariar a teoria do galanteio por parte dos sistemas judiciais e policiais. As mulheres que cometem, por exemplo, crimes sexuais, são tratadas de uma forma mais benevolente e o seu papel de mãe é um dos fatores que influencia esse tratamento. A teoria do galanteio surgiu nos anos 50 do século XX e defende que as mulheres criminosas são alvo de um tratamento benevolente por parte dos homens[498]. Alguns autores sugerem que este tratamento resulta do facto de os homens sentirem a necessidade de proteger as mulheres por as percecionarem como naturalmente passivas, enquanto outros propõem que esta disparidade é o reflexo de vivermos numa sociedade patriarcal[499]. Esta teoria é associada a Otto Pollak

[495] Conseil de L'Europe (1997). *Les droits de l'homme et la police: Actes du séminaire*. Strasbourg, pp. 6-8 décembre, 1995. Strasbourg: Conseil de L'Europe.

[496] Art. 2.º da DUDH; artigos 2.º e 3.º do PIDCP; e artigos 2.º e 5.º do CERD; e artigos 1.º e 2.º do Código de Conduta. A este propósito *vide* Crawshaw, Ralph, Holmstrom, Leif (2001). *Essential Texts on Human Rights for the Police*. United Kingdom: Kluwer Law International.

[497] Recomendação de 30 de junho de 2022 vertida no Relatório Final constante no Dossiê n.º 1/2021-MS, aprovado em 8 de julho de 2022 (artigo 6.º, alíneas d), e) e f) da Portaria n.º 280/2016, de 26 de outubro).

[498] Newburn, Tim (2013). *Criminology*. 2.ª ed. London: Routledge.

[499] Becker, Julia, e Swim, Janet (2012). Reducing endorsement of benevolent and modern sexist beliefs: Differential effects of addressing harm versus pervasiveness of benevolent sexism, *Social Psychology*, 43 (3), 127-137. DOI: https://doi.org/10.1027/1864-9335/a000091; Embry, Randa, & Lyons, Phillip (2012). Sex-Based Sentencing: Sentencing Discrepancies

(1950)[500], que defende que esse tratamento deriva da forma paternal como os homens percecionam as mulheres e que estas cometem tantos crimes quanto os homens, mas que o seu papel doméstico lhes permitia ocultá-los[501]. Acresce que também importa sensibilizar os cidadãos relativamente ao alcance do crime de violência doméstica. Na verdade, apesar das várias campanhas de sensibilização, os cidadãos continuam a associar, ao tipo legal, a imagem de um homem a agredir fisicamente uma mulher; e, à legislação, associam a ideia de algo que não é aplicado no terreno, que não surte os efeitos desejados, que tem de ser melhorado, pois *funciona* mal. Para melhorar o funcionamento da rede de prevenção e combate da violência doméstica entendem que importa endurecer as penas aplicadas aos agressores e levar os magistrados a fazer com que estas sejam efetivamente cumpridas. Existe, pois, uma perceção de que os magistrados são *brandos* perante este fenómeno, sendo uma classe profissional resistente à formação e que revela falta de sensibilidade e desconhecimento sobre a realidade e os mecanismos disponíveis no âmbito da legislação da violência doméstica. Por outro lado, na perspetiva das mulheres vítimas de violência doméstica, existe um sentimento generalizado de que a primeira linha de intervenção das forças de segurança não corresponde às necessidades das vítimas (revitimização, desvalorização, frieza no trato, etc.); algo que só é mitigado numa segunda linha de ação que, normalmente, envolve profissionais especializados[502]; o que significa que continua a ser necessário reforçar a formação contínua e a supervisão neste domínio, atendendo que a Polícia desempenha um papel essencial quando pensamos numa resposta integrada de

Between Male and Female Sex Offenders, *Feminist Criminology*, 7 (2), 146-162. DOI: http://doi.org/10.1177/1557085111430214.

[500] Pollak, Otto (1950). *The Criminality of Women*. Philadelphia: University of Pennsylvania Press.

[501] Giddens, Anthony (2009). *Sociologia*, 7.ª edição, pp. 226-229. Lisboa: Fundação Calouste Gulbenkian; Grilo, M. e Poiares, N. (2022), Mulheres e Desvio: crimes sexuais e magistratura judicial, *ex aequo*, 45, *in* Madalena Duarte e Teresa Pizarro Beleza (coord.), *Desafios feministas ao Direito: resistências e possibilidades*, 65-82, APEM. Porto: Edições Afrontamento. DOI: https://doi.org/10.22355/exaequo.2022.45.06.

[502] Poiares, Nuno (2016). *A letra e os espíritos da lei. A violência doméstica em Portugal*. Lisboa: Chiado Editora; Poiares, Nuno (2014). *Políticas de segurança e as dimensões simbólicas da lei: o caso da violência doméstica em Portugal*, tese de doutoramento em Sociologia. Lisboa: ISCTE-IUL.

combate à violência doméstica, sobretudo porque as ocorrências participadas às forças de segurança representam quase a totalidade das participações registadas pelos OPC. No mais recente Relatório Anual de Monitorização da Violência Doméstica (2021)[503], num total de 26.517 ocorrências de violência doméstica, 100% das ocorrências foram registadas pela PSP e pela GNR. E por isso é que, tanto a GNR como a PSP, têm desenvolvido esforços no sentido de capacitar os seus profissionais para que possam desenvolver melhores respostas.

Nessa senda, o Governo tem avançado com diversas medidas no sentido de reforçar a prevenção e combate à violência doméstica, de género e contra as mulheres, assim como parametrizar e uniformizar os procedimentos a adotar pela rede de intervenção, em particular pelos órgãos de polícia criminal[504], à luz dos princípios jurídicos internacionais, que visam a concretização do princípio da igualdade, *i.e.*: todas as vítimas de criminalidade, abuso de poder ou violações dos Direitos Humanos, devem ser tratadas com compaixão e respeito[505]; as vítimas devem ter acesso às instâncias judiciárias e a uma rápida indemnização[506]; os procedimentos que permitam obter indemnizações devem ser rápidos, equitativos, pouco dispendiosos e acessíveis; e as vítimas devem ser informadas sobre os direitos que lhes são reconhecidos, com vista a obterem indemnização e proteção[507]. A Polícia deve fazer prova de uma diligência razoável para prevenir qualquer ato de violência dirigido contra as mulheres, investigar estes casos e proceder às detenções,

[503] RAMVD (MAI, 2022).

[504] *E.g.*, XXII Governo Constitucional (2020a). *Manual de Atuação a adotar pelos OPC nas 72 horas subsequentes à apresentação de denúncia por maus-tratos cometidos em contexto de violência doméstica*. Resolução do Conselho de Ministros n.º 139/2019, de 19 de agosto. Secretária de Estado para a Cidadania e Igualdade; XXII Governo Constitucional (2020b). *Guia de Intervenção Integrada junto de crianças ou jovens vítimas de violência doméstica*. Secretária de Estado para a Cidadania e Igualdade; XXII Governo Constitucional (2020c). *Plano Anual de Formação Conjunta: Violência contra as Mulheres e Violência Doméstica*. Secretária de Estado para a Cidadania e Igualdade; XXII Governo Constitucional (2020d). *Guia de requisitos mínimos para programas e projetos de prevenção primária da violência contra as mulheres e violência doméstica*. Secretária de Estado para a Cidadania e Igualdade.

[505] Parágrafo 4 da *Declaração sobre as Vítimas*; e princípio 15 dos *Princípios sobre Execuções Sumárias*.

[506] Parágrafos 4 e 8 da *Declaração sobre as Vítimas*.

[507] Parágrafo 5 da *Declaração sobre as Vítimas*.

independentemente do facto de os seus autores serem funcionários públicos ou particulares, ou destes atos terem sido cometidos em casa, nas coletividades ou em instituições oficiais[508]; a Polícia deve tomar medidas oficiais para evitar que as mulheres sejam vítimas de violência e assegurar a prevenção da revitimização imputável a omissões ou a práticas policiais que não tenham em conta o sexo da vítima[509]; a violência contra as mulheres constitui um crime e deve ser tratada enquanto tal, mesmo quando ocorra no seio da família[510]; as mulheres presas ou detidas não devem ser alvo de discriminação, serão protegidas contra todas as formas de violência e de exploração[511] e supervisionadas e sujeitas a buscas por mulheres polícias e por pessoal do sexo feminino, sendo separadas dos homens[512]; as mulheres grávidas e as mães de crianças de tenra idade detidas terão direito a instalações especiais[513]; e os serviços responsáveis pela aplicação da lei não exercerão qualquer tipo de discriminação em relação às mulheres em matéria de recrutamento, contratação, formação, afetação, promoção, salário ou qualquer outra questão de ordem administrativa ou que diga respeito à carreira[514]. No entanto, não será considerada discriminação ilegal a aplicação de determinadas medidas especiais concebidas para atender à especial condição e necessidades de mulheres, incluindo mulheres grávidas e mães de crianças de tenra idade, menores, doentes, idosos e outras pessoas que necessitem de tratamento especial em conformidade com as normas internacionais de Direitos Humanos[515]. Acresce que os serviços responsáveis pela

[508] Artigo 4.º, alíneas c) e i) da *Declaração sobre a Eliminação da Violência contra Mulheres.*

[509] Artigo 4.º, alínea f) da *Declaração sobre a Violência contra Mulheres.*

[510] 8.º Parágrafo preambular Resolução 48/104; e artigos 1.º, 2.º, alínea a) e 4.º, alínea c), da *Declaração sobre a Eliminação da Violência contra Mulheres.*

[511] Art. 2.º da DUDH; artigos 2.º e 3.º do PIDCP; artigos 1.º e 2.º do *Código de Conduta*; art. 15.º da *Convenção sobre a Eliminação de todas as Formas de Discriminação contra as Mulheres*; arts. 1.º e 6.º da *Declaração sobre a Eliminação da Discriminação contra Mulheres*; e princípio 5 dos *Princípios sobre Detenção ou Prisão.*

[512] Regra 53 do RMTR.

[513] Regra 23 do RMTR.

[514] Art. 2.º da DUDH; arts. 2.º, 3.º e 26.º do PIDCP; preâmbulo e arts. 2.º d) a f), 3.º, 5.º a) e 7.º b) da *Convenção sobre a Eliminação de todas as Formas de Discriminação contra as Mulheres*; art. 1.º da *Declaração sobre a Discriminação contra Mulheres*; e 8.º parágrafo preambular, subparágrafo a), da resolução 34/169.

[515] Art. 10.º do PIDCP; arts. 4.º, n.º 2 e 12.º, n.º 2 da *Convenção sobre a Eliminação de todas as Formas de Discriminação contra as Mulheres*; arts. 37.º e 40.º da *Convenção sobre os Direitos das*

aplicação da lei devem envidar esforços objetivos no sentido de recrutar um número suficiente de mulheres, a fim de assegurar uma representação equitativa deste grupo, bem como a proteção dos direitos das mulheres suspeitas, presas ou detidas[516]. E, por fim, os polícias devem receber uma formação que os sensibilize para as necessidades das vítimas, bem como instruções que visem garantir uma ajuda imediata e apropriada às vítimas[517]. Contudo, apesar destas normas internacionais, ainda importa continuar o esforço de mudança, no âmbito da proteção policial da mulher vítima, sem olvidar a avaliação do risco do agressor em cenários de violência doméstica, algo que é pouco trabalhado. Na verdade, ao intervirmos junto dos agressores, também estamos a reforçar a proteção da vítima[518].

Em síntese, entendemos que, neste âmbito, existem vários desafios: em primeiro lugar, a conciliação de duas velocidades, *i.e.*, o ritmo da legislação e as representações sociais, através de uma educação para a não-violência e a igualdade de género. Neste domínio, a sociologia jurídica pode auxiliar o legislador, ao promover a divulgação dos novos diplomas, restabelecendo o contacto com a massa de não-juristas, mitigando as taxas de ineficácia ou a *alienação* do povo em relação ao Direito[519]. Um segundo desafio diz respeito à necessidade de se reforçar a formação policial, mormente nos cursos iniciais e na formação contínua e especializada. As atitudes e respostas da Polícia contribuem para a satisfação das vítimas com a instituição, aumentando a probabilidade de *empowerment*, através da sua capacitação para a melhoria da sua vida, cooperando na garantia da sua segurança, fornecendo informação, aconselhamento, suporte e encaminhamento à vítima[520]. Mas não podemos

Criança; regras 5, 8, 53 e 85 das *Regras Mínimas para o Tratamento dos Reclusos*; princípio 5, n.º 2 do *Conjunto de Princípios para a Proteção de Todas as Pessoas Sujeitas a Qualquer Forma de Detenção ou Prisão*; e regras 1 a 8 das *Regras Mínimas das Nações Unidas para a Administração da Justiça de Jovens.*

516 Resolução 34/169, oitavo parágrafo preambular, subparágrafo a); RMTR, regra 53.

517 Parágrafo 16 da *Declaração sobre as Vítimas.*

518 Lemos, Inês (2019). *Proteção policial da vítima: avaliação do risco do agressor em cenários de violência doméstica*, dissertação de mestrado integrado em Ciências Policiais. Lisboa: ISCPSI.

519 Alves, Sílvia (2019). *Lições Preliminares de Sociologia do Direito*, 1.ª reimpressão, pp. 42-43. Lisboa: AAFDL.

520 Sani, Ana e Morais, Cristina (2015). A Polícia no apoio às vítimas de violência de doméstica: estudo exploratório com polícias e vítimas. *Direito e Democracia*, 16 (1), jan./jun.,

esquecer que os polícias representam uma projeção do contexto social. Por isso, se desejamos polícias com uma visão renovada, tem de existir um maior enfoque na formação para que possam exercer a sua missão em plenitude junto das vítimas, em particular as mulheres. Neste domínio é também essencial a criação de fóruns obrigatórios e regulares, para que os polícias sejam *desviados* dos seus contextos profissionais de risco e incerteza, e encontrem um espaço interdisciplinar, amigável e dialogante; onde possam *aliviar* a pressão, desconstruir preconceitos e estereótipos e focar-se na construção objetiva da realidade, (re)centrando a visão institucional das mulheres à luz dos Direitos Humanos. O terceiro desafio diz respeito à necessidade de uniformização do modelo de intervenção em todo o território, que não é compatível com uma excessiva discricionariedade, nem pode estar dependente da sensibilidade dos comandantes territoriais. Urge, pois, definir uma estratégia indiferente a visões pessoais. No seguimento do terceiro desafio surge, por fim, a necessidade de reforçar a supervisão dos procedimentos no *terreno* para evitar que o espírito do legislador seja *desvirtuado* através de práticas que não correspondem aos anseios das cidadãs nas *vestes* de vítimas[521].

4.3. Polícia e LGBTQIA+

Na presente secção abordamos um tema que, ainda hoje, gera *desconforto* em algumas instituições e em franjas mais conservadoras da sociedade portuguesa. Contudo, nos últimos anos, têm surgido, em alguns pontos do mundo, mudanças legais que visam diminuir a discriminação baseada na orientação sexual e/ou na identidade de género, e o fim de episódios de homofobia, transfobia ou heterossexismo[522]. Na verdade, o respeito pelo princípio da igualdade representa um caminho, com avanços evidentes, em que a aceitação da diversidade deve ser percecionada com

pp. 5-18. Disponível em https://www.researchgate.net/publication/320673198_A_policia_no_apoio_as_vitimas_de_violencia_de_domestica_estudo_exploratorio_com_policias_e_vitimas (acesso em 27 de abril de 2022).

[521] Poiares, Nuno (2019). Violência doméstica e atividade policial. *Anatomia do Crime. Revista de Ciências Jurídico-Criminais*, 9, pp. 59-75. Lisboa: IDPCC-FDUL.

[522] Costa, Carlos Gonçalves, Pereira, Miguel; Oliveira, João Manuel de; e Nogueira, Conceição (2010). Capítulo 3. Imagens sociais das pessoas LGBT. *Estudo sobre a Discriminação em função da orientação sexual e da identidade de género*, 93-147. Lisboa: CIG.

naturalidade, desde que impere o respeito mútuo e não sejam impostos modelos atitudinais e comportamentais, que possam pôr em causa a progressiva e natural aceitação e a adesão das pessoas, cumprindo o espírito do artigo 1.º da Declaração Universal dos Direitos Humanos, cuja carta de princípios, determina que todos os seres humanos nascem livres e iguais em dignidade e em direitos e que, nos termos do art. 7.º, todos são iguais perante a lei e, sem distinção, têm direito a igual proteção da lei contra qualquer discriminação que viole a Declaração e contra qualquer incitamento a tal discriminação[523], porque, acima de tudo, os Direitos Humanos visam salvaguardar a dignidade de todas as pessoas, em todos os momentos e em todas as suas dimensões[524].

O Conselho de Direitos Humanos, no dia 17 de junho de 2011, adotou a Resolução A/HRC/17/19, a primeira resolução sobre *Direitos Humanos, Orientação Sexual e Identidade de Género*, que abriu caminho para o primeiro relatório oficial das Nações Unidas sobre o tema, elaborado pelo Alto Comissariado para os Direitos Humanos[525], que apresentou evidências de um padrão de violência sistemática e de discriminação dirigidas às pessoas em todas as regiões em razão da sua orientação sexual e identidade de género: desde discriminação no emprego, na assistência médica e educação, à criminalização, ataques físicos seletivos e homicídios; concluindo com um conjunto de recomendações dirigidas aos Estados para fortalecer a proteção dos Direitos Humanos de lésbicas, gays, bissexuais e transgénero[526].

No mesmo ano, foi aprovada a Resolução do Parlamento Europeu, de 28 de setembro de 2011, sobre *Direitos Humanos, Orientação Sexual e Identidade de Género*, que representa um importante marco simbólico, e que surgiu devido a numerosas violações ligadas à orientação e à identidade

[523] Miranda, Jorge (Org.) (1979). *Direitos do Homem: Declaração Universal. Pactos Internacionais. Convenção Europeia*, p. 15. Lisboa: Livraria Petrony.

[524] *Vide* https://gddc.ministeriopublico.pt/pagina/direitos-humanos (acesso em 15 de outubro de 2022).

[525] Relatório do Alto Comissariado das Nações Unidas para os DH, "Leis Discriminatórias, Práticas e Atos de Violência contra Indivíduos em Razão de sua Orientação Sexual e Identidade de Género" (A/HCR/19/41).

[526] Alto Comissariado das Nações Unidas para os Direitos Humanos (2013). *Nascidos Livres e Iguais. Orientação Sexual e Identidade de Género no Regime Internacional de Direitos Humanos*. Brasília.

sexual que ocorrem diariamente na União Europeia, bem como em países terceiros, algo que não desapareceu apesar das atrocidades ocorridas em vários momentos da história humana. A desumanização de lésbicas, gays, bissexuais e transgénero não desapareceu, por exemplo, com o fim do regime nazi, que prendeu cerca de 100.000 pessoas e enviou mais de 10.000 para os campos de concentração. Alguns argumentos contra os homossexuais, avançados nessa época, reapareceram no debate público, as pessoas trans são humilhadas, às quais são negados cuidados de saúde necessários ou confrontados por médicos que se opõem a tratamentos de mudança de sexo, e outros não podem alterar seu nome no passaporte ou no cartão de cidadão[527].

A homofobia pode ser definida como a hostilidade geral, psicológica ou social contra os indivíduos que, supostamente, sentem desejo ou têm práticas sexuais com indivíduos do mesmo sexo, *i.e.*, uma manifestação arbitrária que consiste em designar o outro como inferior ou anormal, entendido no sentido negativo e não como o que difere da norma institucionalizada[528]. De acordo com a ONG *Grupo Gay da Bahia*, no Brasil, a cada 28 horas um homossexual é assassinado por questões ligadas a sua orientação sexual e mais de 50% dos assassinatos de transexuais no mundo ocorreram no Brasil[529]. Acresce que diversos estudos sobre violência sexual não tiveram em consideração a sexualidade ou a identidade de género dos participantes, exceto o binário masculino-feminino, onde o sexo e a identidade de género são frequentemente confundidos[530], o que torna difícil avaliar a extensão da violência sexual vivenciada

[527] Hammarberg, Thomas (2008). *Droits de l'Homme en europe: la complaisance n'a pas sa place: Points de vue du Comissaire aux Droits de l'Homme du Conseil de l'Europe.* Conseil de l'Europe. Disponível em: https://rm.coe.int/droits-de-l-homme-en-europe-la-complaisance-n-a-pas-sa-place-points-de/16808d2518 (acesso em 11 de abril de 2022).

[528] Vendrame, Filipe (2015). *A Homofobia institucionalizada em Portugal e no Brasil,* trabalho final do curso de pós-graduação em Direitos Humanos, p. 4. Coimbra: IGC/CDH; e Casa-Nova, Maria José (2011). Da igualdade legal-formal à igualdade em exercício, *in* São José Almeida (2011), *Continuar a tentar pensar,* pp. 17-22. Lisboa: Sextante.

[529] Vendrame, Filipe (2015). *A Homofobia institucionalizada em Portugal e no Brasil,* trabalho final do curso de pós-graduação em Direitos Humanos, p. 4. Coimbra: IGC/CDH.

[530] Lhmond e Saurel-Cubizolles (2006); Todahl, Linville, Bustin, Wheeler e Gau (2009) *apud* Fileborn, Bianca (2012). Sexual violence and gay, lesbian, bisexual, trans, intersex, and queer communities, *ACSSA Resource Sheet.* Melbourne: Australian Institute of Family Studies.

pelas cidadãs e cidadãos LGBTQIA+[531]. Isto significa que, embora a maioria da investigação sobre violência sexual se tenha concentrado nas experiências de mulheres heterossexuais, os estudos têm destacado a ocorrência de violência sexual dentro e contra as comunidades gays, lésbicas, bissexuais, trans, intersexuais e queer; sugerindo que os membros destas comunidades enfrentam níveis significativos de abuso, assédio e violência sexual ou física: as mentalidades e as representações sociais não mudam (apenas) com a legislação. Impõe-se um trabalho complementar de desconstrução de preconceitos e estereótipos, algo que pode demorar décadas. Mas os sinais de mudança são uma evidência, inclusivamente por força da intervenção do Tribunal Europeu dos Direitos Humanos que condenou, por exemplo, a Suíça por ter devolvido um homossexual à Gâmbia: um cidadão gambiano, que chegou à Suíça em 2008, tinha pedido asilo, mas o pedido foi rejeitado porque as condições para os homossexuais tinham, supostamente, *melhorado* no seu país[532].

Portugal tem vindo a adotar várias medidas, desde logo por imposição constitucional, que visam garantir os direitos, liberdades e garantias das cidadãs e cidadãos *Lésbicas, Gays, Bissexuais, Trans e Intersexo*. De acordo com o presidente da *ILGA Portugal*, Portugal é o único país da União Europeia que firmou expressamente na Constituição o princípio da igualdade perante a orientação sexual, nos termos do artigo 13.º, n.º 2, *in fine*[533]. Nessa senda, destaca-se, em 2010, a promulgação da lei que permite o casamento entre pessoas do mesmo sexo[534], verificando-se uma tendência crescente relativamente aos casamentos entre pessoas

[531] Fileborn, Bianca (2012). Sexual violence and gay, lesbian, bisexual, trans, intersex, and queer communities, *ACSSA Resource Sheet*. Melbourne: Australian Institute of Family Studies.

[532] Tribunal Europeu dos Direitos Humanos condena Suíça por devolver homossexual à Gâmbia. *Observador*, 13 novembro, 2020. Disponível em: https://observador.pt/2020/11/17/tribunal-europeu-dos-direitos-humanos-condena-suica-por-devolver-homossexual-a-gambia/ (acesso em 31 de março de 2022).

[533] Vendrame, Filipe (2015). *A Homofobia institucionalizada em Portugal e no Brasil*, trabalho final do curso de pós-graduação em Direitos Humanos, p. 24. Coimbra: IGC/CDH. Nos termos do artigo 13.º, n.º 2 da Constituição da República Portuguesa, ninguém pode ser privilegiado, beneficiado, prejudicado, privado de qualquer direito ou isento de qualquer dever em razão de ascendência, sexo, raça, língua, território de origem, religião, convicções políticas ou ideológicas, instrução, situação económica, condição social ou orientação sexual.

[534] Lei n.º 9/2010 de 31 de maio. *Vide* https://www.cig.gov.pt/wp-content/uploads/2022/10/9_LGBTI-2022_04_22.pdf (acesso em 21 de outubro de 2022).

do mesmo sexo (exceto de 2019 a 2020) e o número de casamentos celebrados entre pessoas do sexo masculino ser superior aos casamentos celebrados entre pessoas do sexo feminino. No ano seguinte, em 2011, ocorreu a alteração da lei de identidade de género[535], verificando-se uma tendência crescente, a partir de 2018, de procedimentos de mudança da menção do sexo no registo civil e da alteração de nome próprio, para ambos os sexos. Por outro lado, o número de pessoas que, no registo civil, alterou a menção de sexo feminino para o masculino tem sido superior ao número de pessoas que o fez do sexo masculino para o feminino[536]. Mais tarde, em 2016, foi aprovada a lei da adoção por casais do mesmo sexo[537], assim como a alteração da lei que garante o acesso de todas as mulheres à procriação medicamente assistida[538]. Para além da efetivação de direitos formais, Portugal tem vindo a investir na criação de serviços e estruturas de apoio a vítimas LGBTQIA+ e na formação de agentes de intervenção especializados[539]. Mais tarde, no dia 21 de maio de 2018, foi aprovada a Resolução do Conselho de Ministros n.º 61/2018, que apresentou a *Estratégia Nacional para a Igualdade e a Não-Discriminação – Portugal + Igual*, cuja preocupação central é a eliminação dos estereótipos, plasmada em três Planos de Ação a prosseguir até 2021: *Plano de Ação para a Igualdade entre Mulheres e Homens*; *Plano de Ação para a Prevenção e o combate à Violência contra as Mulheres e à Violência Doméstica* e o *Plano de ação para o combate à Discriminação em razão da Orientação Sexual, Identidade e Expressão de Género, e Características Sexuais*. Posteriormente, a Lei n.º 38/2018, de 7 de agosto, consagrou o *direito à autodeterminação da identidade de género e expressão de género e à proteção das características sexuais de cada pessoa*, passando o procedimento de mudança da menção do sexo no registo civil, para pessoas de nacionalidade portuguesa e maiores de idade, a não exigir um relatório médico. Esta Lei prevê ainda que menores, entre 16 e os 18 anos de idade, através de representantes legais, possam solicitar a mudança de menção do sexo e nome no registo

[535] Lei n.º 7/2011 de 15 de março.

[536] *In* https://www.cig.gov.pt/wp-content/uploads/2022/10/9_LGBTI-2022_04_22.pdf (acesso em 21 de outubro de 2022).

[537] Lei n.º 2/2016 de 29 de fevereiro.

[538] Lei n.º 17/2016 de 20 de junho.

[539] Neves, Ana Sofia (2019). A Intervenção Profissional junto de vítimas de violência doméstica LGBT, *Psicologia & Sociedade*, 31, e184522, https://doi.org/10.1590/1807-0310/2019v31184522 (acesso em 14 de julho de 2022).

civil mediante comprovativo médico ou psicológico, que confirme o discernimento e a capacidade de decisão plena da pessoa menor e a sua vontade informada[540]. Acresce, ainda, a mudança de mentalidades que (também) tem ocorrido devido ao reconhecido esforço desenvolvido pelo movimento LGBTQIA+ numa relação de proximidade pedagógica com os *media* e demais agentes de mudança sociocultural[541], assim como o empenho assinalável da Comissão para a Cidadania e Igualdade de Género, *maxime* na promoção de boas práticas no atendimento a vítimas lésbicas, gays, bissexuais ou trans de violência doméstica[542].

Mas, apesar de todo este esforço, ainda se verifica uma ausência de medidas específicas de prevenção e combate à violência conjugal (*e.g.* lésbica), que contrasta com o que vem sendo feito noutros contextos geográficos desde a década de 1990[543]; e um desconhecimento por parte dos jovens sobre a violência doméstica em casais do mesmo sexo, em parte devido à sua escassa visibilidade ao nível dos *media*[544], apesar de existirem evidências de que os conteúdos de entretenimento, inclusivamente nas plataformas digitais, como a Netflix, podem alterar as perceções negativas relativamente a esta minoria, especialmente se forem entendidos como autênticos e se criarem gradualmente um grande envolvimento com a sua audiência[545].

[540] *In* https://www.cig.gov.pt/wp-content/uploads/2022/10/9_LGBTI-2022_04_22.pdf (acesso em 21 de outubro de 2022).

[541] Santos, Ana Cristina (2009). De objeto a sujeito? Olhares mediáticos sobre o ativismo LGBT português, *Media & Jornalismo,* 15, pp 69-82. Lisboa. Disponível em: http://fabricadesites.fcsh.unl.pt/polocicdigital/wp-content/uploads/sites/8/2017/04/15artigo5-1.pdf (acesso em 19 de julho de 2022).

[542] Moleiro, Carla; Pinto, Nuno; Oliveira, João Manuel de; e Santos, Maria Helena (2016). *Violência Doméstica: Boas práticas no apoio a vítimas LGBT – Guia de Boas Práticas para Profissionais de Estruturas de Apoio a Vítimas.* Lisboa: Centro de Investigação e Intervenção Social do ISCTE-IUL.

[543] Santos, Ana Cristina (2012). 'Entre duas mulheres isso não acontece' – Um estudo exploratório sobre violência conjugal lésbica, *Revista Crítica de Ciências Sociais,* 98, pp. 3-24. Coimbra: CES-UC. Disponível em: http://journals.openedition.org/rccs/4988; DOI: 10.4000/rccs.4988 (acesso em 20 de julho de 2022).

[544] Gonçalves, Bruna (2016). *Quanto mais me bates menos gosto de ti: Estudo sobre as representações sociais da violência doméstica em casais do mesmo sexo,* dissertação de mestrado em Sociologia. Porto: Faculdade de Letras da U. Porto.

[545] Gaspar, Mariana (2019). *O Marketing Social como Estratégia de Mudança de Comportamentos Discriminatórios face à Comunidade LGBT: o caso da websérie Casa do Cais,* dissertação de mestrado em Gestão de Marketing. Porto: IPAM.

No ano de 2014, foram reportadas 426 denúncias de crimes de ódio contra homossexuais, bissexuais e transgéneros, em Portugal, de acordo com os dados do *Observatório da Discriminação em função da Orientação Sexual e Identidade de Género*, pertencente à ILGA Portugal[546]. No ano de 2019, o Observatório recebeu um total de 171 denúncias, sob a forma de questionários confidenciais e anónimos. Todas as situações se referiam a ocorrências resultantes de preconceito, discriminação e violência em função da orientação sexual, identidade de género, expressão de género ou características sexuais, reais ou presumidas, das vítimas. As vítimas que se identificam ou são identificadas como homens, à semelhança do ocorrido em anos anteriores, representam a maior parte dos casos denunciados (43,98%), seguindo-se as mulheres (15,06%), depois as mulheres trans (7,23%) e, por fim, os homens trans (6,02%). Pela primeira vez, o Observatório recebeu denúncias de pessoas intersexo (3,01%). No seu sétimo ano consecutivo de atividade, o Observatório registou um ligeiro decréscimo do volume de denúncias (186 em 2018 para 171 em 2019). A Associação ILGA Portugal reconhece que estes números representam de forma muito parcial uma realidade onde as oportunidades de acesso a informação fidedigna, apoio, profissionais com formação adequada, redes de suporte e muitos outros recursos frequentemente escasseiam, acrescentando vulnerabilidades cuja invisibilidade se deve a essa sobreposição de formas diversificadas de discriminação, e onde a orientação sexual, a identidade e a expressão de género e as características sexuais influenciam com frequência o universo de possibilidades, o que se traduz por vezes em experiências negativas e, muitas vezes, de uma gravidade chocante[547]. Neste âmbito, importa referir que o Conselho dos Direitos Humanos das Nações Unidas, no ano de 2020, recomendou, a Portugal, o fortalecimento das medidas para acabar com a prática de atos médicos irreversíveis, especialmente operações cirúrgicas, em crianças intersexuais que ainda não são capazes de

[546] ILGA Portugal (2015a). *Números da Violência contra as Pessoas LGBT 2014*, Observatório da Discriminação em função da orientação sexual e identidade de género. Lisboa: ILGA Portugal; Vendrame, Filipe (2015). *A Homofobia institucionalizada em Portugal e no Brasil*, trabalho final da pós-graduação em DH, p. 4. Coimbra: IGC/CDH.

[547] ILGA Portugal (2020). *Relatório Anual 2019 Discriminação Contra Pessoas LGBTI+*, Observatório da Discriminação contra as Pessoas LGBTI+. Lisboa: ILGA Portugal.

dar o seu consentimento livre e informado, exceto nos casos em que tais intervenções são absolutamente necessárias por razões médicas[548].

Curiosamente, quando se pensa na designação internacional mais adequada para referirmos a comunidade LGBTQIA+, chegamos à conclusão de que não existe um consenso. E Portugal não é exceção. Os documentos formais portugueses de políticas públicas nestas matérias, como a *Estratégia Nacional para a Igualdade e a Não-Discriminação – Portugal + Igual* e o *Plano de Ação para o Combate à Discriminação em razão da Orientação Sexual, Identidade e Expressão de Género, e Características Sexuais*, utilizam a sigla LGBTI. A associação Plano i[549] também utiliza a sigla LGBTI quando se refere a projetos financiados pelo Governo Português, mas recorre frequentemente à sigla LGBTI+ por considera-la mais inclusiva e universal. Contudo, verifica-se que é cada vez mais visível a sigla LGBTQIA+, enquanto conceito mais abrangente, o que levou o autor destas linhas a optar por essa menção. O termo LGBT refere-se ao movimento lésbicas, gays, bissexuais e transgéneros (travestis, transexuais e transgéneros), mas pode assumir outros formatos, com a inversão da ordem das letras, duplicação do "t" para agregar outras identidades (o I de intersexual ou o Q de *Queer*) ou o aparecimento de um + como sinal de agrupamento depois da sigla. A denominação está, assim, em aberto, sujeita a contestações, variações e mudanças[550]. Por outro lado, a definição da comunidade LGBTQIA+ como uma minoria não é totalmente clarificada, uma vez que não existe uma definição universalmente consensual de minoria, pois varia em função da ciência que a categoriza[551].

Neste contexto específico, torna-se relevante analisar o modo como as forças policiais lidam com a diversidade. Nos Estados Unidos da

[548] United Nations. Human Rights Committee (2020). *Concluding observations on the fifth periodic report of Portugal.* Disponível em: file:///C:/Users/100218/Downloads/CCPR_C_PRT_CO_5-EN.pdf (acesso 18 de abril 2022).

[549] *Vide* https://www.associacaoplanoi.org/ (acesso em 20 de outubro de 2022).

[550] Garcia, Tamires de Oliveira (2019). *Política Criminal e Violência contra a População LGBT: um estudo com a Polícia Civil e Movimentos Sociais em Porto Alegre.* Canoas, RS: Universidade La Salle – Editora Unilasalle.

[551] Vendrame, Filipe (2015). *A Homofobia institucionalizada em Portugal e no Brasil,* trabalho final da pós-graduação em Direitos Humanos, pp. 4-5. Coimbra: IGC/CDH; e Moreira, Vital e Gomes, Carla de Marcelino (2014). *Compreender os Direitos Humanos: Manual de educação para os direitos humanos,* p. 471. Coimbra: Coimbra Editora.

América, por exemplo, vivem mais de 11 milhões de indivíduos autoidentificados como lésbicas, gays, bissexuais e transgénero. A comunidade LGBTQIA+ aumentou consideravelmente na última década com o impulso das gerações mais jovens, mulheres, bissexuais e minorias raciais e étnicas. Atualmente, a maioria dos norte-americanos aprova os relacionamentos entre pessoas do mesmo sexo e apoia proteções legais para garantir as liberdades civis com base na orientação sexual e identidade de género, verificando-se diversas alterações na legislação[552]. Contudo, alguns estudos demonstram que continuam a existir maus tratos frequentes por parte de polícias e funcionários prisionais[553] e que os reclusos provenientes de minorias sexuais são mais propensas do que os detidos heterossexuais a sofrer uma agressão sexual[554], realidade que se verifica em vários países. Isto significa que, em regra, não existe um modelo consolidado de boas práticas de atuação policial, no domínio dos mecanismos de combate aos crimes de discriminação em razão da orientação sexual, o que leva a um desinteresse em relação às vítimas deste tipo legal de crime. Por isso, é necessário adotar medidas, nomeadamente, campanhas de *trust-building*, que procurem consciencializar a população sobre a temática e que fomentem a denúncia dos crimes desta natureza, junto da Polícia, que também deve adotar sistemas de apoio às vítimas, elevando o nível de confiança por parte dos cidadãos[555]. Os estudos sobre vítimas indicam que há uma enorme incidência de crimes violentos e assédio sexual entre os homossexuais, que uma

[552] National Academics of Sciences, Engineering and Medicine (2020). *Understanding the Well-Being of LGBTQI+ Populations*. Patterson, Charlotte J., Sepúlveda, Martín-José e White, Jordyn (ed.). Washington, DC: The National Academies Press. DOI: https://doi.org/10.17226/25877.

[553] Goldberg et al. (2019) *apud* National Academics of Sciences, Engineering and Medicine (2020). *Understanding the Well-Being of LGBTQI+ Populations*. Patterson, Charlotte J., Sepúlveda, Martín-José e White, Jordyn (ed.). Washington, DC: The National Academies Press. DOI: https://doi.org/10.17226/25877.

[554] Meyer et al. (2017); Wilson et al. (2017) *apud* National Academics of Sciences, Engineering and Medicine (2020). *Understanding the Well-Being of LGBTQI+ Populations*. Patterson, Charlotte J., Sepúlveda, Martín-José e White, Jordyn (ed.). Washington, DC: The National Academies Press. DOI: https://doi.org/10.17226/25877.

[555] Rocha, Ricardo F. (2018). *Direitos Fundamentais e a Não-Discriminação: Crimes de discriminação em razão da orientação sexual*, dissertação de Mestrado Integrado em Ciências Militares (Segurança). Lisboa: Academia Militar.

esmagadora maioria já tinha sido violentada verbalmente em público e que, em virtude de os homossexuais permanecerem estigmatizados e marginalizados em muitas sociedades, existe uma tendência a tratá-los como *merecedores* de ataques criminosos, em vez de vítimas inocentes. Considera-se que as relações homossexuais são algo do domínio privado, enquanto a heterossexualidade é a norma maioritária nos espaços públicos. Assim, os homens e mulheres homossexuais que se desviam deste *contrato*, assumindo a sua identidade em público, são acusados de contribuírem para a sua vulnerabilidade, como forma de provocação[556], apesar de ser algo cada vez mais normalizado em vários pontos do mundo. Por outro lado, também sabemos que os polícias representam uma projeção do contexto e, por isso, é *natural* que partilhem a mesma mundivisão dos seus concidadãos, relativamente à vitimação de pessoas LGBTQIA+, aspeto que importa ter sempre presente.

Por esse motivo, no dia 25 de novembro de 2022, aquando das comemorações do *Dia Internacional pela Eliminação da Violência contra as Mulheres*, a PSP realizou um Fórum Nacional sobre *Saúde Mental e Segurança na Violência Doméstica*, cujo painel II[557] introduziu, para debate e reflexão, o tema da violência doméstica no contexto da comunidade LGBTQIA+, perante mais de 400 polícias, provenientes de todo o país, e diversos representantes institucionais[558]; o que voltou a ocorrer no Fórum de Direitos Humanos, organizado pela Direção Nacional da PSP, no auditório do ISCPSI, no dia 12 de dezembro de 2023.

Por outro lado, com base nos dados disponíveis, entendemos que não existem evidências que comprovem, inequivocamente, a existência de uma dificuldade na integração da comunidade LGBTQIA+ na Polícia Portuguesa, apesar de, no ano de 2009, o Sindicato Unificado da PSP ter exigido, ao Ministério da Administração Interna, a previsão da não-

[556] Diane Richardson e Hazel May *apud* Giddens, Anthony (2009). *Sociologia*, 7.ª edição, pp. 230-231. Lisboa: Fundação Calouste Gulbenkian.

[557] Moderado pelo autor destas linhas.

[558] O painel foi moderado por Nuno Poiares (ISCPSI) e contou com os(as) seguintes oradores(as): Daniela Machado (psicóloga clínica e coordenadora do Programa Nacional de Prevenção da Violência no Ciclo de Vida, em representação da Direção Geral de Saúde), Hugo Guinote (oficial de direitos humanos e chefe da Divisão de Prevenção Pública e Proximidade do Departamento de Operações da Direção Nacional da PSP) e Marta Capinha (psicóloga clínica e investigadora do CINEICC da Universidade de Coimbra).

-discriminação por orientação sexual na revisão do Estatuto da PSP, ocorrida na altura[559], o que significa que importa ter um olhar atento e sensível sobre esta realidade. Acresce que, nos planos de estudos dos cursos de formação de agentes, chefes e oficiais da PSP[560], foram introduzidos conteúdos relacionados com as atitudes face à diferença e a igualdade de género, como as questões étnico-raciais, a realidade LGBTQIA+, a diversidade funcional e a violência doméstica, conforme se pode verificar, com maior detalhe, no capítulo 5, aquando da evolução do ensino policial. Relativamente ao princípio da igualdade, *maxime* a igualdade de género, os alunos são levados a debater os temas mais atuais, à luz dos Direitos Humanos, e informados, por exemplo, sobre as diversas respostas institucionais para as mulheres vítimas, mas também, em paralelo, a existência de uma casa-abrigo para homens vítimas, que começou a funcionar em 2016, ao abrigo de um projeto-piloto apresentado em Faro e assente numa carta de compromisso assinada entre o MAI e a Fundação António Silva Leal; e que existe uma casa-abrigo para pessoas LGBTQIA+, gerida pela Associação Plano i, que se chama Casa Arco-Íris, visando assegurar o acolhimento urgente e de curta duração a vítimas de violência doméstica, acompanhadas ou não de filhos menores ou maiores dependentes, em virtude de questões de segurança e/ou de risco de revitimização[561].

Acresce que a revitimação, que é denunciada por várias vítimas, não é um fenómeno exclusivo da Polícia: os magistrados judiciais e do Ministério Público, por exemplo, tendem a mostrar uma menor sensibilidade a algumas das dificuldades que as vítimas de violência doméstica em casais homossexuais enfrentam no pedido de apoio, manifestando um

[559] *In* https://www.jn.pt/nacional/policias-homossexuais-discriminados-pelo-ministerio-da-administracao-interna-1200474.html (acesso em 19 de julho de 2022); https://www.dn.pt/portugal/policia-gay-luta-pela-igualdade-na-instituicao-1251972.html (acesso em 19 de julho de 2022).

[560] *E.g.*, no 4.º ano do Curso de Formação de Oficiais de Polícia (mestrado em Segurança Pública) os cadetes-alunos têm de frequentar a UC de *Temas Policiais Contemporâneos*, onde são levados a refletir e a debater um dos conteúdos programáticos obrigatórios: *CP7 – LGBTQIA+, Atuação Policial e Direitos Humanos*.

[561] Poiares, Nuno (2019). Violência doméstica e atividade policial. *Anatomia do Crime. Revista de Ciências Jurídico-Criminais*, 9, pp. 59-75. Lisboa: IDPCC-FDUL. *Vide* https://dezanove.pt/nasce-primeira-casa-abrigo-para-pessoas-1174595 (acesso em 19 de julho de 2022).

menor conhecimento das dinâmicas de violência e vitimização[562]; assim como também nas instituições na área da saúde. É inquestionável que ser-se lésbica, gay, bissexual ou trans não pode constituir em si mesmo uma barreira no acesso à saúde, mas a investigação e as evidências empíricas demonstram o contrário[563]. Estudos recentes demonstram que a frequência de violência entre casais homoafetivos é próxima da frequência entre casais heteroafetivos, *i.e.*, a violência na intimidade entre casais de pessoas do mesmo sexo é semelhante, em termos de caraterísticas, à violência praticada entre casais de pessoas de sexo diferente. A diferença que mais se destaca entre essas relações é o preconceito sexual (a dupla estigmatização, invisibilidade e isolamento), contribuindo para uma ocultação da violência entre esses casais, além de manter impune e reforçar a violência[564]. Acresce que as pessoas LGBTQIA+ vítimas de violência doméstica são, não raras vezes, sujeitas à revitimação, pelo facto de serem lésbicas, gays, bissexuais e trans[565], na medida em que o género influencia a forma como as vítimas e terceiros percecionam esta forma de violência[566], cujas vulnerabilidades tornam a intervenção dos

562 Topa, Maria Helena da Cunha Pedrosa (2009). *Violência Doméstica em casais homossexuais: das representações sociais dos profissionais que trabalham com vítimas à vivência das vítimas*, dissertação de mestrado integrado em Psicologia (Psicologia Clínica e da Saúde). Porto: FPCE-UP; Reis, Ana Sofia Carva Lopes dos Santos (2014), *Violência doméstica em casais homossexuais masculinos*, dissertação de mestrado em Psicologia Criminal. Lisboa: ISPA-IU.

563 Duarte, Marco J. Oliveira (2014). Diversidade sexual, políticas públicas e direitos humanos: saúde e cidadania LGBT em cena, *temporalis*, 14 (27), pp. 77-98, jan./jun. Brasília. DOI: https://doi.org/10.22422/2238-1856.2014v14n27p77-98 (acesso em 19 de julho de 2022); ILGA Portugal (2015b). *Saúde em Igualdade. Pelo acesso a cuidados de saúde adequados e competentes para pessoas lésbicas, gays, bissexuais e trans*. Lisboa: ILGA Portugal.

564 Reis da Luz, Rafael; Signorini Gonçalves, Hebe (2014). Violência doméstica entre casais homossexuais: a violência invisível. *Bagoas – Estudos gays: gêneros e sexualidades, [S. l.]*, 8 (11), pp. 79-99. Disponível em: https://periodicos.ufrn.br/bagoas/article/view/6544 (acesso em 14 de julho de 2022); Elísio, Rita; Neves, Sofia; Paulos, Rita (2018). A violência no namoro em casais do mesmo sexo: discursos de homens gays, *Revista Crítica de Ciências Sociais*, 117, pp. 4772. Coimbra: CES-UC.

565 *Fundamental Rights of the European Union* – 2014; Nogueira & Oliveira, 2010 *apud* Neves, Ana Sofia (2019). A Intervenção Profissional junto de vítimas de violência doméstica LGBT, *Psicologia & Sociedade*, 31, e184522, https://doi.org/10.1590/1807-0310/2019v31184522 (acesso em 14 de julho de 2022).

566 Barros, Isa Correia de; Sani, Ana; Santos, Luís (2019). "É igual, mas é diferente". Género e violência na intimidade entre pessoas do mesmo sexo, *Análise Social*, 1.º, 230, pp. 106-130. Lisboa: ICS-UL.

profissionais complexa, exigindo uma formação especializada e constante atualização[567]. Assim, apesar de existir uma sensibilização cada vez maior nos profissionais, a falta de informação entre as vítimas continua a ser evidente, o que comprova a necessidade de campanhas informativas sobre este tema, como já ocorre com a sensibilização realizada relativamente à mulher heterossexual[568].

Nessa medida, a Associação ILGA Portugal tem vindo a alertar para a necessidade de políticas ativas de combate ao preconceito homófobo em setores-chave para o funcionamento da democracia incluindo a saúde, a justiça e as forças e serviços de segurança, tendo lançado, em 2007, uma proposta de boas práticas para o relacionamento entre a Polícia e as cidadãs e os cidadãos LGBTQIA+, com um especial foco na especificidade dos crimes de ódio motivados por homofobia, mas também em boas práticas desenvolvidas no Reino Unido, cuja abordagem das Polícias inglesas se caracteriza por uma transformação das suas dinâmicas internas[569] e uma política de comunicação e proximidade com a

[567] Neves, Ana Sofia (2019). A Intervenção Profissional junto de vítimas de violência doméstica LGBT, *Psicologia & Sociedade*, 31, e184522, https://doi.org/10.1590/1807-0310/2019v31184522 (acesso em 14 de julho de 2022).

[568] Fernandes, Cátia Sofia R. (2016). *Violência nas relações de intimidade entre pessoas do mesmo sexo: Estudo exploratório sobre os mecanismos de apoio à vítima de violência na intimidade*, dissertação de mestrado em Sociologia. Coimbra: FEUC.

[569] A formação das/dos polícias para saberem lidar com as especificidades da comunidade LGBT; a definição de manuais de boas práticas para lidar com a comunidade LGBT, como o da Polícia de Merseyside (que é revisto anualmente); a criação de grupos de trabalho dedicados a questões LGBT, de que constituem exemplos o *Gay & Lesbian Working Group* da Polícia de Merseyside ou o grupo LGBT da *London Metropolitan Police*; o grupo LGBT da *London Metropolitan Police*, por exemplo, apoiou a implementação do *Civil Partnership Act* de 2004, *i.e.*, da legislação que regula as parcerias civis; a ACPO disponibiliza ainda um conjunto de boas práticas para a integração das/dos agentes LGBT no seio das próprias forças policiais; e existe ainda uma *Gay Police Association*, fundada em 1990 e atualmente reconhecida em todas as 52 polícias do Reino Unido, que tem por objetivos trabalhar para assegurar a igualdade de oportunidades das/dos polícias LGBT, oferecer aconselhamento e apoio a todas/os as/os polícias LGBT e promover um melhor relacionamento entre as forças policiais e a comunidade LGBT; paralelamente, a GPA desenvolve iniciativas de formação e sensibilização tanto ao nível das forças policiais como do governo em questões relacionadas com a orientação sexual e a atividade policial, incluindo desenvolvimento de políticas públicas, investigação de crimes de ódio por homofobia, apoio à vítima e às famílias e ainda ligação à comunidade *in* ILGA Portugal (2007). *Proposta de boas práticas para o relacionamento entre as forças e serviços*

comunidade LGBT[570]. Como resultado, em 2005 a *London Metropolitan Police* foi considerada a 30.ª organização do Reino Unido mais *gay friendly* em termos de ambiente de trabalho pelo *Stonewall Employers Equality Index*[571].

Em Portugal, em 2022[572], a presidente da Comissão para a Cidadania e a Igualdade de Género, serviço da administração direta do Estado[573] que tem a responsabilidade nacional pela promoção e defesa da igualdade entre mulheres e homens, e pela execução das políticas públicas no

de segurança portugueses e as cidadãs e os cidadãos LGBT. ILGA. Disponível em: https://www.ilga-portugal.pt/noticias/Noticias/BoasPraticas.pdf (acesso 18 de julho de 2022).

[570] O projeto *True Vision*, lançado em 2004, pretende melhorar o serviço prestado pela Polícia às minorias. Este projeto, ao qual aderiram 23 forças policiais, disponibiliza um serviço integrado com informação variada sobre crimes de ódio e facilita a denúncia. Por outro lado, muitas forças policiais dispõem de páginas próprias nos seus websites dedicadas à relação com a comunidade LGBT e aos incidentes homófobos, informando sobre como lidar em situações de ataque ou de *bullying*, apelando à denúncia por forma a poder acompanhar a situação e agir em conformidade, assinalando as zonas de maior risco, etc. Estes websites disponibilizam estatísticas de incidentes homófobos, incluindo informações sobre os locais e o *modus operandi* dos agressores, o que permite aumentar o policiamento e alertar as potenciais vítimas sobre comportamentos a adotar para reduzir o risco (zonas e horas de maior perigo, comportamentos a evitar, etc.); uma característica da política de comunicação das polícias inglesas é a facilitação do processo de denúncia através: (1) da disponibilização de instalações reservadas, permitindo manter a privacidade e o anonimato do denunciante (2) da possibilidade de reportar os crimes *online* e (3) e da criação de linhas telefónicas para esse efeito. A denúncia de incidentes homófobos pode ajudar a vítima e permite à Polícia a definição de padrões dos crimes, facilitando a identificação dos criminosos e o combate ao crime; existem ainda casos de celebração de acordos com ONG por forma a prestar apoio psicológico às vítimas de crimes de ódio motivados por homofobia; e a nomeação de polícias responsáveis por fazer a ponte com a comunidade LGBT em cada localidade e de acompanhar as vítimas de crimes de ódio motivados por homofobia (*hate crime officers*) *in* ILGA Portugal (2007). *Proposta de boas práticas para o relacionamento entre as forças e serviços de segurança portugueses e as cidadãs e os cidadãos LGBT.* ILGA. Disponível em: https://www.ilga-portugal.pt/noticias/Noticias/BoasPraticas.pdf (acesso em 18 de julho de 2022).

[571] ILGA Portugal (2007). *Proposta de boas práticas para o relacionamento entre as forças e serviços de segurança portugueses e as cidadãs e os cidadãos LGBT.* Disponível em: https://www.ilga-portugal.pt/noticias/Noticias/BoasPraticas.pdf (acesso em 18 de julho de 2022).

[572] *In* https://www.rtp.pt/madeira/sociedade/policias-vao-ter-formacao-sobre-direitos-lgbtiq_93801 (acesso em 18 de maio de 2022).

[573] A sua atual orgânica foi estabelecida pelo Decreto Regulamentar n.º 1/2012, de 3 de janeiro.

domínio da cidadania e da promoção e defesa da igualdade de género[574], anunciou que os profissionais dos órgãos de polícia criminal vão receber formação sobre direitos das cidadãs e dos cidadãos LGBTQIA+[575], uma iniciativa que será alargada a todos os funcionários públicos. A formação para os OPC foi protocolada em 2021 entre a CIG e estes universos estratégicos porque têm contacto com o público e porque importa capacitá-los para poderem identificar situações de risco e de discriminação, e não terem atitudes discriminatórias. A responsável destacou que a guerra na Ucrânia também foi considerada, pois, com a chegada a Portugal de refugiados, eventualmente, aumentará o número de pessoas da comunidade LGBTQIA+ e, por isso, vai ser criado um módulo para o acolhimento. Segundo a presidente da CIG, este é um protocolo a longo prazo, que pressupõe a formação contínua de milhares de pessoas, atendendo ao facto de existirem poucas denúncias por parte da comunidade LGBTQIA+, um fenómeno que deve ser questionado quantos aos motivos, uma vez que há a noção de existe um icebergue submerso nesta matéria: se não há confiança para apresentar denúncia, então importa que as autoridades estejam disponíveis para que essas queixas-crime surjam, capacitando e sensibilizando a Administração Pública para a igualdade e a diversidade, razão pela qual esta formação também será implementada na área da saúde e educação. Esperemos que um dia, o processo civilizacional nos conduza até uma nova *Era*, em que não precisemos de *siglas* para defender, afirmar e, acima de tudo, respeitar os direitos de todas as pessoas humanas.

4.4. Polícia e Saúde Mental

A presente secção versa sobre a relação entre a Polícia e os cidadãos com problemas de saúde mental, principal causa de incapacidade e morbilidade na sociedade hodierna, por forma a aferirmos os desafios que se colocam às forças de segurança, sobretudo porque se trata de uma problemática com implicações sociais, psicológicas, económicas, familiares, jurídicas e securitárias, que podem resultar em estereótipos ou comportamentos discriminatórios, em particular no contexto do internamento

[574] *In* https://www.cig.gov.pt/area-a-cig/enquadramento/ (acesso em 21 de outubro de 2022).

[575] Lésbicas, Gays, Bissexuais, Trans, Intersexo, Queer.

compulsivo e/ou de urgência, atendendo que a Polícia é, recorrentemente, chamada a intervir na resolução de múltiplas ocorrências e aquando de pedidos de colaboração por parte das autoridades judiciárias e de saúde[576]. A saúde mental é uma das áreas de intervenção que exige uma especial atenção por parte da Polícia. Desde logo porque, em regra, os polícias não são treinados para identificar ou responder a ocorrências de crise de saúde mental e, por vezes, não conseguem identificar as pessoas com doença mental ou, quando são confrontados com uma ocorrência neste âmbito, tentam internar o cidadão, o que nem sempre corresponde à resposta adequada. O termo *deficiência mental* é usado para descrever uma variedade de condições, que influenciam o comportamento de uma pessoa e/ou como a mesma perceciona o mundo. Algumas condições mentais são crónicas e podem variar de intensidade no tempo ou podem apresentar-se sem quaisquer influências exógenas. Acresce que uma pessoa mentalmente doente é alguém que, por vezes, é abandonada na rua, ou põe em causa a tranquilidade pública, ou pode ser vítima por parte de terceiros, o que representa um desafio para a Polícia, a par da execução dos internamentos de urgência[577].

Assim, atendendo ao crescendo de problemas de saúde mental em termos mundiais, a ONU, no ano de 2006, aprovou a *Convenção sobre os Direitos das Pessoas com Deficiência*, aprovada pela Resolução da Assembleia da República n.º 56/2009, de 30 de julho, e ratificada pelo Decreto do Presidente da República n.º 71/2009, de 30 de julho. A Convenção foi desenvolvida pelo Protocolo Opcional, adotado em Nova Iorque em 30 de março de 2007, aprovado pela Resolução da Assembleia da República n.º 57/2009, de 30 de julho, constituindo-se um marco histórico na garantia e promoção dos Direitos Humanos de todos os cidadãos e, em particular, das pessoas com deficiência, reafirmando-se os princípios universais em que se baseia – *Dignidade, Igualdade e Não Discriminação* – definindo as obrigações gerais dos Estados relativas à integração das várias dimensões da deficiência nas suas políticas, bem como as obrigações

[576] Poiares, Nuno (2018b). Serviço Policial e Direito da Saúde, *Pensar Enfermagem*, pp. 75-84, 22 (1). Lisboa: UI&DE – ESEL.

[577] Bahora, M., Hanafi, S., Chien, V., & Compton, M. (2008). Mental Disability and Police Intervention. Preliminary Evidence of Effects of Crisis Intervention Team Training on Self-Efficacy and Social Distance. *Administration and Policy in Mental Health*, 35 (3), pp. 159-167.

relativas à sensibilização da sociedade para a deficiência, ao combate a estereótipos e à valorização das pessoas com deficiência[578].

As pessoas com deficiência, nos termos do art. 1.º da Convenção, são aquelas que têm incapacidades duradouras físicas, mentais, intelectuais ou sensoriais, que em interação com várias barreiras podem impedir a sua plena e efetiva participação na sociedade em condições de igualdade com os outros. A discriminação com base na deficiência, à luz do art. 2.º, designa qualquer distinção, exclusão ou restrição com base na deficiência que tenha como objetivo ou efeito impedir ou anular o reconhecimento, gozo ou exercício, em condições de igualdade com os outros, de todos os Direitos Humanos e liberdades fundamentais no campo político, económico, social, cultural, civil ou de qualquer outra natureza, incluindo a negação de adaptações razoáveis. Os Estados devem, assim, reconhecer que todas as pessoas são iguais perante e nos termos da lei e que têm direito, sem qualquer discriminação, a igual proteção e benefício da lei (art. 5.º, n.º 1); proibir toda a discriminação com base na deficiência e garantir às pessoas com deficiência proteção jurídica igual e efetiva contra a discriminação de qualquer natureza (art. 5.º, n.º 2); assegurar o acesso efetivo à justiça para pessoas com deficiência, em condições de igualdade com as demais, incluindo através do fornecimento de adaptações processuais e adequadas à idade, de modo a facilitar o seu papel efetivo enquanto participantes diretos e indiretos, incluindo na qualidade de testemunhas, em todos os processos judiciais, como a fase de investigação e outras fases preliminares (art. 13.º, n.º 1) e, de modo a garantir o acesso à justiça para as pessoas com deficiência, os Estados devem promover a formação apropriada para aqueles que trabalham no campo da administração da justiça, incluindo a Polícia e o pessoal dos estabelecimentos prisionais (art. 13.º, n.º 2). Por fim, no domínio da liberdade e segurança, a Convenção estipula que os Estados devem assegurar que as pessoas com deficiência, em condições de igualdade com as demais, gozam do direito à liberdade e segurança individual; e não podem ser privadas da sua liberdade de forma ilegal ou arbitrária e que qualquer privação da liberdade deve ser em conformidade com a lei e

578 *In* https://www.inr.pt/convencao-sobre-os-direitos-das-pessoas-com-deficiencia (acesso 24 outubro 2022).

que a existência de uma deficiência não deverá, em caso algum, justificar a privação da liberdade (art. 14.º, n.º 1).

A atualidade do tema *sub judice* é crescente na sociedade portuguesa, em particular desde a publicação da Resolução do Conselho de Ministros que aprovou o *Plano Nacional de Saúde Mental – 2007/2016*, em março de 2008[579], dez anos após a publicação da primeira Lei de Saúde Mental[580], tendo sido determinado à Direção Geral da Saúde, na altura, para proceder a avaliação da implementação do PNSM para o período 2017-2020[581]. Mais tarde, foi aprovado o Despacho n.º 6401/2016, de 16 de maio, que criou o *Programa Nacional para a Saúde Mental*, entretanto extinto, com a nomeação da Coordenação Nacional das Políticas de Saúde Mental, através do Decreto-Lei n.º 113/2021 de 14 de dezembro[582], um dos Programas que foi considerado prioritário para a DGS, em articulação com o *Plano Nacional de Saúde 2021-2030: Saúde Sustentável de tod@s para tod@s*[583]. Este esforço do Estado apresenta uma concordância axiológica constitucional. Na verdade, nos termos do art. 9.º, alínea d) da Constituição, o Estado tem como tarefa fundamental promover o bem-estar e a qualidade de vida do povo, bem como a efetivação dos direitos sociais. Neste articulado encontramos vertidas as tarefas do Estado com força jurídico-constitucional, incluindo o direito à saúde, tendo este o dever de a defender e a desenvolver[584]. Nessa linha, vem o legislador constitucional originário, no domínio dos direitos e deveres sociais, referir que todos(as) têm direito à proteção da saúde e o dever

[579] *Vide* Resolução do Conselho de Ministros n.º 49/2008, de 6 de março, Diário da República n.º 47, 1.ª Série.

[580] Lei n.º 36/98, de 24 de julho, alterada pela lei n.º 101/99, de 26 de julho, revogada pela Lei n.º 35/2023, de 21 de julho.

[581] *Vide* Despacho n.º 1490/2017, de 2 de fevereiro, Diário da República n.º 32, Série II, 14.02.2017. 1 – A DGS procede até 30 de abril de 2017, à avaliação da implementação do PNSM 2007-2016, a qual pode ser efetuada em parceria com entidades externas. 2 – A DGS promove até 31 de maio de 2017, à atualização do PNSM para o período 2017-2020, alinhada com o Plano Nacional de Saúde e com as propostas do Grupo de Trabalho criado pelo Despacho n.º 13278/2016, de 31 de outubro de 2016, publicado no DR, 2.ª série, de 7 de novembro.

[582] *In* https://saudemental.min-saude.pt/programa-nacional-para-a-saude-mental/ (acesso em 26 outubro 2022).

[583] *Vide* https://pns.dgs.pt/plano-nacional-de-saude/ (acesso em 26 de outubro de 2022).

[584] Poiares, Nuno (2018b). Serviço Policial e Direito da Saúde, *Pensar Enfermagem*, pp. 75-84, 22 (1). Lisboa: ESEL.

de a defender e promover (direito subjetivo à saúde), conforme previsto no art. 64.º, n.º 1. O n.º 2 e 3 do mesmo articulado apresentam uma dimensão objetiva ou programática do direito à saúde, referindo que o direito à proteção da saúde é realizado através de um serviço de saúde universal e geral tendo em conta as condições económicas e sociais dos(as) cidadãos(ãs), tendencialmente gratuito; da criação de condições económicas, sociais e culturais e ambientais que garantam a proteção da infância, da juventude e da velhice, e pela melhoria sistemática das condições de vida e de trabalho, bem como pela promoção da cultura física e desportiva, escolar e popular, o desenvolvimento da educação sanitária do povo e das práticas de vida saudável e que incumbe prioritariamente ao Estado, entre outras medidas, garantir o acesso a todos(as) os(as) cidadãos(ãs) aos cuidados da medicina preventiva, curativa e de reabilitação, de onde se retira uma dimensão comunitária como o direito à defesa por parte do Estado no interesse público (saúde pública). Refere ainda a lei constitucional, no art. 71.º, n.º 1, que os(as) cidadãos(ãs) portadores(as) de deficiência física ou mental gozam plenamente dos direitos e estão sujeitos(as) aos deveres consignados na CRP, obrigando-se o Estado a realizar uma política nacional de prevenção e de tratamento, reabilitação e integração dos(as) cidadãos(ãs) portadores de deficiência e de apoio às suas famílias. Por outro lado, nos termos do art. 27.º, n.ºs 1 e 2, da Constituição, todos(as) têm direito à liberdade e à segurança e ninguém pode ser total ou parcialmente privado da liberdade, a não ser em consequência de sentença judicial condenatória pela prática de ato punido por lei com pena de prisão ou de aplicação judicial de medida de segurança. Contudo, excetuam-se deste princípio a privação da liberdade, pelo tempo e nas condições que a lei determinar, por exemplo, no internamento de portador(a) de anomalia psíquica em estabelecimento terapêutico adequado, decretado ou confirmado por autoridade judicial competente, nos termos do art. 27.º, n.º 3, alínea h). Acresce que, em caso de perigosidade baseada em grave anomalia psíquica, e na impossibilidade de terapêutica em meio aberto, poderão as medidas de segurança privativas da liberdade ser prorrogadas sucessivamente enquanto tal estado se mantiver, mas sempre mediante decisão judicial, cf. art. 30.º, n.º 2 da Constituição[585]. Contudo, apesar desta

[585] Poiares, Nuno (2018b). Serviço Policial e Direito da Saúde, *Pensar Enfermagem*, pp. 75-84, 22 (1). Lisboa: ESEL.

proteção jurídica reforçada, o Comité dos Direitos Humanos das Nações Unidas, no ano de 2020, recomendou, a Portugal, que devia prosseguir os seus esforços para colmatar as lacunas e atrasos na concessão de prestações sociais às pessoas com deficiência, designadamente através da atribuição de recursos financeiros e humanos suficientes aos departamentos competentes; assegurar que os tratamentos médicos ou as intervenções cirúrgicas que envolvam pessoas com deficiência privadas da sua capacidade jurídica sejam compatíveis com a necessidade de envidar todos os esforços para obter o consentimento livre, prévio e informado das pessoas interessadas e sejam realizadas de acordo com garantias legais e processuais apropriadas; que qualquer abuso seja efetivamente investigado e processado; e que não se discrimine as pessoas com deficiência mental, deficiências intelectuais ou psicossociais, negando-lhes o direito de voto por motivos sem uma relação razoável e objetiva com a sua capacidade de votar[586].

Neste domínio, importa analisar a complexidade inerente ao internamento para tratamento involuntário, enquanto tratamento decretado ou confirmado por autoridade judicial, em ambulatório ou em internamento, abordagem conceptual introduzida pelo art. 2.º, al. b), da Lei de Saúde Mental, aprovada pela Lei n.º 35/2023, de 21 de julho, que, entre outras alterações, *afastou* o conceito de internamento compulsivo, até então em vigor por via da Lei n.º 36/98, de 24 de julho, entretanto revogada. A LSM, que entrou em vigor em 2023, veio reforçar o princípio de que as medidas coercivas, na prestação de cuidados de saúde mental, só podem ser usadas na medida do estritamente necessário para prevenir ofensa grave e iminente ao corpo ou à saúde da pessoa carecida desses cuidados ou de terceiro, só podendo ser utilizadas como *ultima ratio* e por um período limitado à sua estrita necessidade (art. 11.º da LSM). O tratamento involuntário deve, ainda, ser orientado para a recuperação integral da pessoa, mediante intervenção terapêutica psicossocial (art. 14.º) e só pode ocorrer mediante o preenchimento de um conjunto de pressupostos cumulativos vertidos no art. 15.º da LSM, *i.e.*, a existência de doença mental, a finalidade do tratamento; a recusa do tratamento

[586] United Nations Rights Committee (2020). *Concluding observations on the fifth periodic report of Portugal.* Disponível em: file:///C:/Users/100218/Downloads/CCPR_C_PRT_CO_5-EN.pdf (acesso em 18 de abril de 2022).

medicamente prescrito, necessário para prevenir ou eliminar o perigo para bens jurídicos pessoais ou patrimoniais de terceiros, em razão da doença mental; e da recusa do tratamento ou do próprio, em razão da doença mental e da recusa do tratamento, quando a pessoa não possua o discernimento necessário para avaliar o sentido e o alcance do consentimento. Acresce que o tratamento involuntário só pode ter lugar se for a única forma de garantir o tratamento medicamente prescrito, adequado para prevenir ou elminar uma das situações referidas anteriormente e se for proporcional à gravidade da doença mental, ao grau de perigo e à relevância do bem jurídico.

Assim, na LSM de 2023, a palavra-chave é *tratamento involuntário*, com uma forte dimensão simbólica do novo paradigma jurídico e social da saúde mental em Portugal, em contraponto ao conceito de internamento compulsivo que *dominou* desde 1998, definindo-o como o internamento por decisão judicial do portador de anomalia psíquica grave. O internamento compulsivo também só podia ser determinado quando fosse a única forma de garantir a submissão a tratamento do internado e finda logo que cessassem os fundamentos que lhe deram causa (art. 8.º, n.º 1 da LSM de 1998). Acresce que também existiam requisitos que deviam ser verificados cumulativamente, conforme referia o art. 12.º, n.º 1, mormente: o portador de anomalia psíquica grave que crie, por força dela, uma situação de perigo para bens jurídicos, de relevante valor, próprios ou alheios, de natureza pessoal ou patrimonial, e recuse a submeter-se ao necessário tratamento médico pode ser internado em estabelecimento adequado. Assim, o n.º 1 aplicava-se aos doentes mentais que tinham discernimento para consentir o internamento, mas recusavam-no. O n.º 2 do mesmo artigo previa as situações em que a pessoa não tinha discernimento para consentir: *in casu* o tribunal supre o seu consentimento[587]. O art. 13.º da LSM de 1998 definia quem tinha legitimidade para requerer o internamento compulsivo, *maxime* o representante legal do portador de anomalia psíquica, qualquer pessoa com legitimidade para requerer a sua interdição, as autoridades de saúde pública e o MP. Estabelecia ainda o n.º 2 do mesmo artigo que, sempre

[587] Notas sobre a Lei de Saúde Mental – Lei n.º 36/98 de 24 de julho, p. 1, Juízos Criminais de Coimbra (2003). Poiares, Nuno (2018b). Serviço Policial e Direito da Saúde, *Pensar Enfermagem*, pp. 75-84, 22 (1). Lisboa: ESEL.

que algum médico verificasse no exercício das suas funções uma anomalia psíquica que justificasse o internamento compulsivo, podia comunicá-la à autoridade de saúde pública competente para efeitos de poder vir a ser determinado o internamento. O processo de internamento compulsivo, em matéria de natureza, é secreto, nos termos do art.º 36.º da LSM; tem a natureza urgente, pelo que é tramitado em férias judiciais; integra o catálogo dos processos a movimentar nos turnos de férias judiciais; é um processo de jurisdição voluntária; está isento de custas independentemente do estatuto do requerente; e existe uma comissão de acompanhamento a quem devem ser comunicadas as decisões de internamento compulsivo e com quem o internando tem o direito de comunicar, cf. previsto nos artigos 11.º, alínea g) e 38.º a 42.º da LSM de 1998[588].

Atualmente, nos termos do art. 16.º da LSM (2023), têm legitimidade para requerer o tratamento involuntário: o representante legal do menor; o acompanhante do maior, no âmbito das suas atribuições; qualquer pessoa com legitimidade para requerer o acompanhamento do maior, as autoridades de saúde, o Ministério Público; e o responsável clínico da unidade de internamento do serviço local ou regional de saúde mental ou estabelecimento de internamento, conforme os casos, quando no decurso do internamento voluntário se verifique uma das situações previstas na alínea c) do n.º 1 do art. 15.º da LSM. Neste contexto, e no quadro das suas atribuições, cabe à Polícia colaborar institucionalmente no âmbito da Lei de Saúde Mental, realidade à qual existe uma longa *relação* quando se pensa em determinados públicos vulneráveis, em particular os sem-abrigo, quando cabia à Polícia a gestão das designadas mitras (albergues), espaços para onde eram encaminhados indivíduos que se dedicavam à mendicidade, mas cujas configurações se inseriam, em muitos casos, em quadros de foro psiquiátrico. Campos (2016) recorda-nos que as políticas de repressão da mendicidade e vadiagem intensificaram-se com o surgimento do Estado Novo. Assumindo novos contornos, a Polícia assumiu um papel preponderante como a principal mediadora entre os sem-abrigo e a restante sociedade, para além das funções de assistência social. Na dependência da Polícia foram criados, em todas as cidades sede de distrito, albergues cuja função seria

[588] Notas sobre a Lei de Saúde Mental – Lei n.º 36/98 de 24 de julho, p. 12, Juízos Criminais de Coimbra (2003).

prevenir e reprimir a mendicidade. Surgindo os albergues de polícia, é inaugurada uma nova época no domínio da assistência social, com uma instituição estatal de caráter policial a assumir funções que tipicamente estavam adjudicadas às Misericórdias e associações religiosas[589].

Assim, nesta sede – internamento involuntário – as forças de segurança surgem com um papel de coadjuvação, nos termos do art. 24.º, n.º 1 da LSM, no seguimento do cumprimento da decisão de internamento, se solicitado pelo magistrado judicial que emite o mandado de condução com identificação da pessoa a internar, o qual deverá ser cumprido, sempre que possível, pelo serviço local ou regional de saúde mental responsável pelo internamento. Não sendo possível o cumprimento, nos termos do n.º 2 do art. 24.º da LSM, o mandado de condução pode ser cumprido pelas forças de segurança que, quando necessário, solicitam o apoio do serviço de saúde mental responsável pelo internamento, devendo o local de internamento ser comunicado ao familiar mais próximo que com o internado conviva, à pessoa que com ele viva em condições análogas às dos cônjuges ou à pessoa que tenha sido por ele indicada como pessoa de confiança (art. 24.º, n.º 3 da LSM de 2023). Contudo, o cumprimento desta matéria tem culminado, não raras vezes, em procedimentos tardios pelas forças policiais[590], o que levou a IGAI a recomendar às forças de segurança que, relativamente aos procedimentos a adotar no âmbito da execução de mandados de condução a estabelecimento hospitalar de portadores de anomalia psíquica grave, em prol de boas práticas no âmbito da aplicação da Convenção sobre Direitos das Pessoas com Deficiência, fossem emitidas orientações que tenham em conta a necessidade urgente do cumprimento imediato dos mandados[591].

[589] Campos, Rúben David Ferreira (2016). *Fui eu que chamei a polícia: os sem-abrigo entre o sentimento de insegurança e a utilidade social,* dissertação de mestrado em Ciências Policiais. Lisboa: ISCPSI; Poiares, Nuno (2018b). Serviço Policial e Direito da Saúde, *Pensar Enfermagem,* 22 (1), pp. 75-84. Lisboa: ESEL.

[590] Devido, muitas das vezes, à falta de recursos humanos ou materiais disponíveis para o cumprimento imediato dos mandados, o que pode conduzir a cenários com um fim dramático como, *e.g.*, um cidadão portador de anomalia psíquica que põe termo à vida, do próprio ou de outrem, e se comprova que essa morte podia ter sido evitada, se a força de segurança tivesse executado o mandado de condução a estabelecimento hospitalar.

[591] *Vide* IGAI (2016). Recomendação IG-2/2016, *Cumprimento de mandado de condução a estabelecimento hospital de portador de deficiência psíquica grave,* 19 de julho de 2016. Lisboa: IGAI;

Por outro lado, excecionalmente, quando o perigo para bens jurídicos pessoais ou patrimoniais do próprio ou de terceiros seja iminente, nomeadamente por deterioração aguda do estado da pessoa com doença mental, pode haver lugar ao tratamento involuntário em internamento, *i.e.*, o internamento de urgência (art. 28.º da LSM). Nessa medida, os profissionais da GNR e da PSP a quem a lei reconheça a qualidade de autoridade de polícia ou as autoridades de saúde previstas na lei, podem determinar oficiosamente ou a requerimento, através de mandado, que a pessoa seja conduzida a serviço de urgência hospitalar com valência de psiquiatria (art. 29.º, n.º 1 da LSM). O mandado deve conter a assinatura da autoridade competente, a identificação da pessoa a conduzir e a indicação das razões que o fundamentam e é cumprido pelas forças de segurança, com o acompanhamento, sempre que possível, do serviço de urgência hospitalar (n.º 2 do mesmo artigo). Quando, pela situação de urgência e de perigo na demora, não seja possível a emissão prévia de mandado (circunstância que, no âmbito da atuação policial, é a que ocorre mais frequentemente), qualquer elemento de uma força de segurança conduz imediatamente o internando ao serviço de urgência hospitalar com valência de psiquiatria (n.º 3), devendo o agente lavrar auto em que discrimina os factos, bem como as circunstâncias de tempo e de lugar em que a mesma foi efetuada (n.º 4) e comunicar de imediato ao Ministério Público a condução do internando (n.º 5 do art. 29.º da LSM), sem prejuízo da ponderação de outros aspetos técnico-operacionais essenciais para uma adequada intervenção policial, humanista e sensível, com o mínimo de impacto junto do internando, da família e da comunidade[592].

Em países democráticos, as interações da Polícia com as pessoas que apresentam problemas de saúde mental são geralmente enquadradas legalmente, conferindo discricionariedade à Polícia e resultando em encaminhamentos para assistência e tratamento. Mas, com frequência, o resultado dessas interações não visa os necessários cuidados clínicos e conduz a um ciclo de internamento. Acresce que alguns estudos indi-

Poiares, Nuno (2018b). Serviço Policial e Direito da Saúde, *Pensar Enfermagem*, 22 (1), pp. 75-84. Lisboa: ESEL.

592 Para aprofundamento *vide* Poiares, Nuno (2018b). Serviço Policial e Direito da Saúde, *Pensar Enfermagem*, pp. 75-84, 22 (1). Lisboa: ESEL.

cam que a maioria dos polícias tem pouca ou nenhuma formação em relação à deficiência, ainda que a maioria esteja disposta a interagir socialmente com indivíduos com deficiência mental. Acresce que os polícias do sexo feminino têm atitudes positivas significativamente maiores em relação a indivíduos com deficiência[593] do que os polícias do sexo masculino; e os polícias brancos têm mais conhecimento sobre esses indivíduos do que aqueles de origens minoritárias[594]. Assim, no seguimento de uma iniciativa desenvolvida em Memphis, Tennessee, promovida há duas décadas, diversas Polícias, em vários pontos do mundo, criaram programas específicos com equipas de intervenção em crise para facilitar o contacto com doentes neste contexto, através da implementação de um programa de resposta de policiamento especializado, que melhorou as relações entre a Polícia e as pessoas doentes (*e.g.*, no Canadá); ou o desenvolvimento, na Austrália, de equipas policiais de intervenção de saúde mental, através de um programa específico assente num modelo de atuação que visou melhorar as práticas em ocorrências policiais com pessoas com doenças mentais. Para esse efeito, avançou-se com formação especializada, em diversos domínios, como a vitimação e as ofensas em contextos de doenças mentais graves, as intervenções em situações de crise de saúde mental, a política do uso da força que resulte (ou não) em morte; o policiamento comunitário e as pessoas com transtornos mentais; e o policiamento (genérico) junto de pessoas mentalmente doentes. A par destes temas, abordou-se a saúde mental dos polícias, em particular o suicídio, e os seus efeitos numa organização policial[595].

[593] Embora esses resultados sejam significativos, importa referir que o número de participantes do sexo feminino e minorias foi baixo para se poder generalizar *in* Eadens, Danielle M.; Cranston-Gingras, Ann; Dupoux, Errol; Eadens, Daniel W. (2016). Running head: Police Officer Perspectives on Intellectual Disability, *Policing: An International Journal of Police Strategies & Management*, 39, pp. 222-235.

[594] Eadens, Danielle M.; Cranston-Gingras, Ann; Dupoux, Errol; Eadens, Daniel W. (2016). Running head: Police Officer Perspectives on Intellectual Disability, *Policing: An International Journal of Police Strategies & Management*, 39, pp. 222-235; Bahora, M., Hanafi, S., Chien, V., & Compton, M. (2008). Mental Disability and Police Intervention. Preliminary Evidence of Effects of Crisis Intervention Team Training on Self-Efficacy and Social Distance. *Administration and Policy in Mental Health*, 35 (3), pp. 159-167.

[595] Chappell, Duncan (edit.) (2020). *Policing and the Mentally: International Perspectives.* Taylor & Francis Group, CRC Press. Routledge.

A saúde mental não é um problema que seja indiferente aos polícias. O fenómeno do suicídio tem desencadeado uma crescente preocupação académica e institucional, pois assiste-se a um aumento do número de suicídios, na sociedade em geral, mas também no universo policial, frequentemente com recurso à arma de serviço e no contexto de trabalho[596]. Em Portugal, no dia 28 de outubro de 2022, Anabela Cabral Ferreira, inspetora-geral da Administração Interna, afirmou que, atualmente, morrem mais polícias por suicídio do que no cumprimento do serviço, enfatizando a importância de uma maior atenção à saúde mental. No discurso proferido na conferência, em Lisboa, sobre controlo de conflitos e a *desescalada* no âmbito de intervenção policial, a dirigente máxima da IGAI lembrou que os(as) polícias são, por vezes, confrontados(as) com faltas de respeito, provocações e stress com um impacto na vida familiar. Por isso, reiterou a necessidade de preparar os(as) polícias para esta realidade, sem comprometerem a sua saúde mental[597]. Alguns estudos associam às consequências do *burnout* a resposta desadequada ao stress crónico no trabalho, onde os(as) polícias apresentam médias moderadas de stress operacional e organizacional e de *burnout*, e médias baixas de ideação suicida; mas são os polícias do sexo masculino, com menos habilitações, na posição de agente (categoria mais baixa da hierarquia policial) e a trabalhar por turnos em serviço operacional, que apresentam níveis mais elevados de stress/*burnout*[598]. Isto significa que é essencial aumentar o reconhecimento da atividade policial por parte da comunidade e melhorar as condições de trabalho dos(as) polícias, para garantir a sua saúde mental, tendo em consideração que a sua condição policial restringe o exercício de alguns direitos, nos termos previstos na Constituição e na lei[599]. Um(a) cidadão(a) polícia, com problemas de saúde mental, não tem o discernimento

[596] Leite, Rute Pereira (2021). *Stress (operacional/organizacional) e Burnout como preditores da Ideação Suicida nas Forças Policiais*, dissertação de Mestrado em Ciências Policiais (Gestão da Segurança). Lisboa: ISCPSI.

[597] *In* https://www.noticiasaominuto.com/pais/2101887/igai-alerta-que-mais-policias-morrem-por-suicidio-do-que-em-servico (acesso em 28 de outubro de 2022).

[598] Leite, Rute Pereira (2021). *Stress (operacional/organizacional) e Burnout como preditores da Ideação Suicida nas Forças Policiais*, dissertação de Mestrado em Ciências Policiais (Gestão da Segurança). Lisboa: ISCPSI.

[599] Nos termos do artigo 4.º do Decreto-Lei n.º 243/2015, de 19 de outubro.

necessário para gerir uma ocorrência de *crise*. Neste aspeto, é fundamental avançar com uma política de capacitação física, algo que nunca se concretizou, apesar da previsão no art. 15.º do Decreto-Lei n.º 243/2015, de 19 de outubro, cujo n.º 1 determina que os(as) polícias devem manter sempre as necessárias condições físicas e psíquicas exigíveis ao cumprimento da missão, referindo, o n.º 2, que cabe ao(à) diretor(a) nacional fixar a avaliação e a certificação dessas condições[600], o que nunca aconteceu até ao momento, exceto para os(as) polícias que exercem funções na Unidade Especial de Polícia[601]. Uma melhor condição física, assente em rotinas semanais de exercício, entre outras medidas, tem um impacto direto na saúde mental.

Mas, paralelamente, importa implementar equipas de intervenção em crise para colaborar com as famílias, as escolas e o sistema de saúde mental, que façam a triagem e forneçam formação e apoio contínuos a polícias especialmente treinados e munidos dos contatos úteis para encaminhar devidamente as pessoas com doenças mentais; e desenvolvam protocolos para consolidar o trabalho em parceria entre a Polícia e o sistema de saúde mental e os diversos mecanismos (in)formais disponíveis para resolver os conflitos emergentes no decurso da sua atividade[602], no estrito respeito pela *Convenção sobre os Direitos das Pessoas com Deficiência*, por forma a garantir, às pessoas com deficiência, proteção jurídica igual contra a discriminação, e assegurar o acesso à justiça, em condições de igualdade com os(as) demais cidadãos(ãs). Como evidência desta preocupação, a PSP realizou, no dia 25 de novembro de 2022, um Fórum Nacional de *Saúde Mental e Segurança na Violência Doméstica*, seminário de encerramento de um curso dirigido a profissionais daquela força de segurança.

[600] À semelhança do que ocorre nas Forças Armadas Portuguesas. A este propósito *vide* Malaquias, Eduardo Jorge (2021). *Avaliação da aptidão física na PSP. A sua importância para os elementos policiais, especialmente com funções operacionais,* IV Curso de Comando e Direção Policial. Lisboa: ISCPSI.

[601] A UEP é composta pelo Corpo de Intervenção, Grupo de Operações Especiais, Corpo de Segurança Pessoal, Grupo Operacional Cinotécnico; e o Centro de Inativação de Engenhos Explosivos e Segurança em Subsolo.

[602] Bahora, M., Hanafi, S., Chien, V., & Compton, M. (2008). Mental Disability and Police Intervention. Preliminary Evidence of Effects of Crisis Intervention Team Training on Self-Efficacy and Social Distance. *Administration and Policy in Mental Health*, 35 (3), pp. 159-167.

5. A Prevenção de Manifestações de Discriminação na Polícia

O presente capítulo surge como corolário desta Obra – em síntese: é fundamental reprimir violações dos Direitos Humanos por parte de quaisquer cidadãos(ãs), sobretudo se forem polícias, enquanto legítimos aplicadores da lei e do uso da força, sendo necessário *pensar* na mitigação das circunstâncias, muitas das quais exógenas aos próprios polícias, que podem conduzir a atitudes e comportamentos discriminatórios. E, neste âmbito, a IGAI, desde a sua criação, tem liderado um processo de mudança, em particular desde o lançamento do *Plano de Prevenção de Manifestações de Discriminação nas Forças e Serviços de Segurança* (2021), alinhando-se com as melhores práticas internacionais e enquanto decorrência constitucional, atendendo que a proibição da discriminação é um princípio estrutural do Estado de Direito democrático. O art. 13.º da CRP consagra o princípio da igualdade, determinando que todos os cidadãos têm a mesma dignidade social e são iguais perante a lei e que ninguém pode ser privilegiado, beneficiado, prejudicado, privado de qualquer direito ou isento de qualquer dever, nomeadamente em razão de ascendência, sexo, raça, língua, território de origem, religião, convicções políticas ou ideológicas, instrução, situação económica, condição social ou orientação sexual. Este é o referencial normativo que o PPMD-FSS assume, a par do espírito vertido nos arts. 18.º e 27.º da CRP, ao consagrar exigências de proporcionalidade e de necessidade na restrição de direitos, no domínio do direito à liberdade e segurança[603].

No Reino Unido, por exemplo, tem havido um esforço objetivo, desde logo através do designado *Equality Act 2010*, no sentido de prevenir e combater a discriminação direta, em relação a pessoas com uma determinada característica, a discriminação associativa (discriminação direta contra alguém por estar associado a outra pessoa com uma característica protegida); a discriminação indireta, o assédio, a vitimização e a discriminação por perceção (discriminação direta contra alguém porque os outros entendem que ela tem uma característica protegida)[604]. A *Lei da*

[603] IGAI (2021). *Plano de Prevenção de Manifestações de Discriminação nas Forças e Serviços de Segurança*. Lisboa: IGAI.

[604] Hutton, Glenn, McKinnon, Gavin, Connor, Paul (2017). *Blackstone's Police Manual 2017: General Police* Duties, p. 334. UK: Oxford University Press. A este propósito *vide*, em particular pp. 329-342, onde são abordadas questões como a idade, as perturbações no âmbito da

Igualdade de 2010 fornece uma estrutura de proteção contra a discriminação, o assédio e a vitimização em serviços e funções públicas, assim como as principais premissas no trabalho, na educação, nas associações e nos transportes[605]. Também na Holanda, em fins do século XX, se reforçou o investimento no tema dos Direitos Humanos no âmbito da Polícia, assim como junto de académicos, professores e pessoas com acesso a recursos e participantes em programas de Direitos Humanos. Nesse domínio, entendeu-se aprofundar a ética no policiamento, a natureza dos Direitos Humanos e a sua proteção pelo Direito Internacional; a democracia e o Estado de Direito; os poderes e as funções de polícia e o respeito pelos Direitos Humanos, o uso da força, a prisão, a detenção, a busca e a vigilância; a prevenção e a deteção do crime; o auxílio e a assistência em emergências, o policiamento em tempos de tensão, os refugiados e os deslocados internos, a prevenção da discriminação, a realização dos Direitos Humanos através dos líderes policiais, e o desenvolvimento de exercícios de simulação onde fossem aplicados os princípios assimilados[606]. Em Espanha, as preocupações com os Direitos Humanos também têm sido uma preocupação central, em particular, os que apresentam uma relevância no quadro da atividade policial, *maxime* o direito à vida, a proibição da tortura, o direito à liberdade e à segurança, a relação entre a lei e as penas, o respeito pela vida privada e familiar, a liberdade de pensamento, de consciência e religiosa; a liberdade de expressão, de reunião e associação, a proibição de discriminação, a proibição ao abuso do Direito e as limitações à aplicação das restrições de direitos, a liberdade de circulação, a proibição de expulsão de cidadãos nacionais e de expulsões coletivas de estrangeiros, entre outros temas[607]. Acresce que a *Convenção Americana de Direitos Humanos,* adotada pelo Brasil e 24 países da Organização dos Estados Americanos, conhecida

saúde mental; o género; as relações matrimoniais e afins; a raça, a religião e crenças diversas; o sexo e a orientação sexual.

605 Hutton, Glenn, McKinnon, Gavin, Connor, Paul (2017). *Blackstone's Police Manual 2017: General Police* Duties, p. 329. UK: Oxford University Press.

606 Crawshaw, Ralph (1999). *Police and human rights: A manual for teachers, recourse persons and participants in human rights programmes.* The Hague: Kluwer Law International; Crawshaw, Ralph, Holmstrom, Leif (2001). *Essential Texts on Human Rights for the Police.* United Kingdom: Kluwer Law International.

607 Herrarte, Iñaki L. (2009). *Convenio Europeo de Derechos Humanos: comentario sistematico* (2.ª ed). Pamplona: Aranzadi.

como Pacto de São José da Costa Rica, e promulgada em 22 de novembro de 1969, através do seu art. 5.º, estipula que ninguém pode ser submetido a tortura, nem a penas ou tratamentos cruéis, desumanos ou degradantes, e que toda a pessoa privada da liberdade deve ser tratada com o respeito devido à dignidade inerente ao ser humano[608], princípios que foram introduzidos nos conteúdos ministrados em vários cursos policiais.

Mas destacam-se outras evidências do esforço desenvolvido no sentido de criar instrumentos orientadores em Direitos Humanos na formação policial[609], existindo diversos pontos comuns, em particular a consolidação e a reflexão dos valores ou princípios universais que devem orientar toda a atividade policial, surgindo a Ética e o princípio da igualdade como a base imprescindível e transversal[610]. A proteção de dados pessoais também tem sido um tema importante, desde a elaboração do primeiro instrumento pelo Conselho da Europa (Convenção n.º 108 de 1981), a par das Convenções Europol (1995), da Cooperação Aduaneira (1952) e Eurodac – *European Dactyloscopy* (2003), que tem por objetivo criar um sistema de prevenção da violação das disposições em matéria de asilo da Convenção (mais tarde designada como Regulamento) de Dublin (1990). Estes sistemas e a Convenção Schengen (assinada em 1985) surgiram para facilitar o intercâmbio de informação entre os serviços europeus de aplicação da lei e os órgãos administrativos, o que exigiu a criação de mecanismos que assegurassem a proteção da vida privada dos cidadãos europeus[611].

[608] Basso, Marco António (2007). *Tortura: evolução histórica, jurídica e social: a tutela do direito fundamental e a dignidade humana*, p. 172. São Paulo: Scortecci.

[609] *E.g.*, Council of Europe (1994). *Human Rights and the police*. Germany: Council of Europe; Organization for Security and Co-Operation in Europe (2012). *Guidelines on Human Rights education: For Law Enforcement Officials*. Office for Democratic Institutions and Human Rights. Varsóvia: OSCE/ODIHR.

[610] A este propósito *vide* Kolb, Robert (2014). *Advanced Introduction to International Humanitarian Law*. Cheltenham, UK – Northampton, MA, USA: Edward Elgar Publishing Limited. Robert Kolb explora o Direito Internacional Humanitário através de perguntas desafiadoras e controversas. O resultado é uma apresentação das incertezas, lacunas, controvérsias e problemas emergentes. O Direito Internacional Humanitário é revelado como um meio em constante adaptação a uma necessidade permanente de proteção em tempos de conflito armado.

[611] Elsen, Charles (1999). Sistemas de informação policial na União Europeia *in* Comissão Nacional de Proteção de Dados. *Os direitos dos cidadãos face aos sistemas de informação policial: colóquio*, pp. 111-112. Lisboa: CNPD.

Neste âmbito, Portugal não pode ficar indiferente. Segundo o ex-subinspetor-geral da IGAI, José Manuel Vilalonga, a Polícia é o *músculo* do Estado de Direito, composto por profissionais que, na sua ação, têm um tempo de reflexão muito limitado, importando, contudo, contrariar a desumanização e o enviesamento dos critérios de atuação[612]. Esse caráter repentino de algumas decisões torna-as mais suscetíveis a situações de discriminação, pela dificuldade de se obter enquadramento técnico e por emergirem preconceitos que conduzem, com alguma probabilidade, a situações de discriminação social negativa, o que, enquanto violação dos Direitos Humanos, gera discussão pública[613]. Contudo, como refere Rui Pereira (2020), tem de ser reconhecida à Polícia uma latitude mínima de atuação indispensável ao exercício de funções, que não se confunde com arbítrio ou discricionariedade, sem a qual se cai no risco de anomia na manutenção da ordem pública e na prevenção e repressão da criminalidade, com grave prejuízo para a defesa de bens jurídicos[614]. Por outro lado, importa que os polícias tenham consciência de que a perceção e a avaliação da realidade, por vezes, pode ser subjetiva; e que devem ter em consideração o efeito *rashomon*[615], *i.e.*, visões díspares do mesmo objeto em função do nosso posicionamento, formação, profissão, percurso de vida, motivações, preconceitos, estereótipos; e o contexto social, histórico, criminal, urbano, ideológico e político. O que significa que essa latitude mínima na intervenção deve ser ponderada com um enorme equilíbrio, sob pena de existir um choque com as representações da comunidade. Acresce que o discurso popular, por vezes, encara os Direitos Humanos como um instrumento a favor dos agentes do crime, prejudicando os *bons cidadãos*. Alguns autores defendem que a violência urbana tem crescido na Europa e que chegou o momento de abandonar a cultura da desculpabilização e da permissividade. Segundo

[612] Vilalonga, José Manuel (2022). Ação de Formação sobre Direitos Humanos, para os alunos do 3.º, 4.º e 5.º anos do Curso de Formação de Oficiais de Polícia, ministrada no dia 28 de março de 2022. Lisboa: ISCPSI.

[613] Carneiro, Beatriz da Costa (2022). *O Oficial de Direitos Humanos e a prevenção da discriminação nas Forças e Serviços de Segurança*, dissertação de mestrado integrado em Ciências Policiais, p. ii. Lisboa: ISCPSI.

[614] Pereira, Rui Carlos (2020). Dos crimes cometidos por agentes das forças de segurança no exercício de funções. *Anatomia do Crime*, 11, p. 15. Lisboa: IDPCC-FDUL.

[615] Ramos, Francisco Martins (1990). Vila Velha, Cutileiro e o Efeito Rashomon, *Economia e Sociologia*, 49, pp. 71-79. Évora: ISES.

esses autores, algumas democracias conseguiram extirpar este perigo interior preconizando a firmeza face aos criminosos, e que esse deve ser o caminho a adotar pelo nosso país para reencontrar a segurança[616]. Contudo, as Ciências Penais e os Direitos Humanos não são conceitos antagónicos. A razão de existir do Direito Penal, em sentido lato, é atuar como instrumento limitador do poder punitivo, *i.e.*, a Ciência Penal é o instrumento efetivo de tutela dos Direitos Humanos[617]. Em síntese, o controlo do exercício do poder é essencial para que este seja o exercício do poder democrático assente no respeito pelos direitos fundamentais dos(as) cidadãos(ãs), assegurando elevados níveis de segurança, o exercício da liberdade e, desse modo, maior qualidade de vida. Assim, quanto melhor for a ação policial, mais assegurados estão os direitos dos(as) cidadãos(ãs)[618].

5.1. Sistemas de Controlo da Atividade Policial em Portugal

Na presente secção elencamos os órgãos de controlo externo da atividade policial em Portugal, cuja existência é um imperativo pois zelam pela integral observância dos Direitos Humanos, corpo central do quadro normativo da atuação policial[619], apesar de reconhecermos que existem outros mecanismos, como o papel exercido pelos órgãos de comunicação social, assim como a sociedade civil, que pode dinamizar formas de controlo externo das atividades de segurança, juridicamente institucionalizadas em organizações de intervenção cívica para reavaliação dos *casos* de polícia. Cada cidadão é sujeito ativo e passivo dos Direitos Humanos, na medida em que, sendo deles titular, exige-se a sua observância e impõe-se a si mesmo observá-los. É nesta dimensão que importa

[616] Fenech, Georges (2001). *Tolerância Zero: acabar com a criminalidade e a violência urbana.* Mem-Martins: Editorial Inquérito.

[617] Canterji, Rafael B. (2008). *Política criminal e Direitos Humanos*, p. 67. Porto Alegre: Livraria do Advogado Ed.

[618] Blasco, Margarida (2018b). Os Direitos Fundamentais na formação dos atores judiciais. Direitos Humanos e Conduta Policial, as boas práticas e os padrões da Atuação Policial *in* IGAI (2018). *Coletânea de textos (Intervenções e Pareceres)*, pp. 7-69. Lisboa: IGAI.

[619] IGAI (2012). *1.ª Comissão de Assuntos Constitucionais, Direitos, Liberdades e Garantias.* Lisboa: Assembleia República. Disponível em: https://www.igai.pt/pt/Atividades/Intervencoes Participacoes/Documents/(2012-12-11)%20Audicao%20IG%20Comissao%20Assuntos%20 Constitucionais%20Direitos%20Liberdades.pdf#search=direitos%20humanos (acesso em 12 de abril de 2022).

perspetivar os sistemas de controlo da atividade policial: um controlo que não pode ser exclusivo do Estado, mas sobretudo dos cidadãos[620]. Um desses exemplos é o caso dos *Civilian Review Boards*, criados pelo poder legislativo em muitas cidades, a partir dos episódios policiais mediáticos ocorridos nos anos 1960 nos EUA, com o objetivo de manter a disciplina na Polícia, proporcionar uma resolução satisfatória das queixas, manter a confiança dos cidadãos em relação à Polícia e influenciar os seus dirigentes fornecendo-lhes o *feed-back* dos cidadãos. Este Conselho é uma entidade externa aos *Assuntos Internos* da Polícia e é composto por cidadãos externos aos departamentos policiais, nomeados pelo *Mayor* ou outros funcionários do governo que têm o dever de analisar as queixas e elaborar recomendações quanto à ação disciplinar, após a Polícia ter concluído a sua própria investigação[621]. Nas 50 maiores cidades foram identificados, em 1992, três tipos distintos de *Civilian review boards*: aqueles onde a instrução dos factos cabe aos cidadãos; aqueles em que a instrução dos factos é responsabilidade de agentes sob juramento; e aqueles em que a instrução dos factos e as consequentes recomendações são feitas por cidadãos a outros cidadãos que dispõem de autoridade para a decisão final[622].

Contudo, em Portugal, não existe essa cultura, apesar de entendermos que seria de ponderar essa possibilidade, através da criação de um *Conselho de Cidadãos* em cada distrito, com o papel de apreciação das ocorrências policiais, sem poder decisório, mas com capacidade de exercer magistratura de influência através de relatórios isentos e recomendações de ação para prevenir futuras violações dos Direitos Humanos, ainda que essa missão já se encontre prevista na esfera de atribuições da Provedoria de Justiça[623], por força do art. 23.º da Constituição, a quem cabe, sem poder decisório, apreciar as queixas apresentadas pelos cidadãos, por ações ou omissões dos poderes públicos, dirigindo aos órgãos

[620] Coelho, Jorge (1998). Sessão de Abertura, *in* IGAI (1998). *Direitos humanos e eficácia policial: Sistemas de Controlo da Atividade Policial: Seminário Internacional*, p. 14. Lisboa: IGAI.

[621] *In* https://www.usccr.gov/files/pubs/sac/wv0104/ch4.htm (acesso em 1 de novembro de 2022).

[622] Melo, António Moreira Barbosa (2005). Polícia, Segurança Interna e Direitos do Homem: como assegurar um controlo democrático justo e eficaz? *in* IGAI (2005). *Conferência Internacional: Direitos Humanos e Comportamento Policial*. Lisboa: IGAI.

[623] *Vide* https://www.provedor-jus.pt (acesso em 1 de novembro de 2022).

competentes as recomendações necessárias para prevenir e reparar injustiças; cuja atividade é independente dos meios graciosos e contenciosos previstos na Constituição e nas leis, sendo o seu titular designado pela Assembleia da República. Acresce que os órgãos e agentes da Administração Pública estão obrigados a cooperar com o Provedor de Justiça na realização da sua missão. Ainda assim, entendemos que um *Conselho de Cidadãos* especializado, aproveitando, porventura, as estruturas existentes nos Conselhos Municipais de Segurança, podia reforçar a prevenção de comportamentos discriminatórios e a violação de DH no âmbito da atividade policial e, por outro lado, teria, simultaneamente, a missão de salvaguardar a Polícia, sempre que se concluir não existir qualquer fundamento nas acusações proferidas e que a atuação policial foi legítima e balizada pela lei. A monitorização do respeito pelos Direitos Humanos requer procedimentos adequados para receber as denúncias sobre violações, mas também a capacidade de *defender* publicamente as cidadãs e os cidadãos que exercem funções na Polícia, contra denúncias infundadas ou meramente caluniosas. Este é um equilíbrio que deve surgir como uma preocupação permanente dos decisores políticos, sob pena de as forças de segurança continuarem a *perder* candidatos que queiram *vestir* um uniforme policial, com as *cores* dos Direitos Humanos, devido à ausência de condições atrativas. Mas isto não significa que a publicitação e a condenação dos violadores das normas jurídicas internacionais, europeias e internas (*naming* e *public shaming*) não sejam fundamentais para a monitorização do comportamento dos funcionários do Estado, em particular aqueles que aplicam e garantem o cumprimento da lei[624]. A mudança deve alcançar tanto a estrutura como o comportamento, precisa ser pró-ativa e não reativa[625]. Em regra, o uso da força tem apoio na lei e um fim legítimo. O que levanta problemas é o elemento da proporcionalidade, sendo natural que o recurso à utilização da força pela Polícia, seja constantemente avaliada criticamente pela opinião pública, conforme refere o ex-presidente da Comissão

[624] Pinto, Maria do Céu (2014). *As Nações Unidas e os desafios da governação global*, p. 33. Lisboa: Letras Itinerantes.

[625] Gouvêa, Carina B., Castelo Branco, Pedro H., Vianna, Gilberto (2021). Contextualizando a Polícia Democrática: uma possível resposta para as graves crises de segurança pública no Brasil, *Revista Acadêmica da Faculdade de Direito do Recife*, pp. 92-93, nov. 2021.

Europeia dos Direitos Humanos do Conselho da Europa[626]. Neste âmbito, o recurso a *bodycams* pelos polícias[627], surge como um imperativo, não só para a segurança dos cidadãos, mas também para a proteção, legitimação e salvaguarda legal da intervenção policial.

Em termos de normativos internacionais, estipula-se que os serviços encarregues da aplicação da lei são responsáveis perante a coletividade no seu conjunto[628] e devem ser estabelecidos mecanismos eficazes para assegurar a disciplina interna, o controlo externo, bem como a supervisão eficaz dos responsáveis pela aplicação da lei[629]. Assim, em Portugal, o papel de regulação e controlo formal, tem sido desenvolvido em particular pela Inspeção-Geral da Administração Interna, em diálogo com os diversos serviços inspetivos das forças e serviços de segurança do MAI, cujo arranque impactante, em 1995, se deveu ao *carisma* do seu primeiro responsável, o procurador-geral-adjunto António Rodrigues Maximiano[630], que contribuiu para a projeção externa da IGAI em vários campos, tendo sido fundamental a forma como inicialmente criou um conjunto de expetativas através do seu discurso, quebrando tabus e chegando junto dos escalões mais baixos da pirâmide hierárquica e de alguns quadros mais jovens das forças de segurança que se reviam, quer na denúncia que fazia à cultura, práticas e carências da Polícia, quer no desafio reflexivo que lançava para o interior dos corpos policiais. Assim, com a implementação da IGAI, Portugal passou a dispor de um sistema de controlo externo das forças e serviços de segurança, complementando os outros sistemas de controlo externo da atividade policial (*e.g.* Tribunais, Procuradoria-Geral da República, Provedoria de Justiça e serviços inspetivos internos). Acresce que a atividade da IGAI é sindicada por organismos internacionais, tais como o Comité Europeu para a Prevenção da Tortura e das Penas ou Tratamentos Desumanos

[626] Trechsel, Stefan (1998). A Polícia e os Direitos do Homem, *in* IGAI (1998). *Direitos humanos e eficácia policial: Sistemas de Controlo da Atividade Policial: Seminário Internacional*, p. 38. Lisboa: IGAI.

[627] *Vide* https://www.jn.pt/justica/uso-de-bodycams-pelas-policias-aprovado-na-especialidade-14325670.html (acesso em 1 de novembro de 2022).

[628] 8.º Parágrafo preambular, subparágrafo a), da Resolução 34/169.

[629] 8.º Parágrafo preambular, subparágrafo d), da Resolução 34/169; arts. 7.º e 8.º do *Código de Conduta*; e princípios 22 a 26 dos *Princípios sobre a Força e as Armas de Fogo*.

[630] Inspetor-Geral da IGAI de 26 de fevereiro de 1996 a 18 de fevereiro de 2005.

ou Degradantes, o Conselho dos Direitos Humanos das Nações Unidas e a Associação para a Prevenção da Tortura[631]. A IGAI foi criada pelo Decreto-Lei n.º 227/95, de 11 de setembro[632], tendo como finalidade dotar o MAI de um serviço de inspeção e fiscalização vocacionado para a defesa dos direitos dos cidadãos e para uma melhor e mais célere justiça disciplinar nas situações de maior relevância social. A sua implementação correspondeu aos imperativos do programa do XIII Governo Constitucional, visando a implementação de soluções institucionais e procedimentos tendentes a assegurar, na área da administração interna, um controlo mais eficaz da observância da legalidade, da defesa dos direitos e legítimos interesses dos cidadãos e da reintegração da integridade violada[633].

Em 2018, Margarida Blasco, inspetora-geral da Administração Interna, defendeu que a IGAI é, desde o início, um projeto de adesão a valores e a uma Visão que se identifica com a implementação de soluções institucionais, permitindo as melhores práticas, para assegurar um controlo eficaz na observância da defesa dos direitos fundamentais dos(as) cidadãos(ãs), visando contribuir para uma melhor relação entre os profissionais das FSS e os(as) cidadãos(ãs), fomentando o impacto das recomendações emitidas pela IGAI no domínio dos procedimentos, para uma melhor qualidade de serviço policial e o reforço da componente da formação especializada dos aplicadores da lei, em matérias de Direitos Humanos, cidadania, legalidade, deontologia e ética policial[634]. Como exemplos práticos dessa Visão, destaca-se a interiorização, na atividade

[631] IGAI (2012). *1.ª Comissão de assuntos Constitucionais, Direitos, Liberdades e Garantias.* Lisboa: Assembleia República. Disponível em: https://www.igai.pt/pt/Atividades/IntervencoesParticipacoes/Documents/(2012-12-11)%20Audicao%20IG%20Comissao%20Assuntos%20Constitucionais%20Direitos%20Liberdades.pdf#search=direitos%20humanos (consultado em 12 de abril de 2022).

[632] Alterado pelo Decreto-Lei n.º 154/96, de 31 de agosto; e pelo Decreto-Lei n.º 3/99, de 4 de janeiro.

[633] Diário da República, II Série – A – número 2, p. 26 (7), de 8 de novembro de 1995.

[634] Blasco, Margarida (2018a). Uma reflexão sobre a experiência da IGAI *in* IGAI (2018). *Livres e iguais 2018: 70 anos Declaração Universal dos Direitos Humanos: 40 anos Adesão de Portugal à Convenção Europeia dos Direitos Humanos. Conferência IGAI.* Lisboa: IGAI; Blasco, Margarida (2018b). Os Direitos Fundamentais na formação dos atores judiciais. Direitos Humanos e Conduta Policial, as boas práticas e os padrões da Atuação Policial *in* IGAI (2018). *Coletânea de textos (Intervenções e Pareceres)*, pp. 7-69. Lisboa: IGAI.

policial, da Resolução n.º 43/173, de 9 de dezembro de 1988, da Assembleia Geral das Nações Unidas que aprovou o *Conjunto de Princípios para a proteção de todas as Pessoas Sujeitas a Qualquer Forma de Detenção ou Prisão*; a aprovação do *Código Deontológico aplicável à PSP e à GNR*, a organização de ações de formação na EPP, no ISCPSI, no Instituto Universitário Militar, na Academia Militar e no Centro de Formação da Figueira da Foz da GNR, tendo a IGAI implementado um conjunto de módulos de formação sobre controlo externo da ação policial, o recurso a arma de fogo, inspeção às esquadras e Direitos Humanos; aplicação de meios coercivos e limites da ação policial, reuniões e manifestações, organização do processo disciplinar, detenção e identificação de cidadãos e perseguições policiais, discriminação, e organização e cooperação policial, entre outros temas[635]. A IGAI é, assim, um serviço independente de controlo externo da atividade policial e a sua ação incide sobre os serviços e forças de segurança que dependem do MAI, garantindo a observância dos direitos dos cidadãos, com especial relevo para a proteção dos Direitos Humanos[636]. Mais recentemente, Anabela Cabral Ferreira, inspetora-geral da Administração Interna, afirmou publicamente que era essencial desconstruir a ideia de que a IGAI é a *Polícia dos polícias*, visão redutora que deve ser rejeitada, colocando-se uma maior ênfase na perspetiva preventiva[637].

Paralelamente à missão desenvolvida pela IGAI, as forças e serviços de segurança também têm os seus serviços inspetivos que desenvolvem, de igual modo, atividades internas que visam supervisionar, avaliar, acompanhar e informar sobre a atividade policial: a Inspeção Nacional da Polícia de Segurança Pública é um órgão que integra a Direção Nacional, nos termos do art. 18.º, n.º 1, alínea d), da Lei n.º 53/2007, de 31 de agosto, e depende diretamente do diretor nacional, cf. previsto no art. 24.º, alínea a). A Inspeção é dirigida pelo inspetor nacional, com

[635] Blasco, Margarida (2018b). Os Direitos Fundamentais na formação dos atores judiciais. Direitos Humanos e Conduta Policial, as boas práticas e os padrões da Atuação Policial *in* IGAI (2018). *Coletânea de textos (Intervenções e Pareceres)*, pp. 7-69. Lisboa: IGAI.

[636] *In* https://www.igai.pt/pt/QuemSomos/Apresentacao/Pages/default.aspx (acesso em 28 de março de 2022).

[637] No Webinário Luso-Brasileiro de *Polícia e Direitos Humanos nas Sociedades Contemporâneas*, organizado pelo ICPOL-ISCPSI e o IGC/CDH-FDUC, no dia 10 de novembro de 2022.

a categoria de superintendente-chefe (de três estrelas), e é o serviço que exerce o controlo interno nos domínios operacional, administrativo, financeiro e técnico, competindo-lhe verificar, acompanhar, avaliar e informar sobre a atuação de todos os serviços da PSP, tendo em vista promover a legalidade, a regularidade, a eficácia e a eficiência da atividade operacional, da gestão orçamental e patrimonial e da gestão de pessoal; a qualidade do serviço prestado à população; e o cumprimento dos planos de atividades e das decisões e instruções internas, conforme previsto no art. 25.º, n.º 1 e 2 do mesmo diploma. Na Guarda Nacional Republicana, a Inspeção da Guarda funciona na dependência direta do comandante-geral, nos termos do artigo 26.º, n.º 1, alínea a) da Lei n.º 63/2007 de 6 de novembro; e é o órgão responsável pelo desenvolvimento de ações inspetivas e de auditoria ao nível superior da Guarda, competindo-lhe apoiar o comandante-geral no exercício das suas funções de controlo e avaliação da atividade operacional, da formação, da administração dos meios humanos, materiais e financeiros e do cumprimento das disposições legais aplicáveis e dos regulamentos e instruções internos, bem como no estudo e implementação de normas de qualidade. A Inspeção é dirigida por um tenente-general (oficial general de três estrelas), designado como inspetor da Guarda, na dependência direta do comandante-geral e nomeado, sob proposta deste, pelo ministro da tutela, nos termos do art. 27.º, n.º 1 e 2 do mesmo diploma, à semelhança do que sucede com o inspetor nacional da PSP. Por fim, o Gabinete de Inspeção do Serviço de Estrangeiros e Fronteiras foi aprovado pelo Decreto-Lei n.º 240/2012 de 6 de novembro[638], e integra a Direção Nacional, nos termos do art. 12.º, alínea c), ao qual compete efetuar, de harmonia com as instruções do diretor nacional, as inspeções ordinárias e extraordinárias aos serviços, proceder a auditorias, sindicâncias e inquéritos e instruir processos disciplinares. As inspeções ordinárias serão realizadas anualmente a todos os serviços do SEF e as inspeções extraordinárias e as auditorias sempre que o diretor nacional o considere conveniente, nos termos do art. 16.º, n.º 2 e 3 do mesmo diploma.

[638] Procede à terceira alteração ao Decreto-Lei n.º 252/2000, de 16 de outubro, alterado pelos Decretos-Leis n.º 290-A/2001, de 17 de fevereiro, e 121/2008, de 11 de julho, que aprova a estrutura orgânica do SEF.

5.2. O Plano de Prevenção de Manifestações de Discriminação nas FSS

A IGAI, no ano de 2021, aprovou e implementou o *Plano de Prevenção de Manifestações de Discriminação nas Forças e Serviços de Segurança*[639], justificando, essa formulação, com base nos fatores sociais e institucionais emergentes que tornaram imperativa a materialização de uma política pública de prevenção da discriminação social no seio das forças e serviços de segurança[640], a par das denúncias de violações de Direitos Humanos, por parte de alguns polícias e funcionários prisionais, vertidas em relatórios internacionais, onde também *é destacado* o episódio ocorrido no dia 12 de março de 2020, com o cidadão de nacionalidade ucraniana Ihor Homeniuk, que faleceu no espaço equiparado a Centro de Instalação Temporária do Aeroporto de Lisboa, com o envolvimento de três inspetores do SEF que foram acusados pela prática de um crime de homicídio qualificado[641].

A IGAI justificou o surgimento do PPMD-FSS com base no facto de as atitudes e práticas discriminatórias terem assumido relevo e constituírem um fator de preocupação, pois assiste-se, em franjas crescentes das sociedades hodiernas, a um recrudescimento de ideias e práticas que se julgaram ultrapassadas, porque são inadmissíveis à luz do princípio de humanidade. No âmbito das forças e serviços de segurança, esta questão, segundo a IGAI, também tem vindo a ocupar um espaço relevante. Desde logo, a imprensa tem feito eco de situações em que questões desta natureza são suscitadas, a propósito de intervenções de profissionais das forças policiais. Por outro lado, algumas entidades internacionais, nos relatórios que produzem periodicamente sobre Portugal no âmbito das suas competências, dedicam também atenção a esta temática. No contexto da atividade processual desenvolvida pela IGAI, a matéria é igualmente recorrente, quer no contexto dos processos de natureza disciplinar tramitados, quer no conteúdo de queixas

[639] IGAI (2021). *Plano de Prevenção de Manifestações de Discriminação nas Forças e Serviços de Segurança*. Lisboa: IGAI.

[640] Carneiro, Beatriz da Costa (2022). *O Oficial de Direitos Humanos e a prevenção da discriminação nas Forças e Serviços de Segurança*, dissertação de mestrado integrado em Ciências Policiais, p. 4. Lisboa: ISCPSI.

[641] Poiares, Nuno (2021c). Justiça, Governança e Media: o caso de Ihor Homenyuk, *Politeia: Revista Portuguesa de Ciências Policiais*, ano XVIII, pp. 115-141. Lisboa: ICPOL-ISCPSI.

que lhe são endereçadas. Por seu turno, algumas estruturas sindicais das FSS manifestaram preocupação com a temática, em particular com a influência que determinadas orientações ideológicas aparentam assumir de modo inorgânico em setores das Forças, os quais, ainda que residuais e circunscritos, beneficiam de visibilidade considerável. Trata-se, pois, segundo a IGAI, de uma questão que deve ser enfrentada pelas entidades com competências no funcionamento das FSS, onde a negação ou a desvalorização do problema não são uma opção, na medida em que, num Estado de Direito democrático, qualquer ameaça aos seus fundamentos deve ser considerada, de modo a combater a autofagia que uma tolerância ilimitada pode representar. Assim, a preservação do Estado de Direito, através de uma intervenção eminentemente preventiva, surge como o principal desiderato do PPMD-FSS, enquanto produto de uma reflexão desenvolvida pela IGAI em articulação com os responsáveis máximos das forças e serviços de segurança sob tutela do MAI, à luz da CRP, assim como dos normativos relativos à atividade policial, dos quais se destacam os Estatutos Disciplinares e o *Código Deontológico do Serviço Policial*, aprovado pela Resolução do Conselho de Ministros n.º 37/2002, de 7 de fevereiro; a *Estratégia Nacional Para a Igualdade e Não Discriminação – Portugal+Igual*, aprovada pela Resolução do Conselho de Ministros n.º 61/2018, de 21 de maio; a Lei n.º 93/2017, de 23 agosto, que estabelece o *regime jurídico da prevenção, da proibição e do combate à discriminação, em razão da origem racial e étnica, cor, nacionalidade, ascend*ência e território de origem; e a Lei n.º 14/2008, de 12 de março que proíbe e sanciona a discriminação em função do sexo no acesso a bens e serviços e seu fornecimento, transpondo para a ordem jurídica interna a Diretiva n.º 2004/113/CE, do Conselho, de 13 de dezembro[642].

Acresce que, nesta matéria, foram emanados diversos documentos nacionais e internacionais estruturantes, que exigiram um maior alinhamento das organizações policiais dependentes do MAI: a *Declaração Universal dos Direitos do Humanos*, a *Carta dos Direitos Fundamentais da União Europeia*, a *Convenção para a Proteção dos Direitos do Homem e das Liberdades Fundamentais*, a *Convenção sobre a eliminação de todas as formas de discriminação contra as mulheres*, a *Convenção para a prevenção e o Combate à*

[642] IGAI (2021). *Plano de Prevenção de Manifestações de Discriminação nas Forças e Serviços de Segurança*. Lisboa: IGAI.

Violência contra as Mulheres e a Violência Doméstica; a *Convenção Europeia para a Prevenção da Tortura e Penas e Tratamentos Desumanos e Degradantes*; a *Convenção das Nações Unidas contra a tortura e outras penas ou tratamentos cruéis, desumanos ou degradantes*; a *Convenção sobre os Direitos das Pessoas com Deficiência*, a *Convenção relativa ao estatuto dos Refugiados*, a Diretiva 2000/43/CE do Conselho, de 29 de junho, que aplica o princípio da igualdade de tratamento entre as pessoas, sem distinção da origem racial ou étnica; e os Planos da UE: *Uma União da Igualdade: Estratégia para a Igualdade de* Género 2020-2025; *Uma União da Igualdade: Plano da Ação da UE contra o Racismo 2020-2025*; e *Uma União da Igualdade: Estratégia em favor da igualdade das pessoas LGBTIQ 2020-2025*. A estes instrumentos, acresce internamente a já referida *Estratégia Nacional para a Igualdade e a Não Discriminação 2018-2030 – Portugal+Igual*, que surge como um instrumento promotor da igualdade entre as mulheres e os homens, em áreas como o mercado de trabalho, a educação, a prevenção e o combate à violência doméstica e de género, e o combate à discriminação baseada o sexo, na orientação sexual, na identidade e expressão de género e nas características sexuais. Em paralelo, foi aprovado o *Plano Nacional de Combate ao Racismo e à Discriminação 2021-2025 – Portugal contra o racismo*, baseado em quatro princípios: desconstrução de estereótipos; coordenação, governança integrada e territorialização; intervenção integrada no combate às desigualdades; e intersecionalidade[643]; determinando, que uma das áreas prioritárias é a Justiça, Segurança e Direitos, nos termos do ponto 3, alínea g) do Plano, em articulação com os objetivos identificados na Área 7 (*Justiça, Segurança e Direitos*) do Anexo, estabelecendo, no ponto 7.5, a implementação do *Plano de Prevenção de Manifestações de Discriminação nas Forças e Serviços de Segurança*, e um reforço ao nível das estratégias de comunicação nos processos de recrutamento das FSS, promovendo uma maior diversidade[644], a par dos seguintes objetivos: monitorizar indicadores relacionados com a atividade das FSS (*e.g.*, ocorrências no Programa Escola Segura) e promover o conhecimento

[643] *Vide* https://www.portugal.gov.pt/pt/gc22/comunicacao/documento?i=plano-nacional-de-combate-ao-racismo-e-a-discriminacao-2021-2025-portugalcontraoracismo (acesso em 6 de novembro de 2022).

[644] Carneiro, Beatriz da Costa (2022). *O Oficial de Direitos Humanos e a prevenção da discriminação nas Forças e Serviços de Segurança*, dissertação de mestrado integrado em Ciências Policiais, p. 21. Lisboa: ISCPSI.

sobre as eventuais situações de discriminação por parte de polícias (ponto 7.6); definir e reforçar mecanismos de intervenção de caráter preventivo aquando da manifestação, por parte de polícias no exercício de funções, de primeiros sinais de atitudes ou comportamentos discriminatórios (ponto 7.7.); avaliar a possibilidade de formar e envolver mediadores interculturais em ações das FSS, reforçando a articulação entre estes e as FSS, designadamente no âmbito dos Contratos Locais de Segurança (ponto 7.8); emitir normativos sobre a interação dos membros das FSS com as(os) demais cidadãs(ãos), nomeadamente ao nível da aplicação de medidas de polícia para a não utilização de estereótipos raciais, étnicos, religiosos ou outros, designadamente nos autos de notícia e tendo em vista desenvolver mecanismos de prevenção de definição de perfis que resultem em ações discriminatórias (ponto 7.10); apresentar uma proposta legislativa que viabilize a utilização de sistemas de vigilância por câmaras de vídeo pelas FSS (e.g. *bodycam*) (ponto 7.11); realizar ações de sensibilização junto da comunidade escolar, no âmbito dos temas da discriminação, Direitos Humanos, racismo e xenofobia (ponto 7.12); e implementar, por parte das FSS, projetos e parcerias que contribuam para a promoção da segurança, tendo em linha de conta a diversidade de contextos sociais e culturais em que atuam (ponto 7.13)[645].

Contudo, apesar destes objetivos, a IGAI reconhece que existe muito *trabalho feito* no combate à discriminação nas FSS, que têm adotado várias medidas neste âmbito, concretizando estratégias de combate à discriminação, com maior ou menor visibilidade, mas sempre com determinação e preocupação de eficácia[646]. Acresce que, nas ações de formação em que a IGAI tem participado, é sempre vincada a proibição da discriminação, como concretização do respeito pelos direitos fundamentais de todos os cidadãos. Mas também é verdade que os polícias integram uma sociedade, são concidadãos, o que significa que é quase inevitável que os mesmos não partilhem de alguns dos preconceitos

[645] *Vide* https://www.portugal.gov.pt/pt/gc22/comunicacao/documento?i=plano-nacional-de-combate-ao-racismo-e-a-discriminacao-2021-2025-portugalcontraoracismo (acesso em 6 de novembro de 2022).

[646] IGAI (2021). *Plano de Prevenção de Manifestações de Discriminação nas Forças e Serviços de Segurança*. Lisboa: IGAI.

existentes. No entanto, estando munidos do poder discricionário na sua atuação, estes não podem ceder a preconceitos, funcionando o trabalho policial como uma rutura epistemológica relativamente às práticas sociais comuns, nas quais se reconhecem (crescentes) tendências discriminatórias. O PPMD-FSS surge, assim, segundo a IGAI, não porque a discriminação seja um problema endémico nas FSS, mas porque é um problema visível em toda a sociedade, sendo importante prevenir manifestações de discriminação nas FSS, uma vez que, a existirem, estas podem influenciar a atuação policial[647].

A este propósito, importa recordar que, em termos etimológicos, a palavra *discriminação* deriva do latim *discriminare* que significa separar, diferenciar ou distinguir. Este termo, utilizado no sentido de uma discriminação social positiva ou negativa, significa negar sistematicamente, a indivíduos ou grupos sociais, as mesmas oportunidades conferidas a outros, em razão de certas características como a raça, etnia, língua, crenças políticas ou religiosas, género, orientação sexual, idade ou limitação física ou mental[648]. Neste contexto, à luz da Diretiva 2000/43/CE do Conselho, de 29 de junho de 2000, podemos identificar duas formas de discriminação: por um lado, a discriminação direta, *i.e.*, sempre que, em razão da origem racial ou étnica, uma pessoa seja objeto de tratamento menos favorável que aquele que é, tenha sido ou possa vir a ser dado a outra pessoa em situação comparável; ou a discriminação indireta, ou seja, sempre que uma regra ou prática aparentemente neutra coloque pessoas de uma dada origem racial ou étnica numa situação de desvantagem comparativamente com outras pessoas, a não ser que essa regra ou prática seja justificada por um objetivo legítimo e que os meios utilizados para o alcançar sejam adequados e necessários[649]. A discriminação

[647] Carneiro, Beatriz da Costa (2022). *O Oficial de Direitos Humanos e a prevenção da discriminação nas Forças e Serviços de Segurança*, dissertação de mestrado integrado em Ciências Policiais, p. 56. Lisboa: ISCPSI; IGAI (2021). *Plano de Prevenção de Manifestações de Discriminação nas Forças e Serviços de Segurança*. Lisboa: IGAI.

[648] Pries, L., & Bekassow, N. (2015). Discriminação e racismo na União Europeia: diagnóstico de uma ameaça negligenciada e da investigação científica correspondente, p. 181. *Sociologias*. https://seer.ufrgs.br/sociologias/article/view/61051/35913. Carneiro, Beatriz da Costa (2022). *O Oficial de Direitos Humanos e a prevenção da discriminação nas Forças e Serviços de Segurança*, dissertação de mestrado integrado em Ciências Policiais, pp. 9-10. Lisboa: ISCPSI.

[649] IGAI (2021). *Plano de Prevenção de Manifestações de Discriminação nas Forças e Serviços de Segurança*. Lisboa: IGAI.

social corresponde ao favorecimento das relações dentro do mesmo grupo étnico às relações interétnicas. Existem duas visões teóricas que podem explicar a tendência para discriminar socialmente: a teoria de contacto e teoria da competição[650]. A teoria de contacto[651] atende às diferenças culturais entre diferentes grupos, onde as relações intergrupais negativas resultam de preconceitos. Como forma de corrigir estes preconceitos, esta teoria defende que o contacto com membros de outros grupos pode levar a uma atitude mais positiva em relação a esses grupos e, se existirem diferenças culturais entre grupos e os preconceitos forem fundamentados, o contacto vai auxiliar a compreensão ao outro grupo[652]. Os estereótipos, enquanto fenómeno sociocultural, são crenças transmitidas pelos agentes de socialização, o que explica o consenso relativamente a certos estereótipos face a diversos grupos sociais, a sua independência do conhecimento real dos membros desses grupos e a sua dependência do contexto histórico e cultural[653]. Por outro lado, a teoria da competição enfatiza as relações competitivas entre grupos, em que a ameaça experimentada aumentará a discriminação[654], onde os limites entre grupos são construídos e mantidos com fins materiais ou simbólicos, para a manutenção da identidade social[655].

Nesta linha de pensamento, enquanto ponto de partida, o PPMD-FSS identifica cinco eixos de intervenção: 1) recrutamento; 2) formação; 3) interação dos membros das FSS com os demais cidadãos e com

[650] Vermeij, L., Van Duijn, M. A., & Baerveldt, C. (2009). Ethnic segregation in context: Social discrimination among native Dutch pupils and their ethnic minority classmates. Social Networks, 31(4), pp. 230-239.

[651] Allport (1954) *apud* Pettigrew, T. F. (1998). Intergroup contact theory. Annual review of psychology, 49 (1), pp. 65-85; Carneiro, Beatriz da Costa (2022). *O Oficial de Direitos Humanos e a prevenção da discriminação nas Forças e Serviços de Segurança*, dissertação de mestrado integrado em Ciências Policiais. Lisboa: ISCPSI.

[652] Vermeij, L., Van Duijn, M. A., & Baerveldt, C. (2009). Ethnic segregation in context: Social discrimination among native Dutch pupils and their ethnic minority classmates. Social Networks, 31(4), pp. 230-239.

[653] Katz, D. & Braly, K. W. (1933). Racial stereotypes of one hundred college students. Journal of Abnormal and Social Psychology, 28(3), p. 280.

[654] Blalock, 1957; Bobo & Hutchings, 1996; Quillian, 1995 *cit in* Vermeij, L., Van Duijn, M. A., & Baerveldt, C. (2009). Ethnic segregation in context: Social discrimination among native Dutch pupils and their ethnic minority classmates. Social Networks, 31(4), pp. 230-239.

[655] Jetten, J., Spears, R., & Manstead, A. S. (2001). Similarity as a source of differentiation: The role of group identification. European Journal of Social Psychology, 31(6), pp. 621-640.

outros elementos das FSS, incluindo nas redes sociais; 4) promoção da imagem das FSS e comunicação; 5) e mecanismos preventivos e monitorização. Vejamos, então, as especificidades de cada uma das áreas de intervenção à luz do caso da PSP:

Eixo 1 – Recrutamento

Neste eixo, segundo a IGAI, é essencial, sobretudo numa fase inicial, tentar perceber se os candidatos têm valores consonantes com o Estado de Direito Democrático, e garantir que os polícias são representativos da população e existem em número suficiente para a prossecução da sua missão, alinhando-se uma estratégia de comunicação que permita atrair potenciais candidatos(as) que representem a sociedade e, em paralelo, identificar os fatores que levam a uma menor atratividade das FSS para certos grupos, como as minorias ou as mulheres, uma vez que a taxa de feminização nas forças de segurança se encontra abaixo da média europeia[656].

Ao nível do recrutamento, segundo a Direção Nacional da PSP, já são estabelecidas condições de admissão e utilizados critérios de aptidão, adequados às funções específicas desta força de segurança, orientados pelos princípios constitucionais da igualdade e da não discriminação[657]. Ainda assim, o PPMD-FSS, no domínio do recrutamento, apresentou os seguintes objetivos específicos: 1) definir e reforçar critérios de avaliação que permitam, nas fases de seleção de candidatos(as) às FSS e nas fases de formação e de exercício da função dos(as) candidatos(as) selecionados(as), a despistagem de atitudes, comportamentos ou traços de personalidade que tendem a distanciar-se dos valores inerentes ao Estado de Direito e à defesa dos Direitos Humanos; 2) reforçar as estratégias de comunicação no contexto da abertura de concursos, no sentido de promover uma maior diversidade de candidatos(as), ao nível do género e da origem étnico-racial e social; 3) e aumentar o recrutamento de candidatas para as Forças de Segurança.

[656] Pedro Clemente (2016) *apud* Carneiro, Beatriz da Costa (2022). *O Oficial de Direitos Humanos e a prevenção da discriminação nas Forças e Serviços de Segurança*, dissertação de mestrado em Ciências Policiais, p. 58. Lisboa: ISCPSI.

[657] Conteúdos ministrados no âmbito do Plano Anual de Formação da PSP (2022).

Para o cumprimento destes três objetivos específicos foram definidos diversos indicadores, a saber: para o objetivo 1 – constituição de um grupo técnico com representação de cada uma das FSS que avaliará a possibilidade de integração de critérios de avaliação, nas várias fases, e apresentará um relatório que defina medidas concretas que serão apreciadas e validadas pelas hierarquias das FSS, com vista à respetiva implementação das propostas. Acresce que, no âmbito do recrutamento nas FSS, identificou-se a inexistência de critérios para uma avaliação destinada à despistagem de atitudes, comportamentos, traços ou características de personalidade que tendem a distanciar-se dos valores inerentes ao Estado de Direito. Importa, por isso, avaliar em que medida os instrumentos de avaliação utilizados no âmbito das provas de seleção para as FSS são adequados para a seleção de candidatos(as) com o perfil psicológico compatível com o desempenho da função, sinalizando psicopatologias ou traços de personalidade que indiciam riscos não comportáveis em face das expetativas sociais relativas à função policial. Caberá, porventura, avaliar níveis de características ou de qualidades empáticas dos candidatos, pois são elas que estruturam, segundo a IGAI, as condições de ponderação adequada do princípio da igualdade como critério norteador das relações sociais. O que se pretende é a identificação de atitudes, comportamentos ou características de personalidade dos(as) candidatos(as) às FSS que indiquem a presença de níveis reduzidos de empatia, tendências para posturas radicais e intolerantes, reduzida capacidade para lidar com a frustração, agressividade exacerbada e descontrolada, impulsividade e instabilidade emocional e indiferença pelas normas. Neste âmbito, importa referir que, no mais recente concurso de admissão à PSP, *i.e.*, o 18.º Curso de Formação de Agentes, que iniciou em dezembro de 2022, já foram introduzidos ajustamentos nos fatores de ponderação e avaliação no domínio dos testes psicotécnicos, no sentido de sinalizar atitudes censuráveis à luz do PPMD-FSS.

Para o objetivo 2 foram identificadas as seguintes medidas e indicadores: realização de ações de sensibilização que promovam a adesão de uma maior diversidade de candidatos(as), quer ao nível do género, quer em termos de origem étnico-racial e social, ao recrutamento nas FSS, sublinhando aspetos específicos da atratividade da carreira e do serviço e realizadas em locais e contextos privilegiados para recrutamento de mulheres e minorias com base na sua origem étnico-racial e social;

adoção, sempre que possível, da perspetiva da igualdade de género na linguagem escrita e visual, quer nos canais de comunicação internos, quer externos das FSS, incluindo as páginas web oficiais das FSS relativas aos processos de recrutamento; reforço nos canais de comunicação externos das FSS de elementos informativos que promovam a visibilidade do contributo das mulheres e de polícias pertencentes a minorias com base na sua origem étnico-racional e social no âmbito das áreas de atuação das FSS, designadamente fotografias no exercício de funções, vídeos e testemunhos; e reforço da informação sobre as etapas de recrutamento, incluindo orientações no âmbito da preparação a efetuar para cada prova a introduzir nas páginas web oficiais das forças e serviços de segurança.

Por fim, para o objetivo 3, foi definido que, para cada novo procedimento concursal ou reserva de recrutamento para as categorias de guardas da GNR e de agentes da PSP, cada força de segurança deve definir previamente a meta a atingir nesse recrutamento em termos da taxa de feminização, numa lógica de incremento contínuo face ao procedimento ou reserva de recrutamento anterior. Devem ser, por isso, adotadas medidas destinadas a promover a sensibilização para a diversidade no recrutamento para as FSS, procurando-se fomentar uma maior diversidade de candidatos(as), ao nível do género e em termos de origem étnico-racial e social, para que as FSS espelhem a diversidade que a comunidade acolhe. Neste âmbito, devem ser realizadas ações de sensibilização dirigidas a estes grupos e iniciativas informativas que promovam a adesão ao recrutamento, em termos de género e de origem social, e potenciem a visibilidade do contributo dos grupos minoritários nas FSS. Estas iniciativas devem ser realizadas, segundo a IGAI, no contexto da abertura de concursos, incluindo a fase anterior à abertura, contribuindo, também, para afastar os estereótipos relacionados com a atividade policial que a conotam como uma atividade eminentemente masculina, e com funções mais musculadas ou securitárias, em sentido estrito.

Eixo 2 – Formação

A educação e a formação são elementos-chave para uma mudança de mentalidades e a desconstrução de estereótipos. O direito à educação foi defendido juridicamente, pela primeira vez, em 1948, no art. 26.º, n.ºs 1 a 3, da DUDH, ao declarar que toda a pessoa tem direito à educação, devendo deve ser gratuita, pelo menos a correspondente ao ensino elementar fundamental; o ensino técnico e profissional deve ser generalizado; o acesso aos estudos superiores deve estar aberto a todos em plena igualdade, em função do seu mérito; a educação deve visar à plena expansão da personalidade humana e ao reforço dos Direitos Humanos e das liberdades fundamentais e deve favorecer a compreensão, a tolerância e a amizade entre todas as nações e todos os grupos raciais ou religiosos, bem como o desenvolvimento das atividades das Nações Unidas para a manutenção da paz e, aos pais, pertence a prioridade do direito de escolher o género de educação a dar aos filhos[658].

Nesta senda, a trajetória dos Direitos Humanos evidencia avanços no que se refere às normas, a denúncia e a consciência dos mesmos, apesar das contradições entre as normas e a sua aplicação pelos Estados. A literatura demonstra que esses avanços se devem menos às sanções do que à consciência da legitimidade dos Direitos Humanos, o que reforça a importância da educação e da formação[659]. Contudo, existem evidências de que há ainda um *longo caminho* a percorrer quando pensamos na missão das escolas e na articulação das dimensões *Multiculturalismo, Racismo e Direitos Humanos.* As escolas europeias demonstram aspetos críticos e estratégias e ritmos diferenciados em matéria de integração, emergindo dois modelos de sistemas escolares: o modelo francófono (Bélgica e França) focado na produção de competências multiculturais específicas; e o modelo mediterrânico (Itália, Portugal e Grécia) que se preocupa em providenciar competências mais genéricas, onde a consciencialização teórica é a mais relevante, o que culmina em diferenças nas perceções sobre a imigração e a diversidade[660]. Por isso, é essencial a

[658] Gomes, Catarina (2013). *A Educação para os Direitos Humanos e a Declaração das Nações Unidas sobre Educação e Formação para os Direitos Humanos: a sua aplicação em zonas de reconstrução pós-conflito,* trabalho final do XV curso de pós-graduação em Direitos Humanos, p. 7. Coimbra: IGC/CDH-FDUC.

[659] Gomes, Cândido Alberto; Lira, Adriana (2013). Direitos humanos: utopia num mundo distópico? *Revista Portuguesa de Educação,* Braga, 26 (2). Disponível em https://revistas.rcaap.pt/rpe/article/view/3250 (consultado em 12 de abril de 2022).

[660] Berti, Fabio e Valzania, Andrea (2018). Multiculturalism, Racism and Human Rights: What's Happening in European Schools *in* Viviani, Alessandra (coord.). *Global Citizenship Education, Multiculturalism and Social Inclusion in Europe: The Findings of the Project I Have Rights,* pp. 269-270. Coimbra: IGC/CDH-FDUC.

consolidação de um novo olhar para as nossas escolas e as nossas crianças, construindo um clima baseado no exemplo da prática e no respeito pelos direitos fundamentais consagrados na Constituição, em concordância axiológica com a DUDH, onde os currículos devem abranger a interdisciplinaridade e os métodos que incentivem a atuação dos alunos como protagonistas[661], e onde impere a igualdade, o respeito pela diversidade e a não-violência. É fundamental, cada vez mais, uma educação intercultural inclusiva, que abrace a não discriminação, afastando barreiras de aprendizagem e valorizando a diferença, com o envolvimento dos alunos, pais, professores, funcionários e as *forças vivas* da sociedade onde a escola se encontra inserida, como as FSS[662].

No campo internacional, a par dos temas relacionados com o respeito pelo princípio da igualdade e a não discriminação, é defendido que todos os polícias devem receber formação sobre o uso dos diferentes meios capazes de permitir a utilização da força em diferentes graus[663] e sobre a utilização de meios não violentos[664] e uma formação que os sensibilize para as necessidades das vítimas, bem como instruções que visem garantir uma ajuda imediata e apropriada às vítimas[665]. Os Governos e organismos de aplicação da lei deverão garantir que todos os funcionários responsáveis pela aplicação da lei sejam selecionados de acordo com procedimentos adequados, possuam as qualidades morais e aptidões psicológicas e físicas exigidas para exercício eficaz das suas funções, recebam uma formação profissional contínua e rigorosa, e a sua aptidão para o exercício dessas funções deve ser periodicamente avaliada; devem ainda garantir que todos os polícias recebem formação sobre a utilização da força e sejam submetidos a testes de acordo com normas de avaliação adequadas; e os polícias que devem transportar armas de fogo só podem ser autorizados a fazê-lo depois de receberem formação

[661] Gomes, Cândido Alberto; Lira, Adriana (2013). Direitos humanos: utopia num mundo distópico? *Revista Portuguesa de Educação*, Braga, 26 (2). Disponível em https://revistas.rcaap.pt/rpe/article/view/3250 (consultado em 12 de abril de 2022).

[662] Gomes, Catarina (2018). Intercultural Education: A Path for a Pedagogy That Can Bring Us Closer *in* Viviani, Alessandra (coord.). *Global Citizenship Education, Multiculturalism and Social Inclusion in Europe: The Findings of the Project I Have Rights*, pp. 91-109. Coimbra: IGC/CDH-FDUC.

[663] Princípios 4, 19 e 20 – *Princípios sobre a Força e as Armas de Fogo*.

[664] Princípios 4 e 20 – *Princípios sobre a Força e as Armas de Fogo*.

[665] Parágrafo 16 da *Declaração sobre as Vítimas*.

especializada sobre a sua utilização. Na formação dos polícias, os Governos e organismos de aplicação da lei deverão prestar especial atenção às questões da Ética Policial e Direitos H*umanos*, em particular no âmbito da investigação criminal, às alternativas à utilização da força e armas de fogo, incluindo a resolução pacífica de conflitos, ao estudo do comportamento das multidões e aos métodos de persuasão, negociação e mediação, bem como aos meios técnicos, tendo em vista limitar a utilização da força ou de armas de fogo. Os organismos de aplicação da lei devem rever os seus programas de formação e procedimentos operacionais à luz de incidentes concretos[666] e de boas práticas aplicadas em outros contextos profissionais como, por exemplo, *mutatis mutandis*, a gestão das respostas ao racismo, discriminação e micro-agressões no ambiente de aprendizagem clínica[667]. Contudo, verifica-se que existem diferentes práticas na seleção e na formação dos polícias na Europa. Não existe um padrão discernível para qualquer carreira em relação às dimensões de seleção ou disciplinas de psicologia nos cursos iniciais, o que significa que não existe um alinhamento estratégico entre a seleção e o treino, o que impede prever uma política europeia comum[668].

Neste âmbito, a IGAI entendeu que o PPMD-FSS também devia prever a revisão e ponderação da alteração dos currículos dos cursos ministrados nas FSS, ao nível do ingresso e na formação contínua, no sentido do reforço do tratamento das matérias relacionadas com o combate à discriminação e efetivar as alterações necessárias, assim como realizar ações de formação junto dos estabelecimentos de ensino das FSS e/ou dos efetivos, subordinadas à temática do combate à discriminação. Para esse efeito, foram definidas as seguintes medidas: sistematização dos conteúdos e cargas horárias atualmente existentes, identificação de

[666] N.ºs 18, 19 e 20 das Disposições Especiais dos *Princípios Básicos sobre a Utilização da Força e de Armas de Fogo pelos Funcionários responsáveis pela Aplicação da Lei*, adotados pelo Oitavo Congresso das Nações Unidas para a *Prevenção do Crime e o Tratamento dos Delinquentes*, realizado em Havana, Cuba, de 27 de agosto a 7 de setembro de 1990.

[667] Silva, Helio V. Neves da *et al.* (2022). What happened and why: responding to racism, discrimination, and microaggressions in the clinical learning environment. *MedEdPORTAL*, 18:11280, https://doi.org/10.15766/mep_2374-8265.11280 (acesso em 14 de dezembro de 2022).

[668] Moura, Rui Coelho de e Ramalho, Nelson Campos (2017). Adressing emotions in police selection and initial training: a european study. *European Police Science and Research Bulletin*, 16, pp. 119–141. Luxembourg: CEPOL, Publications Office of the European Union.

oportunidades de reforço e propostas para a sua materialização; nos momentos de ponderação de alterações a efetuar nos conteúdos curriculares dos cursos, as FSS reforçarão a presença das matérias relacionadas com o combate à discriminação, em linha com o levantamento e proposta efetuados; e será contabilizado o n.º de ações de formação organizadas pela IGAI neste âmbito. Para efeitos de apresentação de proposta de alteração aos *curricula*, o trabalho deve iniciar-se com uma análise e sistematização dos conteúdos e cargas horárias atualmente existentes nos cursos/ações ministradas pelas FSS ao nível do combate à discriminação e promoção dos Direitos Humanos, e uma revisão e análise de boas práticas a nível internacional em termos de formação de FSS, e identificadas oportunidades de reforço de conteúdos neste tipo de formação, assim como propostas concretas para a sua materialização.

Neste contexto, entendemos que é incontornável a análise da evolução dos conteúdos lecionados no único estabelecimento de ensino universitário policial em Portugal – o Instituto Superior de Ciências Policiais e Segurança Interna – estabelecimento criado após a revolução de 1974 e que no ano de 2022, à semelhança do Código Penal[669], comemorou 40 anos de existência formal[670]. A imagem da Polícia, *in casu* a PSP, entre os cidadãos, como retrata detalhadamente François Paymal (2008)[671], na sequência da *Revolução dos Cravos*, era negativa. A Polícia era vista como violenta e uma fonte de problemas. Liderada pelos militares durante muitos anos, a PSP, nessa altura, era o *braço* da violência do antigo regime. Para melhorar esta imagem, foi decidido autonomizar os quadros superiores da PSP, dotando-a de uma Escola Superior de Polícia, o que *pôs em causa* alguns corpos instituídos, nomeadamente os quadros militares. Neste contexto, a ESP, na sua criação encontrou dificuldades, mas foram ultrapassadas pelo seu primeiro comandante, Fernando Afonso de Almeida. Além de uma cultura militarizada temporizada pelo princípio de uma hierarquia flexível, a Escola interiorizou

[669] E do *Regime Penal Especial para Jovens Delinquentes* e o *Regime Geral do Ilícito de Mera Ordenação Social.*

[670] A então Escola Superior de Polícia foi criada formalmente no ano de 1982, mas o 1.º curso iniciou em 1984.

[671] Paymal, François (2008). *La construction identitaire de l'élève officier à l' Instituto Superior de Ciências Policiais e Segurança Interna, Ecole supérieure de police portugaise,* dissertação de mestrado em Ciências da Educação. Lisboa: FCUL.

o espírito do meio universitário através de professores convidados de prestígio. Por outro lado, a ESP consagrou o seu reconhecimento nos países estrangeiros, *i.e.*, junto dos seus colegas europeus e lusófonos. Para esse efeito, a Escola cooperou com os PALOP acolhendo e formando alunos africanos. Em paralelo, a Direção decidiu intensificar os projetos coletivos, de responsabilidade social e ambiental e desportivos, no sentido de modelar os alunos em cidadãos exemplares. Deste modo, a Escola, enquanto empreendimento no ensino das Ciências Policiais, inspirou-se num ideal de uma formação universal, humanista, científica e técnica. O sistema de formação integral organiza-se em torno da formação ministrada pelo Corpo de Alunos, composto por instrutores *da Casa*, com o objetivo de ajudar o aluno a *crescer* durante a sua permanência, quer do ponto de vista atitudinal (*Saber Ser*), como comportamental (*Saber Fazer*), a par do conhecimento académico (*Saber Saber*). Além disso, é também um curso universitário clássico, com unidades curriculares das Ciências Policiais, Ciências Jurídicas, e Ciências Sociais e Políticas; onde as Ciências Policiais, à semelhança do Direito, não podem prescindir da Filosofia, da Psicologia ou da Sociologia, *i.e.*, os estudos científicos não jurídicos sobre a segurança e o crime como fenómeno social ou psicossocial, que pretendem compreender e explicar o crime[672], ou, num sentido mais amplo, o desvio, que lhe podem fornecer informação relevante sobre o comportamento humano[673].

O CFOP, curso superior com a duração de cinco anos letivos que, atualmente, culmina na atribuição do grau de mestre em Segurança Pública, aposta em três vertentes fundamentais: a formação ética e deontológica, a formação académica e a formação física e policial. No que à primeira se refere, pretende-se desenvolver no(a) aluno(a), futuro(a) oficial, atributos de caráter, tais como o alto sentido do dever, da honra e da lealdade, de disciplina e qualidades de dirigente (aquele que comanda outros polícias), fundamentais num servidor público. Por outro lado, procura-se também, desenvolver o conhecimento interpares, o necessário desembaraço físico, a liderança e treino técnico e operacional,

[672] Palma, Maria Fernanda (2020). *Direito Penal. Conceito material de crime, princípios e fundamentos. Teoria da lei penal: interpretação, aplicação no tempo, no espaço e quanto às pessoas*, 4.ª edição, p. 18. Lisboa: AAFDL Editora.

[673] Palma, Maria Fernanda (2018). *Direito Penal: Parte Geral. A teoria geral da infracção como teoria da decisão penal*, 3.ª edição, p. 219. Lisboa: AAFDL Editora.

imprescindíveis ao cumprimento das missões futuras. Mais do que preparar um(a) aluno(a), em termos académicos, procura-se fazê-lo *crescer* para que desempenhe as funções para as quais é preparado com base no exemplo e um elevado sentido ético[674]. O(A) oficial de polícia tem de ser quase enciclopédico(a), tem de ser culto(a), tantas e tão diversas são as solicitações a que tem de acudir[675], ou seja, a sua formação deve ser eclética e integral[676]. Na linha de pensamento de Felgueiras e Pais (2017), um processo de educação integral é a única opção viável para preparar um(a) futuro(a) oficial para uma carreira policial. Uma reconfiguração ambiental permanente introduz novas necessidades educacionais para que os(as) comandantes de polícia tenham novas ferramentas de conhecimento integral que lhes permitam estar prontos(as) para os desafios da sociedade. Na formação dos(as) futuros(as) oficiais, os(as) alunos(as) são conduzidos(as) a compreender a organização policial, o comportamento, a aplicação da lei, as opções estratégicas, táticas e técnicas, a par das competências de liderança, gestão e comando. No século XXI, os(as) comandantes de polícia devem ser capazes de compreender os fenómenos societais e reinventar os processos policiais para lidar com os desafios, com base na reflexão sobre os Direitos Humanos, o policiamento, a Ética Policial, o uso da força, a tortura, os direitos dos detidos, os limites constitucionais e legais da prova e os padrões internacionais de Direitos Humanos para líderes policiais[677], entre outros temas essenciais. Observar a realidade, agir com ponderação, sentido crítico e considerar

[674] Neves, Gonçalo dos Santos (2019). *Olhar para o infinito: a valor do internato na formação do Oficial de Polícia*. Lisboa: *Lisbon International Press*; Almeida, Maria Isaura; Pinho, Pedro (2020). Desenvolvimento de Competências de Liderança: um Projeto Educativo na Formação dos Oficiais de Polícia. *Politeia: Revista Portuguesa de Ciências Policiais*, XVII, p. 63. Lisboa: ICPOL-ISCPSI; Dias, Eurico e Poiares, Nuno (2021). The role of military leadership in the socio-professional configuration of Portuguese police administrative elites. *Revista Militar*, 5, pp. 417-442.

[675] Silva, Adilson C. (2012). Breves reflexões sobre o carácter transdisciplinar da ciência policial. *Revista Segurança Pública & Cidadania*, p. 76, 5 (1); Cruz, Hugo J. S. (2015). *O Curso de Formação de Oficiais de Polícia: a evolução dos planos de estudo (1984-2014)*, p. 5. Trabalho Final do Curso de Comando e Direção Policial. Lisboa: ISCPSI.

[676] Valente, Manuel (2012). *Força, tiro e Eça: assim se forma um oficial*. 28 de dezembro (J. Dias, Entrevistador). *In* https://www.publico.pt/2012/12/28/jornal/forca-tiro-eeca-assim-se-forma-um-oficial-25814517 (acesso em 6 de abril de 2022).

[677] Crawshaw, Ralph, Williamson, Barry Devlin Tom (1998). *Human rights and policing: Standards for good behaviour and a strategy for change*. The Hague: Kluwer Law International;

as incertezas que caracterizam as sociedades contemporâneas implica o acompanhamento dos desenvolvimentos teóricos, metodológicos e tecnológicos das disciplinas que constroem as Ciências Policiais, assim como trabalhar a dimensão comportamental e as áreas jurídicas com relevância para a prática policial[678]. Paulo Gomes (2010) reforça que a formação, a educação e a investigação no domínio das Ciências Policiais devem refletir um espírito humanista, eclético, (trans)interdisciplinar, uma abordagem sistémica, flexível e aberta ao diálogo e à mudança, com diversos atores, trabalhando em rede no plano (inter)nacional[679], onde a dimensão Ética e o respeito pelos Direitos Humanos devem representar temas intensamente debatidos, sobretudo porque a linguagem dos Direitos Humanos produz transformações lentas, ou podem nem sequer ocorrer[680].

Neste âmbito é essencial que a elaboração de um plano de estudos tenha em consideração a aproximação do ensino à realidade, canalizando a investigação científica para os problemas apresentados pela Polícia no *terreno*, contribuindo para a definição de políticas de segurança, sob as dimensões humanista e ética[681]. Não há maior descrédito do que a ilegalidade cometida por um polícia que é responsável por garanti-la, sendo determinante que a Ética Policial, direcionada para a preservação de Direitos Humanos seja trabalhada e difundida no seio da Polícia[682]. Por outro lado, a camaradagem ou o espírito corporativista no sentido

Crawshaw, Ralph (1999). *Police and human rights: A manual for teachers, recourse persons and participants in human rights programmes*. The Hague: Kluwer Law International.

678 Felgueiras, Sérgio e Pais, Lúcia (2017). Police commander's education: a continuous process. *European Police Science and Research Bulletin*, 3, pp. 179-185. Luxembourg: CEPOL.

679 Gomes, Paulo Valente (2010). A atividade policial como ciência. *Revista Brasileira de Ciências Policiais*, p. 113, 1 (2). Disponível em https://periodicos.pf.gov.br/index.php/RBCP/article/view/44 (acesso em 5 de maio de 2022); Cruz, Hugo João Silva (2015). *O Curso de Formação de Oficiais de Polícia: a evolução dos planos de estudo (1984-2014)*, p. 6. Trabalho Individual Final do Curso de Comando e Direção Policial. Lisboa: ISCPSI.

680 Nkamate, Salvador (2014). A luta pela afirmação dos direitos humanos em Moçambique: os avanços e os retrocessos. *SUR*, 11 (20), pp. 225-231. São Paulo. Disponível em https://bdjur.stj.jus.br/jspui/bitstream/2011/90697/luta_afirmacao_direitos_nkamate.pdf (acesso em 14 abril 2022).

681 Felgueiras, Sérgio e Pais, Lúcia (2017). Police commander's education: a continuous process. *European Police Science and Research Bulletin*, 3, pp. 179-185. Luxembourg: CEPOL.

682 Faria Júnior, Heleno V. e Brasil, Deilton R. (2018). A educação como instrumento de promoção dos direitos humanos na atividade policial *in* Costa, Fabrício Veiga, Motta, Ivan

positivo, são valores essenciais, mas não devem servir para dar espaço à ilegalidade ou o obscurantismo de práticas, ética e socialmente reprováveis. Stefan Trechsel, ex-presidente da Comissão Europeia dos Direitos Humanos, defendeu que a camaradagem é um valor importante, mas a Ética do trabalho policial é ainda mais importante. É desejável que os polícias reconheçam e assimilem esta escala de valores, na qual deve ser colocada a Ética em primeiro plano, ligando-a à honra coletiva do corpo policial[683], ideia essencial, na medida em que o desempenho correto das tarefas das agências de aplicação da lei depende da qualidade e da capacidade de desempenho de cada um dos seus profissionais[684].

Por outro lado, os polícias gostam de trabalhar com regras bem definidas, sem *zonas cinzentas*, procedimentos claros e objetivos, e conhecer o *caminho* que devem percorrer, com base num planeamento, o que nem sempre acontece ou é possível. E isto ocorre por diversos motivos, mas também porque não existe uma política organizacional de atualização contínua técnico-policial, ou seja, os polícias, sobretudo as categorias profissionais mais baixas, após a formação inicial, podem passar vários anos sem frequentar formação relacionada com matérias policiais, o que conduz a um mau desempenho profissional e desmotivação[685], algo que, no último ano, a Direção Nacional da PSP tem tentado mitigar, através do *Plano de Formação Anual.* Acresce que, para o 5.º Curso de Formação de Chefes, que iniciou em 2022, procurou-se rever e implementar o novo *curricula* do *Regulamento de Frequência e Avaliação do Curso de Formação de Chefes da PSP*, com um reforço do n.º de horas em Direitos Fundamentais e Cidadania (35 h.) e com um dos coeficientes de ponderação mais alto. Contudo, numa carga horária total de 1.185 horas, com 20 unidades curriculares, palestras e estágio final, parece-nos que 35 horas de

D. e Freitas, Sérgio H. Zandona (org.) – *Desafios do ensino jurídico no século XXI*, pp. 86-118. Maringá, PR: IDDM.

683 Trechsel, Stefan (1998). A Polícia e os Direitos do Homem, *in* IGAI (1998). *Direitos humanos e eficácia policial: Sistemas de Controlo da Atividade Policial: Seminário Internacional*, p. 41. Lisboa: IGAI.

684 Pinheiro, Flávio M. L. (2008). A teoria dos direitos humanos. *Themis*, Fortaleza, 6 (2), pp. 111-122. Disponível em: http://revistathemis.tjce.jus.br/index.php/THEMIS/article/view/198/188 (acesso em 14 de abril de 2022).

685 Poiares, Nuno (2009). Subsídios sensibilizadores para uma lei de atuação policial: uma perspetiva sociológica, *Reuniões, Manifestações e Atuação Policial*, pp. 341-349. Coimbra: Almedina.

formação e reflexão é, objetivamente, pouco tempo para a abordagem de temas complexos e, por vezes, *polémicos*. Acresce que esta UC surge *atrás* de nove unidades curriculares, em termos de carga horária, o que pode conduzir a diversas *interpretações*[686].

Os polícias devem ser formados e treinados para que conheçam os direitos dos(as) cidadãos(ãs), mas igualmente para que desenvolvam um sentimento de autoestima e uma confiança no exercício do seu poder, sendo essencial uma base jurídica clara e precisa sobre o trabalho policial. Contudo, a legislação não pode regular ao detalhe a atividade policial, devendo recorrer a fórmulas genéricas, podendo, contudo, fixar os objetivos das intervenções policiais e as condições, os m*étodos* e limites do recurso à força e às armas de fogo, entre outros aspetos. É também importante que a Polícia esteja bem equipada e a formação deve acentuar o *Código de Conduta* e a importância do uso de um uniforme[687]. Mas, por outro lado, alguns autores entendem que a aplicação da lei não é uma profissão que consiste em aplicar soluções padronizadas a problemas padronizados que ocorrem em intervalos regulares no tempo. É a *arte* de entender, por vezes em segundos, a letra e o espírito da lei, bem como as circunstâncias de uma ocorrência específica, esperando-se que sejam capazes de distinguir entre inúmeros *tons de cinza*, em vez de fazer uma distinção entre *preto e branco*. No entanto, a decisão de um polícia não pode basear-se em práticas ilegais, discriminatórias ou arbitrárias, que podem destruir a confiança da comunidade e servirão para minar a sua autoridade. A fundamentação ética é, pois, muito relevante, *maxime* à luz dos Direitos Humanos, na sua pretensão universal, que permite o exercício da liberdade, em direção a uma solução jurídica que não tem o intuito de aniquilar as diferenças culturais[688].

[686] Direção Nacional da PSP (2022). Despacho 28/GDN/2022, de 24 de novembro, Ordem de Serviço n.º 28, I Parte B – Regulamento de Frequência e Avaliação do Curso de Formação de Chefes da PSP. Lisboa: DNPSP.

[687] Trechsel, Stefan (1998). A Polícia e os Direitos do Homem, *in* IGAI (1998). *Direitos humanos e eficácia policial: Sistemas de Controlo da Atividade Policial: Seminário Internacional*, p. 40. Lisboa: IGAI.

[688] Rover, Cees de (1998). *To serve and protect: Human Rights and Humanitarian Law for Police and Security Forces*, pp. 138-141. Geneva: International Committee of the Red Cross; Pinheiro, Flávio Maria Leite (2008). A teoria dos direitos humanos. *Themis*, Fortaleza, 6 (2), pp. 111-122. Disponível em: http://revistathemis.tjce.jus.br/index.php/THEMIS/article/view/198/188 (acesso em 14 de abril de 2022).

Nesse sentido, os alunos do ISCPSI são estimulados, desde a primeira aula, a viver num ambiente de respeito pela diversidade, um ensino policial baseado na igualdade multicultural e de género, onde impera, há várias décadas, o diálogo Europa-África-Brasil[689] e, mais recentemente, Timor Leste (desde 2022). No ano letivo de 2021-2022 existiam 201 alunos a frequentar os cinco anos do Curso de Formação de Oficiais de Polícia, distribuídos da seguinte forma: 143 homens e 58 mulheres, dos quais 52 eram alunos naturais de Angola, Cabo Verde, Guiné-Bissau, Moçambique e São Tomé e Príncipe. Desde o início da Escola Superior de Polícia, atual ISCPSI, já foram formados 163 oficiais de polícia provenientes dos PALOP que, atualmente, exercem cargos de comando e direção no domínio da segurança interna, nos seus países. Em 1988, a então Escola Superior de Polícia recebeu novas atribuições na formação dos oficiais da Polícia Nacional de Cabo Verde, num primeiro momento, e, mais tarde, de Angola, Guiné-Bissau, Moçambique e São Tomé e Príncipe, com uma matriz assente na dignidade da pessoa humana, que tem contribuído, além-fronteiras, para o prestígio de Portugal. A título de exemplo, destacamos o atual comandante-geral da Polícia Nacional de São Tomé e Príncipe, que faz questão de ostentar no seu uniforme – com orgulho – o brasão do ISCPSI, à semelhança de quase todos os ex-alunos dos PALOP, assim como o diretor nacional da Polícia Judiciária e o diretor geral dos Serviços Prisionais de São Tomé e Príncipe, ou a Ministra do Interior da República de Moçambique, que frequentou o 16.º CFOP[690]. Por outro lado, em Portugal, os últimos três diretores nacionais da PSP são licenciados pelo ISCPSI, a par de muitos outros ex-alunos que têm prestigiado a PSP e Portugal, interna e externamente[691], em diversos cargos como o de secretário-geral adjunto do Sistema de Segurança

[689] Poiares, Nuno (2021a). *A violência doméstica nos Países Africanos de Língua Oficial Portuguesa: uma aproximação metodológica ao ensino jurídico-penal em contexto policial e multicultural*, dissertação de mestrado. Lisboa: FDUL.

[690] O Presidente da República de Moçambique nomeou em Despacho Presidencial, de 11 de novembro de 2021, Arsénia Felicidade Félix Massingue no cargo de Ministra do Interior; Poiares, Nuno (2021b). *A Ciência Policial em Portugal: o reconhecimento pela Comunidade Científica Internacional*. Lição Inaugural da Cerimónia de Abertura Solene do Ano Académico 2021-2022, no dia 2 de dezembro de 2021. Lisboa: ISCPSI.

[691] Dias, Eurico e Poiares, Nuno (2021). The role of military leadership in the socio-professional configuration of portuguese police administrative elites. *Revista Militar*, 5, pp. 417-442.

Interna, a presidência da Autoridade para a Prevenção e o Combate à Violência no Desporto, a direção do Gabinete Coordenador da Segurança Escolar do Ministério da Educação, o comando de forças policiais em operações de paz no Haiti e em Timor-Leste, a direção da Divisão de Polícia e assessoria do Secretário-Geral da ONU, em Nova Iorque[692]; a coordenação do Gabinete de Segurança para a Prevenção e Combate à Violência contra os Profissionais de Saúde, a chefia da Divisão de Segurança, Operações e Informações da Direção-Geral de Reinserção e Serviços Prisionais; diversas funções nos Ministérios como técnicos especialistas, adjuntos ou chefes de gabinete; a assessoria no Gabinete do Primeiro-Ministro, funções de inspeção na IGAI, o comando de Polícias Municipais, a direção da Unidade Nacional de Informações e Investigação Criminal da ASAE[693], entre muitos outros honrosos cargos. Acresce que existem vários ex-alunos doutrinadores que são frequentemente citados em documentos da Assembleia da República, da IGAI, em decisões judiciais e em estudos académicos nacionais e internacionais[694]. Isto significa que o ensino ministrado no ISCPSI apresenta uma marca diferenciadora que tem permitido formar uma elite administrativa no domínio da segurança interna, respeitadora dos Direitos Humanos, característica estrutural do CFOP desde o seu primeiro ano de existência, por iniciativa da Comissão Instaladora[695] e imperativo do contexto histórico, social e político.

A dificuldade em superar os dogmas da visão social sobre a formação policial tem como aliada a educação e, através dela, a Polícia tem conseguido derrubar a visão ultrapassada de um foco apenas repressivo. O ensino ministrado no ISCPSI destaca-se, assim, através da inclusão da didática dos Direitos Humanos a partir dos anos 1980, seguindo, hodiernamente, as mais modernas normas orientadoras, investindo na

[692] *Vide* https://lusoamericano.com/portugues-e-director-da-divisao-de-policia-das-nacoes-unidas-em-nova-iorque/ (acesso em 24 de novembro de 2022).

[693] Assim como a direção da Unidade Regional do Norte da ASAE.

[694] Poiares, Nuno (2021b). *A Ciência Policial em Portugal: o reconhecimento pela Comunidade Científica Internacional.* Lição Inaugural da Cerimónia de Abertura Solene do Ano Académico 2021-2022, no dia 2 dez. 2021. Lisboa: ISCPSI.

[695] Que integrou figuras de prestígio, como o Professor Catedrático Doutor Germano Marques da Silva, tendo sido reconhecido com uma *Obra de Homenagem* e a atribuição do seu nome à Biblioteca do ISCPSI.

formação e qualificação dos futuros Oficiais de Polícia[696]. As matérias relacionadas com as estratégias de combate à discriminação sempre foram abordadas nos planos curriculares. Mas revelou-se necessário reforçar o n.º de horas de reflexão, neste domínio, assim como diversificar as abordagens de outras áreas do saber, como a história das comunidades e a atividade policial e o contacto com realidades que, tradicionalmente, não eram objeto de estudo, como a diversidade multicultural, a violência doméstica, a igualdade de género, a saúde mental ou a comunidade LGBTQIA+.

Hoje, o ensino do ISCPSI enfrenta novos desafios, por imposição legal com a entrada em vigor da Lei do Ensino Superior Policial[697], que prevê, entre outras especificidades, a criação de um quadro próprio de corpo docente e a introdução do ensino politécnico policial, que corresponde às exigências de formação e especialização para o ingresso na carreira de chefes, assim como outras necessidades formativas da PSP, nos termos do art. 3.º, n.ºs 1 e 3, do Decreto-Lei n.º 13/2022, de 12 de janeiro. Paralelamente, o CFOP foi alvo de uma reestruturação, no ano letivo de 2021-2022, substituindo o curso de mestrado integrado em Ciências Policiais (cinco anos letivos) pelo curso de licenciatura em Ciências Policiais (1.º ciclo, com três anos letivos) e o curso de mestrado em Segurança Pública (2.º ciclo, com dois anos letivos), e o reforço do tratamento das matérias relacionadas com os Direitos Humanos em diversas unidades curriculares. No 1.º ciclo, os Direitos Humanos são lecionados nas seguintes UC: *Direito Constitucional* (1.º ano/45h), *Cultura Portuguesa e Diversidade Cultural* (1.º ano/45h), *Direito Penal I* (2.º ano/75h), *Direito Policial* (2.º ano/45h), *Sociologia* (2.º ano/45h), *Técnica do Serviço Policial I* (2.º ano/45h), *Direito Penal II* (2.º ano/60h), *Direito Processual Penal I* (2.º ano/45h), *Psicologia* (2.º ano/60h), *Direito Processual Penal II* (3.º ano/45h), *Direito da União Europeia* (3.º ano/45h) e *Análise de Problemas de Segurança* (3.º ano/45h); assim como no 2.º ciclo de estudos, nas seguintes UC: *Organização Processual* (1.º ano/45h), *Movimentos Sociais e Autoridade*

[696] Faria Júnior, Heleno V. e Brasil, Deilton R. (2018). A educação como instrumento de promoção dos direitos humanos na atividade policial *in* Costa, Fabrício Veiga, Motta, Ivan D. e Freitas, Sérgio H. Zandona (org.) – *Desafios do ensino jurídico no século XXI*, pp. 86-118. Maringá, PR: IDDM.

[697] Decreto-Lei n.º 13/2022, de 12 de janeiro, publicado no Diário da República n.º 8, 1.ª Série.

do Estado (1.º ano/60h), Ética e Deontologia Policial (1.º ano/45h), *Direitos Fundamentais e Direitos Humanos* (1.º ano/60h) e *Temas Policiais Contemporâneos* (1.º ano/75h).

A UC de *Temas Policiais Contemporâneos*[698], dirigida aos alunos do 1.º ano do mestrado em Segurança Pública, que corresponde ao 4.º ano do CFOP, surge como a disciplina com a maior carga horária, representando um reforço objetivo no aprofundamento sobre temas alusivos à Polícia, a Diversidade e os Direitos Humanos. Nesta UC, com uma carga letiva de 75 horas, os futuros Oficiais de Polícia são *convidados* a refletir sobre os seguintes temas[699]: 1) Democracia, populismos, ordem pública e Direitos Humanos; 2) Extremismo violento, radicalização e terrorismo; 3) Ciberespaço, Cibersegurança, Cibercrime e Digitalização da Sociedade; 4) Migrações, Refugiados, Racismo, Discriminação e Direitos Humanos; 5) Direitos das Mulheres, Violência Doméstica e Atividade Policial; 6) Alterações Climáticas, Proteção Civil, Atividade Policial e Direitos Humanos; 7) LGBTQIA+, Atuação Policial e Direitos Humanos; 8) Envelhecimento da sociedade, Idadismo e problemas securitários emergentes; 9) Prevenção de riscos de corrupção e infrações conexas na atividade policial; 10) Saúde Mental, Polícia e Direitos Humanos; 11) e Prisões, Reintegração Social e Direitos Humanos. Trata-se, assim, de um marco na consolidação dos Direitos Humanos e na desconstrução de estereótipos, aspetos essenciais na formação deste público-alvo específico, acompanhado com outras iniciativas, no âmbito da formação inicial[700], mas também ao longo da vida: *e.g.*, no Curso de Comando e Direção Policial[701], os Direitos Humanos são abordados nas UC de *Direito Policial* (45 h.) e Ética e Deontologia Policial (15 h.), assim como no Curso de Direção e Estratégia Policial[702], *maxime* nas UC de *Direito, Justiça e Segurança* (60 h.) e *Cidadania, Ética e Deontologia* (35 h.).

[698] Cuja organização curricular e regência cabem ao autor destas linhas.

[699] Cf. Ficha da Unidade Curricular aprovada para o ano letivo de 2022-2023.

[700] *E.g.*, em março de 2021, os Aspirantes e os Cadetes-alunos do CFOP, frequentaram uma ação de formação sobre direitos humanos, subordinada à temática do combate à discriminação, ministrada pelo Subinspetor-Geral da Administração Interna, no âmbito do PPMD-FSS.

[701] Curso dirigido a Oficiais de Polícia com a categoria de comissário que pretendem ascender às categorias de subintendente e intendente.

[702] Curso dirigido a Oficiais de Polícia com a categoria de intendente que pretendem ascender às categorias de superintendente e superintendente-chefe.

Em paralelo, o ensino superior policial deve ser acompanhado por investigação de excelência, reconhecida nacional e internacionalmente, para que se possa desenvolver ciência aplicada ao contexto policial. Nessa medida, o ICPOL, unidade de investigação e desenvolvimento do ISCPSI, avaliada com a menção de *Muito Bom* pela Fundação para a Ciência e Tecnologia[703], tem desenvolvido diversos projetos de investigação à luz dos Direitos Humanos, a par de conferências e um *Caderno Informativo 2020*, dedicado exclusivamente ao *Estado da Arte* no domínio dos Direitos Humanos. Acresce que, no dia 10 de novembro de 2022, o ICPOL organizou o webinário luso-brasileiro subordinado ao tema *Polícia e Direitos Humanos nas Sociedades Contemporâneas*, por forma a marcar o arranque das comemorações dos 40 anos das Ciências Policiais em Portugal, tendo sido uma organização conjunta do ICPOL com o *Ius Gentium Conimbrigae*/Centro de Direitos Humanos da Faculdade de Direito da Universidade de Coimbra, instituição com quem se pretende reforçar o trabalho em parceria através de novas iniciativas (cursos de formação, pós-graduações, conferências e publicações). Acresce que um investigador do ICPOL/ISCPSI[704], em 2022, frequentou o programa de pós-doutoramento em Democracia e Direitos Humanos no IGC/CDH e o ISCPSI tem procurado reforçar o diálogo com a diversidade multicultural e de género, através das publicações nas redes sociais e no sítio web institucional, assim como através de diversas iniciativas formativas no âmbito do Gabinete Nacional CEPOL, os projetos da área da responsabilidade social do Corpo de Alunos, e o Grupo de Peritos em Direitos Fundamentais do CEPOL, onde o ISCPSI tem assento. Acresce que, no ano de 2023, o ISCPSI, através do ICPOL, associou-se novamente a diversas iniciativas neste domínio, como o *Fórum dos Direitos Humanos*, organizado pela Direção Nacional da PSP (12.12.2023); o Seminário *Violência Doméstica: quando o essencial não é visível aos olhos*, organizado pela Câmara Municipal da Amadora (27.11.2023) e o *Dia Internacional dos Direitos Humanos*, evento coorganizado pela Divisão Policial de Vila Franca

[703] Poiares, Nuno (2021b). *A Ciência Policial em Portugal: o reconhecimento pela Comunidade Científica Internacional*. Lição Inaugural da Cerimónia de Abertura Solene do Ano Académico 2021-2022. Lisboa: ISCPSI.

[704] Autor destas linhas que, atualmente, é o diretor do ICPOL – Unidade de I&D FCT do ISCPSI.

de Xira do Comando Metropolitano de Lisboa e o Agrupamento de Escolas Professor Reynaldo dos Santos (14.12.2023), entre outras iniciativas.

Em paralelo, a Direção Nacional da PSP determinou, no âmbito do *Plano de Formação Anual* (2022), que todos os colaboradores devem frequentar, no mínimo, duas Ações por ano, sobre um conjunto de temáticas relacionadas com o tema da discriminação. Nesse âmbito, os polícias são recordados que a intervenção policial assenta no respeito pelos direitos, liberdades e garantias dos cidadãos e rege-se por normativos legais e normativos internos; que os cidadãos esperam que os polícias tenham comportamentos íntegros, responsáveis e imparciais, ou seja, não censuráveis ética e juridicamente, e que respeitem os direitos de todos os cidadãos; e que a proximidade dos polícias às populações é um fator de prevenção criminal e de potenciação do sentimento ou perceção de segurança. São ainda informados que as questões relacionadas com as atitudes ou práticas discriminatórias têm assumido relevo, constituindo um fator de preocupação nas sociedades ocidentais e que, a par de uma consciencialização acerca da inadmissibilidade de fatores de discriminação, assiste-se, em franjas crescentes das sociedades modernas, em movimento contraciclo, a um recrudescimento de ideias e práticas que se julgaram ultrapassadas, porque inadmissíveis à luz do princípio de humanidade[705], e que o combate à discriminação em razão do sexo, da orientação sexual, identidade e expressão de género, e características sexuais, orientado pelos princípios constitucionais da igualdade e da não discriminação e da promoção da igualdade entre mulheres e homens é uma das tarefas fundamentais do Estado, nos termos dos artigos 9.º, alínea h) e 13.º, da CRP[706].

[705] *Plano Anual de Formação da PSP* (2022) e *PPMD-FSS* (2021).

[706] No âmbito do *Plano de Formação Anual da PSP* (2022) são apresentados, como instrumentos legais essenciais, os seguintes diplomas e documentos: os artigos 1.º, 2.º, 9.º, 13.º, 15.º e 27.º da CRP; o art. 6.º do CPA; a *Estratégia Nacional para a Igualdade e a Não Discriminação 2018-2030*, aprovada pela Resolução do Conselho de Ministros n.º 61/2018; o *Regime jurídico da prevenção, da proibição e do combate à discriminação, em razão da origem racial e étnica, cor, nacionalidade, ascendência e território de origem*, aprovado pela Lei n.º 93/2017, de 23 de agosto; a LSI, aprovada pela Lei n.º 53/2008, de 29 de agosto; a *Lei Orgânica da PSP*, aprovada pela Lei n.º 53/2007 de 31 de agosto; o *Estatuto Disciplinar da PSP*, aprovado pela Lei n.º 37/2019, de 30 de maio; o *Estatuto profissional do pessoal com funções policiais da PSP*, aprovado pelo Decreto-Lei n.º 243/2015, de 19 de outubro; a DUDH; a *Carta dos Direitos Fundamentais da União Europeia*; a *Convenção para a Proteção dos Direitos do Homem e da Liberdades Fundamentais*; a

Em complemento, o *Código Deontológico do Serviço Policial* e o *Estatuto Disciplinar da PSP* surgem como instrumentos fundamentais na prevenção e combate de todas as formas de extremismo, radicalismo e discriminação, onde a atuação policial deve basear-se nos seguintes valores e pilares éticos: respeito pelos direitos, liberdades e garantias dos cidadãos, serviço público de qualidade, responsabilidade e integridade, isenção e rejeição de qualquer forma de extremismo e discriminação, frontalidade e lealdade[707]. Um dos pilares éticos da *Estratégia da PSP* definida para os próximos anos é a isenção e rejeição de qualquer forma de extremismo e discriminação. Neste âmbito, encontram-se estabelecidos três grandes objetivos: combater todas as formas de extremismo, radicalismo e discriminação; responsabilizar os polícias que, dolosamente ou de forma grave ou grosseira, violem as suas obrigações legais e as instruções hierárquicas emitidas, nomeadamente no referente ao uso da força pública e a afirmações produzidas em redes sociais; e defender e apoiar publicamente os polícias injustamente acusados que tenham inequivocamente atuado em cumprimento das suas obrigações legais, das instruções hierárquicas emitidas e dos regulamentos internos. No âmbito da *Estratégia da PSP 2020-2022*, é ainda possível extrair um conjunto de objetivos, que se interligam entre si, e enformam uma atuação policial com isenção e rejeição de qualquer forma de extremismo e discriminação: cultivar uma cultura de excelência na prestação do serviço

Convenção sobre a eliminação de todas as formas de discriminação contra as mulheres; a *Convenção para a prevenção e o Combate à Violência contra as Mulheres e a Violência Doméstica*; a *Convenção europeia para a prevenção da tortura e penas e tratamentos desumanos e degradantes*; a *Convenção das Nações Unidas contra a tortura e outras penas ou tratamentos cruéis, desumanos ou degradantes*; a *Convenção sobre os direitos das pessoas com deficiência*; a *Convenção relativa ao estatuto dos refugiados*; a Diretiva 2000/43/CE do Conselho, de 29 de junho, que aplica o princípio da igualdade de tratamento entre as pessoas, sem distinção da origem racial ou étnica; o *Plano da União Europeia: Uma União da Igualdade – Estratégia para a Igualdade de Género 2020-2025*; o *Plano da União Europeia: Uma União da Igualdade – Plano da Ação da UE contra o Racismo 2020-2025*; e o *Plano da UE: Uma União da Igualdade – Estratégia em favor da igualdade das pessoas LGBTQIA+ 2020-2025*. Em termos de documentos internos, destaca-se a *Estratégia da PSP 2020-2022*; a *Estratégia de comunicação da PSP*; a Diretiva Estratégica n.º 10/2006 – *Modelo Integrado de Policiamento de Proximidade*; as *Normas relativas ao aprumo, apresentação e uniforme*, aprovadas pelo Despacho n.º 52/GDN/2020, de 22 de setembro; e a *Denúncia e participação de prática discriminatória em razão da origem racial e étnica, cor, nacionalidade, ascendência e território de origem por polícias, à inspeção da PSP*, aprovada pela Determinação n.º 02/INSP/2020, de 23 de junho.

[707] *Plano de Formação Anual da PSP* (2022); e *Estratégia da PSP 2020-2022*.

policial, baseada na transparência, no cumprimento rigoroso dos protocolos policiais aprovados e no respeito pelos direitos, liberdades e garantias dos cidadãos; consolidar, através da formação, a importância de que toda a atividade policial se baseie no respeito pelos direitos, liberdades e garantias dos cidadãos; melhorar o conhecimento local sobre as populações, para uma melhor interação e serviço junto das mesmas; e combater todas as formas de extremismo, radicalismo e discriminação. Mais recentemente, em dezembro de 2023, a Estratégia da PSP 2024-2026, veio apresentar, no ponto 2.10, do eixo estratégico 2 (Formação e capacitação técnica), o seguinte objetivo: constituir o ISCPSI, através do ICPOL, como uma plataforma de excelência no domínio da produção de conhecimento, para apoio à decisão e afirmar a PSP como um centro de formação de excelência, em matéria de Polícia e Direitos Humanos. Igualmente, na definição da *Estratégia de Comunicação da PSP*, verifica-se um cuidado no estabelecimento de limites objetivos relativos às intervenções dos polícias nas redes sociais. Acresce que a Determinação n.º 02/INSP/2020, de 23 de junho (denúncia e participação de prática discriminatória em razão da origem racial e étnica, cor, nacionalidade, ascendência e território de origem por polícias, à Inspeção Nacional da PSP), veio reforçar a responsabilidade de comunicação de factos suscetíveis de serem qualificados como práticas discriminatórias, tendentes à recolha de informação e ao emprego das respetivas sanções, quando aplicada a ação disciplinar. Em termos de boas práticas, há ainda a destacar os módulos formativos que, atualmente, abordam a temática da discriminação no Curso de Formação de Agentes, *i.e.*, *Direitos Fundamentais e Cidadania* (30 h.) e *Deontologia Policial* (35 h.); e no Curso de Formação de Chefes: *Direitos Fundamentais e Cidadania* (que passou de 15 h. para 35 h.); e Ética e Deontologia (que passou de 15 h. para 20 h.)[708], o que, ainda assim, consubstancia pouco tempo para a reflexão e o amadurecimento de ideias centrais para a atividade policial, comparativamente com o tempo previsto no CFOP e quando se pensa numa franja considerável de profissionais que vão exercer funções na primeira *linha de ação*, em contextos multiculturais, sensíveis, com diversos problemas sociais complexos, em *teatros de operações* onde predomina, por vezes, o risco, a incerteza, a violência e a insegurança.

[708] *Plano de Formação Anual da PSP* (2022) e *Estratégia da PSP* (2020-2022 e 2024-2026).

Acresce que, nos últimos anos, a Polícia, à semelhança da GNR, desenvolveu várias iniciativas direcionadas ao público externo, ao abrigo da *Estratégia Nacional para a Igualdade e a Não Discriminação – Portugal + Igual*, aprovada pela Resolução do Conselho de Ministros n.º 61/2018; *i.e.*, ações ministradas ao nível das escolas, através do Programa Escola Segura, com o objetivo de prevenir atos discriminatório, registando-se, desde 2013/2014 até 2019/2020, 23.111 ações de sensibilização com 551.819 participantes, sobre: *Cidadania e Não Discriminação* – 2.606 ações com 60.473 participantes; *Diálogo Intercultural* – 850 ações com 20.266 participantes; *Direitos Humanos* – 987 ações com 21.404 participantes; *Igualdade de Género* – 1.011 ações com 23.032 participantes; e *Bullying* e *Cyberbullying* – 17.657 ações com 426.644 participantes. Estas ações de sensibilização foram direcionadas para a intolerância e a violência baseada em preconceitos, como as ações denominadas *Sim à Diferença*, dedicadas à prevenção de todas as formas de discriminação e à prática de crimes motivados por ódio: de 7 a 18 de janeiro de 2019 – 526 ações com 15.698 alunos de 275 escolas; e de 13 a 24 de janeiro de 2020 – 483 ações com 14.376 alunos de 238 escolas. Foram realizadas, ainda, de 2018 a 2021, 18 ações de formação sobre discriminação racial, com a duração de 4 horas e com 282 polícias formandos; em 2019 foi realizada uma ação de formação sobre policiamento de crimes de ódio contra Pessoas LGBTQIA+, com a duração de 12 horas e com dez polícias; em 2018 foi realizada uma ação de formação sobre a *Lei da Imigração e a Lei Contra Discriminação Racial* a um polícia, e, em 2019, foi realizado um fórum com a duração de seis horas, abordando a discriminação e os maus tratos de crianças, com 145 polícias formandos[709].

Eixo 3 – Interação dos membros das FSS com os demais cidadãos e com outros profissionais das Forças e Serviços de Segurança

O PPMD-FSS também definiu objetivos no domínio da interação dos membros das forças e serviços de segurança com os demais cidadãos e com outros profissionais das FSS, incluindo nas redes sociais, questão atual e sensível fruto das denúncias públicas mais recentes, quando, no dia 16 de novembro de 2022, a SIC apresentou a reportagem *Quando o*

[709] Plano de Formação Anual da Polícia de Segurança Pública (2022); e Estratégia da PSP 2020-2022.

ódio veste farda: 591 polícias praticam crimes nas redes sociais, uma investigação de um consórcio, da SIC e o jornal Expresso[710], onde foram denunciados alegados crimes praticados *online* por profissionais da PSP (296) e GNR (295), após a análise de uma base de dados com mais de 3.000 publicações, a que o consórcio de jornalistas teve acesso, e onde os polícias identificados, supostamente, violam a lei e os regulamentos internos das respetivas forças de segurança, e exteriorizam comportamentos de discriminação e incitamento ao ódio e à violência, ameaça com prática de crime, incitamento à desobediência coletiva, coação contra órgãos institucionais, instigação e apologia pública de crime, incitamento à alteração violenta do Estado de Direito, ofensa à honra do Presidente da República, incitamento à desobediência coletiva, denegação de justiça e difamação, discriminação racial e religiosa[711]. O MAI[712], a IGAI[713], a PSP[714], a GNR[715] e o MP[716] reagiram à peça jornalística, informando que iam proceder, de imediato, à abertura de um inquérito, para o apuramento da veracidade dos indícios, contidos nas notícias, sobre a alegada publicação, por profissionais das forças de segurança, de mensagens nas redes sociais com conteúdo discriminatório, incitadoras de ódio e violência contra determinadas pessoas[717].

[710] Desenvolvida pelos jornalistas Pedro Coelho, Filipe Teles, Paulo Pena, Cláudia M. Santos e Ricardo Fernandes.

[711] *Vide* https://sicnoticias.pt/programas/reportagemsic/2022-11-16-Quando-o-odio-veste-farda-591-policias-praticam-crimes-nas-redes-sociais-bf57e7f2 (acesso em 17 de novembro de 2022).

[712] *Vide* https://observador.pt/2022/11/16/aberto-inquerito-para-apurar-pratica-de-alegados-crimes-de-odio-por-forcas-de-seguranca-nas-redes-sociais/ (acesso em 17 de novembro de 2022).

[713] *Vide* https://www.publico.pt/2022/11/16/sociedade/noticia/igai-abre-inquerito-publicacoes-membros-gnr-psp-redes-sociais-2028076 (acesso em 17 de novembro de 2022).

[714] *Vide* https://www.jn.pt/justica/psp-participa-as-autoridades-indicios-sobre-publicacoes-de-agentes-nas-redes-sociais-15359890.html (acesso em 17 de novembro de 2022).

[715] *Vide* https://www.tsf.pt/portugal/sociedade/gnr-apela-a-denuncia-de-casos-de-discriminacao-xenofobia-e-racismo-15360285.html (acesso em 17 de novembro de 2022).

[716] *Vide* https://www.rtp.pt/noticias/pais/ministerio-publico-abre-inquerito-sobre-publicacoes-de-agentes-nas-redes-sociais_v1447842 (acesso em 18 de novembro de 2022).

[717] *Vide* https://www.publico.pt/2022/11/16/sociedade/noticia/igai-abre-inquerito-publicacoes-membros-gnr-psp-redes-sociais-2028076; https://www.tsf.pt/portugal/sociedade/gnr-apela-a-denuncia-de-casos-de-discriminacao-xenofobia-e-racismo-15360285.html; e https://www.jn.pt/justica/psp-participa-as-autoridades-indicios-sobre-publicacoes-de-agentes-nas-redes-sociais-15359890.html (acesso em 17 de novembro de 2022).

Nessa medida, e antevendo potenciais cenários com estes contornos, a IGAI definiu as seguintes metas, a concretizar no âmbito do eixo 3: objetivo 6 – definir boas práticas no relacionamento com os(as) cidadãos(ãs), distinguindo boas práticas na aplicação de medidas de polícia e na interação dos membros das FSS com a comunidade; objetivo 7 – definir boas práticas no relacionamento com outros elementos das FSS (da própria ou outras organizações); e objetivo 8 – definir boas práticas na utilização das redes sociais pelos profissionais das FSS relacionadas com a prevenção de manifestações de discriminação. Para a concretização dos objetivos, o PPMD-FSS definiu as seguintes medidas: no contexto de FSS que pretendem espelhar a diversidade existente na comunidade, o relacionamento interno entre os elementos da corporação deve reger-se pelos critérios de respeito pela diferença, a origem, o género, a orientação religiosa, sexual, política, ou seja, por critérios que neutralizam qualquer manifestação de discriminação ilegítima. No que respeita ao relacionamento dos membros das FSS com os demais cidadãos, também tem de se fazer sentir a preocupação na manutenção de uma postura objetiva e isenta. Assim, um membro das FSS não deve diferenciar o tratamento concedido a uma mulher do tratamento concedido a um homem; e a etnia, a origem e a orientação religiosa, sexual, política ou outra, não podem fundamentar um tratamento discriminatório, *i.e.*, a interação dos membros das FSS com a comunidade deve basear-se apenas na dimensão humana de cada sujeito. No âmbito das boas práticas na aplicação de medidas de polícia, importa ter presente de que se trata da interação de um(a) agente de autoridade com um(a) cidadão(ã), sendo irrelevante qualquer outro elemento, devendo ser prestada atenção à situação de vitimização que, porventura, no caso se verifique; e tal interação nunca poderá assentar em qualquer tipo de polarização entre *nós* e *eles*. Nesse sentido, a intervenção policial com os(as) demais cidadãos(ãs), em contexto de aplicação de medidas de polícia, deve ser orientada pelos seguintes princípios: os critérios da intervenção são exclusivamente legais e não podem resultar da aplicação de fatores de discriminação, de generalizações ou de polarizações, as intervenções devem cumprir o que decorre do regime legal da medida de polícia aplicada, tendo ainda de ser observada a tramitação subsequente dessa aplicação, em particular, devem ser explicitados, no documento a elaborar, os pressupostos legais da identificação de sujeitos, em especial os casos em que pode ter lugar, a quem pode ser pedida a identificação, os procedimentos a adotar pelo elemento que procede à identificação, o modo como pode ser realizada a identificação e os procedimentos subsequentes à identificação de sujeito. Neste âmbito, importa recordar *os Princípios relativos a uma Prevenção Eficaz e à Investigação das Execuções Extrajudiciais, Arbitrárias e Sumárias*, aprovados pela resolução 1989/65, de 24 de maio de 1989, do Conselho Económico e Social das Nações Unidas, cujo primeiro parágrafo recomenda que estes princípios sejam tidos em conta e respeitados pelos Governos no quadro das suas leis e práticas internas e que, nos termos do princípio 2, os Governos devem garantir um controlo rigoroso, incluindo uma cadeia de comando clara sobre todos os funcionários responsáveis pela captura, detenção, prisão, guarda e encarceramento de pessoas, assim como sobre todos os funcionários autorizados por lei a utilizar a força e armas de fogo, para prevenir as execuções extrajudiciais, arbitrárias ou sumárias. Assim, como indicador adicional do eixo 3 do PPMD-FSS, surge o número de documentos emitidos com força normativa interna. O exercício de determinadas funções públicas, segundo a IGAI[718], implica a restrição de alguns direitos que teriam outra abrangência, não fora esse exercício, como a probidade, a correção, a autocontenção, o decoro e o aprumo, inclusivamente fora do exercício de funções, sobretudo quando existe a possibilidade de propagação pública, para que o exercício de tais funções não sofra erosão ao nível da imagem e da perceção comunitária da legitimidade do sujeito detentor de deveres e poderes públicos. Por isso, as orientações internas devem envolver a definição de limites relativos às intervenções dos profissionais das FSS nas redes sociais, relativamente a comentários de intervenções policiais concretas, afirmações hostis que incitem ao ódio ou à discriminação de pessoas ou de grupos, comentários ofensivos contra pessoas, grupos, religiões, convicções políticas, partidos ou outras organizações, com base no género, nacionalidade, orientação sexual e origem étnico-racial, comentários sobre a corporação a que pertencem ou sobre outras FSS que afetem a respetiva imagem, o decoro e a cortesia que os elementos das FSS devem observar; e afirmações contra o Estado de Direito Democrático.

[718] IGAI (2021). *Plano de Prevenção de Manifestações de Discriminação nas Forças e Serviços de Segurança*. Lisboa: IGAI.

Eixo 4 – Promoção da imagem das FSS e Comunicação

O eixo 4 do Plano assenta em três objetivos que visam a promoção da imagem e a comunicação das FSS, *i.e.*: objetivo 9 – reforçar as estratégias de comunicação das FSS de modo a valorizar e difundir as ações policiais exemplares; objetivo 10 – reforçar as estratégias regulares de comunicação das FSS ao nível da intervenção efetuada junto de vítimas especialmente vulneráveis, e programas de policiamento dirigidos a grupos em situação de especial vulnerabilidade (*e.g.*, jovens, idosos, pessoas com deficiência), requerentes de proteção internacional, intervenção junto de minorias étnico-raciais e sociais, e integração de parcerias nestes domínios; e objetivo 11 – reforçar a divulgação interna de recomendações e boas práticas de entidades oficialmente reconhecidas e com atribuições no combate à discriminação. Para o cumprimento destes objetivos foram definidas as seguintes medidas: divulgação regular de informações, incluindo ações policiais exemplares, de notícias relacionadas com o trabalho efetuado nestas áreas e de recomendações e boas práticas. No contexto do reforço das estratégias de comunicação das FSS ao nível da intervenção junto de vítimas vulneráveis e programas de policiamento dirigidos a grupos em situação de especial vulnerabilidade, inclui-se a divulgação do trabalho efetuado ao nível de ações de sensibilização realizadas pelas FSS junto da comunidade no âmbito dos Direitos Humanos, cidadania, não discriminação, igualdade de género, diálogo intercultural, bem como a realização de ações ministradas às FSS sobre temáticas afins. Finalmente, quanto ao reforço da divulgação interna de recomendações e boas práticas de entidades oficialmente reconhecidas e com atribuições no combate à discriminação, exemplifica-se com a *Recomendação da Comissão para a Igualdade e Contra a Discriminação Racial*, de 28 de setembro de 2018, relativa à adesão ao princípio de não-referência da origem racial e étnica, cor, nacionalidade, ascendência, território de origem e situação documental, quando estejam em causa ilícitos criminais ou administrativos[719].

[719] *Vide* https://www.cicdr.pt/documents/57891/110180/Recomendação+CICDR+-+Princ%C3%ADpio+da+não+referência.pdf/0cca99a1-9b0d-400b-af4c-652d5816fc6f (acesso 13 nov. 2022).

Eixo 5 – Mecanismos preventivos e monitorização de manifestações de discriminação

Por fim, o eixo 5 do PPMD-FSS visa a criação de mecanismos preventivos e monitorização das (eventuais) manifestações de discriminação, com base em quatro objetivos: objetivo 12 – criar a figura do(a) Oficial de Direitos Humanos em cada FSS, aspeto que será abordado detalhadamente na secção 5.3; objetivo 13 – definir e reforçar mecanismos de intervenção de caráter preventivo aquando da manifestação, por parte de polícias no exercício de funções, de primeiros sinais de atitudes ou comportamentos que tendem a distanciar-se dos valores inerentes ao Estado de Direito e à defesa dos Direitos Humanos; objetivo 14 – promover o conhecimento relativamente a manifestações discriminatórias por parte de polícias; e objetivo 15 – monitorizar a taxa de feminização nas FSS e a representatividade existente nos efetivos em termos da diversidade de contextos sociais e culturais em que atuam.

Para esse efeito, foram definidas as seguintes medidas: nomeação e início de funções do(a) Oficial de Direitos Humanos e dos procedimentos inerentes à respetiva intervenção, que terá como atribuições a coordenação e monitorização da implementação do PPMD na respetiva FSS, bem como a articulação com a IGAI que o coordena de forma global, pretendendo-se uma distinção inequívoca entre as funções deste(a) Oficial e as atribuições dos órgãos inspetivos de cada FSS; constituição de um grupo técnico com representação originária de cada uma das FSS que avaliará a melhor forma de implementar mecanismos de intervenção, apresentando propostas tendo em vista a sua materialização, e implementação das medidas propostas e validadas pelas hierarquias das FSS. Relativamente ao objetivo 13, pretende-se implementar medidas que visam a deteção de situações em que haja manifestação, por parte de elementos das FSS no exercício de funções, de atitudes ou comportamentos que tendem a distanciar-se dos valores inerentes ao Estado de Direito e à defesa dos Direitos Humanos. A IGAI entende que as atitudes, comportamentos e características de personalidade se desenvolvem e alteram ao longo da vida sendo que, em fases posteriores à admissão, o surgimento desses sinais não pode deixar de ser fator de preocupação, de modo a neutralizar riscos que o Estado de Direito não pode correr. Assim, e através de uma recolha e sistematização de dados estatísticos, provenientes da IGAI e das FSS, procura-se a obtenção de informações que possam orientar a (re)definição de medidas neste âmbito, podendo ser ponderada uma articulação com o Instituto Nacional de Estatística ou outra entidade pública com experiência nesta área, como o Alto Comissariado para as Migrações. Acresce a necessidade de sistematização de dados estatísticos ao nível da taxa de feminização nas várias carreiras e no âmbito do recrutamento, e a elaboração de uma proposta tendo em vista a definição de indicadores para efeitos de monitorização da representatividade existente nas FSS em termos da diversidade dos contextos sociais e culturais em que atuam[720].

5.3. O Oficial de Direitos Humanos

Terminamos o presente capítulo com a análise do papel do(a) Oficial de Direitos Humanos, uma figura criada, no âmbito do eixo 5 do PPMD-FSS, com o objetivo de monitorizar a sua implementação. No entanto, para além desta atribuição, tem ainda a função de ser um ponto de contacto com as diferentes instituições de Direitos Humanos (inter)nacionais, e uma figura integradora dos princípios (inter)nacionais sobre os DH, contribuindo para a disseminação interna de informação útil neste âmbito[721]. A criação do(a) Oficial de Direitos Humanos surge, assim, por imposição do objetivo 12 do PPMD, em concordância axiológica com os objetivos da Área 7 (*Justiça, Segurança e Direitos*) do Anexo do *Plano Nacional de Combate ao Racismo e à Discriminação 2021-2025 – Portugal contra o Racismo*, que determinou a nomeação e a definição das atribuições do(a) Oficial de DH e dos procedimentos inerentes à sua intervenção, tendo como missão a coordenação e a monitorização da implementação do Plano dentro da respetiva FSS, bem como a articulação com a IGAI que o coordena globalmente. Contudo, pretendeu-se uma autonomização das funções deste(a) Oficial e os respetivos órgãos nacionais inspetivos existentes em cada FSS[722]. Assim, no ano de 2021, após a aprovação do PPMD-FSS, as várias instituições nomearam de imediato os Oficiais

[720] IGAI (2021). *Plano de Prevenção de Manifestações de Discriminação nas Forças e Serviços de Segurança*. Lisboa: IGAI.

[721] Carneiro, Beatriz da Costa (2022). *O Oficial de Direitos Humanos e a prevenção da discriminação nas Forças e Serviços de Segurança*, dissertação de mestrado integrado em Ciências Policiais, p. 57. Lisboa: ISCPSI.

[722] IGAI (2021). *Plano de Prevenção de Manifestações de Discriminação nas Forças e Serviços de Segurança*. Lisboa: IGAI.

de Direitos Humanos na PSP[723], na GNR[724] e no SEF[725], aspeto que mereceu particular destaque por parte do Governo[726] e dos *media*[727], após um ano particularmente desafiante para o MAI, com a complexa gestão securitária da pandemia e a morte do cidadão ucraniano Ihor Homenyuk nas instalações do SEF[728]: o horizonte prometia uma verdadeira mudança de paradigma.

No entanto, volvido mais de um ano após a criação deste cargo essencial, verifica-se que nenhuma das instituições, em particular a PSP e a GNR, conseguiu demonstrar um verdadeiro compromisso com os objetivos inerentes ao PPMD-FSS, *maxime* no que diz respeito à criação do(a) Oficial de DH. Na verdade, os(as) oficiais nomeados(as) para esse efeito, com a categoria de tenente-coronel/intendente, mantiveram as funções anteriores. Ou seja, o mandato de Oficial de DH não foi criado com uma missão autónoma e especializada, exigindo-se que os titulares deste novo cargo acumulassem com as exigentes funções assumidas até então[729]. Acresce que não foi criado um gabinete autónomo[730], especializado e com uma equipa técnica de apoio, com capacidade para corresponder a universos que, na GNR e na PSP, somam um total acima de 40.000 profissionais, sem olvidar o facto de o(a) Oficial de DH ter *apenas* a categoria de tenente-coronel/intendente, o que é elucidativo da ausência de relevância institucional, na medida em que os comandantes

[723] Intendente Hugo Guinote (2021-2023).

[724] Major Sara Albuquerque (2022-2023) e Tenente-Coronel Paulo Poiares (2021-2022).

[725] Inspetora Mónica Girão (2021-2023).

[726] *Vide* https://www.portugal.gov.pt/pt/gc22/comunicacao/noticia?i=forcas-de-seguranca--vao-ter-oficial-de-direitos-humanos-para-monitorizar-discriminacao (acesso em 13 de novembro de 2022).

[727] *E.g.*, https://www.publico.pt/2021/03/19/sociedade/noticia/forcas-seguranca-vao-oficial-direitos-humanos-controlar-discriminacao-agentes-1955114 (acesso em 13 de novembro de 2022).

[728] Poiares, Nuno (2021c). Justiça, Governança e Media: o caso de Ihor Homenyuk, *Politeia: Revista Portuguesa de Ciências Policiais*, ano XVIII, pp. 115-141. Lisboa: ICPOL-ISCPSI.

[729] O intendente Hugo Guinote acumulou o cargo de Oficial de DH, com a chefia da Divisão de Prevenção Pública e Proximidade do Departamento de Operações da Direção Nacional da PSP, e o tenente-coronel Paulo Poiares acumulou o cargo de Oficial de DH com a chefia da Divisão de Planeamento Estratégico e Relações Internacionais do Comando-Geral da GNR.

[730] Informações recentes (dezembro de 2023) indicam que, em 2024, será formalmente criado um Núcleo de Direitos Humanos no Departamento de Operações da DNPSP.

territoriais/distritais da GNR e da PSP são, normalmente, detentores da categoria de coronel/superintendente. A exceção ocorre somente ao nível dos comandos metropolitanos de Lisboa e Porto e comandos regionais dos Açores e Madeira, que são comandados por oficiais com a categoria de superintendente-chefe de duas estrelas/major-general. Esta realidade exige, necessariamente, uma capacidade e magistratura de influência legítima e naturalmente aceite através da nomeação de oficiais detentores, no mínimo, da categoria de coronel/superintendente. Curiosamente, no ano de 2022, a GNR nomeou uma Oficial de DH com a categoria de major[731], em acumulação com as funções de adjunta do chefe de gabinete do comandante-geral da GNR, *descendo* um posto em relação ao responsável anterior[732], o que é elucidativo da (ir)relevância dada à função. É verdade que o aspeto mais diferenciador é a motivação, a competência e a capacidade de trabalho do(a) oficial nomeado(a). Contudo, em forças de segurança seculares, fortemente hierarquizadas e com especificidades muito próprias no domínio da cultura organizacional, este aspeto é relevante e faz toda a diferença em matéria de capacidade de influência endógena (e exógena).

Assim, entendemos que uma *verdadeira* mudança de paradigma obriga a implementação de um Gabinete Nacional de Direitos Humanos do MAI, autonomizado de quaisquer outras atribuições, em diálogo e com assento na Comissão Nacional de Direitos Humanos[733] e com as seguintes especificidades: a) gabinete na dependência direta do(a) ministro(a) da Administração Interna; b) gabinete dirigido por um(a) Oficial com a categoria de superintendente-chefe de duas estrelas/major-general[734] e equiparado a cargo de direção superior de 2.º grau; c) coadjuvação por um(a) Oficial com a categoria de superintendente/coronel, equiparado a cargo de direção intermédia de 1.º grau; d) duas divisões chefiadas por dois(duas) Oficiais com a categoria de intendente/tenente-coronel/

[731] Major Sara Albuquerque (2022-2023).

[732] Tenente-Coronel Paulo Poiares (2021-2022).

[733] A decisão de criar a CNDH decorre do compromisso assumido pelo Governo no Conselho de Direitos Humanos, em Genebra, no dia 4 de dezembro de 2009, por ocasião da apresentação do relatório sobre a situação global de Direitos Humanos em Portugal e o estado de cumprimento das nossas obrigações internacionais na matéria *in* https://direitoshumanos.mne.gov.pt/pt/ (acesso em 15 de outubro de 2022).

[734] Designado como Oficial de Direitos Humanos da Administração Interna.

/técnico superior, equiparados a cargo de direção intermédia de 2.º grau; e um secretariado com uma equipa assente na diversidade e constituída por civis e polícias/militares das carreiras de oficial, chefe/sargento e agente/guarda, provenientes das diversas FSS do MAI. Os desafios e a complexidade temática exigem uma equipa capacitada, com empoderamento institucional e que espelhe a diversidade existente na sociedade, sob pena de se continuar a transmitir a mensagem de que os Direitos Humanos, nestas Organizações, ainda não são encarados com seriedade; e) criação de uma rede de pontos de contacto, junto do Gabinete Nacional de DH, nos comandos regionais, metropolitanos, distritais/territoriais e nos estabelecimentos de ensino policial, com a categoria mínima de tenente-coronel/intendente e a missão de servirem de elo de ligação e desempenharem as funções a definir pelo GNDH; f) criação de um logótipo com um *slogan* que simbolize *Polí*cia e Direitos Humanos, interna e externamente; f) promoção de uma página na internet dedicada à divulgação do Gabinete, com os recursos disponíveis sobre a Polícia e os Direitos Humanos, à semelhança da iniciativa do *Programa de Polícia e Direitos Humanos* da Seção Holandesa da Amnistia Internacional, cujo objetivo é criar um espaço *online* onde são disponibilizadas e centralizadas as publicações relevantes de Direitos Humanos, normas e instrumentos legais relativos à aplicação da lei e que, desse modo, possam ser facilmente acedidos, ainda que esses materiais possam não refletir, necessariamente, a opinião da Amnistia Internacional[735]; g) instituição do Prémio Anual *Polícia e Direitos Humanos*; h) e, por fim, entendemos que o GNDH deve ter a atribuição de, em diálogo com a IGAI, as direções de ensino[736] e os Departamentos de Formação da Direção Nacional da PSP e o Comando-Geral da GNR, apoiar a revisão dos conteúdos lecionados nas unidades curriculares com relevância no âmbito dos Direitos Humanos, nos cursos de Agentes/Guardas, Chefes/Sargentos e Oficiais da PSP e GNR, e de coordenar a formação modular em Direitos Humanos, através de plataformas de ensino *on-line*, em todo o dispositivo territorial, através das quais será possível ministrar o curso de especialização em *Polícia e Direitos Humanos*, com o respetivo distintivo a utilizar no

[735] *Vide* https://policehumanrightsresources.org/ (acesso em 13 de outubro de 2022).

[736] Do ISCPSI, Escola Prática de Polícia, Academia Militar (curso da GNR) e a Escola da Guarda.

uniforme policial, a organizar pelo GNDH, o ISCPSI, as Escolas Práticas da PSP e da GNR e o IGC/CDH; e o curso de pós-graduação em *Polícia e Direitos Humanos*, a organizar pelo GNDH, a CNDH, o ISCPSI, o IUM e o IGC/CDH, sem olvidar o potencial e os desafios que se vão colocar com o ensino politécnico policial.

CONCLUSÃO

A presente investigação teve como objetivo caracterizar e compreender a evolução, em democracia, da relação da Polícia portuguesa com a Diversidade, à luz dos Direitos Humanos. Para esse efeito, desenvolvemos uma revisão legal, doutrinária, jurisprudencial e documental, nacional e internacional, a par de um *focus group* dirigido a Oficiais de Polícia, o que permitiu apresentar um *estado da arte* sobre a evolução da Polícia e as atitudes e representações face à Diversidade, aprofundar o modo como o objeto de estudo tem vindo a ser tratado em Portugal e no estrangeiro, analisar o tratamento e a relevância dos aspetos relacionados com a Diversidade na formação dos futuros polícias, e projetar perspetivas de futuro e recomendações de ação face aos resultados obtidos. Assim, após uma reflexão introdutória sobre os conceitos de *Direito* e *Humano*, a evolução axiológico-conceptual dos direitos do homem aos direitos dos sujeitos artificiais, a relação entre os DH e a globalização, os instrumentos internacionais de Direitos Humanos disponíveis, as regras internacionais de DH para a aplicação da lei, e o contexto português em democracia; mergulhou-se no estudo de caso da Polícia portuguesa, analisando as suas especificidades, a cultura organizacional e a relação entre a atividade policial e o multiculturalismo, a discriminação, o racismo, a discricionariedade, os direitos das mulheres, o idadismo, a comunidade LGBTQIA+ e a saúde mental, não só das cidadãs e dos cidadãos que interagem com a Polícia, mas também dos próprios polícias, culminando nos sistemas de controlo da atividade policial, o PPMD-FSS e a relevância da criação do Oficial de DH na GNR, PSP e SEF.

Vimos que o respeito pelos Direitos Humanos, positivados no ordenamento jurídico português como direitos fundamentais, é o resultado de um caminho que iniciou no ano de 1945, após a Segunda Guerra Mundial. No dia 24 de outubro de 1945, em São Francisco, Califórnia (EUA), foi criada oficialmente a ONU, atualmente composta por 193 Estados-membros, com base nos princípios fundadores vertidos na Carta das Nações Unidas. A criação da ONU decorreu da necessidade de criar condições para que não voltassem a ocorrer guerras mundiais, promovendo-se um palco internacional para o diálogo, a diplomacia e o recurso não-violência na resolução de conflitos, e onde passou a ser possível debater os principais temas relacionados com a humanidade, como a paz e a segurança, os Direitos Humanos, o desarmamento, o terrorismo, a ajuda humanitária, as emergências de saúde, a igualdade de género, entre outras questões, unindo todas as nações do mundo em prol da paz e do desenvolvimento, com base nos princípios da justiça, dignidade humana e no bem-estar de todos[737]. Para esse efeito, foi adotada a *Declaração Universal dos Direitos Humanos*, pela Assembleia Geral, no dia 10 de dezembro de 1948, em Paris, surgindo como uma norma comum a ser alcançada por todas as nações, estabelecendo, pela primeira vez, a proteção universal dos Direitos Humanos, e estipulando, no seu art. 1.º, que todos os seres humanos nascem livres e iguais em dignidade e em direitos; dotados de razão e de consciência, devem agir uns para com os outros em espírito de fraternidade. A DUDH é, atualmente, o documento mais traduzido do mundo e inspirou axiologicamente as Constituições de várias democracias[738], como a portuguesa, em 1976. Desde então, surgiram os nove principais tratados de Direitos Humanos, a par da DUDH: a *Convenção Internacional sobre a Eliminação de Todas as Formas de Discriminação Racial* (1965); o *Pacto Internacional sobre os Direitos Económicos, Sociais e Culturais* (1966) e Protocolo; o *Pacto Internacional sobre os Direitos Civis e Políticos* (1966) e Protocolos; a *Convenção sobre a Eliminação de Todas as Formas de Discriminação contra as Mulheres* (1979) e Protocolo; a *Convenção contra a Tortura e Outras Penas ou Tratamentos Cruéis, Desumanos ou Degradantes* (1984) e Protocolo; a *Convenção*

[737] *Vide* https://unric.org/pt/historia-da-onu/ (acesso em 13 de novembro de 2022).

[738] *Vide* https://brasil.un.org/pt-br/91601-declaracao-universal-dos-direitos-humanos (acesso em 13 nov. 2022).

sobre os Direitos da Criança (1989) e Protocolos; a *Convenção Internacional sobre a Proteção dos Direitos de Todos os Trabalhadores Migrantes e dos Membros das Suas Famílias* (1990); a *Convenção sobre os Direitos das Pessoas com Deficiência* (2006) e Protocolo; e a *Convenção Internacional para a Proteção de Todas as Pessoas contra os Desaparecimentos Forçados* (2006).

Hoje, existe o entendimento de que os Direitos Humanos visam salvaguardar a dignidade de todas as pessoas e em todos os momentos, e são normas jurídicas adotadas pelos Estados no âmbito de organizações internacionais como as Nações Unidas, o Conselho da Europa, a União Africana e a Organização de Estados Americanos[739]. Nessa medida, os aplicadores do uso da força devem surgir como os principais zeladores da escrupulosa proteção e salvaguarda dos Direitos Humanos, sobretudo no âmbito da atividade policial, motivo que levou a aprovação de vários documentos estruturantes, como o *Código de Conduta para Agentes da Lei* (1979), os *Princípios Básicos sobre o Uso da Força e Armas de Fogo por Agentes da Lei* (1990) ou o *Manual de Formação em Direitos Humanos para as Forças Policiais – Direitos Humanos e Aplicação da Lei*, elaborado pelo Alto Comissariado das Nações Unidas para os Direitos Humanos (2001).

No ano de 1998, José da Cunha Rodrigues, o então procurador-geral da República, antevia que a Polícia do futuro devia ser fiel aos Direitos Humanos e empenhada na democracia, que utiliza criticamente as tecnologias, sabendo que a informação será totalitária se interferir ilegitimamente na liberdade e na autodeterminação individual, que apostará na prevenção criminal, prestará tributo à sociologia e à economia das organizações, purificando o sentido de missão, assegurará a função dialogal entre a lei, o Estado e a sociedade, assumindo-se como primeiro garante do direito à diferença, traduza-se ele em minorias, em representações sociais ou em condutas não proibidas por lei, e assumir-se-á como instrumento de realização da justiça, consciencializando que, tão importante como capturar o delinquente, é capturar a verdade dos factos[740]. Por outro lado, o ex-subinspetor da IGAI, José Manuel Vilalonga, defendeu que a Polícia é o *músculo* do Estado de Direito, uma Polícia

[739] *Vide* https://gddc.ministeriopublico.pt/pagina/direitos-humanos (acesso em 10 de outubro de 2022).

[740] Rodrigues, José N. Cunha (1998). Para um novo conceito de Polícia, *in* IGAI (1998). *Direitos humanos e eficácia policial: Sistemas de Controlo da Atividade Policial: Seminário Internacional*, p. 58. Lisboa: IGAI.

composta por profissionais que, na sua ação, têm um tempo de reflexão muito limitado, mas têm de contrariar a desumanização e o enviesamento dos critérios de atuação[741]. Por esse motivo, os Direitos Humanos surgem como o 1.º pilar ético na Estratégia da Polícia de Segurança Pública.

A Polícia em sentido lato, é uma instituição promotora dos Direitos Humanos, e não uma instituição que se encontra do *outro lado da barreira*. Mas o importante, e mais difícil, é efetivar esses direitos, apesar de se falar muito neles. Dos direitos das pessoas LGBTQIA+ aos refugiados, passando pelo combate à violência de género, Portugal *anda depressa* na consagração legal dos DH e é *exemplar* na transposição de recomendações e diretivas comunitárias, mas *falha* muitas vezes no passo seguinte[742]. Por isso, ainda há um *caminho* a percorrer para garantir que as manifestações de discriminação são rapidamente sinalizadas, investigadas e punidas se, porventura, existirem elementos probatórios suficientes e inequívocos para sustentar uma acusação. Vimos que no dia 16 de novembro de 2022, a SIC apresentou uma reportagem onde foram denunciados presumíveis crimes praticados *online* por 591 profissionais da PSP e GNR, após a análise de uma base de dados com mais de 3.000 publicações, onde, alegadamente, exteriorizavam comportamentos de discriminação e incitamento ao ódio e à violência, ameaça com prática de crime, incitamento à desobediência coletiva, coação contra órgãos institucionais, instigação e apologia pública de crime, incitamento à alteração violenta do Estado de Direito, ofensa à honra do Presidente da República, incitamento à desobediência coletiva, denegação de justiça e difamação, e discriminação racial e religiosa[743]. Mas a generalização, em regra, não é *boa amiga* do rigor e da coerência[744], e não podemos confundir *a árvore com a floresta*, ou ignorar o princípio da presunção da inocência até ao

[741] Vilalonga, José Manuel (2022). Ação de Formação sobre Direitos Humanos, ministrada no dia 28 de março de 2022, para alunos do 3.º, 4.º e 5.º anos do CFOP. Lisboa: ISCPSI.

[742] Direitos humanos: "Portugal é o melhor aluno da Europa mas falha quando tem de praticar o que aprendeu", *Público*, 3 de janeiro de 2019, Disponível em: https://www.publico.pt/2019/01/03/sociedade/noticia/direitos-humanos-portugal-melhor-aluno-europa-falha-praticar-aprendeu-1854377 (acesso em 31 de março de 2022).

[743] *Vide* https://sicnoticias.pt/programas/reportagemsic/2022-11-16-Quando-o-odio-veste-farda-591-policias-praticam-crimes-nas-redes-sociais-bf57e7f2 (acesso em 17 de novembro de 2022).

[744] Salvo em contexto científico.

trânsito em julgado, previsto no art. 11, n.º 1 da DUDH[745] e constitucionalmente consagrado no art. 32.º, n.º 2[746].

Acresce que os polícias são concidadãos que partilham os mesmos valores e princípios da sociedade, onde se encontram inseridos. Hoje, em Portugal, um país multicultural com quase 700.000 estrangeiros residentes[747], verificamos um descontentamento, em algumas franjas da sociedade, relativamente à democracia constitucional, verificando-se o colapso dos partidos *mainstream*, uma crise de representação, a emergência do discurso populista, anti-diversidade, xenófobo, racista e eurocético, e o apelo ao aumento da severidade das penas ou o regresso da pena capital e de penas de duração ilimitada. Contudo, o Direito, *maxime* o Direito Penal, enquanto projeção material da concordância axiológica constitucional, não pode estar permeável ao discurso populista, pois representa uma ameaça aos Direitos Humanos, podendo conduzir a uma ampliação das leis penais, *i.e.*, o Direito (ou o Estado) penal máximo, à luz de experiências assentes na tolerância zero ou a teoria das *janelas partidas*. Hoje, vivemos uma *nova normalidade*, de crise, de incerteza, propensa à divisão entre as pessoas, à polarização e a discursos populistas, radicais e intolerantes, numa sociedade líquida segundo Zygmunt Bauman[748] e de risco mundial, como defende Ulrich Beck[749]. A nova *normalidade* na Europa, entre a pandemia, a crise social e económica, o popu-

[745] Todo ser humano acusado de um ato delituoso tem o direito de ser presumido inocente até que a sua culpabilidade tenha sido provada de acordo com a lei, em julgamento público no qual lhe tenham sido asseguradas todas as garantias necessárias à sua defesa.

[746] Todo o arguido se presume inocente até ao trânsito em julgado da sentença de condenação, devendo ser julgado no mais curto prazo compatível com as garantias de defesa.

[747] *Relatório Estatístico Anual de 2022*, Observatório das Migrações *in* https://www.om.acm.gov.pt/publicacoes-om/colecao-imigracao-em-numeros/relatorios-anuais; e https://observador.pt/2022/12/19/portugal-atinge-valor-inedito-de-quase-700-mil-residentes-estrangeiros/ (acesso em 20 de dezembro de 2022).

[748] Uma sociedade líquida, em que as relações sociais e económicas são frágeis, instáveis, fugazes e maleáveis como os líquidos, em contraponto às sociedades com relações sólidas e duradouras *in* Bauman, Zygmunt e Dessal, Gustavo (2017). *O Retorno do Pêndulo. Sobre a Psicanálise e o Futuro do Mundo Líquido*. Rio de Janeiro: Zahar; Bauman, Zygmunt (2005). *Identidade: entrevista a Benedetto Vecchi*, trad. de Carlos Medeiros. Rio de Janeiro: Zahar.

[749] Beck, Ulrich (2015). *Sociedade de Risco Mundial – Em Busca da Segurança Perdida*. Edições 70. Não esqueçamos que a Alemanha Nacional Socialista se consolidou após a Grande Depressão, ou crise de 1929, que agudizou as sanções aplicadas com o Tratado de Versalhes (1919), que impôs condições muito rigorosas à Alemanha, conduzindo-a a uma crise social, econó-

lismo, o conflito Ucrânia-Rússia[750] e a guerra precipitada pelos ataques coordenados pelo grupo islâmico palestino Hamas, em 7 de outubro de 2023, na faixa de Gaza e nas áreas fronteiriças de Israel, pôs em causa o processo civilizacional, de que nos fala Norbert Elias[751], e a ilusão de paz duradoura garantida desde 1945, com a criação da ONU e a aprovação, em 1948, da DUDH, que inspirou axiologicamente a Constituição e a democracia portuguesa. Acrescem alguns sinais preocupantes na Europa, como a alegada preparação de um *golpe* de Estado, em 7 de dezembro de 2022, pelos *Cidadãos do Reich*, que ultimavam uma entrada armada no Parlamento alemão, quase um século após o *Putsch* de Munique (1923), que permitiu, dez anos mais tarde, a subida de Adolf Hitler ao poder. Importa, por isso, consolidar uma sociedade civil multipolar, de acordo com as realidades contemporâneas de uma ordem mundial em transformação, como defendeu, em 2013, o secretário-geral da ONU, Ban Ki-moon, ao pedir aos ouvintes que se tornassem cidadãos globais[752]. Acresce que alguns autores defendem que a violência urbana tem crescido na Europa e que chegou o momento de abandonar a cultura da permissividade, e que algumas democracias conseguiram extirpar este perigo interior preconizando a firmeza face aos criminosos[753]. É verdade que o Direito Penal incorpora vários princípios constitucionais, como o princípio da dignidade da pessoa humana[754]. Contudo, a ciência penal e os Direitos Humanos não são conceitos antagónicos, porque a razão de existir do Direito Penal é atuar como instrumento limitador do poder punitivo, *i.e.*, a ciência penal é o instrumento efetivo

mica e política. E, quando é assim, as pessoas anseiam por alguém que lhes traga a luz da esperança de uma vida melhor, nem que, para isso, tenham de abdicar da sua liberdade.

[750] Iniciado no dia 24 de fevereiro de 2022.

[751] Elias, Norbert (2006). *O processo civilizacional*, 2.ª edição. Lisboa: Publicações Dom Quixote.

[752] Ki-Moon, Ban (2013). *Remarks at Stanford University*. UN News Centre, 17 de janeiro. Speech at Stanford University. Palo Alto: Califórnia. Disponível em: https://www.un.org/sg/en/content/sg/speeches/2013-01-17/remarks-stanford-university; Sriskandarajah, Dhnanjayan; Tiwana, Mandeep (2014). Rumo a uma sociedade civil multipolar. *SUR*, 11 (20), pp. 528--535. São Paulo. Disponível em: https://bdjur.stj.jus.br/jspui/bitstream/2011/90751/rumo_sociedade_civil_sriskandarajah.pdf (acesso em 18 de abril de 2022).

[753] Fenech, Georges (2001). *Tolerância Zero: acabar com a criminalidade e a violência urbana*. Mem-Martins: Editorial Inquérito.

[754] Artigos 1.º, 24.º, n.º 2, e 29.º a 32.º da CRP.

de tutela dos Direitos Humanos[755], ideia que, por vezes, surge enviesada na opinião pública ou em determinados setores políticos.

Este contexto suscita, assim, diversos desafios para as forças de segurança, a quem cabe a defesa dos princípios humanistas e de respeito pela igualdade e diversidade, que caracterizam a nossa ordem jurídica. É, por isso, essencial continuarmos a trabalhar na mudança de mentalidades, através da sensibilização, formação e capacitação, mas também na supervisão dos corpos policiais e de todos aqueles que servem a causa pública, em particular no atendimento e apoio a vítimas, rumo a uma verdadeira cultura de não-violência, tolerância, respeito pela diversidade e igualdade, consagradas na Constituição, onde não pode haver espaço para um discurso político anti-diferença que relativiza as violações policiais, *i.e.*, impõe-se uma governança esclarecida de duplo sentido[756], ética, objetiva, equidistante, isenta e que tenha como luz orientadora e limite intransponível o respeito pelos Direitos Humanos.

Por isso, as FSS, mais do que nunca, devem estar unidas em rede e focadas no essencial, *i.e.*, contribuir para o reforço da confiança e do respeito dos(as) nossos(as) cidadãos(ãs) nas suas forças e serviços de segurança. Segundo Cristiane Fagundes (2022), citando a filósofa e feminista Djamila Ribeiro, *temos de ser todos antirracistas e anti-discriminação, e temos de reconhecer, em todos nós, uma base racista e de enviesamento discriminatório*. No mesmo sentido, Angela Y. Davis, defende que *in a racist society, it is not enough to be non-racist, we must be anti-racist*[757]. Por isso, continua a ser essencial investir na formação inicial e, sobretudo, ao longo da vida, porque, como defende a IGAI, as atitudes, comportamentos, traços e características de personalidade se desenvolvem e alteram ao longo da vida sendo que, em fases posteriores à admissão, o surgimento desses sinais não pode deixar de ser fator de preocupação.

[755] Canterji, Rafael B. (2008). *Política criminal e Direitos Humanos*, p. 67. Porto Alegre: Livraria do Advogado Ed.

[756] Poiares, Nuno (2014). *Políticas de segurança e as dimensões simbólicas da lei: o caso da violência doméstica em Portugal*, tese de doutoramento em Sociologia, pp. 222-223. Lisboa: ISCTE-IUL.

[757] Cristiane Druve Fagundes, professora da PUC de São Paulo, no Webinário Luso-Brasileiro de *Polícia e Direitos Humanos nas Sociedades Contemporâneas*, organizado pelo ICPOL-ISCPSI e o IGC/CDH, no dia 10 de nov. 2022. *Vide* https://www.buffalo.edu/content/dam/www/inclusion/docs/Comm%20Health%20Equity.pdf (acesso em 21 de novembro de 2022).

Por outro lado, no Curso de Formação de Agentes que iniciou em 2022, na Escola Prática de Polícia, em Torres Novas, verificou-se que 17% do universo de formandos é do sexo feminino. Neste momento, a PSP tem 16,46% de mulheres na carreira de Oficiais, 8,01% na carreira de Chefes e 8,23% na carreira de Agentes. Estes números baixos podem estar relacionados, eventualmente, com as dificuldades inerentes à atividade policial que são pouco atrativas para as mulheres, apesar de se verificar uma objetiva diminuição da atratividade da carreira policial em geral para homens e para mulheres[758]. Algumas *vozes* têm debatido a ponderação de quotas com base, *e.g.*, no género e na origem étnico-racial, nos concursos de admissão às FSS, questão que merece uma reflexão séria sob uma permanente vigilância epistemológica. Mas, independentemente das vantagens e inconvenientes desta opção, verifica-se que existe uma diferença evidente, em matéria de conteúdos e horas de formação em Direitos Humanos, nos cursos iniciais ministrados no ISCPSI e na Escola Prática de Polícia. Os módulos formativos dedicados, direta ou indiretamente, aos Direitos Humanos, nos Cursos de Formação de Chefes e Agentes, com a duração de um ano letivo, apesar de terem sido recentemente revistos, consubstanciam pouco tempo para a reflexão e a consolidação de ideias centrais para a atividade policial, comparativamente com a carga horária no âmbito do Curso de Formação de Oficiais de Polícia, com cinco anos letivos, *maxime* quando se pensa numa franja considerável de profissionais que vão exercer funções na *primeira linha de ação*, em zonas urbanas sensíveis, contextos multiculturais, com diversos problemas sociais e securitários, em *teatros de operações* onde predomina o risco, a incerteza e, por vezes, a violência. Neste âmbito, o ensino politécnico policial, que se encontra por concretizar, apesar de estar previsto no *Regime Jurídico do Ensino Superior Público Policial*[759], pode representar uma oportunidade de mudança, enquanto instrumento legal que permitirá repensar os conteúdos e as metodologias de ensino.

A palavra *educação*, de acordo com a recomendação da UNESCO sobre a *Educação para a Compreensão, Cooperação e Paz Internacionais e a*

[758] *Vide* https://www.jn.pt/justica/curso-da-psp-com-648-candidatos-para-1020-vagas-15319591.html (acesso em 19 de novembro de 2022).

[759] Art. 3.º, n.º 1 e 3 do Decreto-Lei n.º 13/2022, de 12 de janeiro.

Educação Relativa aos Direitos Humanos e Liberdades Fundamentais[760], designa todo o processo da vida social por intermédio do qual os indivíduos e grupos sociais aprendem a desenvolver conscientemente, no seio e em benefício das comunidades nacional e internacional, o conjunto das suas capacidades, atitudes, aptidões e conhecimentos pessoais. Por isso, os processos educacionais são fundamentais para a construção de uma sociedade igualitária, justa e fraterna, de acordo com o princípio do respeito pela dignidade da pessoa humana[761]. Mas a linguagem dos Direitos Humanos produz resultados e transformações de forma muito lenta[762]. Por isso, é preciso operar a mudança de mentalidade e a consciencialização dos futuros polícias a respeito do tema *sub judice*, para que os princípios e os conceitos sejam aplicados[763], sem olvidar a necessidade de formação ao longo da vida, assim como a reflexão sobre Ética, a supervisão e a *liderança pelo exemplo* na atuação policial. Por isso, deve-se verificar um reforço curricular sobre Ética nos cursos de formação inicial e ao longo da vida, e uma particular atenção às movimentações dos polícias no ciberespaço, sendo admissível a existência de uma discriminação estatística, *i.e.*, um determinado comportamento e atitude padronizados que se devem ao facto de alguns polícias trabalharem diariamente com as mesmas comunidades ou em zonas urbanas sensíveis, que conduzem a um conjunto de *automatismos* ou reações que podem culminar num quadro de discriminação ou em *incidentes-rastilho*, tratando-

[760] Adotada pela Conferência Geral da Organização das Nações Unidas para a Educação, Ciência e Cultura na sua 18.ª sessão, em Paris, França, a 19 de novembro de 1974; Gomes, Catarina (2013). A Educação para os Direitos Humanos e a Declaração das Nações Unidas sobre Educação e Formação para os Direitos Humanos: a sua aplicação em zonas de reconstrução pós-conflito, trabalho final no âmbito do XV curso de pós-graduação em Direitos Humanos, p. 4. Coimbra: IGC/CDH.

[761] Melo Filho, Armando Morais C. (2015). *Educação em Direitos Humanos: uma Análise de Livros Didáticos de Língua Portuguesa do Ensino Médio*, dissertação de mestrado em Direitos Humanos. Recife: UFP. Disponível em: https://repositorio.ufpe.br/handle/123456789/15683 (acesso em 14 de abril de 2022).

[762] Nkamate, Salvador (2014). A luta pela afirmação dos direitos humanos em Moçambique: os avanços e os retrocessos. *SUR*, 11 (20), pp. 225-231. São Paulo. Disponível em: https://bdjur.stj.jus.br/jspui/bitstream/2011/90697/luta_afirmacao_direitos_nkamate.pdf (acesso em 14 de abril de 2022).

[763] Pinheiro, Flávio (2008). A teoria dos direitos humanos. *Themis*, 6 (2), pp. 111-122. Fortaleza. Disponível em: http://revistathemis.tjce.jus.br/index.php/THEMIS/article/view/198/188 (acesso em 14 de abril de 2022).

-se de uma discussão necessária em Portugal[764]. Nessa medida, deve-se ponderar e avaliar a primeira colocação dos polícias – a subunidade operacional onde iniciam a carreira – para que não assimilem *vícios*, preconceitos ou estereótipos fruto do contexto envolvente, exigindo-se uma maior integração, supervisão, acompanhamento, comunicação, apoio psicológico e rotatividade dos polícias nas zonas urbanas sensíveis, sem prejuízo de se manter, por um período mais longo, os polícias que apresentem laços fortes, comprovadamente positivos e que representam uma mais-valia, junto das forças vivas locais. Em paralelo, deve ser intensificado o apoio e a presença da hierarquia no *terreno* e, simultaneamente, a supervisão operacional. Para esse efeito, é fundamental um aumento do número dos cursos de formação de Chefes, assim como *libertar* os Oficiais, nas categorias de subcomissário e comissário, para funções de supervisão, comando e enquadramento operacional. Atualmente, os Oficiais encontram-se *exacerbados* com atividades administrativas e burocráticas, existindo pouco tempo para, através do *exemplo*, acompanhar e apoiar, mas também supervisionar e corrigir comportamentos dos polícias hierarquicamente subordinados que, como vimos, estão muito permeáveis a critérios de discricionariedade na sua atuação, sobretudo quando se encontram *abandonados*, ou têm pouca experiência profissional. A amostra de Oficiais que participou na reflexão sobre a (alegada) existência de racismo e discriminação na Polícia portuguesa, demonstrou esse desalento e incapacidade de acompanhar a atividade operacional devido à excessiva carga burocrática, o que impede uma efetiva supervisão, sinalização e correção de comportamentos. Contudo, foi defendido que as pessoas *não nascem* racistas, sendo o produto de um constructo assente nas vivências e nas inter-relações sociais e profissionais, e que a discriminação é uma realidade dificilmente mensurável, que existe um aproveitamento político e uma generalização de algumas condutas pontuais, e não existe um racismo estrutural. No entanto, surgiram algumas *vozes isoladas*, em particular dois Oficiais que exerceram funções na Amadora, que assumiram existir um problema estrutural na PSP e, inclusivamente, um dos informantes, devido às suas caracterís-

[764] Raposo, Ótavio, Alves; Ana Rita; Varela Pedro; Roldão, Cristina (2019). Negro drama. Racismo, segregação e violência policial nas periferias de Lisboa, *Revista Crítica de Ciências Sociais*, 119, pp. 5-18. Coimbra: CES-UC.

ticas físicas, já se sentiu discriminado por parte de polícias, antes de saberem da sua condição de Oficial, e que, em França, promove-se a rotatividade dos polícias, de dois em dois anos, nas esquadras situadas em zonas urbanas mais *sensíveis*, para prevenir e mitigar a consolidação de eventuais atitudes e comportamentos que podem degenerar em discriminação estatística.

Vimos, também, que o recrutamento dos futuros polícias passou a incluir, *in casu* no Curso de Formação de Agentes, testes de personalidade para despistar eventuais atitudes e comportamentos contrários ao Estado de Direito. Os novos critérios de seleção dos futuros profissionais da PSP, GNR e SEF inserem-se no *Plano de Prevenção de Manifestações de Discriminação nas Forças e Serviços de Segurança*, um documento estruturante elaborado pela IGAI e que contou com a participação das três instituições, pretendendo-se reforçar critérios de recrutamento de forma a poder despistar comportamentos contrários ao Estado de Direito, falta de empatia e agressividade, para prevenir que não entrem, racistas, xenófobos e homofóbicos ou qualquer outra forma de discriminação nas forças e serviços de segurança[765].

Por último, importa referir que a atual posição da Direção Nacional da PSP e do Comando-Geral da GNR, relativamente ao(à) Oficial de Direitos Humanos, demonstra a ausência de um compromisso sério com os objetivos do PPMD-FSS, desde logo porque os(as) oficiais nomeados(as), para esse efeito, acumularam o novo cargo, com as anteriores exigentes funções, sem uma estrutura de suporte e coadjuvação. Por isso, defendemos a implementação de um Gabinete Nacional de Direitos Humanos, na dependência direta do ministro da Administração Interna, com uma estrutura e capacidade de mobilização e *força* organizacional (interna e externa), que permita a coordenação e implementação de medidas concretas, em estreito diálogo com a IGAI e a Comissão Nacional de Direitos Humanos[766].

Assim, qual é o futuro dos Direitos Humanos na Polícia? No dia 29 de outubro de 2023 a PSP assumiu as fronteiras aéreas em nove

[765] *In* https://www.dn.pt/sociedade/amp/recrutamento-de-policias-vai-incluir-testes-de-personalidade-para-despistar-ligacoes-a-extrema-direita--14435329.html?fbclid=IwAR2xdlmjuvw6i7YBFr9AGtdMxv0nlu2nR60dE10ouL-cfdRweHU7jJLs_u8 (acesso em 11 de janeiro de 2022).

[766] *Vide* https://direitoshumanos.mne.gov.pt/pt/ (acesso em 15 de outubro de 2022).

aeroportos internacionais, no Continente e nas Regiões Autónomas, o que significa que o universo das migrações, estrangeiros e refugiados representa um desafio, mas também uma oportunidade em matéria de formação policial profissional, politécnica e universitária. A conciliação entre a *velocidade da lei* e a *velocidade das representações sociais* baseadas na educação, nos valores que são herdados geracionalmente, a influência da religião, os estereótipos e a forma como encaramos os papéis da mulher e do homem, são temas cientificamente relevantes devido à designada bifurcação do Direito, a distância entre certas práticas culturais e as valorações nos ordenamentos jurídicos, *i.e.*, entre a lei e a tradição, que surgem, por vezes, como *desculpa* para a violência, desde logo os crimes culturalmente motivados, como o infanticídio ou a mutilação genital feminina[767], aspeto particularmente relevante em Portugal: um país cada vez mais multicultural. Mas colocam-se outros desafios: o poder económico e político mundial está a mudar e o poder ocidental parece estar em declínio. A mudança no poder global é apenas uma das tendências que podem moldar os Direitos Humanos no século XXI, assim como o envelhecimento, o idadismo[768] e o crescimento populacional[769]; a crise climática, enquanto uma ameaça aos Direitos Humanos para os refugiados climáticos[770], a migração, a educação, a pobreza, o empoderamento das mulheres, os direitos da comunidade LGBTQIA+, a saúde mental, a diversidade cultural, a integração económica global, a

[767] Dias, Augusto Silva (1996). Problemas do Direito Penal numa sociedade multicultural: o chamado infanticídio ritual na Guiné-Bissau. *Revista Portuguesa de Ciência Criminal,* 6 (2), abril-junho, pp. 209-232; Dias, Augusto Silva (2015). A responsabilidade criminal do "outro": os crimes culturalmente motivados e a necessidade de uma hermenêutica intercultural. *Julgar,* 25, pp. 95-108. Coimbra: Coimbra Editora; Dias, Augusto Silva (2016). *Crimes Culturalmente Motivados – O Direito Penal ante a 'Estranha Multiplicidade' das Sociedades Contemporâneas.* Coimbra: Almedina; Dias, Augusto Silva (2020). O multiculturalismo como ponto de encontro entre Direito, Filosofia e Ciências, *Multiculturalismo e Direito Penal.* I Encontro Nova-Direito, Lisboa 2012, pp. 15-31. Coimbra: Almedina.

[768] Atitude preconceituosa e discriminatória com base na idade, *maxime* em relação a pessoas idosas.

[769] A este propósito *vide* a Estratégia Nacional para o Envelhecimento Ativo e Saudável 2017-2025, disponível em https://www.sns.gov.pt/wp-content/uploads/2017/07/ENEAS.pdf (acesso em 21 de novembro de 2022).

[770] Pereira, David (2023). *Alterações Climáticas, Migrações e Segurança: haverá motivo para alarme?* Lisboa: Lisbon International Press.

urbanização e o desenvolvimento tecnológico, entre outras tendências. As mudanças no poder global irão provavelmente aprofundar a tensão, a desconfiança e a animosidade entre o Norte e o Sul, o Ocidente e o Oriente, o que vai afetar o modo como as questões de Direitos Humanos serão resolvidas nas relações internacionais[771], desafios que vão ter um impacto (in)direto no seio das forças e serviços de segurança. Por isso, importa que o poder político e as organizações policiais desenvolvam um planeamento estratégico e prospetivo, que anteveja cenários e preveja medidas a adotar em função dos desafios do século XXI, à luz dos Direitos Humanos.

Mas esses objetivos devem ter em consideração a capacitação e o apoio dos polícias no *terreno*. A mensagem de combate ao racismo e o respeito pela diversidade, deve ser acompanhada de medidas que demonstrem um sinal inequívoco de apoio do poder político, genuinamente preocupado com a valorização socioprofissional dos polícias que se distanciam de quaisquer atitudes e comportamentos censuráveis, enquanto zeladores dos Direitos Humanos. Se não for desenvolvido este esforço, abrimos espaço para uma potencial adesão a mensagens atrativas, mas ilusórias, que visam sobretudo *angariar eleitores*. Quando as pessoas vivem na *escuridão*, seguem quem *iluminar* o caminho. Ainda que essa *luz*, por vezes, possa conduzir ao precipício. Recordamos que o povo alemão permitiu a ascensão do nacional socialismo apenas após a Grande Depressão (1929), quando surgiu um homem a acenar com a *luz da esperança*. Hoje, a nova *normalidade* na Europa pôs em causa o processo civilizacional[772] e a ilusão de paz duradoura garantida desde 1945. O que significa que temos de estar atentos: vimos que hoje existe um descontentamento, em algumas franjas da sociedade, relativamente à democracia constitucional, a emergência do discurso populista e o apelo a um aumento da severidade das penas ou do regresso da pena capital ou de penas de duração ilimitada, o que suscita diversos desafios para todos os operadores da segurança e da justiça, em particular os(as)

[771] Petrasek, David (2015). Tendências globais e o futuro da defesa e promoção dos direitos humanos. *SUR*, 11 (20), pp. 47-58. São Paulo. Disponível em https://sur.conectas.org/wp-content/uploads/2017/11/sur20-pt-completa.pdf (acesso em 14 de abril de 2022).

[772] Elias, Norbert (2006). *O processo civilizacional. Investigações sociogenéticas e psicogenéticas*, 2.ª edição. Lisboa: Publicações Dom Quixote.

polícias, a quem cabe, numa primeira *linha de ação*, a defesa do respeito pela igualdade e a diversidade multicultural e de género, que caracterizam a nossa ordem jurídica. Se abdicarmos destes valores civilizacionais, inspirados e consagrados na Declaração Universal dos Direitos Humanos, aí sim, podemos dar início a (um novo) retrocesso civilizacional.

Terminamos, recordando que, no ano de 2022, a democracia portuguesa comemorou vários marcos estruturantes, porque foi há 40 anos, em 1982, que entrou em vigor o *Código Penal*[773], o *Regime Penal Especial para Jovens Delinquentes*[774] e o *Regime Geral do Ilícito de Mera Ordenação Social*[775], e foi criada formalmente a Escola Superior de Polícia[776], para garantir que a imagem negativa da Polícia, enquanto braço armado do Antigo Regime, ganhasse uma dimensão humanista e de respeito pela dignidade da pessoa humana, recuando ao étimo de Polícia, enquanto sinónima de Civilização e Cultura[777]. Por isso, terminamos pegando nas palavras do nosso saudoso Professor Miguel Faria, citando August Vollmer (1917), sobre aquilo que um cidadão espera de um polícia moderno: segundo Vollmer, um polícia deve ter, simultaneamente, a sabedoria de Salomão, a coragem de David, a paciência de Job, a liderança de Moisés, a delicadeza do Bom Samaritano, a estratégia de Alexandre, a fé de Daniel, a diplomacia de Lincoln, a tolerância do Carpinteiro de Nazaré e, por último, um conhecimento aturado de todos os ramos das ciências

[773] Aprovado pelo Decreto-Lei n.º 400/82, de 23 de setembro.

[774] Regime aplicável em matéria penal aos jovens com idade compreendida entre os 16 e os 21 anos, correspondendo ao imperativo decorrente do artigo 9.º do Código Penal, porque se entende que um jovem imputável é merecedor de um tratamento penal especializado, no qual a capacidade de ressocialização do homem é pressuposto necessário, em particular quando este se encontra ainda no limiar da sua maturidade *in* Preâmbulo do Decreto-Lei n.º 401/82, de 23 de setembro.

[775] *Vide* Decreto-Lei n.º 433/82, de 27 de outubro. Após a publicação do Decreto-Lei n.º 411-A/79, de 1 de outubro, o regime das contraordenações, introduzido pelo Decreto-Lei n.º 232/79, de 24 de julho, ficou desprovido de qualquer eficácia direta e própria.

[776] Decreto-lei 423/82, de 15 de outubro – cria na PSP a Escola Superior da Polícia (atual ISCPSI, desde 1999).

[777] Afonso, João José Rodrigues (2018). Polícia: etimologia e evolução do conceito, *Revista Brasileira de Ciências Policiais*, 9 (1), pp. 213-260, jan.-jun. Brasília. DOI: http://dx.doi.org/10.31412%2Frbcp.v9i1.539.

naturais, biológicas e sociais[778], devendo simbolizar[779], aos olhos da comunidade que serve, um *fiel guardião dos Direitos Humanos.*

Temos de ser todos antirracistas e antidiscriminação, e temos de reconhecer, em todos nós, uma base racista e de enviesamento discriminatório[780].

778 Faria, Miguel José (2005). A DUDH. Os Valores e os Princípios. Lição Inaugural da Cerimónia de Abertura Solene do Ano Académico 1993-1994 da ESP, *Volume Comemorativo dos 20 Anos do ISCPSI*, pp. 101-115. Lisboa: Almedina; Poiares, Nuno (2021b). *A Ciência Policial em Portugal: o reconhecimento pela Comunidade Científica Internacional.* Lição Inaugural da Cerimónia de Abertura Solene do Ano Académico 2021-2022. Lisboa: ISCPSI.

779 Acrescentamos nós.

780 Djamila Ribeiro citada por Cristiane Druve Fagundes, no Webinário Luso-Brasileiro de *Polícia e Direitos Humanos nas Sociedades Contemporâneas*, organizado pelo ICPOL-ISCPSI e o IGC/CDH, no dia 10 nov. 2022.

REFERÊNCIAS

Afonso, João José Rodrigues (2018). Polícia: etimologia e evolução do conceito, *Revista Brasileira de Ciências Policiais*, 9 (1), pp. 213–260. DOI: 10.31412/rbcp.v9i1.539. Disponível em: https://periodicos.pf.gov.br/index.php/RBCP/article/view/539 (acesso 11 setembro 2022).

Afonso, João José Rodrigues (2019). *Os Guardas-Noturnos: História, Estatutos e Regime Jurídico*. Lisboa: Chiado Editora.

Albuquerque, Paulo Pinto de (2011). *Comentário do Regime Geral das Contraordenações: à luz da Constituição da República e da Convenção Europeia dos Direitos Humanos*. Lisboa: U. Católica Editora.

Almeida, Maria Isaura e PINHO, Pedro (2020). Desenvolvimento de Competências de Liderança: um Projeto Educativo na Formação dos Oficiais de Polícia. *Politeia: Revista Portuguesa de Ciências Policiais*, XVII, pp. 61-77. Lisboa: ICPOL-ISCPSI.

ALTO COMISSARIADO DAS NAÇÕES UNIDAS PARA OS DIREITOS HUMANOS (1996). *International Human Rights Standards for Law Enforcement. A Pocket Book on Human Rights for the Police*. Gabinete de Documentação e Direito Comparado da PGR: Comissão Nacional para as Comemorações do 50.º Aniversário da DUDH e Década das Nações Unidas para a Educação em matéria de Direitos Humanos.

ALTO COMISSARIADO DAS NAÇÕES UNIDAS PARA OS DIREITOS HUMANOS (2013). *Nascidos Livres e Iguais. Orientação Sexual e Identidade de Género no Regime Internacional de Direitos Humanos*. Brasília.

ALTO COMISSARIADO DAS NAÇÕES UNIDAS PARA OS DIREITOS HUMANOS (2001). *Direitos Humanos e aplicação da lei: Manual de formação em direitos humanos para as forças policiais*. Genebra: Nações Unidas.

AMNISTIA INTERNACIONAL (1998). *10 Princípios Básicos de Direitos Humanos para Funcionários responsáveis pela Aplicação da Lei.* Reino Unido: Amnistia Internacional.

ALLPORT, Gordon W. (1954). *The Nature of Prejudice.* Addison-Wesley Publish Company: Reading, Massachusetts.

Álvarez Icaza, Emilio (2014). Os direitos humanos como meio eficaz para produzir mudanças sociais. *SUR: Revista Internacional de Direitos Humanos,* 11 (20), pp. 81-83. São Paulo.

ALVES, Dora Resende e CASTILHOS, Daniela Serra (2016). A evolução dos direitos humanos na Europa: os principais momentos desde a ausência de direitos fundamentais na União Europeia até a atualidade. *In* G. A. Bedin (org.), *Cidadania, justiça e controle social,* pp. 10-21. Santa Cruz do Sul: Essere nel Mondo. Disponível em http://hdl.handle.net/11328/1461 (consultado em 17 de março de 2022).

ALVES, Flávio dos Santos (2021). *Subsídios para a História da PSP.* Lisboa: Serviços Sociais da PSP.

ANDRADE, José Carlos Vieira de (1983). *Os direitos fundamentais na constituição portuguesa* de 1976. Coimbra: Almedina.

ANDRÉ, Estevão (2001). *A polícia no estado de direito democrático: Limites de actuação policial.* Lisboa: ISCPSI.

ANTUNES, João Pedro Sardinha (2019). *A Formação em direitos humanos na Guarda Nacional Republicana.* Mestrado integrado em Ciências Militares (Segurança). Lisboa: Academia Militar.

ANUNCIAÇÃO, Diana; BONFIM TRAD, Leny Alves; FERREIRA, Tiago (2020). Mão na cabeça!: abordagem policial, racismo e violência estrutural entre jovens negros de três capitais do Nordeste, *Saúde Soc.* São Paulo, 29 (1), e190271.

ARAÚJO, Jurandir de Almeida (2014). Racismo, violência e direitos humanos: pontos para o debate, *RIDH – Revista Interdisciplinar de Direitos Humanos,* 2 (2), pp. 75-96, Bauru, São Paulo.

ARBOUR, Louise (2005). Plano de ação apresentado pela alta comissária das Nações Unidas para os direitos humanos. *SUR: Revista Internacional de Direitos Humanos,* 2 (3), pp. 173-175. São Paulo: SUR.

ARENDT, Hannah (1958). *The Human Condition.* University of Chicago Press.

ARENDT, Hannah (1971). *Sobre a Revolução.* Tradução de I. Morais. Lisboa: Moraes Editores.

BAGANHA, Elisa (2003). *A cultura organizacional na relação com a comunidade: um estudo realizado no Comando da PSP de Braga,* Relatório Final de Estágio da Licenciatura em Sociologia. Braga: Universidade do Minho.

Bahora, M., Hanafi, S., Chien, V., & Compton, M. (2008). Mental Disability and Police Intervention. Preliminary Evidence of Effects of Crisis Intervention Team Training on Self-Efficacy and Social Distance. *Administration and Policy in Mental Health,* 35 (3), pp. 159-167.

Bandeira, Lourdes & Batista, Analía Soria (2002). Preconceito e discriminação como expressões de violência. *Revista Estudos Feministas,* ano 10. Disponível em https://www.scielo.br/j/ref/a/77qSbxLKYLyttqQbSzFjMcb/?lang=pt (acesso em 7 de abril de 2022).

Baracchini, André Pinto; Zalewski, Charlon Luis; Menezes, Samira Birck de (2007). Direitos humanos no diálogo intercultural: um debate necessário. *Revista eletrônica do Curso de Direito da UFSM,* 2 (3). Santa Maria.

Barreto, Ireneu Cabral (2010). *A convenção Europeia dos Direitos do Homem. Anotada,* 4.ª edição. Coimbra: Coimbra Editora.

Barros, Isa Correia de, SANI, Ana, SANTOS, Luís (2019). "É igual mas é diferente". Género e violência na intimidade entre pessoas do mesmo sexo, *Análise Social,* 1.º, 230, pp. 106-130. Lisboa: ICS-UL. DOI: https://doi.org/10.31447/as00032573.2019230.05

Barzotto, Luis Fernando (2004). *Os direitos humanos como direitos subjetivos: da dogmática jurídica à ética. Revista da Procuradoria-Geral do Estado do Rio Grande do Sul,* Porto Alegre, 28 (59), pp. 137-175. Disponível em: http://www.amprs.com.br/public/arquivos/revista_artigo/arquivo_1273603208.pdf (acesso em 11 de abril de 2022).

Basso, Marco António (2007). *Tortura: evolução histórica, jurídica e social: a tutela do direito fundamental e a dignidade humana.* São Paulo: Scortecci.

Bauman, Zygmunt (2001). *Modernidade Líquida.* Rio de Janeiro: Zahar.

Bauman, Zygmunt (2005). *Identidade: entrevista a Benedetto Vecchi,* p. 95. Tradução de Carlos Alberto Medeiros. Rio de Janeiro: Zahar.

Bauman, Zygmunt e DESSAL, Gustavo (2017). *O Retorno do Pêndulo. Sobre a Psicanálise e o Futuro do Mundo Líquido.* Rio de Janeiro: Zahar.

Beck, Ulrich (2015). *Sociedade de Risco Mundial – Em Busca da Segurança Perdida,* reimpressão 2021 da 1.ª edição. Edições 70.

Becker, Julia, e Swim, Janet (2012). Reducing endorsement of benevolent and modern sexist beliefs: Differential effects of addressing harm versus pervasiveness of benevolent sexism, *Social Psychology,* 43 (3), 127-137. DOI: https://doi.org/10.1027/1864-9335/a000091.

Beleza, Teresa Pizarro; Caeiro, Pedro; Pinto, Frederico Costa (Org) (2020). *Multiculturalismo e Direito Penal,* I Encontro Nova-Direito, 2012. Coimbra: Almedina.

BERTI, Fabio e VALZANIA, Andrea (2018). Multiculturalism, Racism and Human Rights: What's Happening in European Schools *in* VIVIANI, Alessandra (coord.). *Global Citizenship Education, Multiculturalism and Social Inclusion in Europe: The Findings of the Project I Have Rights*, pp. 245-301. Coimbra: IGC/CDH.

BLAIR, Robert A. (2020). *Peacekeeping, Policing, and the Rule of Law after Civil War*. Cambridge, UK: Cambridge University Press.

BLASCO, Margarida (2018a). Uma reflexão sobre a experiência da IGAI *in* IGAI (2018). *Livres e iguais 2018: 70 anos Declaração Universal dos Direitos Humanos: 40 anos Adesão de Portugal à CEDH. Conferência IGAI.* Lisboa: IGAI. Disponível em https://www.igai.pt/pt/Publicacoes/PublicacoesIGAI/Documents/(2018-12-10)%20Livro%20IGAI%20Livres%20e%20Iguais%202018%20(_versao%2001).pdf (acesso em 12 de abril de 2022).

BLASCO, Margarida (2018b). Os Direitos Fundamentais na formação dos atores judiciais. Direitos Humanos e Conduta Policial, as boas práticas e os padrões da Atuação Policial *in* IGAI (2018). *Coletânea de textos (Intervenções e Pareceres)*, pp. 7-69. Lisboa: IGAI.

BLASCO, Margarida (2018c). Direitos Humanos e Comunidades Minoritárias. A IGAI como serviço pedagógico e auxiliar das Forças de Segurança para a compreensão dos Direitos Humanos e da inclusão das comunidades minoritárias *in* IGAI (2018). *Coletânea de textos (Intervenções e Pareceres)*, pp. 39-48. Lisboa: IGAI.

BLOOMER, Phil (2014). Os Direitos Humanos são uma ferramenta eficaz para a mudança social? Uma perspetiva sobre Direitos Humanos e Empresas. *SUR: Revista Internacional de Direitos Humanos*, Edição Comemorativa Direitos Humanos em Movimento, 11 (20), pp. 119-125. São Paulo.

BOURDIEU, Pierre (2011). *O poder simbólico*, Lisboa: edições 70.

BRAUDEL, Fernand (1989). *A Dinâmica do Capitalismo*. Lisboa: Teorema.

BROWN, Donald E. (2004). Human Universals, Human Nature & Human Culture, Daedalus, 133 (4), On Human Nature, pp. 47-54. The MIT Press on behalf of American Academy of Arts & Sciences.

BUERGENTHAL, Thomas; SHELTON, Dinah e STEWART, David (2002). *International Human Rights*. 3rd ed. Berkeley, California: West Group.

CABRITA, Isabel Rute Sousa do Amaral Xavier (2015). *Modelo Chinês para os Direitos Humanos: uma análise crítica no contexto das relações internacionais*. Tese de doutoramento em Ciências Sociais (Relações Internacionais). Lisboa: ISCSP-UL.

Campos, Luís e CANAVEZES, Sara (2007). *Introdução à Globalização*. Instituto Bento Jesus Caraça.

Campos, Rúben David Ferreira (2016). *Fui eu que chamei a polícia: os sem-abrigo entre o sentimento de insegurança e a utilidade social*, dissertação de mestrado integrado em Ciências Policiais. Lisboa: ISCPSI.

Canotilho, José Joaquim Gomes (2014). Prefácio *in* Gonçalves, Fernando *et al. Convenções Internacionais e Direitos do Homem*, pp. 5-6. Coimbra: Rei dos Livros.

Canotilho, José Joaquim Gomes (Coord.) (2000). *Direitos Humanos, Estrangeiros, Comunidades Migrantes e Minorias*. Oeiras: Celta Editora.

Canotilho, José Joaquim Gomes e Moreira, Vital (2007). *Constituição da República Portuguesa anotada*. 1.º volume. Coimbra: Coimbra Editora.

Canterji, Rafael Braude (2008). *Política criminal e Direitos Humanos*. Porto Alegre: Livraria do Advogado Editora.

Cardoso, Arisa Ribas (2015). *Reflexões sobre cidadania e Direitos Humanos no mundo globalizado*. Revista Videre, 5 (9), pp. 17-24. Disponível em: https://ojs.ufgd.edu.br/index.php/videre/article/view/2247 (acesso em 12 de abril de 2022).

Carneiro, Beatriz da Costa (2022). *O Oficial de Direitos Humanos e a prevenção da discriminação nas Forças e Serviços de Segurança*, dissertação de mestrado integrado em Ciências Policiais. Lisboa: ISCPSI.

Casa-Nova, Maria José (2011) Da igualdade legal-formal à igualdade em exercício, *in* São José Almeida (2011), *Continuar a tentar pensar*. Lisboa: Sextante.

Catarro, Francisco José Tomás (2019). Globalização e Estado social: contradições e perspectivas *in* Rocha-Cunha, Silvério; Martins, Marco Baptista; Vasques, Rafael F. (Orgs.) (2019). *Os direitos humanos por um fio? Perspectivas transdisciplinares em torno dos direitos humanos em tempos difíceis.*, pp. 103-122. V. N. de Famalicão: Húmus. Disponível em https://dspace.uevora.pt/rdpc/bitstream/10174/27672/1/direitos%20humanos.pdf (acesso em 18 de abril de 2022).

Chappell, Duncan (edit.) (2020). *Policing and the Mentally: International Perspectives*. Taylor & Francis Group, CRC Press. Routledge.

Chillier, Gastón; Timo, Pétalla Brandão (2014). O movimento global de direitos humanos no século XXI: reflexões sob a perspectiva de uma ONG nacional de direitos humanos do sul. *SUR*, 11 (20), pp. 384-394. Disponível em: https://bdjur.stj.jus.br/jspui/bitstream/2011/90733/movimento_global_direitos_chillier.pdf (acesso em 12 de abril de 2022).

COELHO, Jorge Paulo Sacadura Almeida (1998). Sessão de Abertura, *in* INSPEÇÃO-GERAL DA ADMINISTRAÇÃO INTERNA (1998). *Direitos humanos e eficácia policial: Sistemas de Controlo da Atividade Policial: Seminário Internacional*, pp. 13-18. Lisboa: IGAI.

COMISSÃO NACIONAL DE PROTEÇÃO DE DADOS (1999). *Os direitos dos cidadãos face aos sistemas de informação policial: colóquio*. Lisboa: CNPD.

CONEJO, Miriam Arenas (2015). Una Mirada Interseccional a la Violencia contra las Mujeres con Diversidad Funcional, *Oñati Socio-legal Series*, 5 (2), pp. 367-388. Disponível em: http://ssrn.com/abstract=2611006 (acesso em 20 de julho de 2022).

CONSELHO DA EUROPA (1998). *Os direitos humanos e a polícia: guia dos direitos humanos para um bom uso dos poderes da polícia*. Estrasburgo: Centro de Informação sobre os Direitos Humanos.

CONSELHO DA EUROPA (2000). *La police et les droits de L'homme – au-delà de l'an 2000*. Strasbourg: Conseil de L'Europe.

CONSELHO DA EUROPA (2001). *Semana Polícia e Direitos do Homem: 28 de outubro a 4 de novembro de 2000. intervenções*. Lisboa: IGAI.

CONSEIL DE L'EUROPE (1974). *La convention européenne des droits de l'Homme*. Strasbourg: Conseil de l'Europe.

CONVENÇÃO DE ISTAMBUL (2011). *Convenção do Conselho da Europa para a Prevenção e o Combate à Violência contra as Mulheres e a Violência Doméstica*, adotada em 11 de maio de 2011. Istambul: Conselho da Europa.

CONSELHO DA EUROPA (1983). *A protecção dos direitos do homem na Europa*. Lisboa: Conselho da Europa.

CORREIO, Regiane Nistler e CORREIO, Leilane Serratine Grubba (2017). Globalização, transnacionalismo e efetivação de direitos humanos. *Revista do Direito Público*, 12 (3), pp. 315-343. Disponível em: https://www.uel.br/revistas/uel/index.php/direitopub/article/view/32249 (acesso em 14 de abril de 2022).

CORREIO, Regiane Nistler e CORREIO, Leilane Serratine Grubba (2018). Globalização, transnacionalismo e a efetivação de direitos humanos. *Scientia Iuris*, 22 (1), pp. 134–161. Disponível em: https://www.uel.br/revistas/uel/index.php/direitopub/article/view/32249 (acesso em 14 de abril de 2022).

COSTA, Alberto (2002). *Esta (Não) é a Minha Polícia – Mudança e Popularidade*. Lisboa: Notícias Editorial.

COSTA, Carlos Gonçalves, PEREIRA, Miguel, OLIVEIRA, João Manuel de e NOGUEIRA, Conceição (2010). Imagens sociais das pessoas LGBT *in*

Conceição Nogueira e João Manuel de Oliveira (Coord.), *Estudo sobre a Discriminação em função da orientação sexual e da identidade de género*, 93-147. Lisboa: CIG.

COSTA, José de Faria (2007). *Noções fundamentais de Direito Penal (Fragmenta Iuris Poenalis) – Introdução*. Coimbra: Coimbra Editora.

COSTA-LOPES, Rui (2018). Atitudes e recurso a meios coercivos: contributos da psicologia social, *in* Poiares, Nuno e Marta, Rui (Coord.). *Segurança Interna: desafios na sociedade de risco mundial*, pp. 129-140. Lisboa: ICPOL-ISCPSI.

CONSEIL DE L'EUROPE (1997). *Les droits de l'homme et la police: Actes du séminaire*. Strasbourg, 6-8 décembre, 1995. Strasbourg: Conseil de L'Europe.

CONSEIL DE L'EUROPE (1997). *L'éthique de la police dans une société démocratique*: Réunion multilatérale. Strasbourg: Conseil de L'Europe.

COUNCIL OF EUROPE (1994). *Human Rights and the police*. Germany: Council of Europe.

COUTINHO, Francisco Pereira (2015). A Legitimidade do Conselho de Segurança *in* Susana Vaz Patto, João Madureira e Mateus Kowalski (Coord.), *A Participação de Portugal no Conselho de Segurança*, pp. 53-66. Lisboa: Instituto Diplomático. Disponível em SSRN: https://ssrn.com/abstract=2989288.

CRAWSHAW, Ralph, WILLIAMSON, Barry Devlin Tom (1998). *Human rights and policing: Standards for good behaviour and a strategy for change*. The Hague: Kluwer Law International.

CRAWSHAW, Ralph (1999). *Police and human rights: A manual for teachers, recourse persons and participants in human rights programmes*. The Hague: Kluwer Law International.

CRAWSHAW, Ralph, HOLMSTROM, Leif (2001). *Essential Texts on Human Rights for the Police*. United Kingdom: Kluwer Law International.

CRUZ, Hugo João Silva (2015). *O Curso de Formação de Oficiais de Polícia: a evolução dos planos de estudo (1984-2014)*, Trabalho Individual Final do Curso de Comando e Direção Policial. Lisboa: ISCPSI.

DAVIS, Angela Yvonne (1983). *Women, Race & Class*, eBooks. New York: First Vintage Book Edition. Originally published: New York – Random House, 1981. Disponível em: https://legalform.files.wordpress.com/2017/08/davis-women-race-class.pdf (acesso em 10 de julho de 2022).

DAVIS, Kingsley (1949). *Human society*. Macmillan.

DAVIES, Kenneth Culp (1969). *Discretionary Justice*. St. Paul Minnesota: West Publishing.

DIAS, Augusto Silva (1996). Problemas do Direito Penal numa sociedade multicultural: o chamado infanticídio ritual na Guiné-Bissau. *Revista Portuguesa de Ciência Criminal*, 6 (2), abril-junho, pp. 209-232.

DIAS, Augusto Silva (2015). A responsabilidade criminal do "outro": os crimes culturalmente motivados e a necessidade de uma hermenêutica intercultural. *Julgar*, 25, pp. 95-108. Coimbra: Coimbra Editora.

DIAS, Augusto Silva (2016). *Crimes Culturalmente Motivados – O Direito Penal ante a 'Estranha Multiplicidade' das Sociedades Contemporâneas*, reimpressão 2018. Coimbra: Almedina.

DIAS, Augusto Silva (2020). O multiculturalismo como ponto de encontro entre Direito, Filosofia e Ciências, *Multiculturalismo e Direito Penal.* I Encontro Nova-Direito, Lisboa 2012, pp. 15-31. Coimbra: Almedina.

DIAS, Augusto Silva e PEREIRA, Rui Soares (2018). *Sobre a Validade de Procedimentos Administrativos Prévios ao Inquérito e de Fases Administrativas Preliminares no Processo Penal.* Coimbra: Edições Almedina.

DIAS, Eurico e POIARES, Nuno (2021). The role of military leadership in the socio-professional configuration of portuguese police administrative elites. *Revista Militar*, 5, pp. 417-442.

DIAS, Jorge de Figueiredo e ANDRADE, Manuel da Costa (1997). *Criminologia. O Homem Delinquente e a Sociedade Criminógena*, 2.ª reimpressão, pp. 443-469. Coimbra: Coimbra Editora.

DÍAZ-PEDROSA, Arístides (2003). Gaetano Pentassuglia. Minorities in International Law: na introductory study (Strasbourg: Council of Europe Publishing, 2002), *in Revue québécoise de droit international*, 16 (2), pp. 377-382.

DIREÇÃO NACIONAL da PSP (2022). *Regulamento de Frequência e Avaliação do Curso de Formação de Chefes da PSP.* Despacho 28/GDN/2022, de 24 de novembro, Ordem de Serviço n.º 28, I Parte B. Lisboa: DNPSP.

DUARTE, Marco José de Oliveira (2014). Diversidade sexual, políticas públicas e direitos humanos: saúde e cidadania LGBT em cena, *temporalis*, 14 (27), pp. 77-98, jan./jun. Brasília (DF). DOI: https://doi.org/10.22422/2238-1856.2014v14n27p77-98 (acesso em 19 de julho 2022).

DURÃO, Susana (2011), Polícia, segurança e crime em Portugal: ambiguidades e paixões recentes, *etnográfica*, fevereiro, 15 (1), pp. 129-152. Disponível em file:///C:/Users/100218/Downloads/etnografica-850.pdf (acesso em 27 de abril de 2022).

DURÃO, Susana (2008). *Patrulha e Proximidade. Uma Etnografia da Polícia e Lisboa.* Tese de doutoramento em Antropologia, ISCTE-IUL. ICPOL-ISCPSI. Coimbra: Almedina.

Eadens, Danielle M.; Cranston-Gingras, Ann; Dupoux, Errol; Eadens, Daniel W. (2016). Running head: Police Officer Perspectives on Intellectual Disability, *Policing: An International Journal of Police Strategies & Management*, 39, pp. 222-235.

Eberhardt, Jennifer L., Goff, Phillip Atiba, Purdie, Valerie J., Davies, Paul G. (2004). Seeing Black: Race, Crime, and Visual Processing *in* Journal of Personality and Social Psychology, 87 (6), pp. 876–93.

Elias, Luís Manuel André (2006). *A Formação das Polícias nos Estados Pós-Conflito. O caso de Timor-Leste.* Lisboa: Instituto Diplomático.

Elias, Luís Manuel André (2018). *Ciências Policiais e Segurança Interna: Desafios e Prospetiva.* Lisboa: ICPOL-ISCPSI.

Elias, Norbert (2006). *O processo civilizacional. Investigações sociogenéticas e psicogenéticas*, 2.ª edição. Lisboa: Publicações Dom Quixote.

Elísio, Rita, Neves, Sofia, Paulos, Rita (2018). A violência no namoro em casais do mesmo sexo: discursos de homens gays, *Revista Crítica de Ciências Sociais*, 117, dezembro 2018, 4772. Coimbra: CES-UC.

Embry, Randa, & LYONS, Phillip (2012). Sex-Based Sentencing: Sentencing Discrepancies Between Male and Female Sex Offenders, *Feminist Criminology*, 7 (2), 146-162. DOI: http://doi.org/10.1177/1557085111430214.

Ergec, Rusen *et al.* (1987). *Maintien de l'ordre et droits de l'homme.* Centre Interuniversitaire de Droit Public. Bruxelles: Bruylant.

Ergec, Rusen (1987). Les Libertés Fondamentales et le maitien de l'ordre dans une societé démocratique: un équilibre délicat, *in* Ergec, Rusen *et al. Maintien de l'ordre et droits de l'homme*, pp. 3-33. Centre Interuniversitaire de Droit Public. Bruxelles: Bruylant.

Ericson, Richard V. (1982). *Reproducing Order: A Study of Police Patrol Work.* Toronto: University of Toronto Press.

Fagan, Jeffrey A. e Campbell, Alexis D. (2020). Race and Reasonableness in Police Killings, 100 B.U.L. Rev. 951. Columbia Law School. Disponível em: https://scholarship.law.columbia.edu/faculty_scholarship/2656 (acesso em 11 de julho 2022).

Fanon, Frantz (2008). *Pele negra, máscaras brancas.* Salvador: EDUFBA.

Faria Júnior, Heleno V. e Brasil, Deilton R. (2018). A educação como instrumento de promoção dos direitos humanos na atividade policial *in* Costa, Fabrício Veiga, Motta, Ivan D. e Freitas, Sérgio H. Zandona (org.) – *Desafios do ensino jurídico no século XXI*, pp. 86-118. Maringá, PR: IDDM.

Faria, Maria Paula Leite Ribeiro (2020). O costume e o direito penal no século XXI. *In* Beleza, Teresa Pizarro; Caeiro, Pedro; Pinto, Frederico Costa

(Org) – *Multiculturalismo e Direito Penal,* I Encontro Nova-Direito. Lisboa 2012, pp. 115-141. Coimbra: Almedina.

Faria, Miguel José (2001). *Direitos Fundamentais e Direitos do Homem*. Lisboa: ISCPSI.

Faria, Miguel José (2005). A Declaração Universal dos Direitos do Homem. Os Valores e os Princípios. Lição Inaugural da Cerimónia de Abertura Solene do Ano Académico 1993-1994 da ESP, *Volume Comemorativo dos 20 Anos do ISCPSI*, pp. 101-115. Lisboa: Almedina.

Felgueiras, Sérgio e PAIS, Lúcia (2017). Police commander's education: a continuous process. *European Police Science and Research Bulletin,* 3, pp. 179--185. Luxembourg: CEPOL.

Fenech, Georges (2001). *Tolerância Zero: acabar com a criminalidade e a violência urbana.* Mem-Martins: Editorial Inquérito.

Fermino, Chrystiane Castellucci (2012). *A situação jurídica das mulheres em Portugal no pré e pós 25 de Abril, em especial no âmbito das relações familiares,* trabalho final do XIV Curso de Pós-Graduação em Direitos Humanos. Coimbra: IGC/CDH.

Fernandes, António Teixeira (1987). Democracia e direitos humanos. *Revista da Faculdade de Letras: Filosofia,* II série, 4, pp. 43-63. Disponível em: http://193.137.34.195/index.php/filosofia/article/view/201/187 (acesso em 12 de abril 2022).

Fernandes, António Teixeira (2009). Direitos humanos e globalização. *Revista da Faculdade de Letras: Sociologia*, I série, 19, pp. 11-46. Disponível em https://ojs.letras.up.pt/index.php/Sociologia/article/view/2325 (acesso em 12 de abril 2022).

Fernandes, Cátia Sofia Ribeiro (2016). *Violência nas relações de intimidade entre pessoas do mesmo sexo: Estudo exploratório sobre os mecanismos de apoio à vítima de violência na intimidade,* dissertação de mestrado em Sociologia. Coimbra: Faculdade de Economia da Universidade de Coimbra.

Fernández, Manuel Martín (1990). *La Profesión de Policía.* Madrid: Centro de Investigaciones Sociológicas de Madrid.

Ferro, Mónica Sofia do Amaral Pinto (2005). *Construção de estados: Administrações Internacionais das Nações Unidas.* Lisboa: Instituto Superior de Ciências Sociais e Políticas.

Figueiredo, Inês Filipa Caldeira (2020). *Atuação Policial, Preconceito e Minorias Étnicas: uma revisão da literatura.* Dissertação de Mestrado em Ciências Policiais, especialização em Criminologia e Investigação Criminal. Lisboa: ISCPSI.

FILEBORN, Bianca (2012). Sexual violence and gay, lesbian, bisexual, trans, intersex, and queer communities, *ACSSA Resource Sheet*. Melbourne: Australian Institute of Family Studies.

FILIMON, Luiza Maria (2015). Police Practices in New York: between racial profiling, discrimination and unconstitutionality, *Bulletin of the Transilvania University of Brasov*, VII, 8 (57), 2, pp. 189-200.

FONTES, José (2020). Dos Direitos Humanos na Atividade Policial, Lição inaugural da Sessão Solene de Abertura do Ano Académico do ISCPSI, em 12 de novembro de 2019, *Politeia. Revista Portuguesa de Ciências Policiais*, XVII, pp. 129-135. Lisboa: ICPOL-ISCPSI.

FRASER, Nancy (2002). A justiça social na globalização: Redistribuição, reconhecimento e participação, *Revista Crítica de Ciências Sociais*, 63, pp. 7-20. Coimbra: CES.

FREITAS, Felipe da Silva (2020). *Racismo e Polícia: uma discussão sobre mandato policial*, tese de doutoramento em Direito. Brasília: Faculdade de Direito da Universidade de Brasília.

FRYER, Jr., Roland G. (2016). An Empirical Analysis of racial differences in Police Use of Force, *NBER Working Paper Series* – Working Paper 22399. Cambridge: National Bureau of Economic Research. Disponível em: https://www.nber.org/papers/w22399 (acesso em 11 de julho 2022).

GAINES, Larry K. & KAPPELER, Victor E. (2011). *Policing in America*, 7.ª edição. Cincinnati: Waltham: Anderson Publishing.

GARCIA, Tamires de Oliveira (2019). *Política Criminal e Violência contra a População LGBT: um estudo com a Polícia Civil e Movimentos Sociais em Porto Alegre*. Canoas, RS: Universidade La Salle – Editora Unilasalle.

GASPAR, Mariana Soares de Barros (2019). *O Marketing Social como Estratégia de Mudança de Comportamentos Discriminatórios face à Comunidade LGBT: o caso da websérie Casa do Cais*, dissertação de mestrado em Gestão de Marketing. Porto: IPAM.

GIDDENS, Anthony (2009). *Sociologia*, 7.ª edição. Lisboa: Fundação Calouste Gulbenkian.

GIDDENS, Anthony (2008). *Sociologia*, 6.ª edição. Porto Alegre: Artmed.

GIL, Ana Rita (2021). *Imigração e Direitos Humanos*, 2.ª edição atualizada. Forte da Casa: Petrony.

GOMES, Cândido Alberto; LIRA, Adriana (2013). Direitos humanos: utopia num mundo distópico? *Revista Portuguesa de Educação*, Braga, 26 (2). Disponível em https://revistas.rcaap.pt/rpe/article/view/3250 (acesso em 12 de abril de 2022).

Gomes, Carla de Marcelino e Moreira, Vital (2014). *Compreender os Direitos Humanos: Manual de Educação para os Direitos Humanos.* Coimbra: Coimbra Editora.

Gomes, Catarina (2013). *A Educação para os Direitos Humanos e a Declaração das Nações Unidas sobre Educação e Formação para os Direitos Humanos: a sua aplicação em zonas de reconstrução pós-conflito,* trabalho final do XV curso de pós-graduação em Direitos Humanos. Coimbra: IGC/CDH.

Gomes, Catarina (2018). Intercultural Education: A Path for a Pedagogy That Can Bring Us Closer *in* Viviani, Alessandra (coord.). *Global Citizenship Education, Multiculturalism and Social Inclusion in Europe: The Findings of the Project I Have Rights,* pp. 91-109. Coimbra: IGC/CDH.

Gomes, Paulo Valente (2010). A atividade policial como ciência, *Revista Brasileira de Ciências Policiais,* 1 (2). Disponível em https://periodicos.pf.gov.br/index.php/RBCP/article/view/44 (acesso em 5 de maio de 2022).

Gomes, Paulo Valente (2008). Reflexões sobre o novo quadro da segurança interna e o papel da segurança privada, *Estudos de Homenagem ao Professor Doutor Artur Anselmo,* pp. 595-610. Coimbra: Almedina.

Gonçalves, Bruna Adriana Costa (2016). *Quanto mais me bates menos gosto de ti: Estudo sobre as representações sociais da violência doméstica em casais do mesmo sexo,* dissertação de mestrado em Sociologia. Porto: Faculdade de Letras da Universidade do Porto.

Gonçalves, Gonçalo Rocha e Durão, Susana (Orgs.) (2017). *Polícia e Polícias em Portugal. Perspetivas Históricas.* Lisboa: Celta Editora.

Gonçalves, Fernando *et al.* (2014). *Convenções Internacionais e Direitos do Homem.* Coimbra: Rei dos Livros.

Gonzaga, Alvaro de Azevedo (2021). *Decolonialismo Indígena.* São Paulo: Matrioska Editora.

Gouvêa, Carina Barbosa, Castelo Branco, Pedro H. Villas Bôas, Vianna, Gilberto de Souza (2021). Contextualizando a Polícia Democrática: uma possível resposta para as graves crises de segurança pública no Brasil, *Revista Acadêmica da Faculdade de Direito do Recife,* pp. 80-95. Disponível em: https://periodicos.ufpe.br/revistas/ACADEMICA/article/view/252570 (acesso em 11 de abril de 2022).

Grant, Lawrence (1978). *Civil liberty: the National Council for Civil Liberties guide to your rights* (3.rd ed.). Harmondsworth: Penguin Books.

Grilo, M. e Poiares, N. (2022), Mulheres e Desvio: crimes sexuais e magistratura judicial, *ex aequo,* 45, *in* Madalena Duarte e Teresa Pizarro Beleza (coord.), *Desafios feministas ao Direito: resistências e possibilidades*, 65-82, APEM. Porto: Edições Afrontamento. DOI: https://doi.org/10.22355/exaequo.2022.45.06.

Grubba, Leilane Serratine; Nistler Regiane (2016). Desenvolvimento sustentável e a efectivação dos Direitos Humanos. *Revista Jurídica*, 20 (43), pp. 129-148. Disponível em https://proxy.furb.br/ojs/index.php/juridica/article/view/5909 (acesso em 12 de abril 2022).

Guibentif, Pierre (1992). A aplicação do direito redescoberta pela sociologia jurídica, *Sociologia-Problemas e Práticas*, 12, pp. 19-39. Lisboa: CIES-IUL.

Hammarberg, Thomas (2008). *Droits de l'Homme en europe: la complaisance n'a pas sa place: Points de vue du Comissaire aux Droits de l'Homme du Conseil de l'Europe*. Conseil de l'Europe. Disponível em: https://rm.coe.int/droits-de-l-homme-en-europe-la-complaisance-n-a-pas-sa-place-points-de/16808d2518 (acesso em 11 de abril de 2022).

Herrarte, Iñaki Lasagabaster (2009). *Convenio Europeo de Derechos Humanos: comentario sistematico* (2.ª ed). Pamplona: Aranzadi.

Hopgood, Stephen (2014). Desafios para o regime global de direitos humanos: os direitos humanos ainda são uma linguagem eficaz para a mudança social? *SUR: Revista Internacional de Direitos Humanos*, São Paulo, 11 (20), pp. 71-79. Disponível https://sur.conectas.org/en/challenges-to-the-global-human-rights-regime/em (acesso em 12 de abril de 2022).

Hutton, Glenn, Mckinnnon, Gavin, Connor, Paul (2017). *Blackstone's Police Manual 2017: General Police Duties*. UK: Oxford University Press.

ILGA Portugal (2007). *Proposta de boas práticas para o relacionamento entre as forças e serviços de segurança portugueses e as cidadãs e os cidadãos LGBT*. ILGA. Disponível em: https://www.ilga-portugal.pt/noticias/Noticias/BoasPraticas.pdf (acesso em 18 de julho de 2022).

ILGA Portugal (2015a). *Números da Violência contra as Pessoas LGBT 2014*, Observatório da Discriminação em função da orientação sexual e identidade de género. Lisboa: ILGA Portugal.

ILGA Portugal (2015b). *Saúde em Igualdade. Pelo acesso a cuidados de saúde adequados e competentes para pessoas lésbicas, gays, bissexuais e trans*. Lisboa: ILGA Portugal.

ILGA Portugal (2020). *Relatório Anual 2019 Discriminação Contra Pessoas LGBTI+*, Observatório da Discriminação contra as Pessoas LGBTI+. Lisboa: ILGA Portugal.

INSPEÇÃO-GERAL DA ADMINISTRAÇÃO INTERNA (1998). *Direitos humanos e eficácia policial: Sistemas de Controlo da Atividade Policial: Seminário Internacional.* Lisboa: IGAI.

INSPEÇÃO-GERAL DA ADMINISTRAÇÃO INTERNA (2005). *Conferência Internacional: Direitos Humanos e Comportamento Policial.* Lisboa: IGAI. Disponível em https://www.igai.pt/pt/Publicacoes/PublicacoesIGAI/Documents/2005%20Conferencia%20Internacional%20Direitos%20humanos%20e%20comportamento%20policial.pdf (acesso em 12 de abril de 2022).

INSPEÇÃO-GERAL DA ADMINISTRAÇÃO INTERNA (2012). *1.ª Comissão de assuntos Constitucionais, Direitos, Liberdades e Garantias.* Lisboa: Assembleia da República. Disponível em: https://www.igai.pt/pt/Atividades/IntervencoesParticipacoes/Documents/(2012-12-11)%20Audicao%20IG%20Comissao%20Assuntos%20Constitucionais%20Direitos%20Liberdades.pdf#search=direitos%20humanos (acesso em 12 de abril de 2022).

INSPEÇÃO-GERAL DA ADMINISTRAÇÃO INTERNA (2016). Recomendação IG-2/2016, *Cumprimento de mandado de condução a estabelecimento hospital de portador de deficiência psíquica grave*, Gabinete da Inspetora-Geral da IGAI, 19 de julho de 2016. Lisboa: IGAI.

INSPEÇÃO-GERAL DA ADMINISTRAÇÃO INTERNA (2018). *Livres e iguais 2018: 70 anos DUDH: 40 anos Adesão de Portugal à Convenção Europeia dos Direitos Humanos. Conferência IGAI.* Lisboa: IGAI. Disponível em https://www.igai.pt/pt/Publicacoes/PublicacoesIGAI/Documents/(2018-12-10)%20Livro%20IGAI%20Livres%20e%20Iguais%202018%20(_versao%2001).pdf (acesso em 12 de abril de 2022).

INSPEÇÃO-GERAL DA ADMINISTRAÇÃO INTERNA (2018). *Coletânea de textos (Intervenções e Pareceres).* Lisboa: IGAI.

INSPEÇÃO-GERAL DA ADMINISTRAÇÃO INTERNA (2021). *Plano de Prevenção de Manifestações de Discriminação nas Forças e Serviços de Segurança (PPMD).* Lisboa: IGAI.

Katz, D. & Braly, K. W. (1933). Racial stereotypes of one hundred college students. Journal of Abnormal and Social Psychology, 28 (3), 280.

Killander, Magnus (2010). *Interpretação dos tratados regionais de direitos humanos. SUR: Revista Internacional de Direitos Humanos*, São Paulo, 7 (13), pp. 149--175. Disponível em: https://sur.conectas.org/wp-content/uploads/2017/11/sur13-port-magnus-killander.pdf (acesso em 13 de abril de 2022).

KI-MOON, Ban (2013). *Remarks at Stanford University*. UN News Centre, 17 de janeiro. Speech at Stanford University. Palo Alto: Califórnia. Disponível em: https://www.un.org/sg/en/content/sg/speeches/2013-01-17/remarks-stanford-university (acesso em 18 de abril de 2022).

KOLB, Robert (2014). *Advanced Introduction to International Humanitarian Law*. Cheltenham, UK – Northampton, MA, USA: Edward Elgar Publishing Limited.

JETTEN, J., SPEARS, R., & MANSTEAD, A. S. (2001). Similarity as a source of differentiation: The role of group identification. European Journal of Social Psychology, 31(6), 621-640.

LECOUNT, Ryan Jerome (2017). More Black than Blue? Comparing the Racial Attitudes of Police to Citizens, *Sociological Forum*, in "Whose Lives Matter? Violence, Social Control, and the Racial Divide", pp. 1-22. Eastern Sociological Society.

LEITÃO, José Carlos Bastos (2007). Discricionariedade Policial. *Estudos de Homenagem ao Juiz Conselheiro António Neves Ribeiro*, pp. 569-604. Coimbra: Almedina.

LEITE, Carlos Henrique Bezerra (2004). As três dimensões dos direitos humanos e o novo conceito de cidadania. *Revista do Tribunal Regional do Trabalho da 13.ª Região*, João Pessoa, 12 (9), pp. 104-108. Disponível em: https://bdjur.stj.jus.br/jspui/bitstream/2011/18247/As_Tr%c3%aas_Dimens%c3%b5es_dos_Direitos_Humanos.pdf (acesso em 13 de abril de 2022).

LEITE, Inês Ferreira (2020). Violência doméstica e violência interpessoal: contributos sob a perspetiva do Direito para a racionalização dos meios de prevenção e proteção. *Anatomia do Crime*, 10, pp. 31-66. Lisboa: IDPCC-FDUL.

LEITE, Rute Maria dos Santos Pereira (2021). *Stress (operacional/organizacional) e Burnout como preditores da Ideação Suicida nas Forças Policiais*, dissertação de mestrado em Ciências Policiais, Gestão da Segurança. Lisboa: ISCPSI.

L'HEUILLET, Hélène (2004). *Alta Polícia, Baixa Política. Uma Visão sobre a Polícia e a Relação com o Poder*. Editorial Notícias.

LEMOS, Inês (2019). *Proteção policial da vítima: avaliação do risco do agressor em cenários de violência doméstica*, dissertação de mestrado integrado em Ciências Policiais. Lisboa: ISCPSI.

LÉVY-BRUHL, Henri (2000) (1988). *Sociologia do Direito*, p. 3. São Paulo: Martins Fontes Editora.

LOPES, Ana Mendes (2021). *Crime de Violação: que caminho trilhar do semi ao público?* Observatório Almedina, 31 de março; *in* https://observatorio.

almedina.net/index.php/2021/03/31/crime-de-violacao-que-caminho-trilhar-do-semi-ao-publico/ (acesso em 14 de novembro de 2022).

Lourenço, Nelson (2010). O custo social e económico do crime: impactes do crime nas vítimas e na sociedade, *Pela Lei e pela Grei*, revista da GNR, XXII (88), out.-dez., pp. 50-55. Lisboa: Comando-Geral da GNR.

Machado, Carla (2004). Pânico Moral: Para uma Revisão do Conceito, *Interações: Sociedade e as Novas Modernidades*, 4 (7), pp. 60-80. Instituto Superior Miguel Torga.

Machado, Helena (2008). *Manual de Sociologia do Crime*. Porto: Edições Afrontamento.

Magalhães, Wellington (2015). A capacidade jurídico-postulatória do indivíduo em âmbito internacional de proteção e defesa dos direitos humanos. *Revista ESMAT*, 6 (8). Escola Superior da Magistratura Tocantinense. Disponível em: http://esmat.tjto.jus.br/publicacoes/index.php/revista_esmat/article/view/19 (acesso em 14 de abril de 2022).

Malaquias, Eduardo Jorge (2021). *Avaliação da aptidão física na PSP. A sua importância para os elementos policiais, especialmente com funções operacionais*. Curso de Comando e Direção Policial. Lisboa: ISCPSI.

Marques, Viriato Soromenho (1996). Direitos humanos: três questões para uma batalha pelo futuro. *Intervenção social*, 13-14, pp. 13-17. Disponível em: http://revistas.lis.ulusiada.pt/index.php/is/article/view/1312 (acesso em 14 de abril de 2022).

Martins, Bruno Sena; Rodrigues, Saulo Tarso (2017) (Orgs.). *Os Direitos Humanos e as linguagens da dignidade: debates e perspetivas*. Coleção Direito e Justiça Social, 1. Rio Grande: Editora da FURG. Disponível em: https://estudogeral.sib.uc.pt/handle/10316/48101 (acesso em 24 abril 2024).

Medeiros, Pilar Damião (2019). Porque odiamos? A exclusão do "Outro" em tempos de crise *in* Rocha-Cunha, Silvério da; Martins, Marco António Baptista; Vasques, Rafael F. (Orgs.) (2019). *Os direitos humanos por um fio? Perspetivas transdisciplinares em torno dos direitos humanos em tempos difíceis.*, pp. 285--298. V. N. de Famalicão: Húmus. Disponível em: https://dspace.uevora.pt/rdpc/bitstream/10174/27672/1/direitos%20humanos.pdf (acesso em 18 de abril de 2022).

Melo, António Moreira Barbosa (2005). Polícia, Segurança Interna e Direitos do Homem: como assegurar um controlo democrático justo e eficaz? *in* IGAI (2005). *Conferência Internacional: Direitos Humanos e Comportamento Policial*. Lisboa: IGAI. Disponível em: https://www.igai.pt/pt/Publicacoes/

PublicacoesIGAI/Documents/2005%20Conferencia%20Internacional%20 Direitos%20humanos%20e%20comportamento%20policial.pdf (acesso em 12 de abril de 2022).

Melo Filho, Armando Morais Correia de (2015). *Educação em Direitos Humanos: uma Análise de Livros Didáticos de Língua Portuguesa do Ensino Médio*, dissertação de mestrado em Direitos Humanos. Recife: Universidade Federal de Pernambuco. Disponível em: https://repositorio.ufpe.br/handle/123456789/15683 (acesso em 14 de abril de 2022).

Mendes, Paulo de Sousa (2018). *Lições de Direito Processual Penal*, reimpressão de 2022. Coimbra: Edições Almedina.

Mesquita, Amílcar (2013). Justiça e história no pensamento europeu, *Direitos de Personalidade e sua tutela*, I, *Estudos seleccionados do Instituto Jurídico Portucalense*, pp. 9-117. Rei dos Livros e Universidade Portucalense Infante D. Henrique.

Miranda, Jorge Manuel Moura Loureiro (Org.) (1979). *Direitos do Homem: Declaração Universal. Pactos Internacionais. Convenção Europeia*. Lisboa: Livraria Petrony.

Miranda, Jorge Manuel Moura Loureiro (1998). Direitos Fundamentais e Polícia, *in* IGAI (1998). *Direitos humanos e eficácia policial: Sistemas de Controlo da Atividade Policial: Seminário Internacional*, pp. 19-35. Lisboa: IGAI.

Moleiro, Carla, Pinto, Nuno, Oliveira, João Manuel de e Santos, Maria Helena (2016). *Violência Doméstica: Boas práticas no apoio a vítimas LGBT – Guia de Boas Práticas para Profissionais de Estruturas de Apoio a Vítimas*. Lisboa: CIS-IUL.

Monte, Mário Ferreira (2003). Da realização integral do Direito Penal, *Studia Iuridica – Ars Iudicandi* – Estudos de Homenagem ao Prof. Doutor António Castanheira Neves, III. Coimbra: Coimbra Editora.

Monte, Mário Ferreira (2020). Multiculturalismo e tutela penal: uma proposta de justiça restaurativa, *in* Beleza, Teresa Pizarro; Caeiro, Pedro; Pinto, Frederico Costa (Org) (2020). *Multiculturalismo e Direito Penal*, pp. 97-113, I Encontro Nova-Direito, 2012. Coimbra: Almedina.

Monteiro, Ana Isabel Líbano (1991). *A família nas declarações internacionais dos direitos humanos*. Lisboa: Ministério do Emprego e da Segurança Social.

Morange, Jean (1979). *Les libertés publiques* (7.ª ed.). Paris: Presses Universitaires de France.

More, Max e Vita-More, Natasha (Ed.) (2013). *The Transhumanist Reader: Classical and Contemporary Essays on the Science, Technology, and Philosophy of the*

Human Future. Wiley-Blackwell. Disponível em: https://onlinelibrary.wiley.com/doi/book/10.1002/9781118555927 (acesso em 8 de agosto de 2022).

MOREIRA, Vital e GOMES, Carla Marcelino (2014). *Compreender os Direitos Humanos: Manual de educação para os direitos humanos*. Coimbra: Coimbra Editora.

MOREIRA, Vital e CANOTILHO, José Joaquim Gomes (2014). *Constituição da República Portuguesa Anotada* – Volume I – Artigos 1.º a 107.º. Coimbra: Coimbra Editora.

MORIN, Edgar (2011). Ensinar a condição humana, in E. Morin, *Os sete saberes necessários para a educação do futuro*, pp. 47-59, 2.ª edição. Brasília: UNESCO.

MOURA, Rui Coelho de e RAMALHO, Nelson Campos (2017). Adressing emotions in police selection and initial training: a european study. *European Police Science and Research Bulletin*, 16, pp. 119–141. Luxembourg: CEPOL, Publications Office of the European Union.

MOYN, Samuel (2014). O futuro dos direitos humanos. *SUR: Revista Internacional de Direitos Humanos*, São Paulo, 11 (20), pp. 61-69. Disponível em https://sur.conectas.org/en/the-future-of-human-rights/ (acesso em 14 de abril de 2022).

NEVES, Ana Filipa (2018). Understanding Contemporary Migrations: Concepts, Trends and Issues *in* VIVIANI, Alessandra (coord.). *Global Citizenship Education, Multiculturalism and Social Inclusion in Europe: The Findings of the Project I Have Rights*, pp. 169-185. Coimbra: IGC/CDH.

NATIONAL ACADEMICS OF SCIENCES, ENGINEERING AND MEDICINE (2020). *Understanding the Well-Being of LGBTQI+ Populations*. Patterson, Charlotte J., Sepúlveda, Martín-José e White, Jordyn (ed.). Washington, DC: The National Academies Press. https://doi.org/10.17226/25877.

NEVES, Ana Sofia (2019). A Intervenção Profissional junto de vítimas de violência doméstica LGBT, *Psicologia & Sociedade*, 31, e184522, https://doi.org/10.1590/1807-0310/2019v31184522 (acesso em 14 de julho de 2022).

NEVES, Gonçalo dos Santos (2019). *Olhar para o infinito: a valor do internato na formação do Oficial de Polícia*. Lisboa: Lisbon International Press.

NEWBURN, Tim (2013). *Criminology*. 2.ª ed. London: Routledge.

NEWNUM, Robert Stephen (2007). *O conceito do ser humano na criação em Mestre Eckhart*. V EPCC – Encontro Internacional de Produção Científica (23 a 26 de outubro de 2007). Maringá, Paraná: Centro Universitário de Maringá, Brasil.

NKAMATE, Salvador (2014). A luta pela afirmação dos direitos humanos em Moçambique: os avanços e os retrocessos. *SUR: Revista Internacional de*

Direitos Humanos, 11 (20), pp. 225-231. São Paulo. Disponível em https://bdjur.stj.jus.br/jspui/bitstream/2011/90697/luta_afirmacao_direitos_nkamate.pdf (acesso em 14 de abril de 2022).

Oliveira, José Ferreira de (2006). *As Políticas de Segurança e os Modelos de Proximidade: a Emergência do Policiamento de Proximidade.* Coimbra: edições Almedina.

OFFICE FOR DEMOCRATIC INSTITUTIONS AND HUMAN RIGHTS (2013). *Human rights in counter-terrorism investigations: A practical manual for law enforcement officers.* Poland: OSCE.

ORGANIZATION FOR SECURITY AND CO-OPERATION IN EUROPE (2012). *Guidelines on Human Rights education: For Law enforcement Officials.* Office for Democratic Institutions and Human Rights. Varsóvia: OSCE/ODIHR.

Pacheco, Maria de Fátima de Castro Tavares Monteiro (2005). A protecção dos particulares no sistema português de direitos fundamentais e no sistema da União Europeia *in Revista de Ciências Empresariais e Jurídicas*, 3, pp. 99-152. Porto: Instituto Superior de Contabilidade e Administração do Porto.

Paixão, Nuno (2018). Porque devemos investigar crimes de maus tratos a animais *in* Nuno Poiares e Rui Marta, *Segurança Interna: desafios na sociedade de risco mundial*, pp. 173-189. Lisboa: ICPOL-ISCPSI.

Palma, Maria Fernanda (2011). *Direito Constitucional Penal.* Coimbra: Almedina.

Palma, Maria Fernanda (2017). *Arguição da Dissertação de Agregação do Doutor Augusto Silva Dias*, texto não publicado. Lisboa: FDUL.

Palma, Maria Fernanda (2018). *Direito Penal: Parte Geral. A teoria geral da infracção como teoria da decisão penal*, 3.ª edição. Lisboa: AAFDL Editora.

Palma, Maria Fernanda (2019). O problema do sistema e o sistema imposto pelo problema na violência doméstica. *Anatomia do Crime. Revista de Ciências Jurídico-Criminais*, 9, pp. 53-57. Lisboa: IDPCC-FDUL.

Palma, Maria Fernanda (2020). *Direito Penal. Conceito material de crime, princípios e fundamentos. Teoria da lei penal: interpretação, aplicação no tempo, no espaço e quanto às pessoas*, 4.ª edição. Lisboa: AAFDL Editora.

Paymal, François (2008). *La construction identitaire de l'élève officier à l' Instituto Superior de Ciências Policiais e Segurança Interna, Ecole supérieure de police portugaise*, dissertação de mestrado em Ciências da Educação. Lisboa: FCUL.

Pentassuglia, Gaetano (2002). *Minorities in international law: an introductory study.* European Centre for Minority Issues. Strasbourg: Council of Europe Publishing.

PETTIGREW, T. F. (1998). Intergroup contact theory. Annual review of psychology, 49 (1), pp. 65-85.

PEREIRA, DAVID (2023). *Alterações Climáticas, Migrações e Segurança: haverá motivo para alarme?* Lisboa: Lisbon International Press.

PEREIRA, Rui Carlos (2020). Dos crimes cometidos por agentes das forças de segurança no exercício de funções. *Anatomia do Crime,* 11, pp. 11-22. Lisboa: IDPCC-FDUL.

PETRASEK, David (2015). Tendências globais e o futuro da defesa e promoção dos direitos humanos. *SUR: Revista Internacional de Direitos Humanos,* 11 (20), pp. 47-58. São Paulo. Disponível em: https://sur.conectas.org/wp-content/uploads/2017/11/sur20-pt-completa.pdf (acesso em 14 de abril de 2022).

PINHEIRO, Flávio Maria Leite (2008). A teoria dos direitos humanos. *Themis: Revista da ESMEC,* Fortaleza, 6 (2), pp. 111-122. Disponível em: http://revistathemis.tjce.jus.br/index.php/THEMIS/article/view/198/188 (acesso em 14 de abril de 2022).

PINTO, Anaísa Cristina; GARANHANI, Mara Lúcia; FRANÇA, Thiago Eduardo de; PIEROTTI, Isadora (2017). Conceito de ser humano nas teorias de enfermagem: aproximação com o ensino da condição humana, *Pro-Posições,* 28 (1), pp. 88-110. Disponível em: https://www.scielo.br/j/pp/a/FRWqBZnfFGkVMthgnTSHQYk/abstract/?lang=pt (acesso em 11 de julho de 2022).

PINTO, Maria do Céu (2014). *As Nações Unidas e os desafios da governação global.* Lisboa: Letras Itinerantes, Edição e Distribuição de Livros.

PIRES, Thula Rafaela de Oliveira (2018). Estruturas Intocadas: Racismo e Ditadura no Rio de Janeiro, Rev. *Direito & Práxis,* 9 (2), pp. 1054-1079. Rio de Janeiro.

PLATÃO (1990). *A República.* Tradução de Maria Helena Pereira. Lisboa: Fundação Calouste Gulbenkian.

POIARES, Nuno (2021a). *A violência doméstica nos Países Africanos de Língua Oficial Portuguesa: uma aproximação metodológica ao ensino jurídico-penal em contexto policial e multicultural,* dissertação de mestrado em Direito Penal. Lisboa: FDUL.

POIARES, Nuno (2021b). *A Ciência Policial em Portugal: o reconhecimento pela Comunidade Científica Internacional.* Lição Inaugural da Cerimónia de Abertura Solene do Ano Académico 2021-2022, em 2 de dezembro de 2021. Lisboa: ISCPSI.

POIARES, Nuno (2021c). Justiça, Governança e Media: o caso de Ihor Homenyuk, *Politeia: Revista Portuguesa de Ciências Policiais,* ano XVIII, pp. 115-141. Lisboa: ICPOL-ISCPSI.

POIARES, Nuno (2020). Violência doméstica e redes sociais: a proteção jurídico-penal da vida privada na internet. *Cyberlaw by CIJIC*, 10. Lisboa: CIJIC-FDUL.

POIARES, Nuno (2019a). Violência doméstica e atividade policial. *Anatomia do Crime. Revista de Ciências Jurídico-Criminais*, 9, pp. 59-75. Lisboa: IDPCC-FDUL.

POIARES, Nuno (2019b). A cibersegurança à luz da criminologia moderna, *Cyberlaw by CIJIC*, 7. Lisboa: CIJIC-FDUL.

POIARES, Nuno (2019c), Cibersegurança, literacia e resiliência digital dos idosos, *Anuário Janus 2018-2019: A dimensão externa da segurança interna*, 19, pp. 118-119. Lisboa: Observare – UAL.

POIARES, Nuno e DIAS, Eurico (2019). Igreja Católica e Direito Criminal: uma abordagem sociológica ao Código Penal Português (1886). *REVER – Revista de Estudos da Religião*, pp. 311-329, 19 (3), set.-dez. São Paulo: PUC e UCP.

POIARES, Nuno e MARTA, Rui (Coord.) (2018). *Segurança Interna: desafios na sociedade de risco mundial*. Lisboa: ICPOL-ISCPSI.

POIARES, Nuno (2018a). *As profissões (para)jurídicas em Portugal: requisitos, mandatos e convergências*, 2.ª edição. Porto: Fronteira do Caos Editores.

POIARES, Nuno (2018b). Serviço Policial e Direito da Saúde, *Pensar Enfermagem*, 22 (1), pp. 75-84. Lisboa: UI&DE – ESEL.

POIARES, Nuno (2016). *A letra e os espíritos da lei. A violência doméstica em Portugal*. Lisboa: Chiado Editora.

POIARES, Nuno (2014). *Políticas de segurança e as dimensões simbólicas da lei: o caso da violência doméstica em Portugal*, tese de doutoramento em Sociologia. Lisboa: ISCTE-IUL.

POIARES, Nuno (2013). *Mudar a polícia ou mudar os polícias? O papel da PSP na sociedade portuguesa*. Lisboa: bnomics.

POIARES, Nuno (2009). Subsídios sensibilizadores para uma lei de atuação policial: uma perspetiva sociológica, *Reuniões, Manifestações e Atuação Policial*, pp. 341-349. Coimbra: Almedina.

POIARES, Nuno Caetano Lopes de Barros (2008). Novos horizontes para a segurança privada, *in Estudos de Homenagem ao Professor Doutor Artur Anselmo*, pp. 579-594. Coimbra: Almedina.

POIARES, Nuno (2005a). Na encruzilhada das competências: autoridade e ordem ou serviço social? Um estudo de caso no Alentejo, *Politeia*, pp. 62-79. Coimbra: Almedina.

POIARES, Nuno (2005b). Para lá da farda, da estrela e da arma, *Volume Comemorativo dos 20 anos do ISCPSI*, pp. 889-914. Coimbra: Almedina.

POIARES, Nuno (2005c), A profissão Polícia: um constructo contínuo da representação social, *Sociologia em Diálogo II*, pp. 73-96. Évora: Universidade de Évora e CISA-AS.

POIARES, Nuno (2004). *A profissão polícia: uma nova lógica socioprofissional e organizacional*, dissertação de mestrado em Sociologia. Évora: Universidade de Évora.

POLLAK, Otto (1950). *The Criminality of Women*. Philadelphia: University of Pennsylvania Press.

POMADE, Adélie (2017). Os refugiados climáticos: aspetos jurídicos nos cenários internacional e europeu *in* Martins, Bruno Sena; Rodrigues, Saulo Tarso (Orgs.). *Os Direitos Humanos e as linguagens da dignidade: debates e perspetivas*. Coleção Direito e Justiça Social, 1, pp. 305-326. Rio Grande: Editora da FURG. Disponível em https://estudogeral.sib.uc.pt/handle/10316/48101 (acesso em 14 de abril de 2024).

PRATA, Pedro da Gama (2014). As Nações Unidas e os instrumentos do combate ao terrorismo *in* Pinto, Maria do Céu (Coord.). *As Nações Unidas e os desafios da governação global*, pp. 221-244. Lisboa: Letras Itinerantes.

PRIES, L., & BEKASSOW, N. (2015). Discriminação e acismo na União Europeia: diagnóstico de uma ameaça negligenciada e da investigação científica correspondente. *Sociologias*. https://seer.ufrgs.br/sociologias/article/view/61051/35913.

RAMOS, Francisco Martins (1990). Vila Velha, Cutileiro e o Efeito Rashomon *in* Silva, Augusto da (direção), *Economia e Sociologia*, 49, pp. 71-79. Évora: ISES.

RAPOSO, Otávio; ALVES, Ana Rita; VARELA, Pedro; ROLDÃO, Cristina (2019). Negro drama. Racismo, segregação e violência policial nas periferias de Lisboa, *Revista Crítica de Ciências Sociais*, 119, pp. 5-18. Coimbra: CES-UC.

REDOR, Marie-Joelle (dir.) (2001). *L´ordre public: Ordre public ou ordres publics? Ordre public et droits fondamentaux*. Centre de recherche sur les droits fondamentaux, Université de Caen. Bruxelles: Editions Nemesis.

REIS, Ana Sofia Carva Lopes dos Santos (2014), *Violência doméstica em casais homossexuais masculinos*, dissertação de mestrado em Psicologia Criminal. Lisboa: ISPA-IU.

REIS DA LUZ, Rafael; SIGNORINI GONÇALVES, Hebe (2014). Violência doméstica entre casais homossexuais: a violência invisível. *Bagoas – Estudos gays: gêneros e sexualidades*, 8 (11), pp. 79-99. Disponível em: https://periodicos.ufrn.br/bagoas/article/view/6544 (acesso 14 julho 2022).

RIBEIRO, Almeida *et al.* (1998). *Repensar a cidadania: nos 50 anos da declaração universal dos direitos humanos*. Lisboa: Notícias Editorial.

RIVERO, Jean, MOUTOUH, Hugues (2006). *Liberdades Públicas.* São Paulo: Martins Fontes.

ROCHA, Acílio da Silva Estanqueiro (2010). Direitos humanos e globalização, *in* Santoro, Emilio [et al.], orgs. – *Direitos humanos numa época de insegurança,* pp. 295-318. Porto Alegre: Tomo Editorial.

ROCHA-CUNHA, Silvério da; MARTINS, Marco António Baptista; VASQUES, Rafael F. (Orgs.) (2019). *Os direitos humanos por um fio? Perspectivas transdisciplinares em torno dos direitos humanos em tempos difíceis.* V. N. de Famalicão: Edições Húmus. Disponível em https://dspace.uevora.pt/rdpc/bitstream/10174/27672/1/direitos%20humanos.pdf (acesso em 18 de abril de 2022).

ROCHA, Ricardo Faria da (2018). *Direitos Fundamentais e a Não-Discriminação: Crimes de discriminação em razão da orientação sexual.* Dissertação de Mestrado Integrado em Ciências Militares, especialidade de Segurança. Lisboa: Academia Militar.

RODRIGUES, Elizabeth Santos Vale (2009). A evolução histórica dos direitos humanos. *Themis: Revista da ESMEC,* Fortaleza, 7 (1), pp. 15-41. Disponível em https://bdjur.stj.jus.br/jspui/bitstream/2011/51319/evolu%c3%a7%c3%a3o_hist%c3%b3rica_direitos_rodrigues.pdf (acesso em 18 de abril de 2022).

RODRIGUES, José Narciso da Cunha (1998). Para um novo conceito de Polícia, *in* IGAI (1998). *Direitos humanos e eficácia policial: Sistemas de Controlo da Atividade Policial: Seminário Internacional,* pp. 43-58. Lisboa: IGAI.

RODRIGUES, Maria de Lurdes (2002) (1997). *Sociologia das Profissões,* 2.ª edição. Oeiras: Celta Editora.

RODRIGUES, Norberto Paulo Gonçalves (2011). *A Segurança Privada em Portugal. Sistema e Tendências.* Coimbra: Almedina.

RODRÍGUEZ-MAGARIÑOS, Faustino Gudín (2009). *El estado de derecho frente a la tortura: luces y sombras en la lucha jurídica por la dignidad del hombre.* Valencia: tirant lo blanch.

ROQUE, Sónia (2017). *O Conselho de Direitos Humanos e o papel central do indivíduo enquanto ator na política internacional de direitos humanos,* III Congresso Internacional do *OBSERVARE.* Lisboa: UAL. Disponível em https://repositorio.ual.pt/handle/11144/3365 (acesso em 18 de abril de 2022).

RONDON FILHO, Edson Benedito (2013). Polícia e minorias: Estigmatização, desvio e discriminação. *Dilemas: Revista de estudos de conflito e controle social,* 6 (2), pp. 269-293. Disponível em file:///C:/Users/100218/Downloads/7427-14642-1-SM.pdf (acesso em 7 de abril de 2022).

Roth, Kenneth (2014). Por que acolhemos parcerias em direitos humanos. *SUR: Revista Internacional de Direitos Humanos*, 11 (20), pp. 506-513, São Paulo. Disponível em https://bdjur.stj.jus.br/jspui/bitstream/2011/90749/acolhemos_parcerias_direitos_roth.pdf (acesso em 18 de abril de 2022).

Rover, Cees de (1998). *To serve and protect : Human Rights and Humanitarian Law for Police and Security Forces*. Geneva: International Committee of the Red Cross.

Rudnicki, Dani *et al.* (2012). *Sistema penal e direitos humanos: (im)possíveis interlocuções*. Porto Alegre: Centro Universitário Ritter dos Reis, Editora UniRitter.

Sani, Ana e Morais, Cristina (2015). A polícia no apoio às vítimas de violência de doméstica: estudo exploratório com polícias e vítimas. *Direito e Democracia*, 16 (1), pp. 5-18. Disponível em https://www.researchgate.net/publication/320673198_A_policia_no_apoio_as_vitimas_de_violencia_de_domestica_estudo_exploratorio_com_policias_e_vitimas (acesso em 27 abril 2022).

Santos, Ana Cristina (2009). De objeto a sujeito? Olhares mediáticos sobre o ativismo LGBT português, *Media & Jornalismo*, 15, pp 69-82. Lisboa. Disponível em: http://fabricadesites.fcsh.unl.pt/polocicdigital/wp-content/uploads/sites/8/2017/04/15artigo5-1.pdf (acesso em 19 de julho de 2022).

Santos, Ana Cristina (2012). 'Entre duas mulheres isso não acontece' – um estudo exploratório sobre violência conjugal lésbica, *Revista Crítica de Ciências Sociais*, 98, pp. 3-24. Coimbra: CES-UC. Disponível em: http://journals.openedition.org/rccs/4988; DOI: 10.4000/rccs.4988 (acesso em 20 de julho de 2022).

Santos, Boaventura de Sousa (1997). *Pela mão de Alice. O social e o político na pós-modernidade*. 4.ª edição. Subjetividade, cidadania e emancipação, pp. 235-279. São Paulo: Cortez.

Santos, Boaventura de Sousa (1989). Os direitos humanos na pós-modernidade. *Oficina do CES*, 10. Universidade de Coimbra. Estudo Geral, junho de 1989. Disponível em: https://estudogeral.sib.uc.pt/handle/10316/10919 (acesso em 14 de abril de 2012).

Santos, Nuno Ricardo Pica dos (2019). Conselho da Europa: Direitos fundamentais e direitos do Homem e os estados de exceção, *Janus – Anuário de Relações Exteriores*. A dimensão externa da segurança interna, 19, pp. 88-89. Lisboa: Observare – UAL.

Santos, Nuno Ricardo Pica dos (2017). *Da atuação dos seguranças privados na prevenção criminal: a intervenção perante o crime*. Lisboa: ICPOL-ISCPSI.

SECRETARIA DE ESTADO DA JUSTIÇA (1995). *Os direitos humanos e a violência contra as mulheres: Seminário.* Lisboa: Ministério da Justiça.

Serra, Adriano Supardo Vaz (1988). O auto-conceito, *Análise Psicológica*, 6 (2), pp. 101-110. Lisboa: Instituto Superior de Psicologia Aplicada.

Silva, Adilson Carvalho (2012). Breves reflexões sobre o carácter transdisciplinar da ciência policial. *Revista Segurança Pública & Cidadania*, 5 (1).

Silva, André Rodrigues dos Santos de Almeida (2016). *A cultura organizacional como condicionador da ação estratégica: estudo exploratório com o modelo dos valores contrastantes na Polícia de Segurança Pública*, dissertação de mestrado em Estratégia. Lisboa: ISCSP-UL.

Silva, Helio V. Neves da *et al.* (2022). What happened and why: responding to racism, discrimination, and microaggressions in the clinical learning environment. *MedEdPORTAL*, 18:11280, https://doi.org/10.15766/mep_2374-8265.11280 (acesso em 14 de dezembro de 2022).

Silva, Maria Manuel Magalhães; Castilhos, Daniela Serra; Veiga, Fábio da Silva (dir.); Gonçalves, R. M. (coord.) (2016). *Dimensões dos Direitos Humanos, Atas do II Congresso Internacional.* Porto: Universidade Portucalense. Disponível em http://repositorio.uportu.pt:8080/bitstream/11328/1611/4/Libro_II_CONDIM_2016-1.SEM%20TEXTO.pdf (acesso em 18 de abril de 2022).

Silva, Marisa Viegas e (2013). O conselho de Direitos Humanos das Nações Unidas: seis anos depois. *SUR*, 10 (18), pp. 102-119. São Paulo. Disponível em https://bdjur.stj.jus.br/jspui/bitstream/2011/71301/conselho_direitos_humanos_silva.pdf (acesso em 18 de abril de 2022).

Silva, Rosimeri Aquino da e Taschetto, Leônidas Roberto (2008). Direitos Humanos e Polícia, *Civitas*, 8 (3), set.-dez., pp. 454-465. Porto Alegre.

Silveira, Alessandra, Canotilho, Mariana (2013). *Carta dos Direitos Fundamentais da União Europeia*: comentada. Coimbra: Almedina.

Silveira, Maria Lúcia da (2014). Direitos humanos e mudanças socias em Angola. *SUR: Revista Internacional de Direitos Humanos*, 11 (20), pp. 219-223. São Paulo. Disponível em: https://bdjur.stj.jus.br/jspui/bitstream/2011/90695/direitos_humanos_mudanca_silveira.pdf (acesso em 18 de abril de 2022).

Simões, Liliana Filipa Nunes (2014). *O discurso dos direitos Humanos: Teoria, Práticas e Fundamentação.* Dissertação de Mestrado em Estudos Europeus. Coimbra: FLUC.

Sriskandarajah, Dhnanjayan; Tiwana, Mandeep (2014). Rumo a uma sociedade civil multipolar. *SUR*, 11 (20), pp. 528-535. São Paulo. Disponível em:

https://bdjur.stj.jus.br/jspui/bitstream/2011/90751/rumo_sociedade_civil_sriskandarajah.pdf (acesso em 18 de abril de 2022).

STELZER, Joana (2011). O fenómeno da transnacionalização da dimensão jurídica *in* CRUZ, Paulo Márcio e STELZER, Joana (orgs.). *Direito e Transnacionalidade*, p. 21. reimp. Curitiba: Juruá.

STONE, Richard (2000). *Textbook on Civil Liberties and Human Rights*, 3.ª ed. Londres: Blackstone Press.

SUDRE, Frédéric (2012). *Droit européen et international des droits de l'homme* (11.ª edição). Paris: PUF – Presses Universitaires de France.

TAJFEL, Henri (1983). *Grupos Humanos e Categorias Sociais. Estudos em Psicologia Social*, II. Livros Horizonte.

TAVARES, Raquel (2012). *Direitos Humanos – de onde vêm, o que são e para que servem?* Lisboa: Imprensa Nacional da Casa da Moeda.

TEIXEIRA, Amanda Viana de Amorim (2019). Sociedade de classe e direitos humanos: Constituição do direito na sociedade burguesa, *Temporalis*, 18 (36), pp. 94-109. Disponível em: https://periodicos.ufes.br/index.php/temporalis/article/view/21508 (acesso 18 abril 2022).

TEIXEIRA FERNANDES, António (2009). Direitos Humanos e Globalização, *Sociologia: Revista da Faculdade de Letras da Universidade do Porto*, XIX, pp. 11-45. Porto: Universidade do Porto. Disponível em: https://www.redalyc.org/pdf/4265/426539980001.pdf (acesso 1 agosto 2022).

THOMPSON, Kennett (1998). *Moral Panics*. Londres: Routledge.

TOPA, Maria Helena da Cunha Pedrosa (2009). *Violência Doméstica em casais homossexuais: das representações sociais dos profissionais que trabalham com vítimas à vivência das vítimas*, dissertação de mestrado integrado em Psicologia Clínica e da Saúde. Porto: FPCE-UP.

TRECHSEL, Stefan (1998). A Polícia e os Direitos do Homem, *in* IGAI (1998). *Direitos humanos e eficácia policial: Sistemas de Controlo da Atividade Policial: Seminário Internacional*, pp. 37-41. Lisboa: IGAI.

VALA, J. LOPES, D. LIMA, Marcus (2008). Black Immigrants in Portugal: Luso-Tropicalism and Prejudice. *Journal of Social Issues*, 64 (2), pp. 287-302.

VALA, J.; BRITO, R. e LOPES, D. (1999) (2015). *Expressões dos Racismos em Portugal*. Lisboa: ICS-UL. Disponível em https://www.om.acm.gov.pt/documents/58428/657405/Newsletter+OM+%2337+-+Discrimina%C3%A7%C3%A3o+Racial+e+%C3%89tnica..pdf/6f4e8bd7-5e55-4185-b02b-e26471ae2ee9 (acesso em 7 de abril de 2022).

VALE, Luciana Costa (2019). *A dignidade da pessoa humana como fundamento da liberdade no contexto da atividade policial,* dissertação de mestrado em Direito. Lisboa: UAL.

VALENTE, Manuel Monteiro Guedes (Coord.) (2011). *Declaração Universal dos Direitos Humanos: Estudos Comemorativos do 60.º Aniversário.* Lisboa: EDIUAL.

VALENTE, Manuel (2012). *Força, tiro e Eça: assim se forma um oficial.* 28 de dezembro (J. Dias, Entrevistador). Disponível em: https://www.publico.pt/2012/12/28/jornal/forca-tiro-eeca-assim-se-forma-um-oficial-25814517 (acesso em 6 de abril de 2022).

VALENTE, Manuel Monteiro Guedes (2013), *Do Ministério Público e da Polícia. Prevenção Criminal e Ação Penal como execução de uma Política Criminal do Ser Humano,* Lisboa: Universidade Católica Editora.

VALENTE, Manuel Monteiro Guedes (Coord.) (2015). *Ciências Policiais e Política Criminal: Justiça e Segurança: um discurso de liberdade e democrática.* Lisboa: ISCPSI.

VALENTE, Manuel Monteiro Guedes (2017). *Teoria Geral do Direito Policial.*, 5.ª ed. Coimbra: Almedina.

VASAK, Karel (1983). *As dimensões internacionais dos Direitos do Homem: manual destinado ao ensino dos direitos do homem nas universidades.* Lisboa: UNESCO.

VENDRAME, Filipe Cesar Maciel (2015). *A Homofobia institucionalizada em Portugal e no Brasil,* trabalho final do curso de pós-graduação em Direitos Humanos. Coimbra: IGC/CDH.

VERMEIJ, L., VAN DUIJN, M. A., & BAERVELDT, C. (2009). Ethnic segregation in context: Social discrimination among native Dutch pupils and their ethnic minority classmates. Social Networks, 31 (4), pp. 230-239.

VICENTE, Ana (2000). *Direitos das Mulheres: Direitos Humanos.* Cadernos Condição Feminina. Lisboa: CIDM – Presidência do Conselho de Ministros.

VIEIRA, Hector Luís C. (2011). *Os entraves de aplicação das normas universais de Direitos Humanos frente às particularidades culturais.* Dissertação de mestrado em Direito. Brasília: Universidade de Brasília.

VITKAUSKAS, Davydas, DIKOV, Grigoriy (2012). *La protection du droit à un procés équitable par la Convention européenne des droits de l'homme.* Strasbourg: Conseil de l'Europe.

VIVIANI, Alessandra (coord.) (2018). *Global Citizenship Education, Multiculturalism and Social Inclusion in Europe: The Findings of the Project I Have Rights.* Coimbra: IGC/CDH.

WARREN, Patricia; TOMASKOVIC-DEVEY, Donald; SMITH, William; ZINGRAFF, Matthew; MASON, Marcinda (2006). Driving while black: bias processes and racial disparity in police stops, *Criminology*, 44 (3), pp. 709-738.

WARREN, Patricia e TOMASKOVIC-DEVEY, Donald (2009). Racial profiling and searches: Did the politics of racial profiling change police behavior? *in Criminology & Public Policy*, 8 (2), pp. 343-369, American Society of Criminology.

WOLFE, Alan (1994). *The Human Difference: Animals, Computers, and the Necessity of Social Science*. University of California Press.

WOLKMER, António C. (2006). Pluralismo jurídico, direitos humanos e interculturalidade. *Revista Sequência*, 53, 113-128.

XXII Governo Constitucional (2020a). *Manual de Atuação a adotar pelos OPC nas 72 horas subsequentes à apresentação de denúncia por maus-tratos cometidos em contexto de violência doméstica*. Resolução do Conselho de Ministros n.º 139/2019, de 19 de agosto. Secretária de Estado para a Cidadania e Igualdade.

XXII Governo Constitucional (2020b). *Guia de Intervenção Integrada junto de crianças ou jovens vítimas de violência doméstica*. Secretária de Estado para a Cidadania e Igualdade.

XXII Governo Constitucional (2020c). *Plano Anual de Formação Conjunta: Violência contra as Mulheres e Violência Doméstica*. Secretária de Estado para a Cidadania e Igualdade.

XXII Governo Constitucional (2020d). *Guia de requisitos mínimos para programas e projetos de prevenção primária da violência contra as mulheres e violência doméstica*. Secretária de Estado para a Cidadania e Igualdade.

ZENHA, Francisco Salgado (1969). *A quinta causa: os católicos e os direitos do Homem*. Lisboa: Livraria Morais Editora.

ZUBIRI, Xavier (2006). *Tres Dimensiones Del Ser Humano: Individual, Social, Histórica*. Fundación Xavier Zubiri.

Imprensa

Chefe da ONU alerta que "direitos humanos estão sob ataque". *Nações Unidas. Centro Regional de Informação para a Europa Ocidental*, 2020. Disponível em: https://unric.org/pt/chefe-da-onu-alerta-que-direitos-humanos-estao-sob-ataque/ (acesso em 27 de março de 2022).

Macron recebeu Sisi sem condenar violação de direitos humanos. E teve manifestações à porta. *Expresso*, 9 dezembro, 2020. Disponível em: https://expresso.pt/internacional/2020-12-08-Macron-recebeu-Sisi-sem-condenar-violacao-de-direitos-humanos.-E-teve-manifestacoes-a-porta (acesso em 29 de março de 2022).

Organizações denunciam "ataque frontal aos direitos humanos" em Angola. *Deutsche Welle,* 8 dezembro, 2020. Disponível em: https://www.dw.com/pt-002/organiza%C3%A7%C3%B5es-denunciam-ataque-frontal-aos-direitos-humanos-em-angola/a-55860045 (acesso em 29 de março de 2022).

'Voices' transmitido em 34 países para marcar Dia dos Direitos Humanos. *Notícias ao Minuto,* 7 dezembro, 2020. Disponível em: https://www.noticiasaominuto.com/cultura/1642338/voices-transmitido-em-34-paises-para-marcar-dia-dos-direitos-humanos (acesso em 29 de março de 2022).

UE adota primeiro regime global de sanções por violações de direitos humanos. *Observador,* 7 dezembro, 2020. Disponível em: https://observador.pt/2020/12/07/ue-adota-primeiro-regime-global-de-sancoes-por-violacoes-de-direitos-humanos/ (acesso em 29 de março 2022).

Government launches independent review of the Human Rights Act. GOV.UK, 07 dezembro, 2020. Disponível em: https://www.gov.uk/government/news/government-launches-independent-review-of-the-human-rights-act (acesso em 29 de março de 2022)

Três artistas apresentam obras sobre pandemia e direitos no Museu do Chiado. ***Público,*** 6 dezembro, 2020. Disponível em: https://www.publico.pt/2020/12/06/culturaipsilon/noticia/tres-artistas-apresentam-obras-pandemia-direitos-museu-chiado-1941958 (acesso em 29 de março de 2022).

Activista egípcio de direitos humanos espera que sua libertação dê esperança a milhares presos. *Voz da América,* 5 dezembro, 2020. Disponível em: https://www.voaportugues.com/a/activista-de-direitos-humanos-eg%C3%ADpcio-espera-que-sua-liberta%C3%A7%C3%A3o-d%C3%AA-esperan%C3%A7a-a-milhares-presos/5688514.html (acesso em 29 de março de 2022).

Crise climática, uma ameaça aos direitos humanos?. *Swissinfo.ch,* 5 dezembro, 2020. Disponível em: https://www.swissinfo.ch/por/politica-climatica_crise-clim%C3%A1tica--uma-amea%C3%A7a-aos-direitos-humanos-/46195500 (acesso em 29 de março de 2022).

EUA impõem restrições de vistos a chineses envolvidos em violação de direitos humanos no exterior. *Voz da América,* 5 dezembro, 2020. Disponível em: https://www.voaportugues.com/a/eua-imp%C3%B5em-restri%C3%A7%C3%B5es-de-vistos-a-chineses-envolvidos-em-viola%C3%A7%C3%A3o-de-direitos-humanos-no-exterior/5688504.html (acesso em 29 de março de 2022).

ONU alerta que violação de direitos humanos na Bielorrússia está a piorar desde setembro. *TSF – Rádio Notícias,* 4 dezembro, 2020. Disponível em: https://www.tsf.pt/mundo/onu-alerta-que-violacao-de-direitos-humanos-na-bielorrussia-esta-a-piorar-desde-setembro-13105832.html (acesso em 29 de março de 2022).

Dia Internacional dos Direitos Humanos assinalado com exposição em liceu de Lisboa. *Observador,* 4 dezembro, 2020. Disponível em: https://observador.pt/2020/12/04/dia-internacional-dos-direitos-humanos-assinalado-com-exposicao-em-liceu-de-lisboa/ (acesso em 30 de março de 2022).

ONGs de defesa dos Direitos Humanos denunciam reassentamentos forçados de Rohingyas. *RFI,* 4 dezembro, 2020. Disponível em: https://www.rfi.fr/pt/mundo/20201204-ongs-de-defesa-dos-direitos-humanos-denunciam-reassentamentos-for%C3%A7ados-de-rohingyas (acesso em 30 de março de 2022).

Morte no SEF: Comissária fala de "violação horrível dos direitos humanos" e diz que "haverá mudanças na liderança". *Público,* 4 dezembro, 2020. Disponível em: https://www.publico.pt/2020/12/04/sociedade/noticia/morte-sef-comissaria-ministro-garantiu-havera-mudancas-lideranca-1941766 (acesso em 30 de março de 2022).

Violência no namoro: uma questão de direitos humanos. *Público,* 2 dezembro, 2020. Disponível em: https://www.publico.pt/2020/12/02/impar/opiniao/violencia-namoro-questao-direitos-humanos-1941230 (acesso em 30 de março de 2022).

Crimes de Vida Selvagem e Abusos dos Direitos Humanos nos Navios de Pesca de Taiwan. *National Geographic,* 2 dezembro, 2020. Disponível em: https://www.natgeo.pt/animais/2020/12/crimes-de-vida-selvagem-e-abusos-dos-direitos-humanos-nos-navios-de-pesca-de-taiwan (acesso em 30 de março de 2022).

Pandemia causou crises de direitos humanos e ataques a migrantes e refugiados. *Observador,* 2 dezembro, 2020. Disponível em: https://observador.pt/2020/12/02/pandemia-causou-crises-de-direitos-humanos-e-ataques-a-migrantes-e-refugiados/ (acesso em 30 de março de 2022).

Mestrado Erasmus em Direitos Humanos com bolsas integrais. *Catracalivre,* 2 dezembro, 2020. Disponível em: https://catracalivre.com.br/

educacao/mestrado-erasmus-em-direitos-humanos-com-bolsas-integrais/ (acesso em 27 de março de 2022).

Marcelo e Ferro elogiam combate pelos direitos humanos contra a intolerância. *Observador,* 2 dezembro, 2020. Disponível em: https://observador.pt/2020/12/02/marcelo-e-ferro-elogiam-combate-pelos-direitos-humanos-contra-a-intolerancia/ (acesso em 27 de março de 2022).

Web Summit: ONU pede a empresas e governos guias sobre direitos humanos na Internet [registo sonoro]. *Antena 1,* 2 dezembro, 2020. Disponível em: https://www.rtp.pt/noticias/mundo/web-summit-onu-pede-a-empresas-e-governos-guias-sobre-direitos-humanos-na-internet_a1280015 (acesso em 27 de março de 2022).

Tribunal dos Direitos Humanos acolhe ação de jovens portugueses e obriga 33 países a darem resposta. *Diário de Notícias,* 30 novembro, 2020. Disponível em: https://www.dn.pt/mundo/tribunal-dos-direitos-humanos-da-luz-verde-a-processo-movido-por-jovens-portugueses-13090315.html (acesso em 27 de março de 2022).

O Eça foi um precursor da defesa dos direitos humanos. *Jornal de Notícias,* 25 novembro, 2020. Disponível em: https://www.jn.pt/artes/o-eca-foi-um-precursor-da-defesa-dos-direitos-humanos-13076142.html (acesso em 27 de março de 2022).

Joalheiras ainda não garantem respeito pelos direitos humanos. *Notícias ao Minuto,* 24 novembro, 2020. Disponível em: https://www.noticiasaominuto.com/mundo/1633376/joalheiras-ainda-nao-garantem-respeito-pelos-direitos-humanos (acesso em 31 de março de 2022).

Pessoas com Deficiência: ONU denuncia desigualdades no acesso aos direitos humanos aprofundadas pela pandemia. *Ecclesia, 21 novembro, 2020.* Disponível em: https://agencia.ecclesia.pt/portal/pessoas-com-deficiencia-onu-denuncia-desigualdades-no-acesso-aos-direitos-humanos-aprofundadas-pela-pandemia/ (acesso em 31 de março de 2022).

Portugal na génese do Direito Internacional dos Direitos Humanos. *Diário de Notícias,* 14 novembro, 2020. Disponível em: https://www.dn.pt/edicao-do-dia/14-nov-2020/portugal-na-genese-do-direito-internacional-dos-direitos-humanos-13026384.html (acesso em 31 de março de 2022).

Tribunal Europeu dos Direitos Humanos condena Suíça por devolver homossexual à Gâmbia. *Observador,* 13 novembro, 2020. Disponível em: https://observador.pt/2020/11/17/tribunal-europeu-dos-direitos-humanos-condena-suica-por-devolver-homossexual-a-gambia/ (acesso em 31 de março de 2022).

Ataques em Moçambique. Alta-Comissária da ONU para os direitos humanos pede medidas urgentes. *Observador,* 13 novembro, 2020. Disponível em: https://observador.pt/2020/11/13/ataques-em-mocambique-alta-comissaria-da-onu-para-os-direitos-humanos-pede-medidas-urgentes/ (acesso em 31 de março de 2022).

Alta comissária da ONU relata situação dos direitos humanos no mundo. *ONU NEWS,* 27 fevereiro 2020. Disponível em: https://news.un.org/pt/story/2020/02/1705521 (acesso em 31 de março de 2022).

Conselho dos Direitos Humanos analisa performance de Angola na área [registo vídeo]. *ONU NEWS,* 2019. Disponível em: https://news.un.org/pt/tags/conselho-de-direitos-humanos/audio/1/video/1 (acesso em 31 de março de 2022).

Michelle Bachelet elogia Portugal por apoio à integração de migrantes [registo vídeo]. *ONU NEWS,* 2019. Disponível em: https://news.un.org/pt/tags/conselho-de-direitos-humanos/audio/1/video/1 (acesso em 31 de março de 2022).

Moçambique destaca na ONU avanços na proteção de direitos humanos [registo vídeo]. *ONU NEWS,* 2019. Disponível em: https://news.un.org/pt/tags/conselho-de-direitos-humanos/audio/1/video/1 (acesso em 31 de março de 2022).

GNR realiza primeiro curso de prevenção criminal, policiamento comunitário e direitos humanos. *Diário de Notícias,* 5 de maio de 2019. Disponível em: https://www.dn.pt/lusa/gnr-realiza-primeiro-curso-de-prevencao-criminal-policiamento-comunitario-e-direitos-humanos-10864507.html (acesso em 31 de março de 2022).

Problemas de direitos humanos persistem em Portugal apesar de progressos, *Jornal de Negócios,* 10 de dezembro de 2018. Disponível em https://www.jornaldenegocios.pt/economia/mundo/detalhe/problemas-de-direitos-humanos-persistem-em-portugal-apesar-de-progressos (acesso em 31 de março 2022).

Tribunal Europeu dos Direitos Humanos recebeu 260 queixas contra Portugal em 2021, *Público,* 25 de janeiro de 2022. Disponível em: https://www.publico.pt/2022/01/25/sociedade/noticia/tribunal-europeu-direitos-humanos-recebeu-260-queixas-portugal-2021-1993113 (acesso em 31 de março 2022).

Direitos humanos: "Portugal é o melhor aluno da Europa, mas falha quando tem de praticar o que aprendeu", *Público,* 3 de janeiro de

2019. Disponível em: https://www.publico.pt/2019/01/03/sociedade/noticia/direitos-humanos-portugal-melhor-aluno-europa-falha-praticar-aprendeu-1854377 (acesso em 31 de março 2022).

Polícias vão ter formação sobre direitos LGBTIQ, *RTP Madeira*, 17 de maio de 2022. Disponível em: https://www.rtp.pt/madeira/sociedade/policias-vao-ter-formacao-sobre-direitos-lgbtiq_93801 (acesso em 18 de maio de 2022).

1174 queixas contra atuação das polícias, o valor mais elevado em cinco anos, 14 de junho de 2022. Disponível em: https://expresso.pt/sociedade/2022-06-14-1174-queixas-contra-atuacao-das-policias-o-valor-mais-elevado-em-cinco-anos-45e02a72 (acesso em 16 de junho de 2022).

Supremo mantém condenação a nove anos de prisão dos três inspetores do SEF, 29 de julho de 2022. Disponível em: https://www.dn.pt/sociedade/supremo-tribunal-mantem-condenacao-a-nove-anos-de-prisao-dos-tres-inspetores-do-sef-15057553.html (acesso em 11 de dezembro de 2022).

Jurisprudência e Legislação

Acórdão n.º 867/2021, de 10 de novembro. Processo n.º 867/19, 3.ª Secção, do Tribunal Constitucional: julga inconstitucional a norma incriminatória contida no artigo 387.º do Código Penal, na redação introduzida pela Lei n.º 69/2014, de 29 de agosto, por violação, conjugadamente, dos artigos 27.º e 18.º, n.º 2, da Constituição.

Aviso n.º 8826/2019, de 8 de maio. Diário da República, 2.ª Série, n.º 98/2019, de 22 de maio.

Constituição da República Portuguesa – aprovada pela Assembleia Constituinte em 2 de abril de 1976.

Decreto-Lei n.º 400/82, de 23 de setembro: aprova o Código Penal Português.

Decreto-Lei n.º 423/82, de 15 de outubro. Diário da República n.º 239, Série I.

Decreto-Lei n.º 288/83, de 22 de junho. Diário da República n.º 141/1983, Série I.

Decreto-Lei n.º 129-B/84, de 27 de abril. Diário da República n.º 98/1984, Série I. Lisboa: Presidência do Conselho de Ministros e Ministérios da Administração Interna, das Finanças e do Plano e da Educação.

Decreto-Lei n.º 151/1985, de 9 de maio – Aprova o Estatuto da PSP.

Decreto-Lei n.º 104/86, de 19 de maio. Diário da República n.º 114/1986, Série I.

Decreto-Lei n.º 318/86, de 25 de setembro. Diário da República n.º 221/1986, Série I.

Decreto-Lei n.º 43/93, de 20 de fevereiro. Diário da República n.º 285/1993, Série I-A.

Decreto-Lei n.º 402/93, de 7 de dezembro. Diário da República n.º 43/1993, Série I-A.

Decreto-Lei n.º 321/94, de 29 de dezembro – Aprova a Lei Orgânica da PSP.

Decreto-Lei n.º 48/95, de 15 de março. Diário da República n.º 63/1995, Série I-A.

Decreto-Lei n.º 2-A/96, de 13 de janeiro.

Decreto-Lei n.º 74/2006, de 24 de março, alterado pelo Decreto-Lei n.º 107/2008, de 25 de junho; e pelo Decreto-Lei n.º 230/2009, de 14 de setembro.

Decreto-Lei n.º 275/2009, de 2 de outubro. Diário da República n.º 192/2009, I.

Decreto-Lei n.º 240/2012 de 6 de novembro (procede à terceira alteração ao Decreto-Lei n.º 252/2000, de 16 de outubro, alterado pelos Decretos-Leis n.º 290-A/2001, de 17 de fevereiro, e 121/2008, de 11 de julho, que aprova a estrutura orgânica e as atribuições do SEF).

Decreto-Lei n.º 243/2015, de 19 de outubro. Diário da República n.º 204/2015, I.

Decreto-Lei n.º 65/2018 de 16 de agosto. Diário da República n.º 157/2018, Série I.

Despacho do Ministro da Administração Interna, de 19 de junho de 1989. Diário da República n.º 153, II Série, em 06 de julho de 1989.

Despacho n.º 11718-A/2020, de 24 de novembro do Gabinete do MAI.

Lei n.º 29/78, de 12 de junho. Diário da República n.º 133/1978, 1.º Suplemento, Série I. (Pacto Internacional sobre os Direitos Civis e Políticos).

Lei n.º 45/78, de 11 de julho. Diário da República n.º 157/1978, Série I de 1978-07-11: Pacto Internacional sobre os Direitos Económicos, Sociais e Culturais.

Lei n.º 23/80, de 26 de julho. Diário da República n.º 171/1980, Série I de 1980-07-26: Convenção sobre a eliminação de todas as formas de discriminação contra as mulheres.

Lei n.º 7/82, de 29 de abril. Diário da República n.º 99/1982, Série I de 1982-04-29: aprova para adesão a Convenção Internacional sobre Eliminação de Todas as Formas de Discriminação Racial.

Lei n.º 92/95, de 12 de setembro: lei de proteção aos animais.

Lei n.º 33/98, de 18 de julho, alterada pelo Decreto-Lei n.º 32/2019, de 4 de março, em conjugação com o Decreto-Lei n.º 101/2018, de 29 de novembro.

Lei n.º 36/98, de 24 de julho, alterada pela Lei n.º 101/99, de 26 de julho: Lei de Saúde Mental.

Lei n.º 5/99, de 27 de janeiro. Diário da República n.º 22/1999, Série I-A.

Lei n.º 7/2000, 27 de maio: reforça as medidas de proteção a pessoas vítimas de violência.

Lei n.º 17/2006, de 23 de maio: aprova a Lei-Quadro da Política Criminal.

Lei n.º 53/2007, de 31 de Agosto: aprova a orgânica da Polícia de Segurança Pública.

Lei n.º 59/2007, 4 de setembro: 23.ª alteração ao Código Penal.

Lei n.º 62/2007, de 10 de setembro. Diário da República n.º 174/2007, Série I.

Lei n.º 63/2007 de 6 de novembro (aprova a orgânica da Guarda Nacional Republicana).

Lei n.º 14/2008, de 12 de março. Diário da República n.º 51/2008, Série I de 2008-03-12. (proíbe e sanciona a prática de atos discriminatórios em razão do sexo no acesso a bens e serviços e seu fornecimento).

Lei n.º 53/2008, de 29 de agosto. Diário da República *n.º 167/2008*, Série I (Lei de Segurança Interna).

Lei n.º 112/2009, de 16 de setembro, alterada pela Lei n.º 19/2013, de 21 de fevereiro; a Retificação n.º 15/2013, de 19 de março; a Lei n.º 82-B/2014, 31 de dez.; a Lei n.º 129/2015, de 3 de setembro; a Lei n.º 42/2016, de 28 de dezembro; e a Lei n.º 24/2017, de 24 de maio.

Lei n.º 9/2010 de 31 de maio: permite o casamento entre pessoas do mesmo sexo.

Lei n.º 7/2011 de 15 de março: alteração da lei de identidade de género.

Lei n.º 19/2013, de 21 de fevereiro: 1.ª alteração à Lei n.º 112/2009, de 16 de setembro.

Lei n.º 69/2014, de 29 de agosto: procede à 33.ª alteração ao Código Penal, aprovado pelo Decreto-Lei n.º 400/82, de 23 de setembro, criminalizando os maus tratos a animais de companhia.

Lei n.º 110/2015, de 26 de agosto: procede à 40.ª alteração ao Código Penal.

Lei n.º 2/2016 de 29 de fevereiro: aprovação da lei da adoção por casais do mesmo sexo.

Lei n.º 17/2016 de 20 de junho: alteração da lei que garante o acesso de todas as mulheres à procriação medicamente assistida.

Lei n.º 8/2017, de 3 de março: altera os artigos 203.º a 207.º, 209.º a 213.º, 227.º, 231.º a 233.º, 255.º, 355.º, 356.º, 374.º-B a 376.º do Código Penal, entre outros diplomas; e estabelece um estatuto jurídico dos animais, alterando o Código Civil, aprovado pelo Decreto-Lei n.º 47 344, de 25 de novembro de 1966, criando três novos artigos (arts. 201.º-B, 201.º-C e 201.º-D) e alterando os artigos 493.º-A, 1305.º-A e 1793.º-A.

Lei n.º 93/2017, de 23 de agosto. *Diário da República n.º 162/2017*, Série I de 2017-08-23: estabelece o regime jurídico da prevenção, da proibição e do combate à discriminação, em razão da origem racial e étnica, cor, nacionalidade, ascendência e território de origem.

Lei n.º 44/2018, de 9 de agosto: 46.ª alteração ao Código Penal.

Lei n.º 39/2020, de 18 de agosto: altera o regime sancionatório aplicável aos crimes contra animais de companhia, procedendo à 50.ª alteração ao Código Penal, à 37.ª alteração ao Código de Processo Penal e à 3.ª alteração à Lei n.º 92/95, de 12 de setembro, introduzindo o conceito de biocídio.

Lei n.º 55/2020, de 28 de agosto: define os objetivos, prioridades e orientações de política criminal para o biénio de 2020-2022.

Lei n.º 95/2021, de 29 de dezembro. *Diário da República n.º 251/2021*, Série I de 2021-12-29: regula a utilização e o acesso pelas forças e serviços de segurança e pela Autoridade Nacional de Emergência e Proteção Civil a sistemas de videovigilância para captação, gravação e tratamento de imagem e som.

Lei n.º 35/2023, de 21 de julho: aprova a Lei da Saúde Mental.

Portaria n.º 298/94, de 18 de maio: Diário da República n.º 115/1994, Série I-B. Ministérios da Administração Interna e da Educação.

Portaria n.º 101/95, de 2 de fevereiro. Diário da República n.º 28/1995 – Série I-B. Ministérios da Administração Interna e da Educação.

Portaria n.º 937/2000, de 30 de junho. Diário da República n.º 149/2000 – Série II.

Portaria n.º 230/2010, de 26 de abril. Diário da República n.º 80/2010 – Série I.

Plano Estratégico do ISCPSI 2017-2020, de 25 de janeiro. Lisboa: ISCPSI.

I PNCVD (1999-2002) aprovado pela Resolução do Conselho de Ministros n.º 55/99, de 15 de junho;

II PNCVD (2003-2006) aprovado pela Resolução do Conselho de Ministros n.º 55/99, de 15 de junho.

III PNCVD (2007-2010), aprovado pela Resolução do Conselho de Ministros n.º 83/2007, de 22 de junho.

IV PNCVD (2011-2013), aprovado pela Resolução do Conselho de Ministros n.º 100/2010, 17 de dezembro.

V PNCVD (2014-2017), aprovado pela Resolução do Conselho de Ministros n.º 102/2013, de 31 de dezembro.

Resolução do Conselho de Ministros n.º 37/2002, de 7 de fevereiro. Diário da República n.º 50/2002, Série I – B. Presidência do Conselho de Ministros.

Resolução da Assembleia da República n.º 4/2013, de 21 de janeiro – aprova a Convenção do Conselho da Europa para a Prevenção e o Combate à Violência contra as Mulheres e a Violência Doméstica, adotada em Istambul, a 11 de maio de 2011.

Instrumentos Internacionais

Declaração Universal dos Direitos Humanos. Disponível em: https://dre.pt/dre/geral/legislacao-relevante/declaracao-universal-direitos-humanos (acesso em 31 de março de 2022).

Pacto Internacional sobre os Direitos Civis e Políticos. Disponível em: https://www.cne.pt/sites/default/files/dl/2_pacto_direitos_civis_politicos.pdf (acesso em 31 de março de 2022).

Pacto Internacional sobre os Direitos Económicos, Sociais e Culturais. Disponível em: http://gddc.ministeriopublico.pt/sites/default/files/documentos/instrumentos/protocolo_facultativo_ao_pacto_internacional_sobre_os_direitos_economicos.pdf (acesso 1 abril 2022).

Convenção Internacional sobre Eliminação de todas as Formas de Discriminação Social. Disponível em: http://gddc.ministeriopublico.pt/sites/default/files/documentos/instrumentos/prev_discriminacao_convencao_internacional_elim_formas_disc_racial.pdf (acesso em 1 de abril 2022).

Convenção sobre a Eliminação de Todas as Formas de Discriminação contra as Mulheres. Disponível em: http://gddc.ministeriopublico.pt/sites/default/files/documentos/instrumentos/convencao_eliminacao_todas_formas_discriminacao_contra_mulheres.pdf (acesso em 1 de abril 2022).

Convenção sobre os Direitos da Criança. Disponível em: https://www.unicef.pt/media/2766/unicef_convenc-a-o_dos_direitos_da_crianca.pdf (acesso em 1 de abril de 2022).

Convenção contra a Tortura e Outras Penas ou Tratamentos Cruéis, Desumanos ou degradantes. Disponível em: http://gddc.ministeriopublico.pt/sites/default/files/documentos/instrumentos/convencao_contra_tortura_e_outras_penas_ou_tratamentos_crueis.pdf (acesso em 1 de abril de 2022).

Convenção Internacional sobre a Proteção dos Direitos de Todos os Trabalhadores Migrantes e dos Membros das Suas Famílias. Disponível em:

https://gddc.ministeriopublico.pt/sites/default/files/convencaomigrantes.pdf (acesso 1 abril 2022).

Convenção Internacional para a Proteção de Todas as Pessoas Contra os Desaparecimentos Forçados. Disponível em: http://gddc.ministeriopublico.pt/sites/default/files/documentos/instrumentos/conv_int_proteccao_todas_pessoas_desaparecimentos_forcados.pdf (acesso em 2 de abril de 2022).

Convenção sobre os Direitos das Pessoas com Deficiência. Disponível em: https://gddc.ministeriopublico.pt/sites/default/files/documentos/instrumentos/pessoas_deficiencia_convencao_sobre_direitos_pessoas_com_deficiencia.pdf (acesso em 2 abril 2022).

Convenção Europeia dos Direitos Humanos. Disponível em: https://www.echr.coe.int/documents/convention_por.pdf (acesso em 2 de abril de 2022).

Carta Social Europeia Revista. Disponível em: http://gddc.ministeriopublico.pt/sites/default/files/documentos/instrumentos/carta_social_europeia_revista.pdf (acesso em 3 de abril de 2022).

Convenção-Quadro para a Proteção das Minorias Nacionais. Disponível em: http://gddc.ministeriopublico.pt/sites/default/files/documentos/instrumentos/convencao_quadro_prot_minorias_nacionais.pdf (acesso em 3 de abril de 2022).

Carta dos Direitos Fundamentais da União Europeia. Disponível em: https://eur-lex.europa.eu/legal-content/PT/TXT/PDF/?uri=CELEX:12016P/TXT&from=FR (acesso em 3 de abril de 2022).

Carta Africana dos Direitos Humanos e dos Povos. Disponível em: http://www.dhnet.org.br/direitos/sip/africa/banjul.htm (acesso em 3 de abril de 2022).

Convenção Americana sobre os Direitos Humanos. Disponível em: https://www.cidh.oas.org/basicos/portugues/c.convencao_americana.htm (acesso em 4 de abril de 2022).

Protocolo em Matéria de Direitos Económicos, Sociais e Culturais. Disponível em: http://www.cidh.org/basicos/portugues/e.protocolo_de_san_salvador.htm (acesso em 4 de abril de 2022).

Resolução A/HRC/17/19, de 17 de junho de 2011, do Conselho de Direitos Humanos das Nações Unidas (adota a primeira resolução sobre direitos humanos, orientação sexual e identidade de género).

Resolução do Parlamento Europeu, de 28 de setembro de 2011 (direitos humanos, orientação sexual e identidade de género nas Nações Unidas).

Relatórios

MINISTÉRIO DA ADMINISTRAÇÃO INTERNA (2022). Violência Doméstica – 2021. Relatório anual de monitorização. Lisboa: Secretaria-Geral do MAI. Disponível em: https://www.sg.mai.gov.pt/Documents/Relat%C3%B3rio%20de%20Monitoriza%C3%A7%C3%A3o%20de%202021.pdf (acesso em 11 dez. 2022).

PORTUGAL. Observatório das Migrações (2022). *Relatório Estatístico Anual de* 2022. Disponível em: https://www.om.acm.gov.pt/publicacoes-om/colecao-imigracao-em-numeros/relatorios-anuais (acesso em 20 de dezembro de 2022).

PORTUGAL. Equipa de Análise Retrospetiva de Homicídio em Violência Doméstica (2022). *Relatório Final constante no Dossiê n.º 1/2021-MS*, aprovado em 8 de julho de 2022 (art. 6.º, alíneas d), e) e f) da Portaria n.º 280/2016, de 26 de outubro).

PORTUGAL. SISTEMA DE SEGURANÇA INTERNA (2020). *Relatório Anual de Segurança Interna 2019*. Disponível em: https://www.portugal.gov.pt/download-ficheiros/ficheiro.aspx?v=%3d%3dBQAAAB%2bLCAAAAAAABAAzNDQ1NAUABR26oAUAAAA%3d (acesso em 18 de abril de 2022).

PORTUGAL. MINISTÉRIO DOS NEGÓCIOS ESTRANGEIROS. COMISSÃO NACIONAL PARA OS DIREITOS HUMANOS. *Relatório de Atividades da Comissão Nacional para os Direitos Humanos 2019*. Disponível em: https://direitoshumanos.mne.gov.pt/images/documentacao/atividades/relatrio_de_atividades_da_comisso_nacional_para_os_direitos_humanos_-_2019.pdf (acesso em 18 abril 2022).

SISTEMA DE SEGURANÇA INTERNA (2022). Relatório Anual de Segurança Interna 2021. Lisboa: SSI. Disponível em: https://www.portugal.gov.pt/download-ficheiros/ficheiro.aspx?v=%3d%3dBQAAAB%2bLCAAAAAAABAAzNLI0NgcAIUgtZwUAAAA%3d (Acesso em 26 dez. 2022).

UNITED NATIONS. HUMAN RIGHTS COMMITTEE (2020). *Concluding observations on the fifth periodic report of Portugal*. Disponível em: file:///C:/Users/100218/Downloads/CCPR_C_PRT_CO_5-EN.pdf (acesso 18 abril 2022).

UNITED NATIONS. GENERAL ASSEMBLY. HUMAN RIGHTS COUNCIL (2019). *Compilation on Portugal: Report of the Office of the United Nations High Commissioner for Human Rights*. Disponível em: https://digitallibrary.un.org/record/3797915?ln=en (acesso em 19 abril 2022).

UNITED NATIONS. GENERAL ASSEMBLY. HUMAN RIGHTS COUNCIL (2019). *Report of the Working Group on the Universal Periodic Review: Portugal.* Disponível em: https://digitallibrary.un.org/record/3830842?ln=en (acesso em 19 de abril de 2022)

UNITED NATIONS. GENERAL ASSEMBLY. HUMAN RIGHTS COUNCIL (2017). *Outcome of the universal periodic review: Portugal.* Disponível em https://documents-dds-ny.un.org/doc/UNDOC/GEN/G19/287/50/PDF/G1928750.pdf?OpenElement (acesso em 18 de abril de 2022).

UNITED STATES DEPARTMENT OF STATE – BUREAU OF DEMOCRACY, HUMAN RIGHTS AND LABOR (2021). *2021 Country Reports on Human Rights Practices: Portugal.* Disponível em: https://www.state.gov/reports/2021-country-reports-on-human-rights-practices/portugal/ (acesso em 19 de abril de 2022).

ÍNDICE